www.tredition.de

Gunter Stemmler

Schuld und Ehrung.

Die Kommunalpolitiker Rudolf Keller und Friedrich Lehmann
zwischen 1933 und 1960 -
ein Beitrag zur NS-Geschichte in Frankfurt am Main

2., erweiterte Auflage

© 2020 Gunter Stemmler

Verlag und Druck: tredition GmbH, Halenreie 40-44, 22359 Hamburg

ISBN
Paperback: 978-3-347-02414-4
Hardcover: 978-3-347-02415-1
e-Book: 978-3-347-02416-8

Inhaltsverzeichnis

## 1. Einleitung

### 1.1 Einführung

Mit dieser Untersuchung soll auf zwei Personen näher eingegangen werden, die in Frankfurt am Main während des „Dritten Reiches" in relevanten politischen Positionen tätig waren, die dort in der Nachkriegsgesellschaft über achtungsvolle Ehrenämter verfügten und deshalb auch von der Johann Wolfgang Goethe-Universität hoch geehrt wurden: dies waren der für die Universität zuständige Stadtrat Rudolf Keller und der Stadtkämmerer Friedrich Lehmann. Beide waren versierte Kommunalpolitiker, die von 1933 bis 1945 im Rahmen ihrer Ämter eine lokale systemstabilisierende Funktion für die NS-Herrschaft innehatten.[1]

Anstoß für diese Arbeit war die Diskrepanz zwischen ihren Ehrungen durch die Goethe-Universität samt den Begründungen auf der einen Seite und der Tatsache auf der anderen Seite, daß beide Personen während des „Dritten Reiches" in Frankfurt am Main zentrale kommunalpolitische Ämter innehatten. Auf diese prima facie Ungeheuerlichkeit war ich im Rahmen meiner Befassung mit dem Aufkommen und den wesentlichen Entwicklungsstufen bei den Ehrenbürgern und Ehrensenatoren der Universität Frankfurt gestoßen.[2]

Drei Aufgaben sollen mit diesem Unterfangen angegangen werden:
1. Es soll vertieft der Frage nachgegangen werden, über welche NS-Vorgänge die beiden Personen aufgrund ihrer beruflichen Tätigkeit informiert und wie sie ggf. darin involviert waren.
2. Für die Nachkriegszeit sollen ergänzend wenige einschlägige Aspekte aufgegriffen werden, die sowohl für beide Personen als auch für die Zeit charakteristisch sind.
3. Im Besonderen soll schließlich auch kurz auf ihre Beziehungen zur Universität und deren Ehrungen eingegangen werden.

---

[1] Siehe zu weiteren führenden städtischen Verwaltungsbeamten aus der NS-Zeit sowie Führungskräften aus der Wirtschaft, welche von der Goethe-Universität diese akademischen Ehren nach dem Zweiten Weltkrieg erhielten, in Stemmler, Vermessung. Zum Stadtrat Bruno Müller siehe z. B. Stemmler, Buch, S. 163f.
[2] Siehe Stemmler, Ehre, S. 108f.

## 1.2 Vorgehensweise und Aufbau

Für die Untersuchung wird sich neben einigen ausgewählten zentralen Quellen vor allem auf Veröffentlichungen über die NS-Zeit in Frankfurt am Main gestützt, bei denen Beispiele erwartet werden konnten, wie beide Personen in den nationalsozialistischen Machtapparat involviert waren. Auf dieser Basis wurden eine kommentierte Informationssammlung gestaltet und Interpretationen zu konkreten Verwicklungen in das NS-System und seinen Verbrechen formuliert.

Als Einstieg wurde für beide Personen jeweils mit ihrer Auszeichnung durch die Universität begonnen und damit quasi ein offizielles Fazit zu ihrem Leben vorangestellt. Es soll also für diese Darstellung - nach Personen getrennt - zuerst ihre akademische Würdigung an der Universität veranschaulicht werden. Dann soll der Kontext mit weiteren Ehrungen, die sie damals erhielten, kurz vorgestellt werden. Anschließend wird dargelegt, aufgrund welcher Tätigkeiten nach 1945 ihre Beziehungen zur Goethe-Universität zu sehen sind, worauf sich also auch die Ehrungen stützen könnten. Daraufhin wird auf die Frage der Mitgliedschaft in der NSDAP eingegangen - dies geschieht im Bewußtsein, daß diese Frage nicht davon ablenken darf, was beide Personen von 1933 bis 1945 wußten und worin sie sich verwickeln ließen.[3] Eine zentrale Stelle nimmt dann eine Überblicksdarstellung ein, von welchen NS-Vergehen und Verbrechen sie als Kommunalpolitiker beruflich gewußt haben müssen und womit sie diesbezüglich betraut waren. Anschließend wird sich mit dem Aspekt Widerstandsleistungen befaßt, um dann ihre allgemeine Charakterisierung darzulegen wie auch ihre Beziehungen zum Oberbürgermeister Krebs. Im Zusammenhang mit dem, was als ihr Widerstand genannt wird, gehört die Prüfung von bestimmten Feststellungen über sie, die sich als Erzählungen tradiert haben. Es folgen ansatz- und ausschnittsweise Einzelaspekte wie Kellers versuchte Entfernung aus dem Amt zu Beginn der NS-Zeit und das Ende der Amtszeit Lehmanns 1946, Kellers Schutzhaft sowie Lehmanns Ernennung zum Honorarprofessor. Diese Darlegungen sind teilweise ausführlich und detailliert, damit die Leserinnen und Leser sich selbst ein Bild davon machen und meine Bewertungen nachvollziehen können. Nach dieser Befassung mit beiden Personen wird zum Abschluß eine allgemeine Bewertung als erstes Fazit gezogen. Weil an der Universität Professor Hartner eine gewichtige Rolle bei ihren Auszeichnungen spielte, soll dabei auch dem etwas nachgegangen werden.

Einen bedeutsamen Bewertungsmaßstab bildet der hohe ethische Standard aus den Ehrungstexten und Lobesworten, wobei es naheliegt, daß diese Würdigungen dem von den Geehrten vermittelten Selbstbild entsprechen.

---

[3] Vgl. Schneider/Conze/Flemming/Krause-Vilmar, Vergangenheiten, S. 11f.

## 1.3 Forschungsstand

Über einen sehr langen Zeitraum konnten während der Nachkriegszeit deutsche Kommunalbeamte und viele Bürgermeister sowie Stadträte als politische Kommunalbeamte ihre tiefgehende Verflechtung in die unsäglichen Machenschaften des NS-Regimes leugnen, da es ihnen gelang, sich als quasi unpolitische Verwalter einer lokalen Sachpolitik zu gerieren.[4] Einen bedeutsamen Beitrag in der Aufdeckung dieser Lüge als Märchengeschichte erzielte Wolf Gruner mit mehreren Veröffentlichungen, in denen er in zahlreichen Beispielen aus deutschen Kommunen belegte, welchen Beitrag zur örtlichen NS-Herrschaft die Stadtverwaltungen lieferten und wo sie bisweilen sogar zur treibenden Kraft bei der Ausgrenzung und Verfolgung ihrer jüdischen „Mit"-Bürger wurden. Es wird deshalb sowohl auf allgemeine Aussagen von ihm als auch vor allem auf seine Frankfurter Beispiele zurückgegriffen.

Zur Übervorteilung und Ausplünderung jüdischer Frankfurter durch die Frankfurter Stadtverwaltung ist auf die wissenschaftliche Aktivität von Monica Kingreen zu verweisen.[5] Zum Frankfurter Magistrat veröffentlichte Bettina Tüffers mehrere Forschungen: Das ist zum einen ihre Monographie „Der Braune Magistrat: Personalstruktur und Machtverhältnisse in der Frankfurter Stadtregierung 1933-1945" sowie zum anderen der einschlägige Aufsatz „Der Frankfurter Stadtkämmerer Friedrich Lehmann 1932–1946", veröffentlicht im „Archiv für Frankfurts Geschichte und Kunst". Hinzu kommt ein weiterer Aufsatz von ihr: „Politik und Führungspersonal der Stadtverwaltung Frankfurt am Main. Die personelle Zusammensetzung des Magistrats". In der Buchreihe über die Geschichte der Stadtverordnetenversammlung hat sich nach dem Band über die Zeit bis 1933 von Karl Maly dann Michael Bermejo mit verfolgten Stadtverordneten und Stadträten befaßt: „Die Opfer der Diktatur. Frankfurter Stadtverordnete und Magistratsmitglieder als Verfolgte des NS-Staates". Insgesamt gesehen gibt es zu Frankfurt in der Zeit des „Dritten Reiches" aus den letzten 10 und teilweise 20 Jahren zahlreiche relevante Untersuchungen vieler Historiker. Ich bin auf Keller und Lehmann bereits in meinem Buch „Die Vermessung der Ehre. Zur Geschichte der Ehrenbürger, Ehrensenatoren sowie Ehrenmitglieder an deutschen Hochschulen und an der Universität Frankfurt" eingegangen.[6]

---

[4] Für „Wahlbeamte" und führende Beamte auf lokaler Ebene trifft die Aussage von Görtemaker/Safferling, Akte, S. 453 zu: „das Bild des ´unpolitischen Beamten´ .., den es doch gerade im Dritten Reich nicht gegeben hatte – und den es auch danach nicht gab, weil es ein Mythos war: eine imaginäre Denkfigur, die … gar nicht existieren konnte, weil Politiknähe und Politikberatung zum Wesen und zu den Kernaufgaben … gehören."

[5] Ich danke Monica Kingreen, daß sie mir freundlicherweise ihr unveröffentlichtes Manuskript über die „Arisierung" von Kulturgut zur Verfügung gestellt hat. Siehe Stemmler, Keller; Stemmler, Keller (1878-1960; Stemmler, Lehmann.

[6] Siehe Stemmler, Keller; Stemmler, Keller (1878-1960); Stemmler, Lehmann.

Diese Forschung soll einen Einzelbeitrag zum besseren Verständnis der Verwicklungen von Kommunalpolitikern und -beamten in der NS-Zeit und deren Umgang damit in der Nachkriegszeit geben. Lothar Gall: „Wer zu wirklichen Einsichten ... nach dem Einfluß ... auf die Politik gelangen will, bleibt auf die genaue Analyse eines klar abgrenzbaren und abgegrenzten Einzelfalls verwiesen in dem Bewußtsein des je Individuellen und Besonderen."[7] Vom Wissenschaftsverständnis her sehe ich die Aussage von Max Weber als grundlegend an, die er in seinem richtungsweisenden Vortrag „Wissenschaft als Beruf" traf: „Wissenschaftlich aber überholt zu werden, ist - es sei wiederholt - nicht nur unser aller Schicksal, sondern unser aller Zweck. Wir können nicht arbeiten, ohne zu hoffen, daß andere weiter kommen werden als wir."[8]


**1.4 Quellenlage**


Die Aktenlage zum Verhalten von Keller und Lehmann während des „Dritten Reiches" ist unvollständig. Das betrifft laut der Forschungsliteratur auch die zu ihrem Umfeld, wonach „die Elite der Stadtverwaltung ...[,] die sowohl über die Motive als auch über die Möglichkeiten verfügt haben dürfte, sie belastende Akten aus der Welt schaffen"[9] ließ. Neben Kriegsverlusten, von Nazi-Seite gegen Kriegsende vernichteten Akten und zudem auch in der Nachkriegszeit manipulierten Vorgängen wird es zu späterer Zeit auch aus Nachlässigkeit nicht überlieferte Bestände geben.[10] Es ist offen, welche Ausmaße dies jeweils hat. Darüber hinaus fehlen zum Beispiel ungewöhnlicherweise einige „Persilscheine" in der Spruchkammerakte von Lehmann.[11]
Es kam in der Nachkriegszeit sogar zur Fälschung von Protokollen, so im Senckenberg-Museum.[12]
Es sind auch Akten der NS-Zeit aus dem städtischen Eigentum herausgekommen, sei es durch Diebstahl, Unachtsamkeit oder fehlende Zerstörung bei vorgesehener Entsorgung, da welche durch ein Antiquariat öffentlich angeboten wurden.[13]

---

[7] Gall, Man, S. 124.
[8] Weber, Wissenschaft, S. 85.
[9] Daub, Stadt, S. 320; siehe auch S. 319. Vgl. dazu Habersack, Zwangsarbeit, S. 249: „Das städtische Arbeitsamt war ... zumindest beteiligt, und sein Leiter wird die Fremd- und Zwangsarbeiter betreffenden Unterlagen nicht grundlos kurz vor dem Einmarsch der Amerikaner am Mainufer vernichtet haben." Siehe Hansert, Senckenberg-Forschungsmuseum, S. 16f.
[10] Vgl. Schneider, Probleme.
[11] Diese Einschätzung bestätigte Dr. Diether Degreif vom HHStAW mündlich [am 28.07.2010]. Siehe HHStAW, Abt. 520 F (A-Z), Bl. 3, Nrn. 34-39; Bl. 25verso.
[12] Siehe Hansert, Senckenberg-Forschungsmuseum, S. 16f.
[13] Dies geschah von Bidspirit im Juli 2018 in bezug zu Personalakten; der Link besteht nicht mehr.

„´Wenn nur in der Welt ist, was in den Akten steht, reicht es umgekehrt aus, Akten zu vernichten, um eine unliebsame Wirklichkeit zu tilgen´".[14] Diese allgemeine Betrachtungsweise zu Tätern übersieht die Möglichkeiten geschichtswissenschaftlicher Arbeit: Wesentlich ist bei einer rudimentären Quellenlage eine strukturgeschichtliche Betrachtung der Funktionen der Beteiligten und der daraus sich ergebenden wahrscheinlichkeitsgestützten Ableitungen ihres Wirkens und Wissens. Zudem zeigt sich dann in einer Sammlung einzelner überlieferter Vorgänge, wie sich Stück um Stück ein Gesamtbild herauskristallisiert. Dieses Verfahren wurde hier gewählt.

## 1.5 Nationalsozialismus und Kommunalpolitik - allgemeine Ausführungen

Für eine allgemeine Einschätzung der Position von Kommunalpolitikern und städtischen Beamten[15] im „Dritten Reich" dient hier eine Vergegenwärtigung wesentlicher Momente: Das totalitäre NS-System stand als solches allen anderen Machtzentren und entscheidungsmächtigen Organisationen feindlich gegenüber; hiervon waren auch die Kommunalverwaltungen betroffen. Außerdem kam der totalitäre Ansatz, der die Herrschaft über sämtliche Lebensbereiche anstrebte, in eine überaus weitgefächerte Berührung mit dem System der allgemeinen Daseinsvorsorge der Stadt, wie sie sich im 19. Jahrhundert entwickelt und in der Weimarer Zeit sogar noch ausgeweitet hatte. Demnach waren Stadtverwaltungen bereits mehr oder weniger in fast allen Lebenssituationen involviert oder in angrenzenden Bereichen tätig, sie waren überaus mannigfaltig informiert oder (potentiell) interessiert. Die Ursache hierfür lag darin, daß die Bürger Defizite in ihrem Lebensumfeld als kommunale Bringschuld verstanden und Kommunalverwaltungen Mißstände beheben wie auch Entwicklungsmöglichkeiten nutzen wollten. Deshalb engagierten sich Stadtverwaltungen in erstaunlich vielen Belangen innerhalb ihrer Stadtgrenzen. Als ein Beispiel mag die Aktivität des Frankfurter Oberbürgermeisters Adickes bei der Gründung der Frankfurter Universität als Bürgerstiftung dienen. Weil also die Stadtverwaltung vielfältig mit dem städtischen Leben verflochten war und die Nationalsozialisten überall herrschen wollten, gab es für leitende Kommunalbeamte überaus zahlreiche Kontaktpunkte zum NS-Wirken.

---

[14] Cornelia Vismann, in: Vec, Milos, Wie Verfolger den Verfolgten ähneln, in: Frankfurter Allgemeine Zeitung, 01.12.2010, S. 31.

[15] Siehe zu Loyalitätsverpflichtungen auf den Führer in Lohalm, Kriegstage, S. 62, mit Verweis auf das Gesetz über die Vereidigung der Beamten und Soldaten der Wehrmacht vom 20.08.1934, Reichsgesetzblatt 1934 I, S. 785, zum Hitlergruß durch Beamte der Hinweis auf die Schreiben des Reichsminister des Innern vom 12.07.1933 und 13.07.1933 und zum Treueverhältnis der Beamten zum Führer auf das Deutsche Beamtengesetz vom 26.01.1937, Reichsgesetzblatt 1937 I, S. 39ff.

Dabei sind Stadträte amtsbedingt informiert oder über städtische Aufgaben in vielem persönlich mittelbar oder unmittelbar involviert. Zudem ist es eine Eigenschaft erfolgreicher Politiker, sehr gut informiert zu sein, und zwar sowohl in ihrem Tätigkeitsgebiet als auch allgemein. Haben sie die Funktion als Fachleute und „Macher", dann müssen sie aktiv sein, können nicht nur aussitzen oder delegieren. (Dies betrifft auch die Amtsleiter einer Stadtverwaltung.) Da Keller und Lehmann an der politischen Spitze ihrer Aufgabenfelder standen - und nicht auf die Funktion von „Frühstücksdirektoren" beschränkt waren -, läßt sich die Bandbreite und Tiefe ihres Wirkens und Wissens hinreichend erahnen.

Zur zweifelsfreien Bewertung einzelner Handlungen ist zu sagen, daß dies letztendlich intime Kenntnisse der Verwaltung voraussetzen würde, um beurteilen zu können, ob ein bestimmtes Verhalten zum Beispiel tatsächlich als Widerstand oder als Hilfe für Verfolgte gedacht war. Denn es setzt das Wissen voraus, welche Personen bekannt waren, Dinge zu beschleunigen oder abzubremsen, wer kompetent und wer eher inkompetent war, um nachvollziehen zu können, ob Keller und Lehmann einen Weg wählten, der in der scheinbar gewünschten Richtung zum Erfolg führen sollte, oder der - mit Hintergedanken gewählt - das Gegenteil des vorgegebenen Zieles bewirkte.

Bei den NS-Verbrechen gegen die jüdischen „Mit"-Bürger ist sich zu vergegenwärtigen, daß dies ein jahrelanger Prozeß war, der mit der Etablierung der NS-Herrschaft begann und dann in der ganzen Bandbreite des Lebens die jüdischen „Mit"-Bürger entrechtete, enteignete, entmenschlichte, zur Emigration trieb oder aus der Stadtgesellschaft entfernte, um sie schließlich durch Deportationen - euphemistisch „Evakuierung" genannt - aus der Stadt zu entfernen und sie dann im Genozid zu ermorden. Bis einschließlich dem Beginn der Deportationen fand dies unter den Augen ihrer „Mit"-Bürger stand und unter der Mit-Verantwortung bzw. dem Mit-Wissen der Kommunalpolitik und Stadtverwaltung. Es war keine willkürliche Jagd auf Opfer, wie es vom Stalinismus berichtet wird, wo Opferquoten durch Absperrungen von Marktplätzen mit anschließenden Massenverhaftungen erreicht worden sein sollen; und es war auch keine Verfolgung durch Fremde, wie man sie sich bei einer Invasion in einem Krieg und der Verfolgung aufgrund vorbereiteter Listen vorzustellen hat. Sondern es war ein in zahllosen kleinen und großen Schritten mittels brutaler, hemmungsloser Gewalt, mittels Pseudorecht, Verweigerung von Rechtsansprüchen und - sofern passend - rechtlichen Verfahren vollzogener Raub und Mord an den eigenen Nachbarn. Von daher ist zu erwarten, daß die Stadtverwaltung von Frankfurt am Main in unzähligen Fällen davon gewußt haben muß oder sogar darin verwickelt war. Es stellt sich nur die Frage, inwieweit die jeweilige Amtsführung und die politisch Verantwortlichen darüber informiert waren resp. es zuvor angeordnet hatten. Es ist davon auszugehen, daß die Führungskräfte von allen grundsätzlichen Entwicklungen, von den meisten Neuerungen wie auch von den gewichtigen Vorgängen innerhalb der

Stadt(verwaltung) Kenntnis hatten. Sie hatten ohne Zweifel die formale Verantwortung für alles, was in den ihnen zugewiesenen Bereichen geschah; in vielen Fällen werden sie aufgrund ihrer Beteiligung auch eine unmittelbare oder mittelbare persönliche Verantwortung getragen haben.

## 1.6 Die Johann Wolfgang Goethe-Universität und die Aufarbeitung der NS-Zeit

Für die Ehrungen von Keller und Lehmann durch die Goethe-Universität wäre der Kontext der Nachkriegszeit an der Universität näher zu betrachten.[16] Es kann hier im Rahmen dieser Darstellung nur auf den Sachverhalt als solchen hingewiesen werden. Einen ersten - zum Teil zwiespältigen und oszillierenden - Eindruck vom Umgang mit der NS-Zeit vermitteln akademische Auszeichnungen in der Nachkriegszeit. Dabei war eine Bandbreite an Haltungen von Senat und Fakultäten bei Wiedergutmachungen wahrzunehmen: Themen, um die es in den Sitzungen dieser Gremien ging, waren die Wiederanerkennung aberkannter Promotionen[17] oder die Gewährung der erworbenen Anrechte von Emeritus-Bezügen emigrierter Professoren. Darüber hinaus kamen schließlich Wünsche auf Wiedereinstellung von Professoren auf, die wegen ihrer Verwicklungen in das „Dritte Reich" nicht mehr an der Universität Frankfurt lehrten.

Ein gesamtgesellschaftliches Versagen bei der Befassung mit der NS-Vergangenheit wie auch solche Vorgänge an den Hochschulen im Allgemeinen und der Goethe-Universität im Besonderen waren Motiv und Motivation für viele, die in den Studentenunruhen - die in Frankfurt schon vor der „68er-Bewegung" begannen - als Protagonisten oder auch nur als Sympathisanten aktiv wurden. Die teilweise erheblichen Auseinandersetzungen an der Goethe-Universität sind ohne dieses begründete Unbehagen der Studierenden an ihrer Vätergeneration kaum denkbar; auch von daher erhält die nähere Betrachtung zweier Kommunalpolitiker aus der NS-Zeit, die Ende der 50er Jahre durch die Universität geehrt wurden, ihre Bedeutung.

---

[16] Siehe dazu allgemein Hammerstein, Goethe-Universität, und Ders., Goethe-Universität, Nachkriegszeit, sowie Stemmler, Vermessung; und z. B. auch Denkschrift [siehe unter Gedruckte Quellen].
[17] Eine Forschungsarbeit von Katharina Becker M. A. zum Thema stehe vor der Veröffentlichung.

2. Rudolf Keller

**2.1 Ehrungen durch die Universität sowie Ehrungstexte**

Im Sommer 1959, 14 Jahre nach dem Ende des totalitären nationalsozialistischen Regimes, schlug Professor Willy Hartner als einer der Fakultätsvertreter dem Senat vor, den früheren Frankfurter Stadtrat Rudolf Keller zum Ehrenbürger der Universität zu ernennen: „Der Senat begrüsst diesen Vorschlag. Über die gleichzeitige Anregung Prof.Hartner´s, Stadtrat Dr.Keller in Anbetracht seiner besonderen Verdienste sogleich zum Ehrensenator zu ernennen, findet eine längere Aussprache statt. Es wird beschlossen, eine endgültige Entscheidung bis zur nächsten Senatssitzung zurückzustellen.“[18] Nach den Semesterferien gelang es im Oktober Hartner, der „nochmals eindringlich die Verdienste [würdigte, GSt.], die sich Stadtrat a.D. Dr. Keller insbesondere nach dem Kriege um die gesamte Universität erworben hat“,[19] den Senat zu überzeugen: „Der Senat beschliesst auf Vorschlag des Prorektors [Prof. Geißendörfer, GSt.] in erster Lesung einstimmig, Stadtrat a.D.Dr.Keller ... zugleich mit der Würde des Ehrenbürgers die Würde eines Ehrensenators zu verleihen.“[20] Dieser Beschluß wurde am 4. November bestätigt.[21] Die Urkunde trägt das Datum vom 11. November.[22] Im Urkundentext steht zusätzlich zur Würdigung der Beziehung Kellers zur Universität eine nicht übliche persönliche Würdigung, die vom neuen Rektor Willy Hartner verfaßt worden ist: „Sie [die Universität, GSt.] gibt zugleich ihrer Bewunderung und ihrem Dank dafür Ausdruck, dass Herr Stadtrat Dr. K.[eller] in der dunkelsten Zeit der deutschen Geschichte mit beispielhaftem Mut dem Unrecht entgegengetreten ist und die Idee der Freiheit verteidigt hat.“[23] Keller verstarb keine drei Monate später am 28. Januar 1960, 81 Jahre alt.

In der Traueranzeige der Universität heißt es: „Sein Sinn für Recht und Menschlichkeit, verbunden mit großer Güte und höchster Bescheidenheit, prägten Leben und Wirken des Heimgegangenen“.[24] In der Medizinischen Fakultät wurde Anfang Februar sein Tod durch den Dekan mitgeteilt und Keller mit den Worten gewürdigt: Er war ein „Schulmann von grossem Format im wahrsten Sinne des Wortes. Nach seiner Pensionierung begann eigentlich erst seine Tätigkeit im Grossen Rat. Im

---

[18] Abt. 8 Nr. 11, 21.07.1959, S. 19, siehe auch S. 1.

[19] Abt. 8 Nr. 11, 14.10.1959, S. 12.

[20] Abt. 8 Nr. 11, 14.10.1959, S. 12.

[21] Siehe Abt. 8 Nr. 11, 04.11.1959, S. 1f.

[22] Siehe Abt. 1 Nr. 202.

[23] Abt. 1 Nr. 202; es ist erstaunlich - ggf. auch bezeichnend -, daß dieser handschriftliche Entwurf auf einem Schmierzettel aufbewahrt wurde. Es scheint, als ob dies absichtlich geschehen wäre. Wer hatte daran ein Interesse und warum? War dies durch Hartner initiiert worden, oder war dies gegen ihn gerichtet? Siehe auch Bericht des scheidenden Rektors ... bei der Rektoratsübergabe 1959, S. 20.

[24] Abt. 1 Nr. 202.

Interesse der Universität und im Kuratorium hat er immer entscheidend im Sinne der Universität gehandelt. Zum Zeichen des ehrenden Gedenkens der Verstorbenen erheben sich die Mitglieder der Fakultät von ihren Sitzen."[25]

Keller wurde im wesentlichen somit durch die

a) Ehrenbürgerwürde gelobt, außerdem durch die

b) Würde eines Ehrensenators,

c) durch die Ausnahme, welche die Doppel-Ehrung darstellte, sowie

d) durch die Besonderheit einer urkundlichen Würdigung seines - angeblichen - Verhaltens in der NS-Zeit.

## 2.2 Allgemeine Ehrungen und städtische Würdigungen

Zu Kellers Verabschiedung als Dezernent erklärte Alfred Wolters, Direktor der Städtischen Galerie, gut ein Jahr nach dem Ende des „Dritten Reiches" unter anderem: „Sie haben das Schiff der Stadt wahrhaftig ... auch durch Schwärme von Seeräubern hindurch steuern müssen. Dass es Ihnen gelungen ist, trotzdem die köstliche Fracht im Ganzen zu erhalten und zu bergen, das bedeutet sehr viel." Außerdem behauptete Wolters, es sei Keller gelungen, Krebs „bei sehr wesentlichen Entscheidungen schliesslich in vielen Fällen" zu überzeugen.[26] Daß der Kulturdezernent bei Arisierungen zum Kreis der „Seeräuber" gehörte, hatte Wolters anscheinend schon verdrängt. Und er hatte wohl auch nicht die vielfältigen Verluste an Kulturobjekten im kriegszerstörten Frankfurt vor Augen, wenn er meinte, Keller habe sie „im Ganzen" erhalten und geborgen; dies stellt eine Lobhudelei unter weitgehendem Realitätsverlust dar - außer, man interpretiert es als Teil einer Argumentationsstrategie, welche mittels Leugnen Kulturpolitiker und Kulturmanager in ein besseres Licht stellen sollte. Wenn es Keller gelungen wäre, Krebs bei „sehr wesentlichen Entscheidungen" zu überzeugen, dann würde dies im Umkehrschluß bedeuten, daß Keller teilweise Mitverantwortung für kultur- und schulpolitische Untaten von Krebs trägt.

Keller wurde über die Ehrung der Universität hinaus in den 50er Jahren mit weiteren hohen Auszeichnungen bedacht: 1954 hat er die Goethe-Plakette des Landes Hessen bekommen.[27] Er

---

[25] Abt. 120 Fakultätsprotokolle [Medizin 3] 1960, 04.02.1960, Bl. 1.

[26] Zitate Wolters, Alfred: Nachlaß, S 1/468, 23, „Abschiedsworte an Dr. Keller gesprochen am 31. 7. 1946 von Dr. Wolters", [hier das Doppel], Bl. 2.

[27] Siehe Tüffers, Magistrat, S. 235; im Internet-Auftritt des Hessischen Ministeriums für Wissenschaft und Kunst [Stand: Februar 2012] steht als Begründung: „Verdienste um kulturelles Leben in Frankfurt".

wurde auf Vorschlag des Magistrats 1953 mit dem Verdienstkreuz am Bande ausgezeichnet, und 1958 anläßlich „seines 80. Geburtstages wurde ihm das Große Bundesverdienstkreuz verliehen".[28]

In den Städtischen Mitteilungen erhielt „Stadtrat a. D. Dr. Keller zum Gedächtnis" unter anderem folgendes Lob: „Trotz der Ungunst der Zeitverhältnisse hat er es verstanden, durch eine sachliche und zielstrebige Verwaltungstätigkeit den traditionellen Ruf des Frankfurter Schulwesens und der kulturellen Einrichtungen der Stadt Frankfurt aufrechtzuerhalten und sie vor einer einseitigen Ausrichtung und einer Beschränkung des freien Geisteslebens zu bewahren. ... Das Frankfurter Schul- und Kulturwesen hat durch Stadtrat Dr. Keller eine tiefgehende und nachhaltige Förderung erfahren ... Bei der Trauerfeier ... auf dem Hauptfriedhof legte Bürgermeister Dr. Walter Leiske einen Kranz nieder und sagte hierbei: ´Mit dem Magistratskollegium nehme ich ... Abschied von unserem verehrten Kollegen ... er war ein aufrechter Demokrat´".[29]

## 2.3 Kellers Tätigkeiten nach 1945[30]

Keller war im Juli 1946 als hauptamtlicher Stadtrat mit fast 68 Jahren wegen einer Altersgrenze nicht wiedergewählt worden.[31] Ansonsten war er nach dem Zweiten Weltkrieg in Frankfurt und

---

Keller hatte als „Erinnerungsgabe im Goethejahr 1932" die viereckige Goethe-Plakette der Stadt Frankfurt zusammen mit vielen anderen Personen erhalten, siehe MA 8640, Bl. 15; ebenda, 2. Zählung Bl. 39f., siehe auch zur Verleihung im Jahr 1949 in MA 8641, Bl. 58 sowie Bl. 61, wo sich hinter Kellers Namen eine Bestätigung findet. Als Angaben stehen in Akten das Jahr 1932 sowie in Zeitungen das Jahr 1952, wobei Keller für 1952 nicht in der städtischen Liste im Internet aufgenommen wurde, siehe MA 3933, unter Einlegeblatt K, Bl. 14 (der Hinweis auf die viereckige Goethe-Plakette der Stadt von 1932 ist anscheinend nachträglich in den Vermerk eingefügt worden); PA 73.674, Bl. 373(blau) / 375 verso(schwarz); ebenda, Bl. 374(blau) / 376(schwarz), Frankfurter Rundschau und Frankfurter Neue Presse, 06.07.1958; ebenda, Bl. 375(blau) / 377(schwarz); Internet-Auftritt der Stadt Frankfurt am Main [Stand: Februar 2012].
[28] Mitteilungen der Stadtverwaltung Frankfurt am Main, Nr. 6, 06.02.1960; siehe auch Frankfurter Rundschau, 30.01.1960 (in Abt. 1 Nr. 202). Siehe auch MA 3933, unter Einlegeblatt K, Bl. 14.
[29] Mitteilungen der Stadtverwaltung Frankfurt am Main, Nr. 6, 06.02.1960. Außerdem heißt es in den Mitteilungen, daß Keller entsprechend „seinem beruflichen Werdegang ... zunächst mit dem Schuldezernat und später auch mit der Leitung des Kulturamtes betraut" wurde, wobei er tatsächlich nur Lehrer gewesen war und er zum Kulturdezernenten u. a. wg. der Entlassung des Vorgängers aus rassistischen Gründen durch die Nazis ernannt worden war.
[30] Es wird hierbei keine Vollständigkeit angestrebt, sondern es soll nur ein Eindruck vermitteln werden.
[31] Siehe Tüffers, Magistrat, S. 224; vgl. Frankfurter Neue Presse, 30.01.1960 (in Abt. 1 Nr. 202). Die NS-Stadträte hielten nach dem Krieg offenkundig zusammen: Keller wußte 1946, daß Bruno Müller einen städtischen Auftrag erhielt, nämlich ein „Gutachten über den Ankauf der Kunstsammlung Maximilian von Goldschmidt-Rothschild" zu verfassen. Müller war in diese „Arisierung" verwickelt gewesen als NS-Rechtsdezernent und amtierender NS-Baudezernent. Nachweis und

Hessen mit vielen respektablen Ämtern bedacht worden; er wirkte in einflußreichen Positionen bis ins höchste Alter. Er wurde nach dem Krieg Vorsitzender der Städeladministration;[32] er war dies von 1948 bis zu seinem Tod.[33] Er wurde als „kommissarischer Leiter der Staatlichen Hochschule für Musik ... 1949 in den Rundfunkrat des Hessischen Rundfunks gewählt, dessen Vorsitz er seit 1951 innehat[te]."[34] Er wirkte im Rundfunkrat als Mitglied vom 7. Juli 1949 bis zum 28. Januar 1959, und er hatte zusätzlich noch die leitenden Funktionen eines stellvertretenden Vorsitzenden vom 3. März 1951 und die des Vorsitzenden ab dem 11. Mai 1951 bis zu seinem Ausscheiden. Der Rundfunkrat ist „vorrangig für die Einhaltung der gesetzlich festgelegten Programmvorgaben zuständig".[35] Keller saß bei seinem 80. Geburtstag auch noch im Verwaltungsausschuß des Freien Deutschen Hochstifts;[36] in das Gremium war er schon im Januar 1934 als „städtischer Vertreter"[37] entsandt worden. In Frankfurt gab es die „´Deputation für Wissenschaft, Kunst und Volksbildung´, die sich aus Magistratsmitgliedern und sachverständigen Bürgern zusammensetzt, ... 1932 wurde Stadtrat Dr. Keller der Vorsitz der Deputation übertragen; er bekleidete nach 1933 und auch nach 1945 dieses Amt."[38] Er kam 1934 in den Vorstand der Frankfurter Museums-Gesellschaft und saß dort in der unmittelbaren Nachkriegszeit sowie in den 50er Jahren; 1959 wurde er zum Ehrenmitglied ernannt.[39] Und er wirkte im Vorstand der 1948 wiederbelebten Georg und Franziska Speyer´schen Studienstiftung, der er schon 1939 angehörte hatte, als die Auflösung beschlossen worden war; deren Liquidation war 1943 erfolgt.[40]

---

Zitat siehe Rechneiamt IV/2, [Teil 5], Begleitschreiben Müller an Keller, vom 29.03.1946, Bl. 1 (der Vorgang ist de facto doppelt); Weiler, Kunstobjekte, S. 144f. - Anm. 32; 149 - Anm. 66; 150 - Anm. 68: „Vgl. Keller an Berg, 16. August 1945, ISG, Kulturamt 777, Bl. 8r; Keller an Oberbürgermeister, 27. August 1945, ebd., Bl. 14r."

[32] Siehe Tüffers, Magistrat, S. 235; Frankfurter Allgemeine Zeitung, 09.09.1958 (in PA 73.674).

[33] Ich danke Dr. Eva Mongi-Vollmer, Kuratorin des Städel-Museums, für diese Auskunft; siehe auch MA 3933, unter Einlegeblatt K, Bl. 15, Frankfurter Rundschau, 25.11.1958.

[34] Frankfurter Rundschau, 25.11.1958; siehe auch Frankfurter Allgemeine Zeitung, 30.01.1960 (in Abt. 1 Nr. 202 und in S2 / 738 Rudolf Keller).

[35] Ich danke Frau Barbara Rohr von der Geschäftsstelle des Rundfunk- und Verwaltungsrats im Hessischen Rundfunk für diese Informationen [vom Februar 2012]. Der Rundfunkrat wählt auch die Mitglieder des Verwaltungsrates, so daß Keller an Wahlen von Friedrich Lehmann für den Verwaltungsrat beteiligt war.

[36] Siehe MA 3933, unter Einlegeblatt K, Bl. 15, Frankfurter Rundschau, 25.11.1958; vgl. PA 73.674, Bl. 370(blau) / 372(schwarz), Frankfurter Rundschau, 08.09.1953.

[37] Seng, Goethe-Enthusiasmus, S. 388; siehe auch ebenda, S. 403. Keller war am 12.04.1938 in den Vorstand des „Kunstgewerbe-Vereins" gewählt worden, siehe Bauer, Bedauern, S. 44.

[38] Nottelmann, Kulturpolitik, S. 7; vgl. Farnung, Kulturpolitik Reich, S. 57.

[39] Siehe Frankfurter Museumsgesellschaft, V 125, [Bd.] 113, 18.10.1934: Wahl Kellers in den Vorstand; ebenda, [Bd.] 3, unter „K"; ebenda, [Bd.] 21; ebenda, [Bd.] 44, 06.09.1946, 01.03.1948, 29.08.1949; ebenda, [Bd.] 16, unter „K", 30.04.1959; ebenda, [Bd.] 17, unter „K"; siehe auch S2 / 738 Rudolf Keller, Frankfurter Rundschau, 30.01.1960 und 01.02.1960; MA 3933, unter Einlegeblatt K, Bl. 15, Frankfurter Rundschau, 25.11.1958.

[40] Siehe Schembs, Speyer, S. 80, 87.

## 2.4 Kellers Beziehungen zur Universität nach 1945

In der Zeit des „Dritten Reiches" war Keller für Oberbürgermeister Krebs der „Verbindungs-mann"[41] zur Universität. Keller war seit der Weimarer Zeit im Großen Rat und im Kuratorium der Universität gewesen und kurz sogar interimistisch Kurator. Im Wintersemester 1951/52 sowie im Sommersemester 1952 nahm Keller die Positionen des stellv. Vorsitzenden des Kuratoriums und des Geschäftsführenden Vorsitzenden ein. Der Geschäftsführer nahm an den Sitzungen des Vereins der Freunde und Förderer teil.[42] Noch zu seinem 75. Geburtstag erwähnt die Frankfurter Rund-schau, er sei „Mitglied des Großen Rates und des Kuratoriums der Johann-Wolfgang-Goethe-Universität",[43] und als er 80 Jahre alt war, schreibt sie, daß er „stellvertretender Kurator der Johann-Wolfgang-Goethe-Universität"[44] sei.

Es gab einen Vorgang nach dem Krieg, der Kellers akademische Würdigung in einen Kontext stellt, über dessen Relevanz nur spekuliert werden kann: Keller hatte im April 1946 entscheidenden Einfluß auf die erste Ernennung eines Ehrenbürgers nach dem Zweiten Weltkrieg. Er nahm damals an zwei Sitzungen des Senats teil und wurde im Protokoll aufgeführt unter „Ferner"; er kam nur zu diesen beiden Sitzungen, nicht in die unmittelbar zuvor und anscheinend nie mehr danach.[45] Warum er anwesend war, ist offen, auch, ob dies für die gesamte Sitzung zutrifft; es gibt keinen Hinweis, daß seine Teilnahme bei den beiden Sitzungen zeitlich begrenzt war. (In der zweiten Sitzung gehörte zu den Teilnehmern unter „Ferner" auch Hartner, der Keller Jahre später für die akademi-schen Würden vorschlug, und Professor Beutler, der 1948 um eine Ehrung für Keller bat.[46]) „Stadtrat Dr. Keller regt an, Herrn Hartmann von der Bauer´schen Giesserei ... die ´Ehrenbürger-würde der Universität Frankfurt/Main´ zu verleihen. Stadtrat Dr. Keller wird einen entsprechenden

---

[41] Hammerstein, Goethe-Universität, S. 404.

[42] Siehe Hammerstein, Goethe-Universität, Nachkriegszeit, S. 133, 137. Keller wurde am 3. März 1932 zum Mitglied des Großen Rates und am 24. November 1932 in das Kuratorium gewählt. Unter den Nationalsozialisten wurde daraus ein verkleinertes Kuratorium, dem er angehörte. Ab 1947 gab es wieder einen Großen Rat, zu dem er wie auch zum Kuratorium bis zum 2. März 1959 gehörte. Für Informationen sei Matthias Lorenz M.A. vom Universitätsarchiv sowie PD Dr. Michael Maaser, vom 01.04.2019, gedankt; siehe auch Maaser, Stifter, S. 100.
Es stellt sich die Frage, inwieweit Keller nach dem Krieg in die Bemühungen von Teilen der Universität eingebunden war, von Verschuer einen Lehrstuhl für Genetik zu geben, siehe Kröner, Rassenhygiene, S. 104: Verschuer schrieb an Hahn am 27.07.1946, daß die „Medizinische Fakultät, der Rektor und der Kurator der Universität .. ihn auf seinen alten Lehrstuhl zurückberufen" wollten, mit Nachweis, Max-Planck-Gesellschaft, I 1 A 3027.

[43] PA 73.674, Bl. 370(blau) / 372(schwarz), Frankfurter Rundschau, 08.09.1953.

[44] MA 3933, unter Einlegeblatt K, Bl. 15, Frankfurter Rundschau, 25.11.1958.

[45] Siehe Abt. 8 Nr. 5, 24.04.1946, S. 1; 03.07.1946, S. 1.

[46] Siehe zu Beutlers Vorschlag PA 73.674, Bl. 345(rot) / 347(schwarz). (Die rechtliche Grundlage für Kellers Anwesenheit und seinen Antrag ist offen.)

Antrag stellen."[47] Aus der nächsten Sitzung des Senats heißt es: „Die Uebertragung der Ehrenbür-gerwürde an den Inhaber ... Johann Georg Hartmann ... wurde, wie in der letzten Sitzung bereits beschlossen, bestätigt."[48] (Es stellt sich hier die Frage, ob es bei verschiedenen Handlungen der Beteiligten ein Manus manum lavat gab.)


## 2.5 Kellers Verhältnis zur NSDAP


Die Frage der Mitgliedschaft in der NSDAP war wesentlich in der Nachkriegszeit bei einigen Vorgängen im Rahmen der Entnazifizierung. Zur Positionierung der Beteiligten in der NS-Zeit wie auch zu ihrem Verhalten danach kann die Frage der Mitgliedschaft Einblicke verschaffen. Aber die Frage der Verantwortung für politische Ämter in der NS-Zeit läßt sich nicht auf diesen Aspekt beschränken. Staatsauffassung´"

Die auch heute noch vorgenommene Bezeichnung einer Person als „Nazi" kann im historisch-politischen Diskurs einerseits die formale Parteimitgliedschaft meinen - unabhängig davon, ob und wie weit die Person von der NS-Ideologie überzeugt war -, oder sie kann andererseits funktional eine relevante Mitwirkung im totalitären System ausdrücken sollen.

Gemäß Michael Bermejos Forschungen beantragte Keller die Mitgliedschaft bei der NSDAP am 29. April 1933, „der er am 1. Mai 1933 beitrat."[49] Bettina Tüffers schreibt in ihren biographischen Angaben von einer Ablehnung des Antrags.[50]

In einem „Fragebogen" für seine städtische Personalakte antwortete Keller mit Unterschrift vom 18. Juni 1933: „4. der N.S.D.A.P. angemeldet [am, GSt.] 29.4.1933".[51] So vermittelte er eineinhalb Monate nach seinem Beitrittsgesuch offiziell eine entsprechende Verbindung zur NSDAP. Er

---

[47] Abt. 8 Nr. 5, 24.04.1946, S. 4. Keller war Stadtrat bis Ende Juli 1946, siehe Tüffers, Magistrat, S. 224.
[48] Abt. 8 Nr. 5, 03.07.1946, S. 3verso.
[49] Bermejo, Opfer, S. 20; siehe S. 20 - Anm. 12: „Zur Aufnahme Rudolf Kellers in die NSDAP vgl. BArch Berlin, NSDAP-Ortsgruppenkartei, MFK 26 Nr. 9978." Keller war zuvor in der DDP sowie dann auch in der Deutschen Staatspartei gewesen, siehe Bauer, Bedauern, S. 46, sowie Tüffers zu Keller in www.frankfurt1933-1945.de.
[50] Siehe Tüffers, Magistrat, S. 171: „seit dem 29. April 1933 bei der NSDAP angemeldet", S. 171 - Anm. 412: „Es scheint jedoch bei der Anmeldung geblieben zu sein. ... Brief ... daß der Antrag abgelehnt wurde, was durch den Eintrag in der Parteikarte der BDC bestätigt wird". Siehe dazu BArch (ehem. BDC), NSDAP-Gaukartei, „Keller Dr. Rudolf". „Eingetreten" am „1.5.33", „Mit-glieds Nr. 2275001" [die erste Ziffer war eine überschriebene „3"]. „Aufn. abgel."
[51] PA 73.674, Bl. 112verso(blau) / 115verso (schwarz).

erklärte sich auch „rückhaltlos bereit"[52], „´auf dem Boden der nationalsozialistischen Welt- und Staatsauffassung´"[53] mitzuwirken.

Keller unterzeichnete seinen „Fragebogen" des „Military Government of Germany" am 2. August 1946 und antwortete auf die Frage, ob er „jemals" Mitglied gewesen sei, mit „nein".[54]

Die Stadt Frankfurt hatte durch das „Hauptverwaltungsamt" am „8. März 1937" unter städtischen Mitarbeitern allgemein nach ihren Aufgaben als NSDAP-Mitglied gefragt: „Mit Einverständnis des Herrn Oberbürgermeisters soll auf Veranlassung des Herrn Personalamtsleiters" gefragt werden, ob „städtische Bedienstete aktiv in der Partei" seien. Dort antwortete Keller auf die Frage nach der Parteizugehörigkeit mit „nein". Auf die Frage: „Weshalb bisher ein Amt in der Partei usw. nicht bekleidet wurde", entgegnete Keller: „Bisher war mir diese Möglichkeit nicht gegeben." Und auf die Frage: „Ob Sie künftig g.F. ein Amt … übernehmen wollen oder nicht", antwortete Keller: „Ja, soweit es die … Pflichten zulassen."[55] In einem Formular des Hauptverwaltungsamts vom 14. März 1938 verneinte er die Mitgliedschaft in der NSDAP.[56] Nach dem Krieg ging Keller in einem Brief an den Oberbürgermeister vom 9. Dezember 1945 nur auf die zweite Befragung ein: „In einem Fragebogen des Jahres 1938 habe ich angegeben: ´Am 28.4.1933 zur Partei angemeldet.´ Diese Anmeldung erfolgte s. Zt. auf Grund einer Besprechung mit Oberbürgermeister Dr. Krebs, der mir erklärte, dass der Eintritt in die Partei von allen Beamten gefordert werden würde. … Zu meiner großen Erleichterung wurde meine Meldung schon nach wenigen Wochen zurückgewiesen … Es ist bekannt, dass ich schon am Tage der Besetzung des Rathauses in Schutzhaft genommen wurde, dass Gauleiter Sprenger meine sofortige Entlassung aus dem Amte forderte und dass diese Versuche, mich zu entfernen, 12 Jahre hindurch, bis in das Jahr 1944, immer wiederholt wurden. Ich habe niemals Beiträge an die Partei entrichtet, keine Versammlungen besucht oder mich irgendwie betätigt, so dass ich wahrheitsgemäss versichern konnte, dass ich niemals Pg. oder auch nur ´Anwärter´ gewesen bin."[57]

Wenn der Gauleiter dies tatsächlich bis 1944 wiederholt versucht hätte, müßte Krebs bis zu dem Datum stets zu ihm gestanden haben, was bedeutet, daß Krebs überzeugt war, die Bilanz der Handlungen Kellers war für seinen, Krebsens Kurs als Nazi, positiv, sprich: braun. Das Endergebnis, nämlich 12.000 ermordete Frankfurter Juden,[58] belegt, daß dieser Kurs ein NS-Kurs war. Und:

---

[52] PA 73.674, Bl. 125(blau) / 126(schwarz).

[53] Tüffers, Magistrat, S. 171 - Anm. 415. Vgl. im zeitlichen Kontext, daß eine Zeitung am 25.02.1933 über einen Vortrag von Keller zum Kinderdorf Wegscheide berichtete, er habe mit Bezug auf die Kinder ihren „Ruf nach dem Führer" erklärt, siehe Schulamt 231.

[54] PA 59.142, unfol.

[55] Zitate siehe PA 73.674, Bl. 244(rot) / 246(schwarz); siehe auch Schäfer, Schulen, S. 299.

[56] Siehe PA 73.674, Bl. 258(rot) / 260verso (schwarz).

[57] PA 73.674, Bl. 322(rot) / 324(schwarz); der Tag wird wohl der 29. gewesen sein.

[58] Vgl. Pressemitteilung der Stadt Frankfurt am Main vom 21.01.2010.

Das Engagement auf Seiten eines Nazis gegen andere Nazis heißt nicht, daß dies ein Widerstand gegen den Nationalsozialismus war.[59]

## 2.6 Kellers berufliches Wissen und Wirken während des „Dritten Reiches"

Was wußte Keller und wobei wirkte er mit in jenen Jahren? Die Beantwortung dieser Fragen hängt für die Anfangszeit auch von seinen Ämtern ab. Denn wann Keller Kulturdezernent wurde, läßt sich anscheinend weder aus der Forschungsliteratur noch aus den Akten entnehmen. Diese Lücke, wie sie offenbar in den Akten herrscht, ist verwunderlich: Es fragt sich, ob sie während jener Zeit entstand, weil es der Oberbürgermeister bewußt an einer formalen Ernennung fehlen ließ, oder ob es nach dem Krieg zur Lücke kam. Kellers Amtsvorgänger Max Michel war Jude und wurde von seinem Amt am 13. März 1933 suspendiert.[60] Am 14. März wurde Linder Michels Nachfolger als Personaldezernent und am 18. April übernahm Bruno Müller Michels Funktion beim Revisionsamt. Im Mai kam Keller in Deputationen; so hatte der Oberbürgermeister mit einer Verfügung vom 5. Mai in einer „Dezernatsverteilung" Keller an die Spitze der „Kulturdeputation" gesetzt.[61] Es ist zu vermuten, daß Keller eher im Mai als zuvor zusätzlich zum für die Kultur zuständigen Stadtrat[62] wurde. Der Oberbürgermeister schrieb am 27. März 1934 an den Regierungspräsidenten über Keller: „Daneben leitete er bis Herbst vorigen Jahres das städtische Kulturamt, dem die Betreuung der Kultureinrichtungen der Stadt ... obliegt. Danach habe ich die Leitung dieses Amtes übernommen und ihn zum stellvertretenden Vorsitzenden bestellt."[63]

Zur Erläuterung ist hier auf eine Veränderung durch die Nationalsozialisten aufgrund ihres Führerprinzips zu verweisen: Um dieses nach außen hin sichtbar werden zu lassen, wurden in Frankfurt die Dezernenten als Amtsleiter bezeichnet. Am „5. Januar 1934" legte der Oberbürgermeister fest,

---

[59] Matzerath, Kommunalpolitik, S. 22, verweist auf „die Personalisierung der Politik und die damit verbundenen Machtkämpfe", weshalb zwangsläufig städtische Beamte in solche Konflikte einbezogen worden sind.

[60] Siehe Stemmler, Kommunalpolitiker, S. 8 [siehe unter Archivalien].

[61] Siehe MA 4700, Bl. 86, 96, 112; Städtisches Anzeigeblatt, Nr. 24, 10.06.1933, S. 260. Vgl. auch MA Nachträge 208, Bl. 1-12.

[62] Vgl. Martini, Musik, S. 94, der unzutreffend schreibt, ein Dr. Stein sei Kulturdezernent geworden; siehe dazu Maly, Regiment, S. 543, und PA 19.245. Die Bildunterschrift in Farnung, Kulturpolitik Reich, S. 46, Abb. 5: „Dezernent für ... Kultur (1932-1946)" ist unzutreffend und vermittelt den Eindruck, er habe diese Position anfangs nicht den Nationalsozialisten zu verdanken gehabt.

[63] PA 73.674, Bl. 143(blau) / 199(schwarz). Siehe MA 3643, Bl. 5, 24.02.1934, mit der Bezeichnung „Geschäftsführender Amtsleiter". Vgl. Balser, Trümmern, S. 205. Im November 1934 wurde beim Kulturamt „ein künstlerischer Beirat eingerichtet", den Keller leitete, siehe Bauer, Bedauern, S. 25f. Keller wurde am 12.04.1938 in den Vorstand des „Kunstgewerbe-Vereins" gewählt, siehe Bauer, Bedauern, S. 44.

daß „künftig ... nicht mehr die Bezeichnung ´Dezernenten´, sondern ´Amtsleiter´" aufgrund der „Führerverantwortlichkeit in der Verwaltung der Gemeinden" zu verwenden sei.[64] Somit wurde ein „Kulturdezernent" Keller damals als Leiter des Kulturamts eingeordnet, wobei der Oberbürgermeister ihn zudem zeitweise formal die Rolle des stellvertretenden Leiters des Kulturamts zuwies; weil die Funktion in diesem Amt de facto die des Kulturdezernenten war, bezeichne ich ihn so, um diese Stellung zu betonen; darüber hinaus gehört der Terminus Kulturamtsleiter in der Zeit zur Lingua tertii imperii.[65]

### 2.6.1 Zur Universität und ihren Ehrenbürgern

Was sagt die Forschungsliteratur - mit einer ansatzweisen Betrachtung der Quellen -, worin Keller von Amts wegen involviert war, und worüber er von Amts wegen informiert war? Es soll zuerst auf Bezüge zur Universität eingegangen werden: Die Entwicklung einer durch die Stadt nicht nur wesentlich finanziell, sondern auch ideell getragenen Universität, die durch die Nationalsozialisten etwa ein Drittel ihres Lehrkörpers und viele Mitarbeiter und Studierende verlor, läßt über die zwölf Jahre der totalitären Herrschaft auch den Kulturdezernenten (und den Stadtkämmerer) nicht ohne Verantwortung am Geschehen sein. Zumindest wird Keller früh über Entlassungen an der Universität informiert gewesen sein. Und das Kulturamt berichtete am 3. Januar 1939 auf die Anfrage des Oberbürgermeisters, daß an der Universität „die restlose Entfernung der Juden abgeschlossen worden sei".[66]

Aber nicht nur die Universität selbst, sondern auch das Ergehen ihrer Ehrenbürger verdient einen Blick bezüglich des Verhaltens von Rudolf Keller. In das Vorhaben, den Ehrenbürger der Universität Otto Goldmann dieser Würde zu berauben,[67] war Keller involviert; es obliegt einer detaillierten Untersuchung, ob man meint, er habe das Vorgehen befördert oder behindert.

---

[64] Zitate siehe MA 4212, Bl. 89(schwarz).

[65] Im Städtischen Anzeigeblatt, Nr. 25, 17.06.1933, S. 269, heißt es „Kulturdezernent". In einer Auflistung des Deutschen Gemeindetags vom 11.05.1939 wird Keller als „Kulturdezernent" bezeichnet, siehe BArch R 36/2369. Siehe auch Schültke, Theater, S. 34f.

[66] Andernacht/Sterling, Dokumente, S. 104 (Oberbürgermeister an Kulturamt vom 27.12.1938). Der Oberbürgermeister war 1934 auch der Vorsitzende des Kuratoriums der Universität, siehe MA 3643, Bl. 5. Hans Achinger behauptete am 01.04.1946 gegenüber dem Oberbürgermeister, sich in seinen Vorlesungen regimekritisch geäußert zu haben. Das habe zu einer Denunziation geführt: „Von einer entsprechenden Eingabe meiner Hörer an Herrn Stadtrat Keller habe ich Anfang 1946 nur gerüchtweise [sic] gehört." HHStAW, Abt. 520/11 Nr. 15014/2. Sofern dies zutrifft, wäre eine Erklärung, daß es Personen gab, die davon ausgingen, Keller würde dagegen vorgehen.

[67] Siehe ausführlich in Stemmler, Vermessung, S. 87-89. Siehe zu Goldmann auch MA P 200, 18.02.1935 (Nr. 1124): „Aus der Gemäldesammlung Otto Goldmann .. werden 10 Bilder ... zum Preise von insgesamt 5.000 RM für die städtische Galerie angekauft." (Vgl. ggf. MA 5587, Kultur-

Keller übernahm in der Georg-Speyer-Stiftung das Vorstandsamt von Herbert Beit von Speyer (1889-1941), dem Sohn eines Ehrenbürgers der Universität; jener mußte sein Amt als Vorstandsmitglied der Stiftung am 11. Dezember 1938 aufgeben und Keller übernahm es am 7. März 1939. (Beit von Speyer lebte im Ausland und war in der Stiftung aus nationalsozialistischer Sicht als unerwünscht angesehen worden.) Keller gehörte 1939 auch zum Vorstand der Georg und Franziska Speyer'schen Studienstiftung, als der Vorstand die Auflösung beschloß. Die Liquidation erfolgte schließlich 1943. 1948 wurde die Stiftung wiederbelebt. Im Vorstand saß unter anderem wieder Keller.[68]

Wenige Jahre nach dem Tod des Ehrenbürgers Beit von Speyer kaufte die Stadt „das Anwesen der Familie Beit von Speyer ... Die Stadt bezeichnete den Kauf bei einem Quadratmeterpreis von 17,00 RM und angesichts der guten Lage und des ausgezeichneten Zustands des Anwesens als ´äußerst vorteilhaft´". Keller war darin involviert.[69]


Der enteignungsartige Raub jüdischer Immobilien war bisweilen auch für die Nutzung durch die Universität gedacht gewesen; es stellt sich die Frage, inwieweit Keller darin involviert war. Dazu gehörte der „Kauf großbürgerlicher Villen in guter Lage im Frankfurter Westend und am Mainufer. Der zuständige Bauamtsleiter, Dr. Bruno Müller, führte in einer Besprechung im Dezember 1936 auf, ... [es, GSt.] werde die Stadt versuchen, derartige Grundstücke zum Geländewert anzukaufen. Dies war jedoch nicht das einzige Motiv der Stadt. Sie sah in den weiträumigen Anwesen geeignete Unterbringungsmöglichkeiten für Institutionen der Universität und stellte die Gebäude nach dem Kauf ... der Universität zur Verfügung."[70] „Genau einen Tag nach der Beendigung der Jagd auf jüdische Männer konnte Oberbürgermeister Krebs in der Gemeinderatssitzung fünf herrschaftliche Immobilien aus dem Besitz jüdischer Familien vorstellen, die zu ´günstigsten´ Preisen für mehr als

---

amt, 14.12.1938.) Diese Information aus einer sog. „Amtsleiterbesprechung" zeigt beispielhaft, womit Keller noch befaßt war. („Goldmann ist im Juni 1936 gestorben", Abt. 1 Nr. 201.)

[68] Nachweise siehe Schembs, Speyer, S. 77f., 80, 87. Siehe auch Ortmeyer, Speyer'sche Stiftung, [S. 12, 15f.]. Zur Amtsleiterbesprechung am 16.05.1939 heißt es: „Herr Stadtrat Dr. Keller fragt an, ob er als Kommissar einer Stiftung auch Beiträge verteilen dürfe. Die Frage ist von Herrn OBM bejaht worden", MA P 215, 16.05.1939 (Nr. 85), Bl. 7. Es wird dabei wahrscheinlich um eine jüdische Stiftung gegangen sein. Es ist offen, ob sich dies auf diese Stiftung oder auf einen ähnlichen Vorgang bezieht. Bei einer Frage zur Aufspaltung gemischter Stiftungen während einer Sitzung mit deren Vorständen meinte Keller im April 1937, daß die Bedingungen der Stifter zu berücksichtigen seien, siehe Andernacht/Sterling, Dokumente, S. 123 [III 67]; vgl. Gruner, Wohlfahrt, S. 86 - Anm. 9.

[69] Zitat und Nachweise siehe Eizenhöfer, Stadtverwaltung, S. 304f. und S. 304 - Anm. 25; Wesp, Villa, S. 82f.

[70] Eizenhöfer, Stadtverwaltung, S. 304. Keller hatte schon Anfang 1936 für einen von Krebs erbetenen „Fünfjahresplan" Ausstellungsflächen vorgesehen und dabei an „´an das Haus von Goldschmidt-Rothschild, ... gedacht´", siehe Farnung, Kulturpolitik Reich, S. 70f.; MA 7829, Vermerk Kellers für den Oberbürgermeister vom 07.01.1936, S. 7.

eine halbe Million Reichsmark erworben worden waren, denn ´die letzte Woche hat das Problem wesentlich schneller reifen lassen, als es unter anderen Umständen gereift wäre´. Die Nutzung für die Universität oder für andere Einrichtungen ... standen dem Oberbürgermeister vor Augen."[71] Es ist anzunehmen, daß Keller auch hierüber schon zuvor informiert worden war.

Arthur von Weinberg, Ehrenbürger und Ehrensenator der Universität sowie auch Ehrenbürger der Stadt Frankfurt am Main, wurde zum Verkauf seines Wohnsitzes Haus Buchenrode gezwungen; dort wurde dann ein musisches Gymnasium eingerichtet.[72] Keller wird die Umstände dieser Vertreibung einer der berühmtesten Persönlichkeiten der Stadt gekannt haben.[73]

Der NS-Oberbürgermeister Krebs versuchte, die Schwächung der Universität durch Gründung von Instituten und von vergleichbaren Einrichtungen auszugleichen.[74] Dazu gehörten Bemühungen zur Etablierung des Deutschen Apothekenmuseums. Zu diesem Zweck war nach einigen anderen Vorschlägen schließlich die Villa von Richard Merton vorgesehen. So hieß es in einem Schreiben an das Kulturamt: „Herr Oberbürgermeister hat inzwischen ein neues Haus (Merton, Am Leonhardsbrunn 12) ... ausgesucht".[75] Von daher war für Keller die Herkunft des Hauses zweifelsfrei bekannt. Richard Merton war der 16. Ehrenbürger der Universität gewesen.[76] Auch war Keller bereits früh in die Gründungsaktivität für eine Institution der empirischen Sozialforschung eingebunden, die dann zum Soziographischen Institut führte. Dies unternahm Forschungen für sozialrassistische Anwendungen; beispielsweise ging es um eine „planmäßige Neu-Ausrichtung ... des landwirtschaftlichen Lebensraums"[77] im großen Stil.

---

[71] Kingreen, Raubzüge, S. 25.

[72] Siehe z. B. MA 5587, Bauamt Lingnau, 07.04.1939; vgl. Volhard, Wohltäter, S. 340.

[73] Siehe z. B. Farnung, Kulturpolitik Reich, S. 372 - Anm. 776.

[74] Es sollte ein Verkehrswissenschaftliches Institut angesiedelt werden, das Bruno Müller als Reichsinstitut sehen wollte. Keller hatte dazu (eine) kritische Frage(n), siehe Stadtwerke 493, vom 12.10.1936, „1, 33, 61 und Stadtrat Keller".

[75] MA 8875, Hauptverwaltungsamt vom 14.07.1939. In einem Brief des Oberbürgermeisters an die Gestapo in Frankfurt vom 26.07.1939 wird der Vorgang immerhin im Betreff ungeschminkt formuliert: „Betr.: Vermögensbeschlagnahme des Juden Dr. Richard Israel Merton". In diesem Schreiben hatte die Stadt um Genehmigung des „zwischen Merton und der Stadtgemeinde Frankfurt am Main abgeschlossenen Kaufvertrag[es]" gebeten, da man die Villa umgehend in das geplante Museum umbauen wollte. Siehe auch MA P 215, 04.04.1939 (Nr. 24); MA Nachträge 132, „Niederschrift über die Beratung mit den Gemeinderäten am 23. Mai 1940", Vorlage für Oberbürgermeister aus Kulturamt, 10.04.1940. Es wird als Kaufsumme angegeben: „135 000.- RM", MA 5587, stellv. Bauamtsleiter Dr. Müller, 10.05.1939, S. 4. Vgl. auch MA 5588, Bauamt, Stadtrat Arntz, 11.07.1939, S. 2; ebenda, Bauamt, 03.08.1943, „Freimachung ... für militärische Zwecke"; Buseck, Apotheke.

[76] Siehe Stemmler, Vermessung, S. 159.

[77] Mai, „Rasse", S. 136; S. 136 - Anm. 108: „Bericht über den Vortrag Neundörfers anläßlich einer Besprechung beim Frankfurter OB am 31. 5. 1940", bei der Keller anwesend war (mit dem Nach-

## 2.6.2 Entlassungen

Auch in Entlassungen von Mitarbeitern städtischer Kultureinrichtungen war Keller involviert.[78] Dabei gab es für ihn mehrere amtliche Bezüge, Informationen zu erhalten: Die „1920 gegründete ´Deputation für Wissenschaft, Kunst und Volksbildung´, die sich aus Magistratsmitgliedern und sachverständigen Bürgern zusammensetzte, entwickelte sich zum Organisationsmittelpunkt der städtischen kulturellen Aktivitäten. ... ihre Aufgaben [waren, GSt.]... die Verwaltung und Beaufsichtigung der städtischen Anstalten und Einrichtungen auf diesem Gebiet ... 1932 wurde Stadtrat Dr. Keller der Vorsitz der Deputation übertragen; er bekleidete nach 1933 und auch nach 1945 dieses Amt." „Sämtliche jüdischen Wissenschaftler, die an den .. Einrichtungen 1933 tätig waren, wurden entlassen. Dabei fällt ein aktivistisches und rücksichtsloses Vorgehen der Stadtverwaltung im nationalsozialistischen Sinne auf: schon am 28. März 1933 - also bereits vor Erlaß des ´Gesetzes zur Wiederherstellung des Berufsbeamtentums´ - wurden vier jüdische, an Museen tätige Wissenschaftler, darunter zwei Volontäre, beurlaubt." Kriegsteilnehmer wurden nach 1935 auch im städtischen Kulturbereich in den Ruhestand versetzt; es folgten sog. „jüdisch Versippte". Und so kam es auch noch in den Jahren 1936, 1937 und 1938 zu solchen Entlassungen. „Damit wurde ein Drittel des 1933 an Museen und Bibliotheken Frankfurts tätigen wissenschaftlichen Personals aufgrund ´rassischer´ Kriterien im Laufe der 30er Jahre entlassen." „Bei der Entlassungspraxis in Frankfurt fällt auf, daß die Stadtverwaltung und an deren Spitze Oberbürgermeister Friedrich Krebs auf die Verwirklichung der Gesetze drängten: ... in der Folge brachte der Oberbürgermeister ... zur Entlassung in Vorschlag, auch wenn sich Dienststellenleiter aufgrund z.B. fachlicher Überlegungen für ein Verbleiben der Beamten im Amt aussprachen, wie z.B. Dr. Oehler im ´Fall´ Freimann." Entlassungen praktizierte man in Frankfurt „möglichst schnell". Es kam zu Kündigungen an den Städtischen Bühnen;[79] dies waren nicht nur Schauspieler und Sänger,[80] sondern überhaupt Mitarbeiter an den Städtischen Bühnen. Darüber hinaus blieb zum Beispiel die sehr beliebte Opernsängerin

---

weis MA „6919/14"). Die Initiatoren erstrebten einen „nach rationellen Gesichtspunkten geplanten Gesellschaftsaufbau[s]", ebenda, S. 137.

[78] Z. B. MA P 203, 16.12.1935 (Nr. 1010). Vgl. zur Entlassung von Max Beckmann u. a. Stemmler, Medaillen, S. 135; Stemmler, Siegelring, S. 50f. Siehe zu Entlassungen auch Heuberger, Bibliothek, S. 93. Ein [Nachkriegs-]„Verzeichnis der wiedergutmachungsberechtigten Bediensteten" mit 880 Namen bietet das ISG digital an.

[79] Zitate und Nachweise siehe Nottelmann, Kulturpolitik, S. 7, 77, 82, 126-128. Siehe zur Deputation und den Entlassungen bei den Städtischen Bühnen auch Hanau, Musikinstitutionen, S. 40f.; vgl. allg. Drummer/Zwilling, Bühnen; vgl. auch z. B. MA 4211, Bl. 62verso.

[80] 1942 kam es zu einer „Kürzung der Versorgungsbezüge früherer jüdischer Bühnenangehöriger", MA 5588, Kulturamt, 09.10.1942, S. 1, „I. Hauptgeschäftsstelle", Nr. 4.

Magda Spiegel schutzlos; sie wurde am 1. September 1942 nach Theresienstadt deportiert und dann am 14. Oktober 1944 nach Auschwitz, wo sie ermordet wurde.[81]

Für die Schulen, Kindergärten und die Schulverwaltung wurde 1935 bezogen auf den Zeitraum bis 1934 das Fazit gezogen, daß nach dem „Gesetz zur Wiederherstellung des Berufsbeamtentums" insgesamt 110 Personen entlassen worden seien.[82]

Kellers Ämter vollzogen rassistische Überprüfungen: Das Kulturamt gab für den Mai 1936 als Aufgabe an, es habe in der Städelschule[83] eine „Nachprüfung der Ahnennachweise der Studierenden" vorgenommen. Das Schulamt prüfte im Oktober 1936 den „Nachweis der arischen Abstammung der Ehefrauen sämtlicher Beamter und Lehrer an den Berufs- und Fachschulen", im nächsten Monat die arische „Abstammung der Ehefrauen sämtlicher Lehrer an den Mittel- und Volksschulen und an den Privatschulen" und im September 1937 die „der Ehefrauen aller Angestellten."[84]

Ob es bei der Anstellung neuer Mitarbeiter nationalsozialistische Vorstellungen gab, die die Auswahl beeinflußten, ist noch näher zu prüfen: Es „ist auffällig, daß auch zu Zeiten des Arbeitskräftemangels im wissenschaftlichen Dienst die Zahl der weiblichen Aushilfskräfte nicht anstieg."[85]

Auch bei der Stadtbibliothek kam es zu Mitarbeiterentlassungen. Zum Zustand der Stadtbibliothek ist folgendes bezeichnend: „Die Gesamtnutzung ... ging von ... 1929/30 auf weniger als die Hälfte im Jahr 1937/38 zurück ... Der tiefere Grund dürfte jedoch in den Auswirkungen der nationalsozialistischen Wissenschaftspolitik zu suchen sein. ... Waren an der Universität im Sommersemester 1932 noch 4770 Studenten immatrikuliert, so sank ihre Zahl 1938 auf 1815 ab."[86]

---

[81] Siehe Becker, Spiegel, S. 210, 226-232.

[82] Siehe Wohlfahrtsamt 1860; Chroniken S 5, 134, Bd. 1: „Verwaltungsbericht der Stadt Frankfurt a. M. über das Kalenderjahr 1933/34[.] Das erste Jahr nationalsozialistischer Gemeindeverwaltung", S. 45; lt. eingelegtem Blatt war er erst im Februar 1935 erschienen. (Auch: Verwaltungsbericht ... [ISG (= Institut für Stadtgeschichte), Lesesaal]).

[83] Zum Städel in der NS-Zeit siehe Drummer, Reform, S. 149-154.

[84] Zitate und Nachweise siehe MA 5583, Kulturamt, 04.03.1936, „10.) ... c)"; MA 5585, Gesamtbericht für Oktober 1936: „10. Schulamt", „3."; MA 5585, Schulamt, 31.12.1936, 1, und Gesamtbericht, V, 1.; MA 5586, Gesamtbericht für September 1937, Bl. 3, „VI."

[85] Nottelmann, Kulturpolitik, S. 128.

[86] Nachweise und Zitat siehe Schäfer, Stadtbibliothek, S. 141, 143. Siehe auch Wohlfahrtsamt 1860; Chroniken S 5, 134, Bd. 1: „Verwaltungsbericht ... 1933/34", S. 47. (Auch: Verwaltungsbericht ... [ISG, Lesesaal]). Vgl. auch MA 5587, Kulturamt, 14.12.1938. Ein weiterer Grund wird die Sperrung von Beständen gewesen sein.

Keller war befaßt mit Konflikten unter städtischen Mitarbeitern in seinen Zuständigkeitsbereichen, bei denen durch Beteiligte auch versucht wurde, die NS-Herrschaft zu persönlichen Vorteilen auszunutzen: hierzu gehören Angriffe gegen Leo Frobenius mit dem Vorwurf einer falschen Gesinnung.[87]

Der NS-Einfluß auf Einrichtungen der Frankfurter Bürgergesellschaft gehört mit zu den Vorgängen aus der Zeit des „Dritten Reiches". So beteiligte sich Keller „daran, daß ´Führerprinzip´ auch in die Museums-Gesellschaft einzuführen und die Organisationsstruktur nach nationalsozialistischen Prinzipien umzugestalten."[88]

Bei Preisverleihungen kam es zu signifikanten Änderungen; die Zusammensetzungen der Jurys veränderten sich: Beispielsweise zogen in das Kuratorium zur Verleihung des Goethe-Preises die Minister Goebbels und Rust ein und bestimmten (maßgeblich) die Preisträger. Keller war in solche Abläufe mit einbezogen.[89]

### 2.6.3 „Arisierung" von Kunstwerken und Büchern

Keller müßte gewußt haben, daß seit 1933 bestimmte Bilder nicht mehr im Städel hingen. Zu den folgenden Vorgängen der Beschlagnahme von Kunstwerken aus dem Städel-Museum hatte Keller detailliert Kenntnis: „Adolf Ziegler erschien erstmals am 7. Juli 1937 mit einer Kommission des Reichspropagandaministeriums im Städel. ... In einem Aktenvermerk faßte Direktor Wolters diese erste Beschlagnahme im Juli 1937 zusammen: ´Die Kommission wählte die in den Listen aufge-führten Werke aus und befahl deren sofortigen Expressversand nach München zum Zweck der Aufnahme in die geplante Ausstellung ´Entartete Kunst´. ... Alle ... Werke waren seit 1933 abge-hängt und befanden sich im Depot. Irgend welche noch in der Galerie ausgestellten Gemälde wurden von der Kommission nicht beanstandet. Ich berichtete über die ganze Angelegenheit noch am gleichen Vormittag ... meiner vorgesetzten Dienststelle, dem städtischen Kulturamt ... Ich habe dem Herrn Oberbürgermeister die Angelegenheit am 10. Juli vormittags in Anwesenheit von Herrn

---

[87] Siehe Geisenhainer, Völkerkundler, u. a. S. 88f.
[88] Ziemer, Moderne, S. 337.
[89] Siehe Zeller, Klassiker, S. 147-149 („Verwaltungsrat"); Städtisches Anzeigeblatt, Nr. 12, 22.03.1935, S. 193. Zur Mitgliedschaft von Goebbels siehe auch Städtisches Anzeigeblatt, Nr. 53, 29.12.1934, S. 724; und: Wohlfahrtsamt 1860; Chroniken S 5, 135, Bd. 2: „Verwaltungsbericht der Stadt Frankfurt a. M. über das Haushaltsjahr 1934/35[.] Erstattet von Oberbürgermeister Staatsrat Dr. Krebs", S. 56. (Auch: Verwaltungsbericht ... [ISG, Lesesaal]); vgl. Fürbeth, Schwietering, S. 251-253.

Stadtrat Dr. Keller vorgetragen. Der Herr Oberbürgermeister ... ordnete die Versendung der Bilder ... an.'" Es handelte sich um „26 Gemälde". „Direktor Wolters nannte diese Beschlagnahmung in einem Schreiben an das Kulturamt vom 15. November 1937 eine neuerliche schwere Verstümmelung und sehr merkbare Rangminderung der Sammlung". „Akten des Magistrats ist zu entnehmen, daß einige Beschlagnahmungen für Hermann Göring ... persönlich erfolgten".[90]

Ende 1936 wirkte das Kulturamt mit an einer Vorlage des Oberbürgermeisters an die Gemeinderäte über die Bereitstellung von Mitteln für die Ankäufe der Museen. Die Stadt Frankfurt wollte Chancen nutzen aus Kunstverkäufen von Juden, die wegen der Nazi-Herrschaft auswanderten.[91] Keller war anwesend, als Bürgermeister Linder in der Beratung erklärte: „Es ist Ihnen ja bekannt, dass durch die Abwanderung der Juden jetzt wertvolle Kunstgegenstände zu erhalten sind."[92]

Keller wird als zuständiger Stadtrat von Zwangsankäufen aus dem Kunstbesitz jüdischer Bürger gewußt haben.[93] Die Stadt Frankfurt nutzte über Jahre die Zwangslage von Verfolgten im In- und Ausland schamlos aus: In der zweiten Jahreshälfte 1938 wurde Freiherr von Goldschmidt-Rothschild gezwungen, seine Kunstsammlung von etwa 1.400 Gegenständen an die Stadt zu verkaufen.[94] Das Museum für Kunsthandwerk, das Liebieghaus und das Städelsche Kunstinstitut erhielten Objekte aus der Sammlung.[95] „Weitere Bereicherungsmöglichkeiten nutzte die Stadt vor

---

[90] Zitate siehe Roth, „Kunst", S. 194, 196. Vgl. dazu Hansert, Kunsterwerbungen, S. 3: „In der städtischen Kulturverwaltung hat man in der Möglichkeit, zu günstigen Bedingungen an Kunst aus jüdischem Besitz zu kommen, immer wieder eine Kompensation für die Verluste durch die Aktion ´Entartete Kunst´ sehen wollen." Siehe auch MA 5586, Gesamtbericht für August 1937, Bl. 4, „5. Städtische Galerie ... b) Beschlagnahme von Werken entarteter Kunst durch eine Abordnung der Reichskammer der bildenden Künste", und ebenda, Kulturamt, 04.09. Vgl. zum Kontext des Verkaufs sog. entarteter Kunst auch MA P 213, 11.05.1938, und MA P 218, 26.08.1941 (Nr. 118), ebenso MA P 219, 21.04.1942 (Nr. 13), 05.05.1942 (Nr. 16).

[91] Siehe MA Nachträge 78, Bl. 29-34, (vom 14.12.1936), mit der Beratung. Ich danke Maike Brüggen M.A., Historisches Museum Frankfurt, Provenienzforschung für diesen Hinweis [vom Dezember 2012]; siehe auch Schmeisser, Gemälde, S. 112 - Anm. 19.

[92] MA Nachträge 78, Bl. 31recto.

[93] Hierzu gehört ggf., wenn Stutzinger auf eine geplante Ausstellung „Antike Kleinfunde aus städtischem Besitz und Bürgerbesitz" eingeht, die „im Haushalt des Kulturamtes ... verrechnet werden" soll; Keller war daran beteiligt, siehe Stutzinger, Wohle, S. 46, mit Verweis auf ISG, Museum für Vorgeschichte 71, Keller, vom 16.03.1939; vgl. ebenda, S. 83f.

[94] Dazu gab es einen „Antrag des Kulturamtes vom 14.11.1938", siehe MA P 214, 20.12.1938 (Nr. 520). Siehe auch z. B. Kopper, Rothschilds, S. 329f.; Farnung, Kulturpolitik Reich, S. 372 - Anm. 776; Heckötter, Hauptsammelgebiet, S. 135 - Anm. 28, mit Verweis auf Kulturamt 247.

[95] Siehe MA 5587, Kulturamt, 14.12.1938; ebenda, Kulturamt, 09.08.1939; ebenda, Kulturamt, 16.09.1939. Ob das Museum für Kunsthandwerk neben den anderen beiden Häusern auch Objekte der Sammlung Carl von Weinbergs erhalten hat, geht aus folgenden Nachweisen nicht eindeutig hervor: MA 5588, Kulturamt, 09.08.1939, und ebenda, Kulturamt, 16.09.1939; vgl. Farnung, Kulturpolitik Reich, S. 348f. Zu den bedeutenden Sammlungen von Weinberg und Rothschild kam

allem für ihre Museen. In Kooperation von Bau- und Kulturamt ... konnte Frankfurt nur wenige Wochen nach dem Pogrom die bedeutende Kunstsammlung ... von Weinberg ... in ihren Besitz bringen. ... Nur wenige Wochen nach dem Novemberpogrom erörterten die Ratsherren außerplanmäßige Investitionen der Stadt von dreieinhalb Millionen für einen solchen Kunsterwerb. ... Die reichsweit angeordnete Zwangsabgabe der Schmuck- und Edelmetallwaren von Juden im Frühjahr 1939 ließ den Direktor des Stadtgeschichtlichen Museums Graf Solms" aktiv werden. Er „wies das Kulturamt auf die ′große Gefahr′" einer „Zerstreuung oder gar der Verschrottung" hin. So „wurde ein außerplanmäßiger städtischer Sonderfond zum ′Ankauf jüdischen Silbers′ von 25.000 Reichsmark geschaffen, der schon bald um weitere 20.000 Reichsmark erhöht wurde." Das Museum für Kunsthandwerk konnte Silber „für mehr als 32.000 Reichsmark" erwerben. Richard Merton wurde nach der Pogromnacht verhaftet und für drei Wochen in das Konzentrationslager Buchenwald verbracht. Danach erwarb die Stadt mehrere Kunstwerke von ihm, darunter fünf Gemälde des 15. Jahrhunderts. „Am 4. März 1939 informierte das Kulturamt durch die Finanzverwaltung den Oberbürgermeister, dass für den Erwerb von Kunstwerken von Richard Merton 75.000 Reichsmark beantragt werden ...: ′Der Kauf der Stadt ist als sehr günstig zu bezeichnen′". Im Dezember 1940 waren zwei Frankfurter Museumsleute in Paris. Es ging um Kunstwerke von deutsch-jüdischen Flüchtlingen. „Diesen Forderungen folgend, gab die Stadt 60.000 Reichsmark für Ankäufe in Frankreich und je 20.000 Reichsmark für Belgien und die Niederlande frei." „In Frankfurt wurden kurz nach dieser Reise im April 1941 weitere 150.000 Reichsmark aus den Haushalten ′des Städelschen Kunstinstituts, der Städtischen Galerie sowie aus Zuwendungen von Stiftungen′ zur Verfügung gestellt, davon ein Drittel für Belgien. ... Deswegen erhielt nun auch das städtische Völkerkundemuseum 30.000 Reichsmark zur Vermehrung seiner Bestände." Für das neugeschaffene Judaica-Bibliotheksinstitut stellte die Stadt „außerplanmäßige Mittel von 80.000 Reichsmark zu Verfügung", da man 1940 in Paris viele Bücher beschlagnahmt hatte. (Von seiten der Stadt Frankfurt war man 1941/42 auch neugierig bezüglich französischer Staatsarchive.)[96]

---

die von Heyman. „Im Fall Heyman ... wurden sämtliche testamentarischen Bestimmungen gebrochen", Tisa Francini/Heuß/Kreis, Fluchtgut, S. 48. Zu diesen Sammlungen heißt es ebenda: „Nach der Auflösung und Verteilung an die Frankfurter Museen wurden mehrere Stücke in den Frankfurter Kunsthandel gegeben oder 1942/43 als Tauschobjekte auf dem Pariser Kunstmarkt angeboten." Siehe zu Julius Heyman auch Mongi-Vollmer, Stifterwillen, S. 36, und den Bericht des Frankfurter Magistrats vom 21.02.2014, B 61, in: PARlamentsInformationsSystem [digital]. Das Liebieghaus profitierte mit Wissen des Kulturamts auch „aufgrund der verfolgungsbedingten Notlage" vom Verkauf der Sammlung des Mäzens Oswald Feis, der Vorsitzender des Kuratoriums des Dr. Hoch′schen Konservatoriums war, so Heckötter, Werke, S. 52.
[96] Siehe BArch R 1501/141372, Reichsminister des Innern, 16.05.1942, aufgrund eines Schreibens des Regierungspräsidenten in Wiesbaden wegen eines Antrags des Frankfurter Oberbürgermeisters. Der Direktor des Frankfurter Stadtarchivs und ein Universitätsprofessor waren im Oktober und November 1941 „mit der Durchprüfung der französischen Staatsarchive beauftragt" gewesen. „Es wird noch ein 8-wöchiger Aufenthalt in Paris für erforderlich gehalten." Siehe auch „die augen-

Dagmar Stutzinger zieht das Fazit: „Man kann sich des Eindrucks nicht erwehren, ... dass .. mit den Möglichkeiten, die die Okkupation Europas im Verlauf des Krieges brachte, bei den Museumswissenschaftlern eine Besitzgier erweckt wurde, die man befriedigte und die rechtliche und moralische Überlegungen außer Kraft setzte[;] ... der Profit ... war offensichtlich verlockend genug, um sich die NS-Ideologie zu eigen zu machen oder aus dem Bewusstsein zu verdrängen und moralische Überlegungen hintanzusetzen."[97] Wenn man hingegen bedenkt, wie weit die Deutschen eine Revanche für die Niederlage im Ersten Weltkrieg wünschten und dies verbindet mit alten Siegfriedenszielen sowie einer Kosten-Nutzen-Überlegung, nämlich Tote gegen Beute, dann kann man davon ausgehen, daß erhebliche Teile der deutschen Eliten seit der Weimarer Republik einen erneuten Raubzug in Europa wünschten.[98]

Auch bei Versteigerungen von „'jüdische[m] Umzugsgut'" durch die Gestapo wollte „die Stadtverwaltung zugreifen und stellte 50.000 Reichsmark zur Verfügung, denn 'aus dem früheren jüdischen Kunstbesitz', der nun 'an den Mann gebracht wird, sind außerordentlich günstige Käufe zu tätigen'." „Im Oktober 1941 waren 389.000 Reichsmark bei Auslandserwerbungen für die Städtischen Museen verbraucht worden'". „In den Jahren 1942 und 1943 konnten die Städtische Galerie und das Städelsche Kunstinstitut Gemälde aus dem Besitz deportierter oder emigrierter Juden ... erwerben. Die Frankfurter Kulturinstitute trieben bald mit 'arisierten' Objekten auch Handel." Es gibt Hinweise, wie Keller in Vorgänge dieser Art über eine formale Mitwirkung hinaus tiefer involviert war: So sprach er von einer Kulturpolitik im „ganzen europäischen Raum". Und es „mußte der Kulturamtsleiter dem Oberbürgermeister berichten"; „im April 1942 ... hoffte er, daß 'sich nunmehr gewisse Ankaufsmöglichkeiten bieten werden'." Und: „Die Tätigkeit Holzingers bei der 'Überprüfung des beschlagnahmten jüdischen Kunstbesitzes' zugunsten der Stadt erfordere, so der Kulturdezernent im Frühjahr 1943, 'fast tägliche Besichtigungen und Verhandlungen beim Finanzamt, bei Gerichtsvollziehern und Versteigerern'."[99]

---

blicklich günstige Lage am Pariser Kunstmarkt ... zu nutzen" und „Sicherung von in Paris befindlichen Kunstwerken aus Rothschild'schem Besitz", Stutzinger, Wohle, S. 87, 96, 104. Keller betonte, daß „die Marktlage in Paris sehr günstig ist", ebenda, S. 125.

[97] Stutzinger, Wohle, S. 182.

[98] Mit der „Feststellung Frankfurter Kunstwerke und Handwerkserzeugnisse in auswärtigen Museen" resp. „in den deutschen und ausländischen Museen" planten Frankfurter Kommunalpolitiker und Museumsfachleuten schon 1938 konkret, wo es interessante Objekte für sie gäbe, siehe Stutzinger, Wohle, S. 82, S. 82 - Anm. 84.

[99] Zitate und Nachweise siehe Kingreen, Raubzüge, S. 22-25, 30, 32-37, S. 49 - Anm. 159; Tisa Francini, Spannungsfeld, S. 137f.; Mongi-Vollmer, Recht, S. 166-172, 184-187; Schäfer, Stadtbibliothek, S. 176. Siehe auch MA 5588, Kulturamt, 09.10.1942, S. 1. „I. Hauptgeschäftsstelle", Nr. 8: „Rechnerische Abwicklung von Kunstankäufen im besetzten Ausland"; ebenso jeweils ebenda, 06.11.1942, 07.12.1942 und 09.01.1943; siehe ebenda, Kulturamt, März 1943, XII., Städt. Galerie: „Erwerb v. Gemälden u. Zeichnungen auf Versteigerungen" [mit Doppel]; ebenda, Kulturamt,

Keller wird sehr wahrscheinlich informiert gewesen sein, wenn Professor Richard Oehler, der Leiter der Frankfurter Gesamtbibliotheken, durch Auftrag des Oberbürgermeisters vom 10. November 1938 Kulturgut der jüdischen Gemeinde „sicherstellen" sollte.[100] Am 10. November 1938 nahmen städtische Mitarbeiter wertvolle Gegenstände des Jüdischen Museums an sich und lagerten sie in städtischen Räumen, um sie, so ihre Aussage, vor einer Plünderung zu bewahren. Dieser Objekte bemächtigte sich einige Tage später die Gestapo. Es begann eine mehrjährige Auseinandersetzung mit der Gestapo, weil die Stadt ausgewählte Objekte für das Historische Museum kaufen wollte. Das Kulturamt unter Keller war für den hierbei engagierten Oberbürgermeister tätig; das Gezerre endete 1942 mit einem Kompromiß.[101] Es war also ein Streit unter Vertretern des NS-Staates, die nicht rechtmäßige Eigentümer der Gegenstände waren.[102]

In Frankfurt wurde ein „Institut zur Erforschung der Judenfrage" eingerichtet.[103] Zu den „Kulturbeiräten" sagte Keller in einer Sitzung am 28. November 1940: „´Mit dem neuen Institut rückt Frankfurt in den Mittelpunkt der Forschungsarbeit zur Judenfrage. Frankfurt wird künftig der Ort sein, in dem die Sonderschulungen der Partei und grossen Fachtagungen abgehalten werden. Im Hinblick darauf, dass die Judenfrage jetzt in fast allen Ländern des europäischen Festlandes aufgerollt worden ist, hat die rascheste Auswertung der in Frankfurt zusammengebrachten Forschungsunterlagen grösste Bedeutung.´"[104] Der Kulturdezernent war über sein Amt insbesondere bei der Ausstat-

---

Dezember 1943, „XII. Städt. Galerie", Nr. 3, „Erwerbung einer spätgotischen Holzmadonna aus beschlagnahmtem jüdischen Besitz". Siehe zum Kauf von Gold- und Silberkunst Steen/Wolzogen, Synagogen, S. 188, ebenso Heimann-Jelinek, Was, S. 69, 71, 74, 85-88. Keller war eingebunden in die Verteidigung der Judaica-Sammlung gegen Begehrlichkeiten innerhalb des NS-Staates, siehe Schiefelbein, Institut, S. 14, 16, und MA 4128, Bl. 108 (+110); siehe zu Hebraica und Judaica auch Schiefelbein, Institut, S. 21-24. 1940 war Keller lt. Amtsleiterbesprechungen involviert in Vorgänge über beschlagnahmte Bücher in Frankreich, für die, so Keller, „ausser dem Hause Schwinnstr. 1 noch die Häuser Bockenheimerlandstr. 70 und 68 zur Verfügung gestellt werden müssen", sowie in Bemühungen um „die Aushändigung der in Norwegen" und „in Polen beschlagnahmten jüdischen Bibliotheken", MA 4128, Bl. 48verso (+50verso, 51recto), sowie MA P 217, 01.10.1940, (Nr. 129, Berichte); Lehmann war dabei anwesend. Siehe auch MA 5588, Kulturamt, 09.10.1942, S. 2, „III. ..., Nr. 2 ... rd. 6.000 Bänden ... von Rabbiner Bondi ... wahrscheinlich wertvolle Ergänzung der Abt. Judaica u. Hebraica." Ebenda, 06.07.1943, „III. ... Sammlung Kaufmann (16.000 Bde.) ... in ... 200 Kisten ..." Siehe auch zu späten Buchkäufen in Frankreich und Belgien [im ISG] Museum Völkerkunde 45, S. 351f.
[100] Siehe Kingreen, Raubzüge, S. 23.
[101] Siehe auch zu Kellers Rolle dabei in Steen/Wolzogen, Synagogen, S. 160-163; Heimann-Jelinek, Was, S. 31-33, 50 (mit abgedruckten Dokumenten).
[102] (Man könnte für eine Sicherung der Objekte in Frankfurt eingetreten sein wegen der Gefahr des Einschmelzens von Gegenständen aus Edelmetall. Zugleich stellt sich die Frage, wie sich die Eigentümer als Verfolgte fühlten: War ihnen der Erhalt wichtiger, oder daß sich jemand für sie als Person einsetzte, indem er ihren Rechtsstandpunkt vertrat?)
[103] Siehe MA P 214, 29.11.1938 (Nr. 472).
[104] Zitate siehe Schiefelbein, Institut, Antisemitismus, S. 52.

tung der Institutsbibliothek involviert. So wurden im Dezember 1940 bei einer Betriebsbesprechung die „eingetroffenen Bestände aus Frankreich" erwähnt. Am 25. März 1942 erklärte Keller gegenüber den Gemeinderäten zu „Mehrausgaben für das Institut zur Erforschung der Judenfrage": „Durch Sonderbefehl des Führers sind grosse Bücherbestände im besetzten Gebiet von Frankreich und Holland beschlagnahmt und nach Frankfurt am Main verbracht worden." 1942 und 1943 kam es zu weiteren massiven Einverleibungen, so die „Übernahme und Einordnung" „von Büchersammlungen Frankfurter Juden, namentlich der Sammlung Horovitz", (die „Übernahme und Aufstellung von 95.000 Büchern" sowie die „Abholung von beschlagnahmten jüdischen Schriften",) „die Übernahme von 33 Kisten beschlagnahmter Judenbücher aus dem Rheinland", der „Eingang der Abt. Ostjudentum (rd. 3.000 Bde) aus Litzmannstadt" sowie die „Übernahme von 27 Bücherkisten aus Riga" und von weiteren Bücherkisten aus anderen Städten.[105] Der NS-Oberbürgermeister erklärte diese Arisierungen zu Erfolgen in seiner Bilanz von 10 Jahren NS-Regierung in Frankfurt im März 1943 und verwies eigens auf „die grossen Kunstankäufe aus jüdischem Besitz". Und er berichtete mit Ausblick auf die Zukunft: „Der Kunsthandel und die Kunstversteigerungen werden aufmerksam verfolgt. Es wird keine Gelegenheit versäumt, die Bestände zu mehren".[106]

### 2.6.4 Zum Theater

Auch beim Verhältnis Kellers zum Theater hatte der nationalsozialistische Totalitarismus Folgen. Keller gehörte der bereinigten Theaterdeputation an. Da Keller geschäftsführend für das Kulturamt zuständig war, verhandelte er „oft stellvertretend für Krebs mit dem Theater, so daß sich nicht immer auseinanderhalten läßt, welche Anordnungen vom Oberbürgermeister und welche vom Kulturamt kamen." Dabei legte Keller Wert darauf, daß er aufgrund seiner Verantwortung, die er habe, mit in die Beratungen einbezogen und vom Intendanten der Dienstweg eingehalten werde: Keller forderte am 21. Dezember 1936: „'Wenn der Kulturdezernent dem Oberbürgermeister gegenüber die Verantwortung mittragen soll, so muß er auch mindestens über alle Angelegenheiten ... unterrichtet und in der Lage sein, dazu Stellung zu nehmen.'" Im Dienstvertrag des Intendanten wurde 1937 die Unterrichtung des Kulturdezernenten festgelegt. „Der Oberbürgermeister unterstützte in diesen Auseinandersetzungen immer den Kulturdezernenten".[107]

---

[105] Zitate und Nachweise siehe MA P 214, 29.11.1938 (Nr. 472); MA 4146, Bl. 202; MA Nachträge 145, Bl. 87(rot); vgl. Kingreen, Diebstahl, S. 52f.; MA 5588, Kulturamt, 09.10.1942, S. 2f., VI., Nr. 3; ebenda, 06.11.1942, S. 2, VI., Nr. 1; ebenda, Kulturamt, 07.12.1942, S. 2, Nr. 1; Kulturamt, Februar 1943, VI., [mit Doppel]; ebenda, Kulturamt, März 1943, VI. [mit Doppel]. (Vgl. ggf. Kulturamt 185, Bl. 10.)

[106] Zitate siehe Krebs, Frankfurt, S. 58, 17.

[107] Zitate und Nachweis siehe Schültke, Theater, S. 30, 34f.

So war auch in Frankfurt - wie nicht anders zu erwarten war - die Kultur nicht frei von jedem signifikanten NS-Einfluß. Bedeutsam war dabei das Schauspiel, das in einer Kommune sichtbar gesellschaftspolitische Begebenheiten reflektiert und für einen Einfluß der NSDAP verführerisch nahe lag. Aber „1948 wollte im Gerichtssaal kein Mensch mehr wissen, daß in Frankfurt an den Städtischen Bühnen nationalsozialistische Stücke gespielt worden sind und [Friedrich] Bethge Nationalsozialist war: ´Die Frage des Vorsitzenden an Kammer und Publikum, ob im Gerichtssaal jemand nachweisen könne, daß Bethges Schauspiele nazistische Propaganda enthielten, blieb unbeantwortet. Die Werke des Schriftstellers wurden von den Zeugen u.a. ... Stadtrat Keller ... als ´national und soldatisch bezeichnet´.´"[108] „In Frankfurt gab es acht Inszenierungen von Bethge-Stücken, die wie zum Beispiel die ´Blutprobe´, ´Rebellion um Preußen´ und ´Anke von Skoepen´ eindeutig erbbiologische Tendenzen oder expansionistische Ziele gegen Polen verfolgten, oder denen wie bei ´Anke´ die aussagekräftige Widmung ´Kampf gegen den Landesfeind, gegen Pazifismus und politischen Katholizismus, der deutschen Jugend als Mahnmal´ vorangestellt war."[109] Und es „unterstützten die Städtischen Bühnen mit mehreren Inszenierungen den jungen nationalsozialistischen Dramatiker E. W. Möller ... Politisch wichtigstes Werk war das antisemitische Hetzstück ´Der Untergang Karthagos´".[110] Keller hat von dem NS-Stück „Der Untergang Karthagos" gewußt.[111]

Es ist vielsagend, wenn man sich die politischen Ämter von solchen Autoren näher betrachtet: „Von Wilhelm Müller-Scheld, dem Landespropagandaleiter von Hessen-Nassau, kamen nur aufgrund seiner Machtstellung in der NSDAP insgesamt vier dilettantische Stücke zur Aufführung." E. W. Möller war Referent des Reichsdramaturgen im Reichsministerium für Volksaufklärung; von ihm waren es auch vier Stücke. Und es kam zu „drei Inszenierungen von Stücken von Hanns Johst, Präsident der Reichsschrifttumskammer, .., wobei Johst zu den wenigen Dramatikern dieser Gruppe gehörte, die schon vor 1933 Erfolge nachweisen konnten."[112]

---

[108] Schültke, Theater, S. 131.
[109] Schültke, Politik, S. 29f.; siehe z. B. Schültke, Theater, S. 365, sowie auch MA 5587, Städtische Bühnen, 28.04.1939. Von Bethge stammte auch „(´Kopernikus, Pfarr Peder, Reims´)", Schültke, Politik, S. 29.
[110] Schültke, Theater, S. 399; siehe auch ebenda, S. 400-406.
[111] Siehe MA 5587, Städtische Bühnen, 06.02.1939, Schauspiel: „Das zeitgenössische Bühnenschaffen ist am 2. Februar zu Wort gekommen mit Eberhard Wolfgang Möllers Drama ´Der Untergang Karthagos´." Vgl. ebenda, Städtische Bühnen, 08.03.1939.
[112] Zitate und Nachweis siehe Schültke, Politik, S. 30. Von Müller-Scheld war u. a. „Anna-Maria", ebenda, S. 29, sowie „Schach den Cäsaren" („Ein Deutscher namens Stein"), siehe MA 5583, „Städtische Bühnen", 02.03.1936, sowie Schültke, Theater, S. 392-394. Möller wirkte am Drehbuch für den Hetzfilm „Jud Süß" mit.

Schließlich hatte vor den Gemeinderäten am 10. Juni 1938 der Oberbürgermeister das „Bestreben" verkündet, mit den Städtischen Bühnen „ein deutschbewusstes Nationaltheater zu schaffen und auch die seelischen und geistigen Kräfte des Nationalsozialismus zum Ausdruck zu bringen."[113]

Als weitere (Einzel?)-Erscheinung sei auf zwei Aufführungen eines Stücks mit dem Titel „Spiel um den Staat" hingewiesen, daß „von Schauspielern der Nationalsozialistischen Betriebsorganisationen (NSBO)"[114] dargeboten wurde. Zum Alltag an den Städtischen Bühnen gehörten zum Beispiel 1937 „Bunte Abende für N.S. Gemeinschaft ´Kraft durch Freude´." Während des Krieges gab es Phasen, bei denen im Opernhaus, Schauspielhaus und Kleinem Haus das Programm von geschlossenen Vorstellungen für Wehrmacht, KdF, Reichsbahndirektion, HJ und vereinzelt auch für Firmen dominiert wurde. Außerdem wurden hin und wieder NS-Organisationen unterstützt: „Die Veranstaltung der NSV. am 10.9.42 im Saalbau ´Die Frankfurter Oper singt, spielt und tanzt zur Eröffnung des Kriegswinterhilfswerks 1942´ wurde, wie im Vorjahr, kostenlos von der gesamten künstlerischen Gefolgschaft der Oper durchgeführt." Auch Veranstaltungen wie eine „Dietrich Eckardt-Feier" und Lobesreden kamen vor: „Kleines Haus 27.6.43 Morgenveranstaltung Ministerialrat Dr. Miederer: ´Die Förderung der Theaterforschung u. -Wissenschaft im nationalsozialistischen Staate und ihre Bedeutung für die Praxis´".[115]

Auch die Präsentation der Schauspielstücke ist relevant. Bettina Schültke erklärt zum Regiestil des Generalintendanten Hans Meissner, daß „dessen heroisch-monumentale Ästhetik frappierend an Aufmärsche und Kundgebungen der NSDAP erinnert".[116] Und sie weist darauf hin, daß Meissner „eindeutige nationalsozialistische Zeichen [setzte, GSt.] etwa bei der Umbenennung der Programmhefte in ´Der 30. Januar. Braune Blätter der Städtischen Bühnen Frankfurt´ (bisher ist von keiner anderen Bühne eine ähnlich programmatische Umbenennung bekannt)".[117]

---

[113] MA Nachträge 109, Bl. 56(rot) / 54(schwarz). Vgl. auch Städtisches Anzeigeblatt, Nr. 6, 08.02.1935, Bl. 95.

[114] Mohr, Schauspiel, S. 86. (Albert Richard Mohr war u. a. „ab 1938 künstlerischer Betriebsdirektor der Frankfurter Oper" gewesen, siehe Hessische Biografie [im Internet, Stand: November 2012].)

[115] Zitate und Nachweise siehe MA 5585, Städtische Bühnen, 03.02.1937, 1., „Kleines Haus: ... 11. u.25.1.", und Gesamtbericht für Januar 1937, Bl. 3, 6, a; z. B. MA 5588, Städtische Bühnen, 03.12.1942; ebenda, Städtische Bühnen 07.10.1942, „3.) Sonstiges a)"; MA 5587, Städtische Bühnen, 03.05.1938, Bl. 2; MA 5588, Städtische Bühnen, 30.06.1943.

[116] Schültke, Politik, S. 30f.

[117] Schültke, Politik, S. 26. Siehe Städtisches Anzeigeblatt, Nr. 34, 17.08.1934, S. 427; unter „Ort" „Städtische Bühnen" in: www.frankfurt.1933-1945.de [Stand: 19.06.2019].

Immerhin erhob der Vorsitzende des Betriebsrats, das Orchestermitglied Keller - nicht zu verwech-
seln mit dem Stadtrat -, nach dem Krieg den „Vorwurf eines nationalsozialistisch ausgerichteten
Spielplans".[118] Insgesamt gesehen zieht Dieter Rebentisch das Fazit: „Beim Schauspiel ... griffen
Parteiinstanzen der NSDAP massiv in die Gestaltung der Spielpläne und die Aufführungspraxis ein,
da sie im Theater viel mehr als in der Oper eine ´nationalsozialistische Erziehungsanstalt´ sahen.
Alsbald blieben, angeekelt von der öden Indoktrination, Teile des bürgerlichen Publikums dem
Theater fern."[119]


Schon beim frühen Zuschauerschwund waren die Auswirkungen der rassistischen NS-Politik für
Keller sichtbar geworden. So verwies eine „Städtische Denkschrift" vom 16. Februar 1934 auf den
Rückgang der Besucherzahlen.[120] Und „Kulturdezernent Keller schrieb [1936, GSt.] dem Oberbürgermeister: ´Mir scheint doch als Erklärung nur übrig zu bleiben, daß Frankfurt zu klein ist, um
nach dem Ausfall der jüdischen Besucher drei Bühnen zu füllen.´"[121]

Der Rassismus wirkte sich negativ auch auf die Beteiligung von Juden in weiteren Bereichen des
kulturellen Lebens aus. So war gemäß der Denkschrift der Stadt schon im Februar 1934 bekannt:
„der Patronatsverein der Städtischen Bühnen habe sich aufgelöst, da 90 % der Mitglieder Juden
waren, die Museumsgesellschaft verzeichnete einen Rückgang um 40 %, beim Kunstverein seien 50
% der Mitglieder (auch nichtjüdische), beim Städelschen Museums-Verein 50 von 120 Mitgliedern
ausgetreten."[122]

Diese Entwicklung setzte sich später fort; im Frühjahr 1938 drängte auch Frankfurt „auf den
Ausschluß jüdischer Einwohner von städtischen Zoos, Museen und Theatern."[123] Der Oberbürgermeister verfügte am 25. März 1938, daß unter anderem die Städtischen Bühnen keine Dauerkarten
mehr an Juden verkaufen sollen.[124]

---

[118] Nachweise und Zitat siehe Schültke, Politik, S. 29.
[119] Rebentisch, Musiktheater, S. 141.
[120] Siehe Andernacht/Sterling, Dokumente, S. 86f.
[121] Schültke, Theater, S. 155; vgl. auch Mohr, Schauspiel, S. 247; Wohlfahrtsamt 1860, „Verwaltungsbericht der Stadt Frankfurt a. M. über das Haushaltsjahr 1935/36[.] Erstattet von Oberbürgermeister Staatsrat Dr. Krebs", S. 62. (Auch: Verwaltungsbericht ... [ISG, Lesesaal]).
[122] Müller/Schembs, Stiftungen, S. 190; es wäre sehr zu begrüßen gewesen, wenn ein solches Buch
über Stiftungen nicht mehr Formulierungen und Gedankengänge des NS-Stadtrats Müller enthalten
hätte, sondern neu verfaßt worden wäre. Siehe auch Andernacht/Sterling, Dokumente, S. 86f. Keller
wurde durch Bethge am 18.12.1933 von der „Gleichschaltung" des „Kunstvereins" informiert, siehe
Bauer, Bedauern, S. 31.
[123] Gruner, NS-Verfolgung, S. 75-126, hier S. 105 mit Nachweis in Anm. 192: „Vgl. LA Berlin,
Rep. 142/7, 1-2-6/Nr. 1, Bd. 2, unfol., ... OB Frankfurt a. M. an DGT Berlin am 29. 8. 1938."
[124] Siehe Andernacht/Sterling, Dokumente, S. 232. Von daher wird die Erklärung im Verwaltungsbericht 1933/34 zum Rückgang beim Besuch der Städtischen Bühnen - „die im Berichtsjahre
gänzlich fortgebliebenen nichtarischen und ihnen nahestehende Kreise" – möglicherweise eine
Übertreibung gewesen sein, siehe Wohlfahrtsamt 1860; Chroniken S 5, 134, Bd. 1: „Verwaltungs-

Kellers „Initiative zur Gründung eines ´Frankfurter Kulturkreises´" hatte als Aufgabe unter anderem vorgesehen, „´das geistige und kulturelle Schaffen ... im nationalsozialistischen Geiste zu gestalten und in das Licht der Oeffentlichkeit zu stellen.´" „Die Einrichtung dieses Arbeitskreises verzögerte sich".[125]


### 2.6.5 Büchereien und „Entartete Kunst"

Im städtischen Verwaltungsbericht für 1933/34 wurde erklärt: „Die erste Voraussetzung für die Neugestaltung des deutschen Kulturlebens innerhalb der Stadtverwaltung war die restlose Ausscheidung jedes undeutschen liberalistischen und marxistischen Einflusses. ... [Es, GSt.] wurden die Erzeugnisse einer undeutschen Schein-Kunst in Malerei und Bildhauerei aus den Museen, Schulen und öffentlichen Anlagen entfernt. Große Bestände undeutschen Schrifttums in den Bibliotheken wurden gesperrt, beseitigt oder vernichtet." „Aus den Schulbüchereien waren 2200 Bände marxistischen und sonstigen bedenklichen Schrifttums auszuscheiden." „Etwa 3000 Bände fielen durch Sperrung aus dem Bestande der [Stadt-GSt.]Bibliothek aus, weil sie wegen ihres zersetzenden marxistischen Inhaltes der Benutzung zu entziehen waren." „Die erforderliche Bereinigung der Volksbüchereien unter dem Gesichtspunkt des Ausscheidens undeutschen Einflusses bedingte einige persönliche Veränderungen und die Zurückstellung von 8675 Bänden bei der ersten planmäßigen Sichtung. Dem steht die Anschaffung von 8051 Bänden nationalsozialistischen Schrifttums in Dichtung, Geschichte, Kultur, Staatskunde und anderen Wissensgebieten gegenüber."[126] Für das folgende Jahr wird zur „Bibliothek für neuere Sprachen und Musik", wie die Rothschild´sche Bibliothek nun genannt wurde, mitgeteilt: „Die Sperrung marxistischer und pazifistisch-liberalistischer Literatur wurde weiter durchgeführt." Auch die Neuausrichtung wurde wieder hervorgehoben, so zu den städtischen „Volksbüchereien": „Beim Bestandsaufbau wurde größter Wert darauf gelegt, das nationalsozialistische Schrifttum zu ergänzen und Neuerscheinungen möglichst umgehend zu beschaffen."[127]

---

bericht ... 1933/34", S. 51. (Auch: Verwaltungsbericht ... [ISG, Lesesaal]). (In der Synagoge in der Freiherr-vom-Stein-Straße wurden später die „Kulissen der städtischen Bühnen" untergebracht, siehe MA 5588, Bauamt, 04.11.1942.)

[125] Zitate siehe Farnung, Kulturpolitik Reich, S. 60f.

[126] Zitate siehe Wohlfahrtsamt 1860; Chroniken S 5, 134, Bd. 1: „Verwaltungsbericht ... 1933/34", S. 45f., 48. (Auch: Verwaltungsbericht ... [ISG, Lesesaal]). Zur Formulierung der „persönliche[n] Veränderungen" läßt sich fragen, ob es spezifische Mitarbeiterentlassungen gegeben hat.

[127] Zitate siehe Wohlfahrtsamt 1860; Chroniken S 5, 135, Bd. 2: „Verwaltungsbericht ... 1934/35", S. 56. Siehe auch Städtisches Anzeigeblatt, Nr. 6, 08.02.1935, S. 95. Auch Lehrerbüchereien wurden gesäubert, siehe Andrich/Martin, Schule, S. 44-62.

Die Säuberung der Buchbestände in Büchereien zog sich über Jahre hin; die Gründe sind offen, ob dies beim Kulturamt am Personalmangel, an anderen Prioritäten, an der „Faulheit" der Beamten lag oder eine Form des versteckten Widerstandes war. Anfang 1936 wurden die Volksbüchereien noch nach „ungeeignetem Schrifttum" durchsucht, während es für den März 1936 im Bericht des Dezernenten für den Oberbürgermeister hieß: „Beendigung der Bestandsnachprüfungen bei den kirchlichen Büchereien. Insgesamt sind die Buchbestände von 48 Büchereien nachgeprüft worden." Für den August 1937 gab das Schulamt an, daß es die „Berichte sämtlicher Schulen über Durchsicht der Büchereien und Sammlungen" geprüft habe. Anfang 1939 erklärte das Kulturamt: „Endlich steht die Durchprüfung des fremdsprachlichen Schrifttums (englisch, französisch) vor dem Abschluss."[128]

Für die Volksbüchereien gab das Kulturamt die „Aufstellung eines Grundverzeichnisses geeigneten Schrifttums für H.J. und B.D.M (in Zusammenarbeit mit der H.J. und B.D.M.-Führung des Gaues)" heraus. Dieser Vorgang dauerte von Ende 1935 bis Anfang 1939;[129] die Gründe für die lange Dauer sind offen, ob es mangelnde personelle Ressourcen, Konflikte zwischen den Beteiligten oder ggf. eine Obstruktionspolitik von seiten des Amtes war.

1937 wandte sich der Oberbürgermeister Krebs an den Deutschen Gemeindetag, da er gegen jüdische Benutzer von städtischen Büchereien und Bibliotheken vorgehen wollte und um Hinweise bat, wie deren Nutzung bei den „zuständigen Reichsstellen" gesehen werde.[130] Wie stand Keller dazu?

Im September 1936 fand eine Ausstellung „Entartete Kunst" in Frankfurt statt, die aus dem Jahr 1935 stammte und „namenstiftendes Vorbild und .. Bestandteil der Münchner Ausstellung" werden sollte. Diese Vorgängerausstellung wurde im Volksbildungsheim gezeigt, „dessen Vermietung und Geschäftsführung der Stadt Frankfurt oblag." Das ganze soll „´in Frankfurt nicht ohne Hindernisse

---

[128] Zitate und Nachweise siehe MA 5583, Kulturamt, 06.01.1936, „5."; ebenda, Kulturamt, 05.02.1936; ebenda, Kulturamt, 06.04.1936, und Gesamtbericht für März vom 11.04.1936, Bl. 3, „III. .. 1)"; MA 5584, Kulturamt, 04.06.1936, 5 b, und Gesamtbericht für Mai, Bl. 3; ebenda, Kulturamt, 04.09.1936, 5 b, und Gesamtbericht für August 1936; MA 5586, Kulturamt, 07.05.1937, und Gesamtbericht für April 1937, Bl. 4, 4, 2; ebenda, Gesamtbericht für August 1937, Bl. 5, „VI.", und Schulamt, 02.09.1937, 1.; MA 5586, Kulturamt, 04.11.1937; MA 5587, Schulamt, 01.09.1938; ebenda, Kulturamt, 14.01.1939: „Eine Sonderarbeit war auch die Ueberprüfung des Bestandes an Schrifttum über die Tiroler Frage, um diejenigen Bücher aus der Ausleihe zurückzuziehen, die dem heutigen aussenpolitischen Standpunkt nicht gerecht werden." Vgl. Fleiter, Kommunen, S. 38.
[129] Zitat und Nachweis siehe MA 5583, Kulturamt, 10.12.1935, „4. .. „a)"; siehe auch MA 5587, Anlage Volksbüchereien, 29.10.1938; ebenda, Kulturamt, 14.01.1939, und Anlage; ebenda, Kulturamt, 14.03.1939.
[130] Nachweis und Zitat siehe LAB, B Rep. 142-07, 5/8/3/21, 04.03.1937.

und Widerstände vonstatten´" gegangen sein. Die Rolle Kellers dabei ist unbekannt. Am 9. September 1936 kam es dort „zu einem Skandal, der verschiedene Behörden über zweieinhalb Monate lang beschäftigte: Ein Lehrer einer städtischen Schulklasse hatte sich vor seiner Klasse positiv über die ausgestellten Kunstwerke geäußert". Eine Person zettelte vor Ort einen Streit mit dem Lehrer an und denunzierte ihn. Ein Schüler erinnerte sich später, daß der Lehrer im Amt verbleiben konnte, was er „in erster Linie" seinem Schulleiter verdankte. Auch dazu ist das Verhalten Kellers, der Kultur- und Schuldezernent war, nicht näher bekannt.[131]

Kellers Ressort war beteiligt an der öffentlichen Förderung von Veranstaltungen. Bereits im kommunalen Verwaltungsbericht für 1933/34 wurde mitgeteilt: „Innerhalb des Vereins- und Vortragswesens wurden .. die von der Stadt unterstützten Vereine und Einrichtungen in Zusammenarbeit mit dem Kampfbund für deutsche Kultur durch entsprechende Umbesetzung der Vorstände auf eine nationalsozialistische Führung umgestellt".[132] Gegen Ende des Krieges waren manche Organisationen, die von der Stadt bezuschußt wurden, nicht mehr tätig; auch das darf für die Amtszeit des Kulturdezernenten Keller nicht übersehen werden.[133]

Die Involvierung des Kulturdezernenten war vielfältig; so wurde er 1936 auch kontaktiert bei der Frage der Umbenennung von Straßen: Keller äußerte sich gegen die Namensänderung der Mendelssohn-Straße.[134]

Wie sah es diesbezüglich bei Stiftungen aus?[135] Dazu ein Beispiel: Keller war 1932/33 Vorsitzender der Arthur und Emil Königswarter´schen Unterrichts- und Studienstiftung. Um den jüdischen Stifternamen verschwinden zu lassen, wurde sie 1939 in „Pestalozzi-Stiftung" umbenannt. - Es wurden mehrere jüdische Stiftungen in sie eingegliedert, die damit ebenfalls ihren Namen verloren. - Keller war ihr Vorsitzender auch 1946.[136]

Als 1941 das Senckenberg-Museum unter politischen Druck geriet, empfahl Keller eine Übernahme durch die Universität, um noch ein „Scheindasein und den Namen ´Senckenberg´ dadurch zu behalten".[137]

---

[131] Zitate und Nachweise siehe Zuschlag, „Kunst", S. 123, 151, 153, (dabei ist der Beleg von S. 151 - Anm. 128 auf MA 6022, Bd. 1, Bl. 258-265c unzutreffend); siehe zur Münchner Ausstellung „Entartete Kunst" ebenda, S. 284-287.

[132] Wohlfahrtsamt 1860; Chroniken S 5, 134, Bd. 1: „Verwaltungsbericht ... 1933/34", S. 46.

[133] Siehe Kulturamt 185, Bl. 46verso.

[134] Siehe Andernacht/Sterling, Dokumente, S. 177; vgl. MA P 213, 24.05.1938 (Nr. 86). Siehe zur Umbenennung von Schulen Städtisches Anzeigeblatt, Nr. 53, 30.12.1933, S. 620, (unter dem 02.06.1933).

[135] Keller saß u. a. im Beirat der Stiftung Pfungst, siehe Mongi-Vollmer, Recht, S. 158.

[136] Siehe Schiebler, Hauptteil, S. 26, 29f.

[137] Kramer, Chronik, S. 482.

## 2.6.6 Antisemitische Schulpolitik

Ebenso erfuhr Rudolf Keller als Schuldezernent von den Auswirkungen der haßerfüllten NS-Politik. Dazu gehörte die schrittweise Ausgrenzung und der Ausschluß jüdischer Schülerinnen und Schüler aus dem Unterricht.[138] „Eine Initiative in Frankfurt/Main vom Sommer 1933, die ´Beschulung jüdischer Kinder´ den ´Zeitverhältnissen´ anzupassen, also diese von nichtjüdischen Kindern zu trennen, wurde vom Deutschen Gemeindetag 1934 als ´Frage der grundsätzlichen Neuregelung´ dem preußischen Unterrichtsministerium unterbreitet."[139] Im Fachausschuß für Bildungswesen im Deutschen Gemeindetag, dem Keller angehörte, wurde im Oktober 1935 die „Sonderbeschulung der jüdischen Schulkinder" beraten.[140] Im städtischen Verwaltungsbericht für den Berichtszeitraum 1935/36 wurde erklärt: „Obwohl bis jetzt eine gesetzliche Regelung über die Einrichtung von Judenschulen noch aussteht, ist dadurch ein wesentlicher Beitrag zur Rassentrennung geleistet worden, daß im Herbst 1935 die jüdischen Kinder aus den Grundschulklassen herausgenommen und zu rein jüdischen Klassen zusammengezogen worden sind; in diesen Klassen unterrichten die noch im städtischen Schuldienst verbliebenen jüdischen Lehrer. In gleicher Weise sind die jüdischen Schüler der kaufmännischen Berufsschule für Knaben in Sonderklassen zusammengefaßt worden".[141]

Keller berichtete in der sog. „Amtsleiterbesprechung" vom 2. Dezember 1935 - so sind die Beratungen bezeichnet worden, die statt der Magistratssitzungen im Januar 1934 eingeführt worden waren -,[142] daß die „jüdischen Schüler der Frankfurter Volksschulen (etwa 300) in 5 jüdische Grundschulklassen ... zusammengefasst worden [seien, GSt.]. Den Unterricht erteilen die 4 jüdischen Lehrer, die noch im Amt geblieben waren."[143] (Das hätte 60 Schüler pro Klasse bedeutet - ohne für jede Klasse einen eigenen Lehrer zu haben.)

---

[138] Schulen sowie Schülerinnen und Schüler waren von zahlreichen antisemitischen Gesetzen und Verordnungen betroffen, die Kellers Amt umzusetzen hatte, von denen aber auch einige aus der Retrospektive gesehen möglicherweise eine retardierende Wirkung gehabt haben, so daß sie ggf. nach dem Krieg als eigene Widerstandshandlungen vorgegeben wurden, siehe Walk, Sonderrecht, u. a. I: Nrn. 93, 202, 233, 242, 394, 475, 527, 539, 599, 609, 624, 633; II: Nrn. 4, 16, 163, 221, 273-275, 322, 383, 387, 394, 459, 498; III: Nrn. 17, 78, 161, 188; IV: Nrn. 18, 219, 221, 302, 338, 346, 384, 386, 517.

[139] Gruner, NS-Verfolgung, S. 87f. mit Nachweis auf S. 88 - Anm. 76: „YV Jerusalem, M-1/DN, Nr. 92, Bl. 9, Preuß. Gemeindetag an Magistrat Frankfurt a. M. am 21. 7. 1933."

[140] Nachweis und Zitat siehe BArch R 36/2149, Bl. 13.

[141] Wohlfahrtsamt 1860, „Verwaltungsbericht ... 1935/36", S. 52.

[142] Siehe MA 4.212, Bl. 92(schwarz); sie hatten eine „T.O.I" und eine „T.O. II".

[143] MA 4116, Bl. 13 (+ 37), und MA P 203, 02.12.1935. Und weiter: „Die vom Minister vorgesehene Bildung jüdischer Schulen ist noch nicht erfolgt. Eine Angliederung an die beiden jüdischen Privatschulen wird nicht möglich sein, so dass sich erhöhte städt. Aufwendungen ergeben werden."

Bereits im Mai 1933 war im Magistrat beschlossen worden, „eine Aenderung des Rechtszustandes dahingehend herbeizuführen, dass eine Verpflichtung für die Stadt zur Zahlung von Unterhaltungsbeiträgen für die Isr[aelitische] Volksschule für die Zukunft entfällt."[144] Aber zur Vermeidung städtischer Zuschüsse „waren die Stadtverwaltungen ängstlich darauf bedacht, die Auflösung bereits bestehender privater jüdischer Volksschulen zu verhindern, um sich nicht die Errichtung einer offiziellen jüdischen Volksschule aufzubürden, deren kostspieliger Unterhalt ihnen allein zur Last gefallen wäre. Befürchtungen dieser Art bestimmten schließlich die Wiederaufnahme der städtischen Zahlungen in Frankfurt a.M."[145]

Nach der Reichspogromnacht berichtete Keller dem Regierungspräsidenten, daß in „privaten jüdischen Volksschulen und den 3 öffentlichen jüdischen Klassen" Unterricht ausfalle, „da nahezu sämtlichen[„n" wurde durchgestrichen, GSt.] männlichen Lehrkräfte ausgefallen sind."[146] Der Unterricht im Philanthropin war über einige Zeit davon betroffen.[147]

Eine Zugehörigkeit der Lehrer zur NSDAP wurde durch das Schulamt geprüft.[148] Und bei der Neueinstellung von Lehrern informierte das Schulamt die Gestapo.[149] 1935 wurde die Frage der Entlassung von jüdischen Lehrern aus der Stadtverwaltung beraten. Keller nahm eine sachlich verteidigende Position des Bestehenden ein.[150]

Am 24. April 1939 befürwortete Keller gegenüber dem Oberbürgermeister jüdische Anlernwerkstätten: „Dadurch wird in Frankfurt/M den ministeriellen Richtlinien, daß die Auswanderung

---

[144] Schulamt 5454, Rechneiamt, 15.05.1933 zur „heutigen Magistratssitzung".

[145] Walk, Schule, S. 96f.

[146] MA 4116, Bl. 179.

[147] Siehe Schlotzhauer, Philanthropin, S. 113f.; Ortmeyer, Berichte, S. 147f.; Steen/Wolzogen, Synagogen, S. 180. Es gab sogar internationale Proteste, weil wegen dieser Verhaftungen der Unterricht ausfiel, siehe Walk, Schule, S. 207f. Ab Ende 1941 wurde das Philanthropin in ein Lazarett umgewandelt, siehe ebenda, S. 232 sowie S. 334 - Anm. 76: „Stadtarchiv 5282". „Der Verkauf des verwaisten Inventars ... kam z. B. in Frankfurt a. M. erst Mitte 1943 zum Abschluß", ebenda, S. 259.

[148] Siehe MA 5587, Schulamt, 01.06.1938, „4.", und ebenda, Schulamt, 04.07.1938, „3. Nachweis über Mitgliedschaft der NSDAP, ihrer Gliederungen und sonstigen Verbände sämtlicher Beamten und Lehrer. (Auch die Erledigung dieser Arbeit erfordert noch grösseren Zeitaufwand.)"

[149] Siehe Steen/Wolzogen, Synagogen, S. 118.

[150] Siehe Andernacht/Sterling, Dokumente, S. 107-110. Siehe zur Rolle Kellers bei Lehrerentlassungen auch Schäfer, Schulen, S. 284-291. Zur Vertreibung der jüdischen Lehrerin Betty Schloss siehe Klemm, Schicksal, S. 19-21. „Alle am 30.3.1933 aus dem öffentlichen Schuldienst beurlaubten jüdischen Lehrerinnen wurden nach einer kurzen Frist wieder eingestellt, um dann im Zeitraum von September 1933 bis zum November 1935 die Schulen endgültig verlassen zu müssen", Rang/Maris, Lehrerinnen, S. 60; siehe auch S. 42-44, 52. Es gab Verfolgungen wie die des „Frankfurter städtischen Mittelschullehrers Julius Flörsheim ..., der im Schuljahr 1935 von Schülern und Eltern sowie auf Betreiben des 'Frankfurter Volksblattes' gegen den Willen seiner Vorgesetzten aus dem Amt verdrängt und buchstäblich aus der Schule hinausgegrault wurde", Walk, Schule, S. 74, (S. 290 - Anm. 18: „Stadtarchiv Frankfurt a.M[.], Nr. 1117/66, Band Nr. 1").

von Juden zu fördern ist, Rechnung getragen.“[151] Und „in Frankfurt a. M. erhielt die S. R. Hirsch-Schule noch 1939 die übliche städtische Subvention“.[152] Denn es ging dabei unter anderem um Schulungen, welche die Schülerinnen und Schüler besser auf die Auswanderung vorbereiten sollten.

Der Schuldezernent wußte von Drangsalierungen jüdischer Schülerinnen und Schüler im Unterricht, in den Pausen und außerhalb der Schulen.[153] Die Direktoren des Philanthropin wagten es sogar, am 29. August 1941 an den Oberbürgermeister resp. das Schulamt zu schreiben und dagegen zu protestieren, „dass unsere Schulkinder unerträglichen Belästigungen ausgesetzt sind. Ganze Trupps von Jungens lauern einzelnen auf ... und schlagen sie oft blutig. ... Wir erlauben uns, einen Durchschlag dieser Mitteilung unserem zuständigen Polizeirevier .. zugehen zu lassen.“[154]
In Frankfurt am Main wurde eigens die Frage der Fahrpreisermäßigung im öffentlichen Personennahverkehr für jüdische Kinder behandelt:[155] „Als dann im September 1941 den Juden die Benutzung von Verkehrsmitteln so gut wie verboten wurde, waren zwar entfernt wohnende, kranke und gebrechliche Kinder von dem Verbot nicht betroffen; doch schon 3 Monate später ist in Frankfurt a.M. von einer Sonderstellung dieser Kinder nicht mehr die Rede, obwohl eine spätere Anordnung vom 24.3.1942 diese Gruppe noch ausdrücklich erwähnt.“[156]

Ein Lehrer, der 1938 bei einem Notfall für seine Frau einen jüdischen Arzt konsultierte, sollte bestraft werden. Keller erteilte nur eine „´scharfe Mißbilligung´“. Die Kreisleitung der NSDAP protestierte. Krebs wollte daraufhin einen Verweis, aber Keller sagte, daß eine doppelte Bestrafung für einen Vorfall rechtlich nicht erlaubt sei.[157]

---

[151] Andernacht/Sterling, Dokumente, S. 318. Zum erweiterten Kontext gehört auch folgender Vorgang: „Paul Strauss bittet am 17. Juni 1938 das Städtische Schulamt Frankfurt a.M. darum, seinen Sohn vom Realschulunterricht zu befreien“. Er könne sich das Schulgeld nicht mehr leisten; seine Frau arbeite bereits „seit längerer Zeit“, und er würde demnächst arbeitslos sein. „Dem Gesuch wurde stattgegeben mit Verweis darauf, dass Kurt Strauss als Jude weder einen Ausbildungsvertrag als Kochlehrling, noch die Gehilfenprüfung ablegen könne“, Zitate und Nachweis siehe Heim, Verfolgung, S. 169f. und S. 170 - Anm. 7 (Dok. 44).
[152] Walk, Schule, S. 329 - Anm. 73 (mit Quellenangabe: Archiv Schulbehörde, h2 a 1/1).
[153] Siehe zahlreiche Beschreibungen in Ortmeyer, Berichte; Ortmeyer, Schulzeit, S. 79-96, 100f., vermittelt ein weitflächiges, letztlich permanentes antisemitisches Phänomen, so daß der Schuldezernent davon gewußt haben muß.
[154] Walk, Schule, (Faksimile unmittelbar nach) S. 226.
[155] Siehe Steen/Wolzogen, Synagogen, S. 82.
[156] Walk, Schule, S. 233 sowie S. 335 - Anm. 80f. (mit Hinweis auf „Dokumente Geschichte der Frankfurter Juden, S. 437“.)
[157] Zitat und Nachweis siehe Schäfer, Schulen, S. 305f.

### 2.6.7 Antizigane Schulpolitik

Keller war nicht nur in die Vorgänge involviert, die zur Trennung jüdischer Schüler[158] von ihren Mitschülern führten, sondern auch in ähnliche Bemühungen gegen Sinti- und Roma-Kinder. Anfangs brachte er bei beiden betroffenen Gruppen retardierende rechtliche Argumente zu Verfahrensfragen vor; diese entsprachen bei den Sinti- und Roma-Kindern denen des Reichsministers für Wissenschaft, Erziehung und Volksbildung.[159] Aber der Frankfurter Ratsherr und Nazi Dr. Korten blieb aktiv, damit Sinti- und Roma-Kinder von der Schule verwiesen werden sollten, auf die seine Kinder gingen. Als Antwort auf seine erneute Initiative führte der zuständige Dezernent, Stadtrat Keller, in der Sitzung der Ratsherren vom 7. November 1940 aus: „Die Zigeunerfrage beschäftigt uns seit längerer Zeit, und es sind schon viele Versuche gemacht worden, die Zigeunerkinder restlos aus den Schulen herauszubringen. ... Die allgemeine Verweisung der Zigeunerkinder aus den Schulen hat deshalb Schwierigkeiten, weil ein Teil der Zigeuner das Reichsbürgerrecht hat. Sie sind wehrpflichtig und infolgedessen auch schulpflichtig. ... Wie ich schon sagte, wollen wir es vermeiden, eine Zigeunerschule oder Zigeunerklasse zu schaffen. Die Zigeuner würden das sehr bald heraus haben, und dann würden sie aus dem ganze Westen Deutschlands nach Frankfurt kommen. ... Es wäre natürlich am besten, wenn von oberster Stelle von Berlin aus Fraktur geredet und man sämtliche Zigeuner nach dem Osten verweisen würde. ... Was ich anstrebe, ist eine Zwischenlösung. Den weiteren Zuzug von Zigeunern können wir mit polizeilichen Mitteln unterbinden."[160] (Mit der Schlußbemerkung verwickelte er sich in einen logischen Widerspruch zum Argument gegen die Zigeunerschule.) Es läßt sich aus seinem Verhalten und seiner Argumentation, die sich gegen den Ausschluß von Sinti- und Roma-Schüler wendet, nicht entnehmen, ob dies aufgrund einer Schutzhaltung für sie geschah, oder ob dies auf einem Beharren der Wahrung des Rechts beruhte. Und damit bleibt offen, ob die von ihm angestrebte „Zwischenlösung" für oder gegen die betroffenen Sinti- und Roma-Kinder war. Wie weit er in seinem Amt - und vielleicht auch in seinem Denken - in das NS-Regime und seine Zeit verstrickt war, zeigt seine Formulierung, welche sich für die Deportation von Sinti und Roma „nach dem Osten" ausspricht - knapp 1 Jahr vor der ersten Deportation von Frankfurter Juden. Es wurden dann im September 1941 alle Sinti- und

---

[158] Siehe Wippermann, Leben, Bd. I, S. 92f. (Auch Lehmann hatte über das Rechneiamt damit zu tun, siehe ebenda, S. 92.) Siehe auch Andernacht/Sterling, Dokumente, S. 105-117.

[159] Siehe Wippermann, Leben, Bd. II, S. 42-46, vor allem S. 45; siehe auch Bermejo-Wenzel, Schulpflicht, S. 417 und insgesamt S. 404-421.

[160] Wippermann, Leben, Bd. II, S. 98f.; siehe auch S. 47, sowie ISG, Webseite, Stadtchronik, zum 7. November 1940 [Stand: 17.10.2018]. (Es sei darauf verwiesen, daß Keller argumentierte, sie seien schulpflichtig, weil sie wehrpflichtig wären.) Ebenso Bermejo-Wenzel, Schulpflicht, S. 410; auch Hase-Mihalik/Kreuzkamp, Wohnwagen, S. 62f.; Hubert, Jugendfürsorge, S. 251f.; Ortmeyer, Schulzeit, S. 133.

Roma-Kinder gänzlich vom Schulbesuch ausgeschlossen,[161] und zwar „offiziell ´wegen Verringe-rung des Lehrerpersonals´ ohne eine vorhandene rechtliche Grundlage".[162]

Aus Frankfurt wurden im April 1943 99 Sinti und Roma deportiert: „nur etwa 20" überlebten.[163]

## 2.6.8 Antikirchliche Schulpolitik

In den Schulen zeigte sich auch die antikirchliche Haltung der Nationalsozialisten. Weil „Religions-lehrern die Betätigung in konfessionellen Jugendverbänden untersagt" worden war, katholische Religionslehrer dies aber mit Verweis auf das Konkordat trotzdem taten, war ihnen die „Weiterfüh-rung des Religionsunterrichts untersagt [worden, GSt.]. An mehreren höheren Schulen ist daher der kath. Religionsunterricht z.Zt. eingestellt", berichtete Keller 1936.[164] Es wurde auch Druck ausge-übt, daß „Privatunterricht oder Nachhilfestunden durch Geistliche u. Ordensangehörige" nicht erteilt werden; dafür wurde eine Genehmigung der Schulleiter eingeführt, welche diese möglichst nicht geben sollten.[165]

Vor allem wollten Nationalsozialisten die Bekenntnisschulen abschaffen. Keller informierte 1937 in einer „Amtsleiterbesprechung" darüber. Er bezog sich dabei auf Erörterungen im „Bildungsaus-schuss des Deutschen Gemeindetages". „In Frankfurt a.M. liegen die Verhältnisse dadurch beson-ders schwierig, dass nicht nur gesetzliche Hemmungen, sondern auch vertragliche Bindungen bestehen. Durch den sog. Dotationsvertrag vom Jahre 1830 sind die Dotationsschulen Eigentum der betreffenden Kirchengemeinden und dürfen nur zu Zwecken der Bekenntnisschulen verwendet werden. Die Aussprache ergibt Einverständnis darüber, dass nur eine gesetzliche Regelung die Stadt von diesen vertraglichen Bindungen befreien könne. Die Vorteile der Gemeinschaftsschule in wirtschaftlicher Beziehung und ihre Uebereinstimmung mit der nationalsozialistischen Weltan-schauung werden von allen Seiten unterstrichen." Das sind inhaltlich klare Worte von Keller. Auch gegen weitere Schulen wollte der Oberpräsident von Hessen vorgehen.[166]

---

[161] Siehe zu ihrem Schulbesuch und Ausschluß auch Sandner, Frankfurt, S. 163-166.

[162] Bermejo-Wenzel, Verfolgung, S. 155. Siehe allgemein auch Schulamt 4888.

[163] Nachweise und Zitat siehe Bermejo-Wenzel, Schulpflicht, S. 419-421.

[164] Zitate und Nachweis siehe MA 4116, Bl. 62verso (+64recto), sowie MA P 207, 02.10.1936.

[165] Zitat und Nachweis siehe Böckler, Schule, S. 125, Notizen aus der Lehrerkonferenz 1941.

[166] Zitate und Nachweis siehe MA 4116, Bl. 148verso, 149recto (+ 157verso), 23.11.1937. Krebs wollte die „Beseitigung" der 30 Bekenntnisschulen - von 81 Volksschulen - , auch weil einige Bekenntnisschulen „nur ein zwerghaftes Dasein" führen. Er versprach sich davon u. a. eine „Festi-gung der Volksgemeinschaft", Zitate siehe MA Nachträge 109, Bl. 53(rot) / 51(schwarz), 10.06.1938; siehe auch Nachlässe S1 / 50, 1 Krebs, Bl. 114, 14.02.1937.

Im Juni 1938 berichtete Keller dem Oberbürgermeister von einer Dienstreise nach Berlin, wo er offenkundig Anregungen gesucht und aufgenommen hatte, wie man erfolgreich Bekenntnisschulen in Gemeinschaftsschulen umwandeln könne.[167] Ende 1938 sagte Keller dann: „Da der Herr Reichserziehungsminister die allgemeine Umwandlung aller Frankfurter Volksschulen zu Gemeinschaftsschulen abgelehnt hat, muss in einzelnen Abschnitten vorgegangen werden. Zunächst hat der Herr Minister die Schulen der nördlichen Vororte, die rechtlich noch Bekenntnisschulen sind, aber durch Zuzug von Neusiedlern tatsächlich zu Gemeinschaftsschulen geworden sind, als solche anerkannt." Keller scheint hierbei aktiv gewesen sein, denn er will in der Umwandlung vorankommen, unter anderem mit der Befragung der Eltern, „ob sie Einschulung in Gemeinschaftsschulen oder in Bekenntnisschulen wünschen" und bei der Erwartung, sie entschieden sich für Gemeinschaftsschulen, „kann dann der Antrag auf allgemeine Einführung der Gemeinschaftsschulen beim Herrn Minister wiederholt werden."[168] Kurz darauf hieß es in einer „Amtsleiterbesprechung", daß sieben „evang. Bekenntnisschulen" „rechtlich in Gemeinschaftsschulen umgewandelt" werden.[169] Und wiederum wenige Monate später konnten Resultate dieser Maßnahmen mitgeteilt werden: Bei „einer Gesamtzahl von 4.387 zu Ostern 1939 neu angemeldeten Kindern [wurde, GSt.] nur für 22 evangelische und 96 katholische Kinder die bekenntnismäßige Beschulung beantragt ... Da diese Zahl unbedeutend ist und zudem die Kinder sich auf das ganze Stadtgebiet verteilen, ist eine bekentnismässige Beschulung nicht gerechtfertigt." Das Schulamt hatte deshalb beantragt, daß „an den noch bestehenden Bekenntnisschulen von Ostern 1939 ab Gemeinschaftsschulen, beginnend mit der untersten Klasse, eingerichtet" werden.[170] Der Oberbürgermeister genehmigte in der „Amtsleiterbesprechung" diesen Antrag. Und es war gelungen, vom Reichsminister für Wissenschaft, Erziehung und Volksbildung die Zustimmung zur „Aufhebung der bekenntnismäßigen Beschulung" bei sechs Schulen zu erhalten. Bei der „weiter erwogene[n] Zusammenlegung der evang. Freiligrath-Schule und der kath. Willmann-Schule in Ffm.-Fechenheim" hatte der Minister Bedenken, „als diese Maßnahme in einzelnen Klassen Kinderzahlen zur Folge hätte, ´die nach Lage der Verhältnisse nicht zugelassen werden durften, weil ... die Erteilung ordnungsmässigen Unterrichts nicht gesichert wäre´." Deshalb schlug das Schulamt auch hier vor, diese Schulen ab Ostern

---

[167] Siehe Wippermann, Leben, Bd. IV, S. 130; ISG, Webseite, Stadtchronik [Stand:16.10.2018], zum 24.05.1938: „In insgesamt sechs Großkundgebungen bekennen sich die versammelten Eltern zur Gemeinschaftsschule."

[168] MA 4116, Bl. 179 (+180), 15.11.1938, und MA P 214, 15.11.1938.

[169] Zitate siehe MA P 214, 29.11.1938 (Nr. 451). Dazu heißt es in der Vorlage für den Verwaltungsbericht 1938/39 stolz: „Um das Frankfurter Volksschulwesen weiter auf eine einheitliche gemeinschaftsmässige Grundlage zu stellen, sind im abgelaufenen Jahre 7 evangelische Bekenntnisschulen zu Gemeinschaftsschulen umgewandelt worden", Schulamt 4133, Verwaltungsbericht 1938/39, [korrigierter Entwurf], Bl. 1.

[170] Zitate siehe MA P 214, 07.02.1939 (Nr. 659).

mit der ersten Klasse an umzuwandeln.[171] Es scheint, daß bei diesen Umwandlungen die treibende Kraft der Frankfurter Schuldezernent Keller war und der NS-Reichsminister derjenige, der (eher) dagegen war.[172]

## 2.6.9 Grundlegende Tendenzen der Schulpolitik

Der Schuldezernent war in verschiedenen Schulfeldern betroffen vom Eindringen nationalsozialistischer Ideologie oder Organisationen, die jene zu verbreiten suchten.[173] Inwieweit Aussagen grundsätzlicher Art wie auch zu Detailfragen für die Schulen und die Kultur in den fünf „Verwaltungsbericht[en] der Stadt Frankfurt a. M.", die der NS-Oberbürgermeister in den 30er Jahren drucken ließ, von Keller formuliert resp. abgesegnet worden sind, ist offen; vermutlich hat er (für die Kultur) Texte erstellt. Aber Keller war in wichtiger Position für sie mit verantwortlich. Und so heißt es für den Berichtszeitraum 1933/34 im Kapitel „Schule und Kultur": „Die Durchdringung des deutschen Lebens mit nationalsozialistischer Weltanschauung findet ihren unmittelbaren Ausdruck auf kulturellem Gebiet. Dementsprechend haben sich während des Berichtsjahres auch im Schul- und Kulturwesen der Stadtverwaltung durchgreifende Veränderungen als notwendig erwiesen."[174] Und im nächsten Bericht wurde festgestellt: „Die Erlasse des Reichsministeriums für Wissenschaft, Erziehung und Volksbildung über die Aufnahme von Rassenkunde und Erblehre in den Lehrplan, über die Neuausrichtung des Geschichtsunterrichts, über die körperlich-charakterliche Erziehung, Schülerauslese, Einbeziehung der HJ. in die Erziehungsaufgabe, Einführung des Staatsjugendtages, Luftschutz und Luftfahrt, Schulfilm, Volksschullesebuch u. a. haben diese Erneuerung vorangetrieben."[175] Auch wenn man vermuten möchte oder kann, daß dieses nationalsozialistische Eigenlob

---

[171] Zitate und Nachweis siehe MA P 214, 28.02.1939 [Vermerk vom 14.02.] (Nr. 683). Gemäß der Haushaltsrede des Oberbürgermeisters vom 13.03.1939 waren 7 evangelische Bekenntnisschulen zu Gemeinschaftsschulen umgewandelt worden, und es war dies geplant für 8 weitere Bekenntnisschulen. Die „verbleibenden 16 Bekenntnisschulen" sollten durch „Aufnahmeklassen umgewandelt" werden, siehe Städtisches Anzeigeblatt, Nr. 11, 18.03.1939, S. 109.

[172] Keller war als Vertreter der Stadtverwaltung im Evangelischen Landeskirchenrat für Frankfurt am Main von 1928-1934, siehe Hermle/Oelke, Fix/Nicolaisen/Pabst, Handbuch, S. 152; vgl. Stemmler, Keller (1878-1960).

[173] So wurde der Großteil der Lehrer schon bald Mitglied im Nationalsozialistischen Lehrerbund (NSLB), dessen funktionale Bedeutung im Bildungssystem nicht unterschätzt werden darf. Dessen Einfluß sowie spezifisch von seinem Zentralorgan „Reichszeitung der deutschen Erzieher", später „Der Deutsche Erzieher", zeigen Müller/Ortmeyer, Ausrichtung.

[174] Wohlfahrtsamt 1860; Chroniken S 5, 134, Bd. 1: „Verwaltungsbericht ... 1933/34", S. 45. (Auch: Verwaltungsbericht ... [ISG, Lesesaal]).

[175] Wohlfahrtsamt 1860; Chroniken S 5, 135, Bd. 2: „Verwaltungsbericht ... 1934/35", S. 53. (Auch: Verwaltungsbericht ... [ISG, Lesesaal]). Zu Beispielen für die NS-Ideologie im Unterricht in Frankfurt siehe Böckler, Schule, S. 125.

aufgrund von oppositioneller Haltung, Faulheit oder Schlendrian in der Verwaltung und der Lehrerschaft nur teilweise umgesetzt worden ist, so bedeutete es doch insgesamt gesehen mindestens eine erhebliche Veränderung des Unterrichts und seiner Inhalte. Und in der Vorlage für einen nicht gedruckten Verwaltungsbericht für den Zeitraum 1939/40 schrieb das Schulamt: „Am 15.12.39 sind die neuen Richtlinien über Erziehung und Unterricht in der Volksschule erschienen. ... Sie [GSt.] bilden ... die Grundlage für die Arbeit in allen Klassen der Volksschule im nationalsozialistischen Sinne und Geiste."[176]

Auch die Rahmenbedingungen änderten sich mit dem Beginn des nationalsozialistischen Totalitarismus: Im Verwaltungsbericht des Oberbürgermeisters für 1933/34 wurde erklärt, daß die Schülerzahl bei den „Höheren Schulen" gesunken (Abnahme um 8,7 %) und bei den Mittel- und Volksschulen gestiegen sei (um 5,3 % resp. um 4,5 %). Diese Tendenz setzte sich fort, weil „durch die Maßnahmen des neuen Staates der Zustrom zu den höheren Schulen eingedämmt worden ist." Während es an den Höheren Schulen 1932 in Frankfurt noch 8.283 Schülerinnen und Schüler gab, waren es für 1936 nur noch 6.234.[177] Dieser Wert blieb bis in die Kriegsjahre hinein in etwa stabil.[178] Im Allgemeinen gab es auf der Reichsebene Überlegungen, Beratungen und Entscheidungen zu einem „Neuaufbau des Schulwesens".[179] Dazu zählte die Frage der Bedeutung von alt- und neusprachlicher Ausrichtung, die Reduzierung der „höheren Schule" auf 8 Jahre[180] sowie die Veränderung der Schulausbildung für Mädchen. Im Verwaltungsbericht 1934/35 wird dazu erklärt: „Sicherlich ist zu begrüßen, daß in der Mädchenbildung eine stärkere Hinwendung zu einer der Frau gemäßen Erziehung in Frauenschule und Haushaltsschule zu beachten ist."[181]

Es stellt sich die Frage, inwieweit der Schuldezernent sich in die Detailarbeit einschaltete. Dann würde er davon gewußt haben, daß das Schulamt eine Situation ausgenutzt und etwas für seine

---

[176] Schulamt 4133, „Betr.: Verwaltungsbericht 1939/40" [kaum korrigierte Fassung], Bl. 2.

[177] Nachweise und Zitate siehe Wohlfahrtsamt 1860; Chroniken S 5, 134, Bd. 1: „Verwaltungsbericht ... 1933/34", S. 45; Wohlfahrtsamt 1860, „Verwaltungsbericht ... 1935/36", S. 53; 1935 waren es noch 6.601 gewesen. (Auch: Verwaltungsbericht ... [ISG, Lesesaal]).

[178] Siehe z. B. Schulamt 4133, „Betr.: Verwaltungsbericht 1940/41" [[Fassung nicht korrigiert], Bl. 3, „Knaben" und „Mädchen" zusammen 6.262; ebenda, „Betr.: Verwaltungsbericht 1941/42" [Fassung nicht korrigiert], Bl 3, 5.993 Schülerinnen und Schüler.

[179] Vgl. Schäfer, Schulen, S. 301f., mit einer Denkschrift von 1936 zur Schulsituation, zu deren Autoren auch Keller gehörte.

[180] Siehe MA 4116, Bl. 81 (+ 83), sowie MA P 209, Amtsleiterbesprechung, 13.04.1937. Wohlfahrtsamt 1860, „Verwaltungsbericht der Stadt Frankfurt a. M. über das Haushaltsjahr 1936/37[.] Erstattet von Oberbürgermeister Staatsrat Dr. Krebs", S. 59: „Gleichzeitig mit der Vereinheitlichung der Schulformen ist der Lehrgang der höheren Schulen von 9 auf 8 Jahre herabgesetzt worden."

[181] Wohlfahrtsamt 1860; Chroniken S 5, 135, Bd. 2: „Verwaltungsbericht ... 1934/35", S. 54. (Auch: Verwaltungsbericht ... [ISG, Lesesaal]).

Einrichtung von der Israelitischen Waisenanstalt gekauft hatte, als diese am 1. April 1943 dem Städtischen Krankenhaus übergeben worden war.[182]

## 2.6.10 DAF und HJ

„Ein besonders umstrittenes Gebiet ist z.Z. [November 1934, GSt.] das berufliche Schulwesen. Die Deutsche Arbeitsfront beansprucht ... die Führung des gesamten Berufsschulwesens." Hierzu gehörte auch „die kostenlose Ueberlassung von Schulräumen, Küchen, Werkstätten und anderen Einrichtungen. Das widerspricht der Verordnung über die geldlichen Leistungen an Parteigliederungen ... Es muss zum mindesten eine Benutzungsgebühr und auch die Unterstellung dieser Schulung unter die Leitung des Schulamtes gefordert werden."[183] Ende 1936 hatte Keller seine Position deutlich zurückgenommen: „Das Schulamt ist nach wie vor zur Zusammenarbeit mit der DAF. bereit, jedoch unter folgenden Voraussetzungen: a) die Stadt ist Trägerin der Lehrgänge; b) die Stadt stellt für diese gemeinsam durchzuführenden Lehrgänge ihre Einrichtungen ohne besondere Miete zur Verfügung; c) die DAF ist in dem betreffenden Fachausschuss, der die Lehrgänge einrichtet, die Lehrpläne aufstellt, über den Erfolg der Lehrgänge wacht usw., vertreten."[184]

Der Schuldezernent wird von den wohl zahlreichen Konflikten zwischen der HJ und Schul(leitung)en gewußt haben, die es wegen des HJ-Dienstes und dem dafür geforderten Urlaub für Schüler gab.[185] Keller wirkte mit, Vorwürfen von Schulleitern nachzugehen.[186] Die HJ hatte schon bald Räume zur „stundenweisen Benutzung" bekommen oder um sich „Heime einrichten" zu können.[187] „Im Herbst 1936 wurde die Franckeschule freigemacht, um sie der HJ. zur Beseitigung der ungenügenden Heimverhältnisse im Stadtteil Bockenheim zu überlassen."[188] Der Oberbürger-

---

[182] Siehe Andernacht/Sterling, Dokumente, S. 492.
[183] Zitate siehe MA 4122, Bl. 44.
[184] MA 4116, Bl. 68 (+72verso), Amtsleiterbesprechung, 07.12.1936.
[185] Siehe Schäfer, Schulen, S. 308-311. Das wird der Kontext sein, weshalb es 1940 in der Holbeinschule hieß: „Anschließend sprach Herr Dr. Keller ... Es ist selbstverständlich, daß Schule, HJ. und Elternhaus in steter Fühlung bleiben. Eine Hauptaufgabe der nationalsozialistischen Schule ist, den Geist der Gemeinschaft zu pflegen", Ortmeyer, Erforschung, S. 68 (zum 16.04.1940).
[186] Siehe Andrich/Martin, Schule, S. 101.
[187] Zitate siehe Wohlfahrtsamt 1860, „Verwaltungsbericht ... 1935/36", S. 52. (Auch: Verwaltungsbericht ... [ISG, Lesesaal]).
[188] Wohlfahrtsamt 1860, „Verwaltungsbericht ...1936/37", S. 59, „Schulamt". (Auch: Verwaltungsbericht ... [ISG, Lesesaal]).

meister gab im Januar 1937 an, daß der HJ „etwa 80 Räume, drei vollständige Schulen und ein weiteres Gebäude zur Verfügung gestellt worden"[189] seien.

Auch die SA erhielt Einzug in Schulgebäude, so übernahm sie 1934 die Allerheiligen Schule.[190]


### 2.6.11 NS-Schulalltag

Der Schulalltag und sein Umfeld hatten ab 1933 eine nationalsozialistische Prägung erhalten.[191] Die arischen Jungen gingen zur „Hitlerjugend" oder zum „Jungvolk", die Mädchen zum „Bund deutscher Mädel" oder zu den „Jungmädeln." Und anfangs wurden für die diejenigen, „die nicht wollten", die „´nationalpolitischen Unterrichtsgruppen´" organisiert. Vom Sommer 1934 an gab es für zwei Jahre für die „Angehörigen des Jungvolks den „´Staatsjugendtag´" an jedem Samstag.[192] Weil nur die Schüler, aber nicht die in den Betrieben tätigen Jugendlichen für den Samstagvormittag „dienstfrei erhielten", fehlte es „an den nötigen Führern". Deshalb wolle die HJ den Staatsjugendtag nicht mehr am „Samstag Vormittag" abhalten, sondern sich „auf den Mittwoch Abend und den Samstag Nachmittag von 14 Uhr ab beschränken", berichtete Keller. Er erklärte zur bisherigen Regelung: „Die Schule verlor wertvolle Unterrichtsstunden."[193]

Der Sport beeinflußte den Unterrichtsplan. Im Verwaltungsbericht für 1937/38 teilte das „Schulamt" die „Festsetzung von 5 Wochenunterrichtsstunden je Klasse in Leibesübungen" mit; und: „Fast alle Schulen sind jetzt mit Boxgeräten beliefert".[194] Später berichtete der Schuldezernent Keller von einer „Vereinbarung des Reichserziehungsministers mit der Reichsjugendführung über die Abgrenzung der Aufgaben bei der körperlichen Erziehung zwischen Schule und HJ. ... Danach verbleibt die schulmässige Ausbildung im Turnen der Schule, während der Sport der HJ. zugewiesen wird."[195]

---

[189] Städtisches Anzeigeblatt, Nr. 3, 22.01.1937, S. 34; und er verweist ebenda auf „namhafte Zuschüsse".

[190] Siehe MA P 197, sog. Amtsleiterbesprechung, Nr. 180, vom 23.05.1934,

[191] Einblicke in den Frankfurter Schulalltag im Dritten Reich finden sich in Rühlig/Steen, Walter, sowie in Ortmeyer, Erforschung, S. 38-80, sowie Ortmeyer, Schulzeit, S. 57-59.

[192] Zitate und Nachweise siehe Schiefer, Geschichte, S. 26.

[193] Zitate siehe MA 4116, Bl. 62recto (+ 64recto) sowie MA P 207, 02.10.1936: Ausführungen von Keller (vom 16.10.1936) zum „Staatsjugendtag".

[194] Wohlfahrtsamt 1860, „Verwaltungsbericht ... 1937/38", S. 66f. (Auch: Verwaltungsbericht ... [ISG, Lesesaal]).

[195] MA 4128, Bl. 66 (+71), Amtsleiterbesprechung, 01.04.1941.

Die Koedukation wurde, wo es sie gab, zumeist beendet. Die NS-Ideologie hatte das Ziel, die Ausbildung von Mädchen in Richtung Führung eines Haushaltes abzusenken. Hingegen übten sich die Schüler „im Kleinkaliberschießen und vervollständigten bei kriegerischen Geländespielen und auf ausgedehnten Gepäckmärschen ihre vormilitärische Ausbildung."[196] Der städtische Verwaltungsbericht 1935/36 stellte dar, daß es Schießunterricht von den Volksschulen bis in die Höheren Schulen gebe: „Im Laufe des Berichtsjahres sind sämtliche Volksschulen mit dem Präzisionsgewehr ´Diana´ beliefert worden und haben mit dem Schießen begonnen."[197] Später kam noch etwas der Flugsport als Teil paramilitärischer Betätigungsfelder im Unterricht hinzu.[198] Zu Beginn des Krieges erklärte dazu das Schulamt: „Um den Anforderungen, die bei der wehrpolitischen Bedeutung an die Ausbildung der Jugend in den Luftfahrtlehrgängen der Schulen gestellt werden, voll entsprechen zu können, ist mit der Hermann Seele-Jungfliegerschule eine ständige Lehrschau und Beratungsstelle für Luftfahrt verbunden worden."[199] Bei den Jungen der Oberklassen warben Offiziere der Wehrmacht und später der Waffen-SS für die Offizierslaufbahn.


Die Lehrer wurden zu nationalpolitischen Umschulungslehrgängen,[200] zu Luftschutzlehrgängen und militärischen Übungen einberufen.[201] 1934 gab es bei der Adolf Hitler-Spende eine Sammlung für Freiaufenthalte von „S.A.-Leute[n]", „in deren Dienst sich besonders die Frankfurter Lehrerschaft in dankenswerter Weise gestellt hatte".[202] Im Verwaltungsbericht von 1935/36 wird erklärt:„Die Ausbreitung und Festigung des nationalsozialistischen Gedankengutes ist in den abgelaufenen Jahren durch die Einrichtung nationalsozialistischer Lehrgänge an den höheren Schulen und durch die Entsendung von rund 600 Lehrern in die für sie eingerichteten Umschulungslehrgänge besonders Rechnung getragen worden."[203] Zum Verhältnis zwischen Lehrern und Schüler gehörte es zum Beispiel auch, daß ein Studienrat (vom Goethe-Gymnasium) Schüler bei der Gestapo denunzier-

---

[196] Schiefer, Geschichte, S. 26.

[197] Nachweise und Zitat siehe Wohlfahrtsamt 1860, „Verwaltungsbericht ... 1935/36", S. 54, (auch: Verwaltungsbericht ... [ISG, Lesesaal]); identisch in: Schulamt 3539, 05.06.1936.

[198] Siehe Wohlfahrtsamt 1860, „Verwaltungsbericht der Stadt Frankfurt a. M. über das Haushaltsjahr 1937/38[.] Erstattet von Oberbürgermeister Staatsrat Dr. Krebs", S. 66. (Auch: Verwaltungsbericht ... [ISG, Lesesaal]).

[199] Schulamt 4133, „Betr.: Verwaltungsbericht 1939/40" [kaum korrigierte Fassung], Bl. 3.

[200] Siehe MA 5583, Schulamt, 10.12.1935, „3.", sowie ebenda, Gesamtbericht für Dezember 1935, Schulamt, „2)"; Städtisches Anzeigeblatt, Nr. 9, 28.02.1936, S. 121, spricht Krebs von 600 Lehrern; siehe auch ein Frankfurter Beispiel in Kraas, Lehrerlager, S. 304, und im Allgemeinen ebenda, vor allem S. 294, 296, 300.

[201] Es kam auch zur „Meldung von 46 Lehrern zum Arbeitsdienst für die Westfront und Durchführung einiger geheimer Verfügungen", MA 5587, Schulamt, 01.10.1938; vgl. zu den Lebensumständen dort ebenda, Fürsorgeamt, 31.08.1938.

[202] Zitate siehe Städtisches Anzeigeblatt, Nr. 17, 21.04.1934, S. 199.

[203] Wohlfahrtsamt 1860, „Verwaltungsbericht ... 1935/36", S. 52. (Auch: Verwaltungsbericht ... [ISG, Lesesaal]).

te.[204] Schon vor dem Krieg wurde von einer „Beendigung der Zwangsferien" geschrieben und ein Lehrermangel konstatiert, da die „Besetzung von 30-40 freien Stellen an höheren Schulen" vorbereitet werden sollte.[205]

Es gab zahlreiche Feierlichkeiten und „Tage" „auf Kosten des Unterrichts": „Da war der ´Tag des Volkstums´, der ´Tag der Polizei´, der ´Gedenktag für die Gefallenen der Bewegung´, der ´Heldengedenktag´, der ´Muttertag´, der ´Tag der Hausmusik´, der ´Tag der Wehrmacht´, der ´Tag der Luftwaffe´, die ´Jugendwoche des deutschen Buches´, der ´nationale Spartag´, der ´Luftschutztag´ und noch viele andere."[206]

Diese verschiedenen Veränderungen in Richtung eines nationalsozialistischen Schullebens mit einer de facto signifikanten Verschlechterung der durchschnittlichen Unterrichtsqualität fanden jedoch von Keller in einem Aufsatz von 1938 lobende Worte. Im „Jahrbuch für Kommunalwissenschaft" äußerte sich Keller umfangreich zur „Neuordnung des deutschen Schulwesens". Er sah sich genötigt zu begründen, warum er aus städtischer Sicht etwas zu dieser staatlichen Aufgabe in einer solchen Fachzeitschrift schreibt. Was Keller bewegt haben mag, diese Apotheose zu verfassen, ist offen. Der Text enthält Aussagen wie: „Die Schule des nationalsozialistischen Deutschen Reichs wird nicht durch einen einmaligen, großen gesetzgeberischen Akt geschaffen, sondern sie entsteht durch eine Summe von Teilreformen, die sich erst allmählich zu einer Einheit zusammenschließen. ... Bevor von einer neuen Schule die Rede sein konnte, mußte der neue Staat geschaffen werden. ... Die Schule ist ein politicum". Keller zitierte bejahend: „´das nationalsozialistische Erziehungssystem [ist, GSt.] seinem Ursprung nach nicht ein Werk der pädagogischen Planung, sondern des politischen Kampfes und seiner Gesetze´". Keller befürwortete den „Vorrang der Politik vor der Pädagogik", der aus dem Kontext nur als Vorrang der HJ vor der Schule gedeutet werden kann. Keller stand dort positiv zur verstärkten „körperliche[n] Erziehung" als Teil der „Wehrhaftmachung des deutschen Volkes". Und er zitierte den Führer: „´Das Ziel der weiblichen Erziehung hat unverrückbar die kommende Mutter zu sein.´" Keller fuhr fort: „Aus dieser Zielsetzung folgt folgerichtig, daß die hauswirtschaftliche Form der neuen Oberschule, die in natürlicher Weise aus der bisher schon bewährten dreijährigen Frauenschule herauswächst, gleichwertig neben der sprachlichen steht, folgt also, daß eine gemeinsame Schulerziehung der Geschlechter nationalsozia-

---

[204] Siehe Diamant, Gestapo, S. 199.
[205] Zitate siehe MA 5587, Schulamt, 01.11.1938, und ebenda, Schulamt, 02.12.1938, „4."
[206] Zitate siehe Schiefer, Geschichte, S. 28. Schüler wurden auch bei Veranstaltungen eingebunden, z. B. zur „Spalierbildung" für den Führer auf seinem Weg zum ersten Spatenstich, siehe Andrich/Martin, Schule, S. 30, 32f.

listischem Erziehungsgeist widerspricht." Keller begrüßte Englisch als erste Fremdsprache, da sie die „Sprache eines artverwandten Volkes" sei.[207]

Der Krieg beeinflußte die Qualität des Schulunterrichts in mehrfacher Weise negativ: Einige Schulen konnten nicht mehr benutzt werden, weil sie dem Militär übergeben worden waren. Die „Belegung der Schulen durch fremde Stellen wird viel Unruhe in den Schulbetrieb"[208] hineingetragen haben. Das Schulamt schrieb 1940: „Der seit September 1939 Deutschland aufgezwungene Krieg hat auf dem Gebiete des Schulwesens Umstellungen bewirkt. So wurden bereits ab 24.8.39 mehrere Schulen vollständig von der Wehrmacht in Anspruch genommen und in fast allen übrigen Schulen Polizei, Rettungsstellen, Krankentransport- und Sanitätsabteilungen, Instandsetzungstrupps, sowie Kartenstellen für das Lebensmittel- und Wirtschaftsamt und Kriegsfürsorgestellen eingerichtet. Eine Schule ist seit Kriegsbeginn als Hilfskrankenhaus eingerichtet. Ausserdem sind rund 270 Lehrer der städt. Schulen zur Wehrmacht eingezogen worden. Infolge Brennstoffmangel mussten ferner sämtliche Schulen vom 15.1 - 6.2. geschlossen gehalten werden".[209] Der Krieg traf die Schulen auch später mit einem Unterrichtsausfall wegen der „Kohlennot",[210] weshalb Schulen zeitweise nicht beheizt oder geschlossen wurden. Dann war sogar eine Ungezieferplage unter Schülern zu beklagen; vermutet wurde als Ursache unter anderem ein „Mangel an Seife".[211] Jüngere Lehrer waren eingezogen worden und ältere wurden häufiger krank.[212] Es wurden auch viele Kriegsgefangene als Zwangsarbeiter in Schulen untergebracht.[213] Aufgrund fehlender Schulgebäude und wegen des Lehrermangels wurde teilweise der „Unterricht im Wechsel vor- und nachmittags" erteilt; zudem hatten viele Klassen über 40, 45 oder 50 Schüler.[214] Schon zu Beginn des Krieges kam es wohl nicht nur in der Musterschule zur „Kürzung des Nachmittagsunterrichts in den Wintermonaten. Einstellung der Heizung im Januar 1940 und demgemäß Einrichtung eines Be-

---

[207] Zitate siehe Keller, Neuordnung, S. 36-38, 44, 54f.

[208] MA 3883, Bl. 33, Schulamt, 11.12.1939.

[209] Schulamt 4133, „Betr.: Verwaltungsbericht 1939/40" [kaum korrigierte Fassung], Bl. 4. (Schon am 17.09.1933 sei die „SA.-Unterkunft der Standarte 81 in der ehem. Elisabethenschule" eingerichtet worden, siehe Städtisches Anzeigeblatt, Nr. 53, 30.12.1933, S. 621.)

[210] MA 4128, Bl. 108 (+110), sowie MA P 218, 17.03.1942 (Nr. 287), vom „17.3.42".

[211] MA P 218, 25.11.1941 (Nr. 198).

[212] Nachweise siehe Schäfer, Schulen, S. 399, 402; S. 400, 404; S. 404f. Siehe auch MA 3883, Bl. 33, Schulamt, 11.12.1939; MA 4128, Bl. 48recto (+ 50recto), sowie MA P 218, 01.04.1941 (Nr. 4), „Amtsleiterbesprechung vom 1.10.40", und auch Bl. 66 (+71); zu fehlenden Lehrern - „im ganzen 213" - und aus „Alter oder aus Krankheitsgründen" siehe MA P 219, 08.12.1942 (Nr. 181).

[213] Siehe Boehm, Zwangsarbeiter, S. 66; Boehm, Zwangsarbeiter[lager], S. 198-201.

[214] Zitat und Nachweis siehe Schäfer, Schulen, S. 403; siehe auch Böckler, Schule, S. 125. Viele Schulen waren in einer schlechten Verfassung, so Städtisches Anzeigeblatt, Nr. 11, 18.03.1939, S. 110. In der Hölderlinschule war ein Zwangsarbeitersammellager, siehe www.frankfurt1933-1945.de unter „Orte"; die Klingerschule war an die „2. SS-Standarte" gegangen, siehe in der Suchdatenbank des ISG mit Hinweis auf Schulamt 3.266 [Stand: 19.06.2019].

treuungsunterrichts, der sich lediglich auf die Stellung und Kontrolle von Hausaufgaben be-schränkt[e].“[215] Es wurden Lehrer aus dem Ruhestand wieder aktiviert und dazu erklärt: „Für die zum Wehrdienst einberufenen und nach dem Osten abgeordneten Lehrkräfte konnten durchweg Ruhestandslehrer mit halber oder stark verminderter Arbeitsfähigkeit eingestellt werden.“[216] Der NS-Oberbürgermeister mußte in seiner Haushaltsrede im März 1943 zugeben: „Die Mängel in der schulischen Betreuung ... konnten durch die kriegsbedingten Beschränkungen leider nicht gebessert werden.“ Als Beispiel fügte er an, daß „nahezu sämtliche Turnhallen als Obdachlosensammelunter-künfte eingerichtet worden sind“, so daß „auch die räumliche Beengung in den Schulen nach wie vor gross“ sei. Hinzu kam eine „wesentliche Erhöhung der Durchschnittsbesuchszahl der einzelnen Klassen“ und außerdem eine „Kürzung des Unterrichts, besonders in den Randfächern“.[217] Im Oktober 1943 wünschte sich Keller „mindestens einen Notunterricht (notwendigste Betreuung) durchzuführen. Gegenwärtig hat das Schulamt etwa 450 Lehrer zum Wirtschaftsamt (einige auch zum Ernährungsamt und Fürsorgeamt) abgegeben. Darüber hinaus ist aber eine grössere Zahl noch als politischer Leiter eingesetzt.“[218] Diese Mitarbeit von Lehrern war die Reaktion von Stadtverwal-tung und Partei auf den Bombenkrieg.


Im Krieg wurden die Schülerinnen und Schüler in Kriegsanstrengungen eingebunden durch „das Sammeln von Knochen, Altpapier, Schrott, Korken, Spinnstoffen, Stanniol, Teeblättern, Buchek-kern und Heilkräutern.“[219] Die Schulgärten wurden „in den Dienst der Kriegsernährungsaufgabe gestellt“, die Schüler engagierten sich in der Seidenbauzucht und in der Altstoffsammlung, so für den Berichtszeitraum 1940/41 „90520 Kg“ Knochen, darüber hinaus Lumpen, Papier und Bunt-metalle.[220] Es kam schließlich auch vor, daß „Knabenklassen .. für die Weihnachtstage als Posthel-fer angefordert“[221] wurden.


Zu Beginn des Zweiten Weltkrieges hatte es im September 1939 Sonderferien gegeben.[222] Dann waren die Schülerinnen und Schüler betroffen von den drohenden Bombardierungen, sei es bei Tag

---

[215] Banholzer, Geschichte, S. 15; und 1941 war die Musterschule auf 3 Stellen verteilt.
[216] Schulamt 4133, „Betr.: Verwaltungsbericht 1940/41“ [Fassung nicht korrigiert], Bl. 1.
[217] Zitate siehe Krebs, Frankfurt, S. 14.f
[218] MA 3812, Bl. 117.
[219] Schiefer, Geschichte, S. 28.
[220] Zitate und Nachweise siehe Schulamt 4133, „Betr.: Verwaltungsbericht 1940/41“ [Fassung nicht korrigiert], Bl. 2; siehe auch MA 3883, Bl. 123.
[221] Böckler, Schule, S. 127, zum Jahr 1943.
[222] Siehe Chroniken S 5, 194 (1939), Bl. 102. Vgl. die Beratung der Schulbeiräte am 08.11.1939, darin „Allg. Ueberblick über das Schulleben seit Kriegsbeginn“ von Keller über Schulschließungen und Einberufungen von Lehrern, siehe Schulamt 2174; siehe zum Parteieinfluß auf die Schulbeiräte ISG, Webseite, Stadtchronik [Stand: 17.10.2018], zum 1. März 1942: „Kreispropagandaleiter und

oder bei Nacht. So gab es im September 1941 achtmal Fliegeralarm, darunter zwei Angriffe auf Frankfurt, im Oktober ebenso achtmal Fliegeralarm, und im August 1942 19mal Alarm.[223] Unter dem 21. März 1943 hält eine Chronik den „erste[n] Transport der Kinderlandverschickung"[224] fest. Ab Februar 1943 mußten ältere Schüler als Luftwaffenhelfer zum Flakdienst[225], zur Brandbekämpfung[226] und später zum Aufräumen beim „'Trümmereinsatz'"; ab Februar 1944 wurden „'bis auf weiteres'" alle Schulen in Frankfurt geschlossen, und es wurden viele Schüler klassenweise ins Umland evakuiert.[227] Für manche hatte es zuvor schon Ernteeinsätze gegeben.[228] Am Ende des Krieges kam es zu „Volkssturmaufstellungen von HJ-Einheiten." In einer „Amtsleiterbesprechung" wurde darauf hingewiesen, es sei in „einer Aussprache beim Kreisstabsamt .. vorgetragen worden, dass die Schulleiter HJ-Angehörige von der Ausbildung beim Volkssturm zurückhalten. Das Schulamt wird beauftragt, nach dem Rechten zu sehen." Der Oberbürgermeister forderte von Keller: „Über Beobachtungen der geschilderten Art ist mir zu berichten."[229] Im September 1944 hatte Keller gegenüber Krebs erklärt: „Das Schulwesen Frankfurts ... ist in wörtlichem und bildlichem Sinne eine Ruine."[230]

---

Ratsherr Otto Grünewald wird zum Schulbeirat für das höhere Schulwesen ernannt. Er tritt die Nachfolge von Kreisamtsleiter Hermann Schultz an".

[223] Siehe Chroniken S5, 196 (1941), Bl. 541, 577; Chroniken S5, 197 (1942), Bl. 740.

[224] Chroniken S5, 198 (1943), Bl. 841; siehe z. B. Radebold, Kindheit, S. 307.

[225] Unter dem 25.02.1943 heißt es zur „Flak, bei der sich schon die jugendlichen Ersatzkräfte der drei älteren Jahrgänge der höheren Schulen befinden", Chroniken S5/198 (1943), Bl. 832. Siehe z. B. Radebold, Kindheit, S. 306. Mit dem Thema Luftschutz war Keller als Kulturdezernent befaßt; so mußten Vorbereitungen für die Evakuierung der Kunstwerke getroffen werden, siehe Heckötter, Hauptsammelgebiet, S. 135 - Anm. 30, Bauamt an Liebieghaus, vom 08.08.1939, mit Verweis auf Städel-Archiv, Akte 639; das betraf auch sein Amt des Seniors der Stiftung Taubstummenerziehungsanstalt beim Bau eines Bunkers auf dessen Grundstück, siehe MA 3076, Keller an Oberbürgermeister, 19.03.1942.

[226] Siehe Fotografien in Rühlig/Steen, Kriegsende, S. 42-45.

[227] Zitate und Nachweise siehe Schäfer, Schulen, S. 404-409. Siehe Fotografien zur Trümmerbeseitigung durch männliche Jugendliche in Fleiter, Heimat/Front, S. 103, 304, 308.

[228] Siehe z. B. MA 4128, Bl. 48recto (+ 50recto), sowie MA P 218, 01.04.1941 (Nr. 4), „Amtsleiterbesprechung vom 1.10.40" und auch Bl. 66 (+71); MA 3883, Bl. 175; Böckler, Schule, S. 46. Für das Jahr 1941 berichtet der Zeitzeuge Hans W. Wolff über Kleidersammlungen für Soldaten, Brandwachen in der Schule und in den Ferien Fabrikarbeit sowie „Landeinsatz", siehe Frankfurter Neue Presse, 02.03.2015, „Aus Teenagern werden Soldaten" [im Internet].

[229] Zitate und Nachweis siehe MA P 221, 13.02.1945 (Nr. 147/148). ISG, Webseite, Stadtchronik [Stand: 17.10.2018], zum 10. Februar 1944: „Die 14 bis 18jährigen Schüler und Schülerinnen Groß-Frankfurts haben während der Zeit des Schulschlusses Arbeitseinsatzdienst als Erfüllung ihrer Jugenddienst- und Schulpflicht zu leisten. Aus diesem Grund treten die Jugendlichen heute auf den angegebenen Sammelplätzen (vor allem in Schulen) in Uniform bzw. Arbeitskleidung mit HJ-Armbinde an." (Die Frankfurter Hitler-Jugend wirkte im Oktober 1944 an Schanzarbeiten am Westwall mit, siehe Chroniken S 5, 199 (1944/45), Bl. 1051; Böckler, Schule, S. 51, nennt „Panzersperrenbau".)

[230] Kulturamt 175, Bl. 16verso (S. 6). Er führte u. a. „Schulverlegungen" und „Einzelverschickungen vieler Kinder" als Belege auf.

Noch im Juli 1948 bewertete Keller die Situation der Schulen in einem Text an einer Stelle als sehr schlecht.[231]

Wie es Keller gelungen sein soll, den „traditionellen Ruf des Frankfurter Schulwesens ... aufrecht-zuerhalten und ... [dem, GSt.] Frankfurter Schul[-]wesen eine tiefgehende und nachhaltige Förde-rung"[232] zu geben, wie es dann 1960 hieß,[233] ist vor dem Hintergrund dieser Entwicklung nicht nachvollziehbar.

### 2.6.12 Kindergärten und -horte

Die NS-Ideologie wollte, daß kleine Kinder von ihren Müttern erzogen werden sollten. So wurde schon im kommunalen Verwaltungsbericht für den Zeitraum 1933/34 festgestellt: „Die Zahl der Kinder ging dabei in den Kindergärten von 1932 2700 auf 1933 1600[,] in den Kinderhorten von 1932 2100 auf 1933 1700 zurück". „10 Kindergärten und 1 Kinderhort" wurden „aufgelöst".[234] Für den Berichtszeitraum 1937/38 hieß es dann zu diesen städtischen Einrichtungen: „Die Horte wurden von rund 1600 und die Kindergärten von rund 1000 Kindern besucht."[235] Es war also in den Horten die Zahl von 2.100 auf 1.600 gefallen und in den Kindergärten von 2.700 auf 1.000.[236] Auch das war eine gesellschaftspolitische Veränderung unter Keller. Diese Entwicklung änderte sich schließ-lich im Krieg, denn es sollte Kindern „von in der Kriegswirtschaft tätigen Müttern Betreuung"[237] gewährt werden.

Beim Versuch von seiten der Partei, der NSV die städtischen Kindergärten einzuverleiben, lehnte das Schulamt - und somit Keller - dies mit der Begründung ab, daß die „NSV nicht bereit sei, städtische Bedienstete, die nicht in der Partei sind, zu übernehmen".[238] Der Oberbürgermeister

---

[231] Siehe Schulamt 2174, darin Teilakte „zu" 2.174, auf Deutsch und Englisch, vom 07.07.1948.

[232] Mitteilungen der Stadtverwaltung Frankfurt am Main, Nr. 6, 06.02.1960.

[233] Wenige Jahre nach dem Krieg hatte dies der Frankfurter Oberbürgermeister insgesamt für Deutschland noch anders gesehen: „Die Schulen haben .. jenen ..., die ihre Schulzeit im Dritten Reich verlebten, keinerlei solide Kenntnis der wichtigsten Bildungswerte ins Leben mitgegeben." Er belegte dies am fehlenden Wissen zu Mendelssohn und Heine, so Kolb im März 1948, Zitat und Nachweis siehe Kolb, Stadt, S. 69.

[234] Zitate siehe Wohlfahrtsamt 1860; Chroniken S 5, 134, Bd. 1: „Verwaltungsbericht ... 1933/34", S. 45. (Auch: Verwaltungsbericht ... [ISG, Lesesaal]).

[235] Wohlfahrtsamt 1860, „Verwaltungsbericht ... 1937/38", S. 67. (Auch: Verwaltungsbericht ... [ISG, Lesesaal]).

[236] Veränderungen bei den Geburtenzahlen sind (bedingt) mit zu berücksichtigen.

[237] Schulamt 4133, „Betr.: Verwaltungsbericht 1939/40" [kaum korrigierte Fassung], Bl. 6.

[238] Keval, Widerstand, S. 105; siehe hierzu unten die Ausführungen bei Lehmann.

wollte seinen Machtbereich nicht schmälern lassen und verhinderte mit der Unterstützung des Reichsinnenministers solche Übernahmen;[239] aber es fielen zum Beispiel konfessionelle Kindergärten an die NSV.[240] Die „gründliche Untersuchung des Frankfurter Kindergartenwesens", insbesondere der „konfessionellen Kindergärten", „ob die Leiterinnen dieser Einrichtungen weltanschaulich als einwandfrei bezeichnet werden können", vollzog das Rechnungsprüfungsamt. Warum geschah dies nicht durch das Schulamt? War es Mißtrauen des Oberbürgermeisters gegenüber dessen Mitarbeitern oder war es ein Arbeitskräftemangel dort?[241] Neugründungen von Kindergärten erfolgten dann durch die NSV. Weil Frauenarbeit für die Waffenproduktion wichtig wurde, gewann die NSV hierbei einen deutlichen Einfluß.[242]

## 2.6.13 Swing-Jugend

Für das Schulamt wurde Keller 1940 von der Gestapo über deren Überwachung der Swing-Jugend schriftlich informiert. 1939 waren in Frankfurt der „Harlem-Club" und die „O.K.-Gang" entstanden, bei denen sich Schülerinnen und Schüler in Cafés und in Wohnungen trafen. Die Gestapo hat deren Aktivität akribisch notiert und sie dann verboten: „'Den Mitgliedern und Anhängern (...) wurde das weitere Bestehen ihres Clubs untersagt. ... bei Nichtbefolgung der gemachten Auflagen (die gen. Lokale zu meiden u. Treffs nicht mehr stattzufinden haben), sie mit polizeilichen Maßnahmen zu rechnen haben.'" Gesondert wurde darauf hingewiesen, daß zwei jüdische Mädchen sich „mit den Swing-Jugendlichen trafen. Eines der Mädchen hatte eine Liebesbeziehung mit einem jungen Mann, der im Sommer zum 'Harlem-Club' gehört hatte. Es wurde 'wegen Verdachts der Rassenschande' ermittelt. Gegen einen anderen Jungen ermittelten die Beamten, weil er ... 'ausländische Nachrichten' abgehört hatte. Der Ausgang der Verfahren ist nicht bekannt." Gegen Angehörige der O.K-Gang wurde ein Verdacht der Homosexualität aufgebaut.[243]

---

[239] Siehe MA P 218, 23.09.1941 (Nr. 153): „(Herr Stadtrat Dr. Keller bemerkt zur Frage der Uebernahme der gemeindlichen Kindergärten durch die Partei, dass mit der Anforderung von Zuschüssen wohl gerechnet werden müsse)."

[240] Siehe zum Aspekt NSV und Kindergärten meine Darstellung unten bei Lehmann; siehe auch z. B. Recker, Volkswohlfahrt, S. 137.

[241] Zitate und Nachweis siehe MA 5587, Rechnungsprüfungsamt, 03.11.1938, 6.: „Auf Grund der Verfügung des Herrn Oberbürgermeisters v. 14.4. 1938 II/L".

[242] Siehe ISG, Webseite, Stadtchronik [Stand: 17.10.2018], zum 30. 01.1941, die Propagandameldung der NS: „Im Kreis Groß-Frankfurt sind seit Beginn des Weltkrieges allein 18" NSV-Kindergärten „eröffnet worden."

[243] Zitate und Nachweise siehe Schiefelbein, Verfolgung, S. 394-397, S. 403 – Anm. 8; siehe auch Schulamt 3222; Schiefelbein, Spurensuche, S. 119. Keller war auch bei einem Verdacht auf Homosexualität in einer Schule einbezogen worden, siehe Schulamt 6131, vom 26.05.1937; siehe auch Henning-Hellmich/Henning, Verfolgung , S. 2.

## 2.6.14 Taubstummenerziehungsanstalt[244]

Als Schuldezernent war Keller Senior im Pflegamt der selbständigen städtischen Stiftung Taubstummenerziehungsanstalt geworden. Der Oberbürgermeister hatte ihm mit „dem 1. April 1935 ... die Leitung des Pflegamts ... übertragen."[245] Keller war als sog. „Stiftungsleiter" dafür zuständig, „die Pfleger ... zur gewissenhaften Verwaltung ihrer Aemter zu verpflichten und als Ehrenbeamte der Stiftung zu vereidigen. Für den Eid ist folgender Wortlaut maßgebend: ′Ich schwöre: Ich werde dem Führer des Deutschen Reiches und Volkes, Adolf Hitler, treu und gehorsam sein, die Gesetze beachten und meine Amtspflichten gewissenhaft erfüllen, so wahr mir Gott helfe.′"[246]

Das Pflegamt wurde 1935 vom Presbyterium der Deutschen evangelisch-reformierten Gemeinde um die Vermietung eines Raumes für einen Kindergottesdienst gebeten sowie im selben Jahr noch für den „Konfirmanden-Unterricht" und die „Bibelstunde" während der Woche. Dem wurde zugestimmt.[247]

Es gab in dieser Schule eine eigene „Gehörlosen-H.J.". Die Taubstummenanstalt bat den Senior des Pflegamts, „bei der Neuaufstellung des Etats eine Position für die Gehörlosen-H.J. in Höhe von RM 150,-- einzusetzen", um Unkosten zu übernehmen, damit „die gehörlose Jugend ... körperlich, geistig und sittlich im Geiste des Nationalsozialismus zum Dienst am Volk und zur Volksgemeinschaft" erzogen werden könne. Stadtrat Keller wies seinen Mitarbeiter an: „bitte mal im neuen Etat mit aufnehmen"; dieser stellte den gewünschten Betrag ein.[248]

Das Pflegamt dieser Stiftung entschied 1935 bei einem „Antrag auf Einschulung eines schwerhörigen jüdischen Kindes", einen Taubstummenlehrer zu beauftragen, „vorerst ein amts-(schul)ärztliches Gutachten über die Notwendigkeit der Einschulung in die Taubstummenanstalt anzufordern."[249]

---

[244] Keller saß auch im Vorstand der „Stiftung Landschulheim Wegscheide"; das Schullandheim wurde in ein Kriegsgefangenenlager umgewandelt, wovon er erfahren haben muß. Die Gefangenen wurden zur Zwangsarbeit herangezogen, siehe Schäfer, Schullandheim, S. 42. Keller hat auch als Schuldezernent von Zwangsarbeitern gewußt, weil z. B. Schülern „strengstens" untersagt wurde, „mit den ausländischen Bewohnern der benachbarten Unterkünfte ... in irgendwelchen Verkehr [zu, GSt.] treten", Böckler, Schule, S. 127, zum Jahr 1943.
[245] Schulamt 6637, Schreiben Pflegamt, 31.07.1936.
[246] Schulamt 7471, Oberbürgermeister, 02.05.1938.
[247] Nachweise und Zitate siehe Schulamt 7221, 23.04.1935, 19.09.1935; vgl. auch die Kündigung durch das Presbyterium, 31.05.1937.
[248] Zitate und Nachweise siehe Schulamt 6636, 24.12.1936.
[249] Zitate und Nachweis siehe Schulamt 7478, Niederschrift der Sitzung, 02.07.1935.

Im Kontext dieses Ehrenamtes bei der Stiftung wurde Keller dann auch mit der Frage der Zwangs-sterilisation konfrontiert.[250] Viele Gehörlose - auch aus Frankfurt - wurden in der NS-Zeit zwangsweise sterilisiert.

Im kleinen Kreis des „Stiftungsvorstand[s] der Taubstummen-Erziehungsanstalt" saß neben dem „Stiftungsleiter" Keller als Mitglied vom Mai 1938 bis in die Anfangszeit nach dem Krieg Profes-sor Max Schwarz, „Leiter der Universitätsklinik für Ohren-, Hals- und Nasenkranke".[251] Schwarz war wohl einer der engagiertesten HNO-Professoren bei Forschungen und Publikationen zu Fragen der erblich bedingten Taubheit; so gab er ab 1936 die „Erbblätter für den Hals-[,] Nasen- und Ohrenarzt" heraus.[252]

## 2.6.15 Weitere verschiedene Einblicke

Keller war beteiligt an der Teilung von Stiftungen, als er 1937 mit Stadtrat Müller und dem Leiter des Fürsorgeamts die Vorstände (großer) sog. interkonfessioneller Stiftungen unter Druck setzte; die Stadträte konnten die Zustimmung dafür erpressen, diese Stiftungen in einen „arischen" und einen „jüdischen" Teil aufzuspalten.[253] Dies diente letztlich einer Ausplünderung der Stiftungen. Auch als Leiter der Dr. med. Ernst Asch-Stiftung war Keller in eine „Arisierung" verwickelt.[254]

---

[250] Keller unterzeichnete ein Schreiben des Pflegamts an den Oberbürgermeister vom 11.03.1937, in dem er erklärte, daß sich die Zahl der taubstummen Schüler nicht ändern werde, „da diese Krank-heit nur in den seltensten Fällen ererbt ist und durch die Erbgesetze nicht unterbunden werden kann", MA 9476, Bl. 83recto. Es fragt sich, ob Keller mit der Behauptung einer unerheblichen Relevanz dieser Frage bewußt schützend für die Gehörlosen eintreten wollte; vgl. Daum, Zwangs-sterilisation, S. 415, 419; Drexler, Schicksal, S. 83. Siehe auch MA P 199, Amtsleiterbesprechung, 12.10.1934, auf der Fischer-Defoy (lt. Protokoll vom 19.10. vortrug [Bl. 6]: „Sterilisierungsanträge bis 12.9.: 569 Anzeigen bearbeitet[,] 316 Anzeigen weitergegeben" mit Auflistung von betroffenen Merkmalen, darunter „Taubstummheit in Einzelfällen.") Siehe dazu Daub, Bericht, Anhang S. 42; vgl. auch Daub, Bericht, S. 56.

[251] Zitate siehe MA 9477, unfol.; Nachweise siehe ebenda, Bl. 41, 47; Schulamt 7438, 09.02.1946; Schulamt 7471, 09.02.1946.

[252] Siehe zu ihm Stemmler, Schwarz. Es ist zu vermuten, daß das Schulamt „Beurteilungen von Hilfsschülern zur Verwendung in Sterilisationsverfahren" weitergegeben hat. Dies ist für Fleiter, Kommunen, S. 40, ein Merkmal der „Mitwirkung der Städte an der NS-Verfolgungspolitik".

[253] Siehe auch Gruner, Wohlfahrt, S. 86 - Anm. 91.

[254] Siehe MA 9508, Bl. 20; Stiftungsabteilung 12, Bl. 95: Keller war 1938 der einzige Nichtjude im Kuratorium, weshalb der Oberbürgermeister an den Regierungspräsidenten schrieb und die Auflö-sung des Kuratoriums verlangte; dabei erklärte Krebs über Keller: „der wiederholt auf diese misslichen Verhältnisse hingewiesen hat". Der Regierungspräsident entschied im Sinne von Krebs; daraufhin konnten Stiftungsgelder entsprechend verwendet werden. Ich danke für den Hinweis Maike Brüggen M.A.

Keller hatte beruflich verschiedene Informationsquellen über die Einstellungen und Vorhaben der Nationalsozialisten. Dazu gehörten die sog. „Amtsleiterbesprechungen", in welchen unter der Leitung des NS-Oberbürgermeisters (oder in Vertretung durch den NS-Bürgermeister) als Ersatz für die Magistratssitzungen die Detailfragen der Stadtregierung besprochen wurden. Dort wurde zum Beispiel im Sommer 1935 in den Unterlagen ein Runderlaß Görings abgedruckt, in dem dieser die anti-katholische Haltung der Nationalsozialisten erläuterte und zu einem entschiedenen Vorgehen aufforderte.[255] Und im Oktober 1935 wurde in diesem Kreis entschieden, daß in Frankfurt „Werbung durch nichtarische Firmen in Strassenbahnwagen und Personenkraftwagen" in „jeder Art" „ausgeschlossen" sei. Auch waren hier auf Volksbelustigungen „nichtarische Händler und Schausteller nicht mehr zuzulassen."[256] Im September 1936 wurde darauf hingewiesen, daß es beim Fürsorgeamt für Nichtarier eine „getrennte Abfertigung" gebe, und zwar durch die „Einrichtung einer Sonderbetreuungsstelle".[257]

Ein Beispiel für die nationalsozialistische Gestaltung der Erinnerungskultur jener Zeit ist die Errichtung einer gemeinsamen „Ruhestätte für Angehörige der SA, SS, HJ und für politische Leiter der NSDAP" als Ehrengrab für im Dienst verunglückte Personen.[258]

Innerhalb der Stadtverwaltung war die berufliche „Versorgung" von Alten Kämpfern in jenen Jahren ein ständiges Thema; so zum Beispiel in einer „Amtsleiterbesprechung" die „Zulassung von Dauerangestellten (alten Kämpfern) zum Vorbereitungslehrgang auf die 1. Beamtenprüfung".[259]

Keller war über Jahre Vorsitzender des Preisgerichts zum städtischen „Preisausschreiben zur Förderung der Sippenkunde",[260] dessen „Hauptzweck" es war, „den sippenkundlich wertvollen Kern der heutigen Bevölkerung der Großstadt Frankfurt zu ermitteln".[261]

---

[255] Siehe MA P 202, 05.08.1935 (Nr. 450a), „Runderlaß des Preuss. Ministerpräsidenten vom 16.7.1935"; Keller war bei dieser Sitzung im Urlaub, wird aber mit Sicherheit die Unterlagen durchgesehen haben. Siehe auch ebenda, 23.11.1935 (Nr. 654), in Kellers Anwesenheit. Vgl. jedoch auch MA P, 28.09.1936 (Nr. 717), und ebenso den „Antrag des Bischöflichen Kommissariats, Katholisches Dom-Pfarramt ... auf Ueberlassung der Karmeliterkirche für den 1. Osterfeiertag .. für einen Gottesdienst italienischer Arbeiter", der genehmigt wurde, siehe MA P 218, 03.03.1942 (Nr. 283).

[256] Zitate siehe MA P 203, 07.10.1935 (Nr. 700), 14.10.1935 (Nr. 734).

[257] Zitate siehe MA P 206, 21.09.1936 (Nr. 655). Dies geschah nach dem Vorbild anderer Städte, siehe MA 5584, Fürsorgeamt, 05.08.1936, Bl. 5, und Gesamtbericht für Juli 1936, Bl. 13.

[258] Zitat und Nachweis siehe MA P 203, 11.11.1935 (Nr. 857); (vgl. auch MA 5583, Bauamt, 09.12.1935).

[259] MA P 203, 16.12.1935 (Nr. 969). Dies betraf auch direkt das Schulamt, siehe MA 5587, Schulamt, 02.05.1938, „4."

[260] Städtisches Anzeigeblatt, Nr. 21, 28.05.1937, S. 265; ebenda, Nr. 32, 11.08.1939, S. 361.

[261] Zitate siehe Städtisches Anzeigeblatt, Nr. 18, 04.05.1940, S. 160.

Als Stadtrat erfuhr Keller von den Vorstellungen und Zielen der Nationalsozialisten außerhalb seiner Verantwortungsbereiche auch durch Ratsherrensitzungen, so die Diskussionen „um den Ausschluss von Juden von der Nutzung der Straßenbahnen im Jahr 1938"; in späteren Jahren waren weitere solcher Themen die „Kennzeichnung der Lebensmittelkarten für Juden im Jahr 1939 und die Frage der Gewährung von Sonderzulagen für jüdische Schwerstarbeiter im Jahr 1941".[262] Keller hat ein halbes Jahr vor dem Beginn der Deportationen aus Frankfurt von solchen Überlegungen aus einer Sitzung der Ratsherren erfahren! (Siehe dazu unten die Darlegung bei Lehmann.)

## 2.7 Allgemeines Wissen vom „Dritten Reich"

Zu Kellers Wissen über nationalsozialistische Verbrechen gehören selbstredend alle Taten und Untaten, die öffentlich stattfanden und das Allgemeinwissen all jener waren, die nicht bewußt ihre Augen und Ohren verschlossen hatten, weil sie es nicht erfahren wollten - mit Betonung auf „wollen": Das begann mit dem Boykott jüdischer Geschäfte, der Entdemokratisierung, wozu die Auflösung der Stadtverordnetenversammlung gehörte, sowie die Einführung des Führerprinzips in der Stadtverwaltung, die Verbrennung jüdischer Bücher, und entwickelte sich über die Reichspogromnacht, das Tragen des Judensterns bis hin zu den Deportationen.[263] Daß sich die Zusammensetzung und das Erscheinungsbild der Frankfurter Bürgergesellschaft, zu der die Frankfurter Stadträte gehörten, im Laufe der Jahre wesentlich veränderte, weil die in Frankfurt vorhandene große jüdische Gemeinde mit ihrem zum Teil wohlhabenden Bürgertum aus ihr entfernt wurde, muß Keller täglich in vielfältigen Zusammenhängen erlebt haben.[264] Die kriegslüsterne Ideologie des Nationalsozialismus zeigte für die Bürger frühzeitig auch ihre selbstdestruktive Kraft: schon 1935 und 1936 gab es Luftschutzübungen und sogar eine Große Deutsche Luftschutz-Ausstellung auf dem Festhallengelände mit 120.000 Besuchern.[265]

---

[262] Zitate und Nachweise siehe Tüffers, Politiker, S. 65-68, S. 75 - Anm. 66; siehe auch Tüffers, Magistrat, S. 318-333; vgl. auch Andernacht/Sterling, Dokumente, S. 437f.

[263] Siehe Kraus, Frankfurt, S. 172-186, mit Beispielen für nationalsozialistische Repressionen im Frankfurter Alltag.

[264] Anschauliche Beispiele zum Antisemitismus im Alltag enthält Wippermann, Leben, Bd. II.

[265] Siehe Hils-Brockhoff/Picard, Frankfurt, S. 16-20; zum Luftschutz während des Krieges siehe ebenda, S. 21-26, wo u. a. eine Fotografie von einer Luftschutzübung in der Merianschule aus dem Jahr 1941 zu sehen ist, bei der die Kinder mit Gasmasken, Overall und Stahlhelmen einen gespenstigen Eindruck hinterlassen, siehe auch Fleiter, Heimat/Front, S. 277. Vgl. allgemein auch MA P 213, 27.09.1938 (Nr. 301).

## 2.8 Widerstand oder Anpassung?

Es stellt sich die Frage, ob und in welcher Form Keller passiv oder aktiv Widerstand geleistet hat. Denn in seiner oben dargelegten Urkunde heißt es, daß er „in der dunkelsten Zeit der deutschen Geschichte mit beispielhaftem Mut dem Unrecht entgegengetreten ist und die Idee der Freiheit verteidigt hat.“[266] Und in einem Schreiben des Hochstiftdirektors Beutler behauptet jener, Keller habe „verhindert[,] was er verhindern konnte“[267]. Auf welche Handlungen sollen sich diese Behauptungen bezogen haben?[268] Dabei kann dies aufgrund des Festhaltens von Krebs an Keller insgesamt gesehen nicht relevant gewesen sein, denn Keller trug mit seinem Engagement in seiner hohen Position zu einer funktionierenden Stadtverwaltung bei, welche die Nationalsozialisten beim Erreichen ihrer Ziele unterstützte.

Weil Keller kein Parteimitglied gewesen war und es nicht zu einem Spruchkammerverfahren gekommen ist, mangelt es an Hinweisen auf oppositionelles Verhalten resp. an konkreten Vorwürfen über das Gegenteil. Es existiert jedoch beispielsweise ein Vorgang, bei dem davon auszugehen ist, daß Keller einen persönlichen Vorteil aufgrund der Zuordnung als politisch zuverlässige Person genoß.

Daß Keller nämlich über knapp zwei Jahre eine russische „Hausgehilfin“ hatte, spricht gegen ihn (vgl. den parallelen Vorgang unten bei Lehmann). Informationen dazu liefert das Hausstandsbuch, in dem die Bewohner, ihr Zuzug sowie Wegzug zu verzeichnen waren. Es wird sehr wahrscheinlich aufgrund des Sauckel-Erlasses aus „Russland“ eine Haushälterin am 23. Dezember 1942 in sein Haus gekommen und bis zum 10. November 1944 [letzte Ziffer ist kaum zu lesen, GSt.] geblieben sein. Keller hatte zuvor Haushälterinnen; und er hat eine Haushälterin gehabt, die am 5. Januar 1943 wegzog. Es gab demnach eine zeitliche Überschneidung; er konnte folglich eine Zwangsarbeiterin gegen eine Hausangestellte, die er regulär bezahlen mußte, eintauschen. Er hatte bald nach dem Wegzug der Zwangsarbeiterin eine neue Haushälterin. Der neue Wohnort der Zwangsarbeiterin wird im Hausstandsbuch mit „Sandweg 7“ angegeben.[269] (Lehmanns Zwangsarbeiterin war am 27.10.1944 in den Sandweg 7 gekommen.) Die Nutzung des Hauses Sandweg 7 zu jener Zeit ist

---

[266] Abt. 1 Nr. 202.

[267] PA 73.674, Bl. 345(rot) / 347(schwarz); siehe Schäfer, Schulen, S. 299f.

[268] Allgemein zu Keller siehe Tüffers, Magistrat, S. 168-176.

[269] Zitate und Nachweis siehe Hausstandsbuch 1679, S. 170 (Keller wohnte Höhenblick 54). (Die Zwangsarbeiterin war am 5. Dezember 1901 geboren worden.) Sandweg 7 wird zudem dort charakterisiert als „Jugendw[?]“. Im Internetauftritt zur Jüdischen Pflegegeschichte [Stand: Juli 2013] erhält man bei „Recherche“ über „Orte“ zum „Sandweg 7“ eine Angabe zum Zeitraum 1941, wonach es ein „Jüdisches Altersheim (NS-Sammellager)“ gewesen sei, siehe ebenso Gohl, Wohlfahrtspflege, S. 78.

offen und somit das weitere Schicksal der Zwangsarbeiterinnen; da ein jüdischer Zwangsarbeiter bei der Stadt im November dort Unterkunft hatte,[270] kann man auch (zeitweilig) von einem „Ghettohaus" ausgehen.[271]

Offenkundig ist der pekuniäre Vorteil, den Keller aus diesem Arrangement zog. Der Dienst einer Zwangsarbeiterin in einem Privathaushalt deutet erheblich auf die Haltung des „Herrenmenschentums" von Siegern über ein Volk hin, das versklavt wurde. Wie stand Keller damals dazu? Offen ist, wer die treibende Kraft bei der Vergabe der Zwangsarbeiterin an Keller war. Wenn man davon ausgeht, daß es eine Zwangsarbeiterin aufgrund des Sauckel-Erlasses gewesen ist, dann mußte Keller für die Zuteilung der Zwangsarbeiterin politisch zuverlässig sein und viele resp. kleine Kinder im Haushalt haben; schon letzteres war nicht der Fall.[272] Die politische Zuverlässigkeit hatte die NSDAP-Kreisleitung gegenüber dem Arbeitsamt auf einem Formblatt zu bestätigen. Was hatte sie dazu bewogen?

Ob andere Stadträte resp. Ratsherren damals Zwangsarbeiterinnen besaßen, läßt sich nur teilweise nachvollziehen, weil viele Hausstandsbücher nicht mehr existieren.[273] Neben Keller und Lehmann hatten der ehrenamtliche Ratsherr Paul Kugel,[274] der ehrenamtliche NS-Stadtrat Herbert Stein und der ehrenamtliche Ratsherr Georg Kränzlein jeweils eine Zwangsarbeiterin. Stein hatte laut Haus-

---

[270] Siehe Schmid, Frankfurt, S. 121, der Einblicke vermittelt in die Lebenssituation eines jüdischen Zwangsarbeiters, der für die Stadtreinigung tätig war; er lebte noch am 30. August 1944 in einer anderen Straße, dann am 17. November 1944 im Sandweg 7.

[271] Siehe Daub, Stadt, S. 352 - Anm. 83. Das Haus Sandweg 7 wurde 1940 an die Witwe eines städtischen Beamten verkauft, siehe Gutachterausschuß 883. Am 19. April 1945 verfügte der amtierende Bürgermeister in einem Vermerk die „Rückübertragung und Instandsetzung" des Hauses Sandweg 7 und weiterer Liegenschaften. Sie „waren laut Mitteilung des Mitgliedes des engeren Rates bei der Militärregierung, Herrn Adelsberger, ... Eigentum der jüdischen Gemeinde und sind entschädigungslos zugunsten der Stadt seinerzeit enteignet worden." Zudem sollten sie nun auf Kosten der Stadt renoviert werden; Zitate und Nachweise siehe MA 5800, Bl. 104. Das Bauamt antwortete darauf am 25.04.1945, daß die Immobilie Sandweg 7 einer Witwe gehöre: „Nach den vorhandenen Einrichtungsgegenständen und Betten scheint es seither von der HJ benutzt worden zu sein." [Unterschrift Stadtrat Müller], Nachweis und Zitat siehe MA 5800, Bl. 105. Es ist offen, worauf sich „seither" beziehen soll. Anscheinend hatte das Amt für diese Antwort nicht die Witwe nach den Mietern resp. deren Nutzung gefragt. Aber da lt. Schmid, Frankfurt, S. 121, ein jüdischer Zwangsarbeiter, der für das „Bauamt, Straßenreinigung" tätig gewesen war, zeitweise im Sandweg 7 gewohnt hatte, bis er im Jahr 1945 von der Gestapo abgeholt wurde, hätte man im Bauamt also nur eine andere Abteilung zur Nutzung zu fragen brauchen.

[272] Siehe Hausstandsbuch 1679, S. 168, wonach Keller 1942 zwei erwachsene Kinder (Jahrgänge 1911 und 1913) sowie ein minderjähriges Kind hatte (Jahrgang 1926).

[273] Oder es fanden sich keine Hinweise in Hausstandsbüchern; (die anscheinend hin und wieder lückenhaft geführt worden sind). Neben den hauptamtlichen Stadträten wurde der Kreis der ehrenamtlichen Stadträte und Ratsherren herangezogen, die während der Sitzung der Gemeinderäte vom November 1942 und Januar 1943 im Amt waren, siehe MA Nachträge 164 und MA Nachträge 167. (Bei weit verbreiteten Namen wurde im Einzelfall die Suche abgebrochen.)

[274] So Lutz Becht M.A. in seinem Vortrag im Institut für Stadtgeschichte vom 29.05.2012: „,Die ganze Stadt war ein Zwangsarbeiterlager'. Zwangsarbeit in Frankfurt am Main".

standsbuch keine Kinder; bei ihm war zuvor eine „Hausangestellte" tätig gewesen, die am 14. August 1942 wegzog. Aber er hatte eine „Hausgehilfin", die aus der Ukraine gekommen war, schon ab dem 23. Juli 1942 (das wäre vor dem Sauckel-Erlaß); ihr Wegzug ist nicht verzeichnet.[275] Demnach hat er wie Keller eine Zwangsarbeiterin bekommen, obwohl er über eine Hausangestellte zu dem Zeitpunkt verfügte. Der Ratsherr Georg Kränzlein hatte eine „Hausgehilfin" aus dem Osten vom 30. Oktober 1942 bis zum 3. Mai 1945.[276] Sie wird vermutlich auch aufgrund des Sauckel-Erlasses gekommen sein; warum sie länger blieb als Kellers Zwangsarbeiterin, ist offen. Darüber hinaus hatte der Ratsherr Karl Götzmann für kurze Zeit eine Hausangestellte aus Holland.[277]

Weil viele in diesem Kreis der Stadträte und Ratsherren keine Zwangsarbeiterin im Haushalt hatten, bestand kein Gruppendruck, dem man meinte, sich nicht entziehen zu können; es ist aufgrund dieser Sachlage auch nicht davon auszugehen, daß dies eine Gefälligkeit des Oberbürgermeisters war, dem man nicht vor den Kopf stoßen wollte. Es ist von daher begründet zu vermuten, daß die Beschäftigung einer Zwangsarbeiterin im eigenen Haushalt der Wunsch von Keller - und von Lehmann - gewesen sein wird.

Zur Frage nach der Anpassung gehört die Befassung mit den alltäglichen Aufgaben von Keller als Schul- und Bildungsdezernent, die hier an Beispielen aus dem Feld der Reden, die von ihm erwartet wurden, verdeutlicht werden soll: Bei der Eröffnung des „Museums für heimische Vor- und Frühgeschichte" 1937 wollte der Oberbürgermeister kommen und die Festrede halten. Dazu kam es nicht und Keller hielt die Ansprache. In der veröffentlichten Fassung der Rede zitiert Keller eingangs aus Hitlers „Mein Kampf" und kennzeichnet diese Quelle als „auf den ersten Seiten seines großen Erziehungswerkes" - und dies aus dem Mund des Schuldezernenten. Dann folgt ein Zitat von Rosenberg, um schließlich Blut und Boden-Ideologie zu vertreten mit Aussagen wie zu „bäuerlichen Kulturen mehrerer Jahrtausende" [sic, GSt.] und „Der Toten Tatenruhm". Selbstverständlich schließt die Rede mit einem „Heil Hitler!"[278] Es ist offen, ob Keller die Rede wörtlich so gehalten hat. Zumindest gehörte es zu Kellers beruflichen Aufgaben, daß sie dann in dieser Form unter seinem Namen veröffentlicht wurde. Dies informiert darüber, was von ihm erwartet wurde,

---

[275] Herbert Stein wohnte Seilenbahn 2, siehe Hausstandsbuch 2333, S. 25. Stein wurde von Lehmann in bezug auf seine Arbeit als Stadtrat positiv bewertet, siehe Tüffers, Magistrat, S. 156.

[276] Er wohnte Ludwigshafener Str. 14, siehe Hausstandsbuch 2315, S. 203; sie kam aus „Petrowsk Lapwoschka" und war zuvor im „Gemeinschaftslager IG Farben" gewesen.

[277] Er wohnte Unter den Akazien 4, siehe Hausstandsbuch 1292, S. 165; vom 27.02.1942 bis zum 28.05.1942 hatte er eine holländische „Hausgehilfin". Er verfügte zuvor nicht über eine Hausangestellte, aber danach über eine deutsche vom April 1943 bis 1944. Er hatte 2 Kinder.

[278] Zitate siehe Keller, Ansprache, S. 1, 7.

welche Sprachregelung vorgegeben waren und was er mit hoher Wahrscheinlichkeit relativ häufig öffentlich gesagt hat.[279]

Hinweis auf eine antidemokratische Einstellung oder zumindest Sprachpraxis läßt die Bewertung Kellers zur Weimarer Republik zu als „Zeit geistiger Zerrissenheit und Entartung"; nationalistische Töne zeigen sich in einem Zitat, dem er als Komponente in dieser Rede bei der Verleihung des Goethepreises an Ernst Guido Kolbenheyer zumindest implizit zugestimmt hat: „Dem ´auferstehenden deutschen Geist´ ... im Jahre 1933 ... Dieses Wort könnte über allen seinen Werken stehen".[280]

Zum Frankfurter NS-Kulturleben und damit zum Wirkungskreis Kellers gehörte auch eine Ausstellung wie im Karmeliterkloster 1937 über „´Das deutsche Antlitz im Spiegel der Jahrhunderte - Bilder seit der Zeit Hermann des Cheruskers bis zu Adolf Hitler´ .., die offiziell als ´Große Ausstellung der Stadt Frankfurt am Main unter Mitarbeit des rassenpolitischen Amtes´ angekündigt wurde."[281]


## 2.9 Charakterisierung Kellers


Bettina Tüffers weist bei Keller darauf hin, daß er „verbale Zugeständnisse" wie die Erklärung der „Bereitschaft zur Mitarbeit ´auf dem Boden der nationalsozialistischen Welt- und Staatsauffassung´"[282] geleistet habe. Sie faßt ihre Einschätzung zusammen: Demnach sei Keller „äußerst anpassungsbereit" gewesen, und es habe eine „Zweckgemeinschaft" mit Krebs gegen den Gauleiter gegeben.[283]

Notker Hammerstein behauptet über Keller: „1933 hatten die Nazis ihn als unersetzlichen Kenner seines Ressorts im Amt belassen. Keller hatte es in den folgenden Jahren verstanden, die Interessen seines Dezernats in abgewogener, nüchterner, aber überzeugender Weise zu verwalten, ohne den

---

[279] Aus den Unterlagen über die Einweihung geht hervor, daß Krebs kommen und reden wollte. Der Museumsdirektor hatte dazu Stichworte vorbereitet. Darüber hinaus liegt ein Rede bei, welche dem veröffentlichen Text nahe kommt und Aspekte der nationalsozialistischen Ideologie enthält, siehe MA 9380, Bl. 59, 69f., 75 und 77-79 sowie 84-95. Der Autor dieses Entwurfs sei Franz Lerner, der Leiter des Städtischen Presse- und Werbeamtes, siehe Münz, Woelcke, S. 53-55, 60.

[280] Zitate siehe Keller, Kolbenheyer, S. 416. Vgl auch die wenigen zitiertenWorte Kellers an der Bahre von August Jaspert in der Frankfurter Wochenschau, 1941, H. 19/20, S. 109; eine Ansprache hielt Keller auch beim Eröffnungsempfang zur „´Woche der Lebenden´ der Städtischen Bühnen", siehe ISG, Webseite, Stadtchronik [Stand:16.10.2018], zum 19.03.1939; vgl. Stemmler, Jaspert.

[281] Münz, Woelcke, S. 49. Auch Keller wird eingebunden gewesen sein, wenn Leiter seiner Häuser ihrem „Personal ... 1941 Gespräche mit Ausländern zu verbieten" hatten und 1944 „vom Reichsinnenministerium über die ´Behandlung der Ereignisse des 20. Juli in der Öffentlichkeit´ unterrichtet" wurden, siehe ebenda, S. 83.

[282] Tüffers, Magistrat, S. 171 - Anm. 415.

[283] Zitate siehe Tüffers, Magistrat, S. 262

Forderungen der Machthaber mehr als unbedingt nötig entgegenzukommen. Den Parteiorganisationen war er stets ferngeblieben. So konnte er nun [nach 1945, GSt.], gestützt von den Empfehlungen vieler unkompromittierter Frankfurter, in gleicher dienstlicher Position mitwirken, Auswege aus dem Chaos zu finden, bis er Mitte der Fünfziger Jahre in den Ruhestand trat. Keller verkörperte somit ein bemerkenswertes Beispiel personeller Kontinuität in der städtischen Verwaltung."[284]

Auf Kellers mangelnde Einsicht in die „moralische Fragwürdigkeit mancher Vorgänge" weist Sebastian Farnung im Fazit seines Buches zur Frankfurter Kulturpolitik hin: Denn Keller hatte im Dezember 1945 bei einer „Sitzung der Kulturbeiräte" gesagt, „dass die Auslandseinkäufe ... durchaus ehrlich abgeschlossen und bezahlt worden sind, ebenso wie dies bei dem jüdischen Besitz, hauptsächlich bei von Weinberg und Goldschmidt-Rothschild der Fall gewesen ist."[285]

Es war anscheinend das nationalsozialistische Hauptamt für Kommunalpolitik in München, das gegen Ende des „Dritten Reiches" Keller auf einem „Personal-Blatt" von seinem öffentlichen Auftreten her charakterisierte, er sei „jedoch in sich zurückgezogen".[286]

Die folgende Charakterisierung Lehmanns durch Tüffers trifft auch auf Keller zu: „Eine solche, seltsam bruchlos wirkende Karriere irritiert, weil sie zwei der markantesten historischen Zäsuren der deutschen Geschichte des 20. Jahrhunderts - Beginn und Ende der nationalsozialistischen Herrschaft - anscheinend mühelos überspringt, sie gleichsam zu ignorieren scheint."[287]

---

[284] Hammerstein, Goethe-Universität, S. 549f. Hammerstein bindet anscheinend bei „dienstlicher Position" und „Fünfziger Jahre" die Arbeiten im Magistrat und im Kuratorium der Universität zusammen. Mit der Behauptung, Keller sei ein „Kenner seines Ressorts" gewesen, übersieht Hammerstein hier, daß Keller das Kulturdezernat 1933 neu erhalten hatte.
Das Engagement Kellers wird in der Darstellung von Farnung, Kulturpolitik Reich, S. 75, unzutreffend geschmälert, wenn von einer Überlastung aus der Doppelfunktion Kultur- und Schuldezernent gesprochen wird. Im Schreiben von Krebs aus dem Jahre 1938, auf das sich dies bezieht, geht es um die Bewilligung einer weiteren Personalstelle, für die dieses instrumentelle Argument verwendet wurde.
[285] Zitate siehe Farnung, Kulturpolitik Reich, S. 372, 372 - Anm. 776, zu Übervorteilungen und Ausplünderungen.
[286] BArch PK-F 0330.
[287] Tüffers, Stadtkämmerer, S. 306. Siehe dazu die Einordnung von Danker/Lehmann-Himmel, Landespolitik, S. 222, als „systemtragend/karrieristisch" bei 4 Personentypen mit Untertypen.

## 2.10 Kellers Beziehung zum Oberbürgermeister Krebs[288]

Der Oberbürgermeister Friedrich Krebs war ein Alter Kämpfer. Er war ein überzeugter[289] und rücksichtsloser Nazi; wo es scheint, er hätte die Interessen der Stadt Frankfurt, gar der Menschen, über seine eigenen oder die seiner ideologischen Ziele gestellt, muß man sehr vorsichtig sein, um nicht vom Wolf im - angeblichen - Schafspelz getäuscht zu werden (siehe zum Beispiel unten zu Stadtrat Eck).

Es wird ein enger beruflicher Kontakt zwischen dem Stadtrat Keller, der für das Bildungswesen und die Kultur zuständig war, und dem Oberbürgermeister bestanden haben. Dazu gehörten sowohl regelmäßige persönliche Rücksprachen beim Oberbürgermeister als auch die sog. „Amtsleiterbesprechungen". Zum Beispiel dankte der Oberbürgermeister bei „Beratung[en] mit den Gemeinderäten" in den Jahren 1936, 1937[290] und „am 10. Juni 1938"[291] neben anderen auch Keller für seine Arbeit. Zugleich gab es zeitweise kritische Positionen des Oberbürgermeisters zur Arbeitsqualität im Tätigkeitsfeld von Keller.[292]

Das Verhältnis von Keller zu Krebs wird vermutlich im Dienstalltag eher kollegial als unterkühlt gewesen sein. Dazu zwei Beispiele: So gratulierte der Oberbürgermeister seinem Stadtrat im Jahr 1935 zum Geburtstag schriftlich und äußerte seinen Wunsch, „gedeihlich zusammen[zu]arbeiten wie bisher". Und 1944 schrieb Krebs einen Genesungsbrief aus Anlaß der Erkrankung von Kellers Frau, für den dieser dankte.[293]

Und der Oberbürgermeister gewährte Keller die „Beschaffung eines beamteneigenen Kraftwagens", einer „Adler-Triumph-Limusine [sic, GSt.], 1,7 Ltr.", wofür Keller zudem ein „zinsfreies Ankaufsdarlehen in Höhe von 4.400 RM" erhielt.[294]

---

[288] Siehe Schiefelbein, Institut, S. 3-5, 28.

[289] Tüffers, Magistrat, S. 341: „Krebs war eindeutig Nationalsozialist". Siehe auch Drummer, Wahren, S. 198.

[290] Siehe Städtisches Anzeigeblatt, Nr. 9, 28.02.1936, S. 124; Städtisches Anzeigeblatt, Nr. 8, 27.02.1937, S. 101.

[291] MA Nachträge 109, Bl. 72(rot) / 70(schwarz).

[292] Siehe in MA 7825 die Verfügung des Oberbürgermeisters vom 31.05.1939 für einen „Sonderbeauftragten für die Beordnung der Dienstgeschäfte" des Kulturamtes.

[293] Zitat und Nachweis siehe PA 73.674, Bl. 194(blau) / 195(schwarz); MA 4239, Bl. 19f.; siehe auch Nachlässe S1 / 50, 1 Krebs, Bl. 13f.

[294] Zitate siehe MA P 208, 25.01.1937 (Nr. 1130) [doppelt vorhanden]; vgl. zu den Bedingungen zur Beschaffung eines Kraftwagens an Fischer-Defoy in MA Nachträge 78, § 155, Bl. 6ff.

## 2.11 Fama zu Keller

„Erfahrungen, Erinnerungen und Erzählungen führen nur bedingt ein Eigenleben, als kulturelle Konstrukte mit Wahrheitsanspruch sind sie allemal darauf angewiesen, von sich erinnernden und erzählenden Menschen je und je wieder aufgerufen, debattiert, umgedeutet, umgeschrieben und neu erzählt zu werden."[295] Daher ist es eine geschichtswissenschaftlich besonders interessante Frage, welche Geschichten und welche Fama über Rudolf Keller verbreitet wurden, wie dies geschah, wer daran beteiligt war und welche Art von Nutznießern es dabei gab. Welches Image hatte Keller zum Zeitpunkt, als die Universität ihn ehrte?

In der Frankfurter Stadtverwaltung werden biographische Notizen über Personen erstellt, die für eine Ehrung vorgeschlagen worden sind. Um einen solchen oder ähnlichen Text wird es sich wohl bei den folgenden Zeilen im Vermerk vom 17. November 1958 handeln, welcher dem Oberbürgermeister vorgelegt werden sollte: „Herr Stadtrat Dr. Keller ... war vom 1.Januar 1928 an bis zum Jahre 1946 als Stadtrat in Frankfurt tätig. Er verwaltete hier zunächst nur das Schulamt und von 1933 an auch das Kulturamt und hat infolgedessen auf die Entwicklung des geistigen Lebens in Frankfurt lange Jahre hindurch einen starken Einfluss ausgeübt. Auch nach seinem Ausscheiden ... Dr. Keller gehörte vor 1933 und nach 1945 der demokratischen bzw. der Staatspartei an und hat seine demokratische Grundeinstellung auch in der Zeit des Nationalsozialismus nie verleugnet, obwohl er am 13,4.1933 [sic, GSt.] verhaftet wurde und auf Verlangen des damaligen Gauleiters Sprenger aus seinem Amt als Stadtrat entfernt werden sollte, was jedoch verhindert wurde. In dieser Zeit galt er als geheime und öffentliche Stütze des demokratischen Empfindens."[296]

Es existiert in den städtischen Unterlagen ein Vorgang, aus dem sich anscheinend der Werdegang einer der wesentlichen Formulierungen (partiell) nachvollziehen läßt: Er begann laut Unterlagen mit einem Schreiben von Ernst Beutler, dem langjährigen Hochstiftdirektor, an den Oberbürgermeister, als Keller im Verwaltungsausschuß des Freien Deutschen Hochstifts saß. Beutler schrieb auf dem Briefpapier des Freien Deutschen Hochstifts Frankfurter Goethemuseum vom 8. August 1948 über Keller: „Er wurde beim Umbruch, am 13. April 1933, verhaftet, dann aber vom Oberbürgermeister Dr. Krebs gehalten ... Er hat sein Amt untadelig geführt, hat verhindert[,] was er verhindern konnte, sich nie zu Dingen hergegeben, die verwerflich gewesen wären, und war eine geheime und öffentliche Stütze des demokratischen Empfindens in der Verwaltung".[297] Beutler bat in dem Schreiben um ein Dankeszeichen für Keller. Hier scheint die Historie des Datums 13. April der Schutzhaft - statt 13./14. März - (siehe unten) zu beginnen. Der Magistrat der Stadt Frankfurt am Main schrieb dann

---

[295] Brumlik, Vorwort, S. 9.
[296] MA 3933, unter Einlegeblatt K, Bl. 14.
[297] PA 73.674, Bl. 345(rot) / 347(schwarz).

am 30. Juli 1953 an die Hessische Staatskanzlei und bat darum, daß ihrem Antrag auf Verleihung des Bundesverdienstordens an Keller entsprochen werde: „Er verwaltete hier … von 1933 an auch das Kulturamt und hat infolgedessen auf die Entwicklung des geistigen Lebens in Frankfurt lange Jahre hindurch einen starken Einfluss ausgeübt. … hat seine demokratische Grundeinstellung auch in der Zeit des Nationalsozialismus nie verleugnet, obwohl er am 13.4.1933 verhaftet wurde … In dieser Zeit galt er als geheime und öffentliche Stütze des demokratischen Empfindens."[298] Der Oberbürgermeister Walter Kolb gratulierte 1953 Keller zum 75. Geburtstag und führte dabei unter anderem aus: „Durch Ihr Wirken haben Sie annähernd 2 Jahrzehnte hindurch das geistige und kulturelle Leben unserer Stadt weitgehend beeinflußt, unbeschadet der Schwierigkeiten, die Ihnen während der Zeit des nationalsozialistischen Regimes entgegentraten."[299] Und zum 80. Geburtstag gratulierte der Oberbürgermeister Werner Bockelmann ihm mit den Worten: „… für fast zwei Jahrzehnte einen starken unmittelbaren Einfluss auf das geistige und kulturelle Leben unserer Stadt ausüben. … Sie galten in dieser Zeit als geheime und öffentliche Stütze des demokratischen Empfindens in der nationalsozialistischen Stadtverwaltung. Ihnen ist es zu danken, daß die demokratische Tradition in den Frankfurter Schulen erhalten blieb."[300] Es zeigt sich, wie Gedanken, Formulierung und sogar ein falsches Datum übernommen wurden. Kann es sein, daß Keller unmittelbar oder mittelbar beteiligt war an der Formulierung des (ursprünglichen) Textes durch Beutler?

## 2.12 Kellers „Schutzhaft"

Keller wurde in eine sog. „Schutzhaft" genommen. Zeitpunkt, Zeitraum und Umstände werden nicht einheitlich beschrieben. Wegen der möglichen Signifikanz für Kellers weiteres Handeln soll im Folgenden detailliert dem nachgegangen werden, was geschehen sein mag.

Zum Datum: Keller selbst gab im „Fragebogen" des „Military Government of Germany", unterzeichnet am 2. August 1946, an: „Ich wurde 1. März 33 in Schutzhaft genommen".[301] Keller schrieb am 9. Dezember 1945, er sei am „Tage der Besetzung des Rathauses"[302] verhaftet worden. Im Brief von Ernst Beutler an den Oberbürgermeister vom 8. August 1948 heißt es: „Er wurde beim Um-

---

[298] PA 73.674, Bl. 367f.(blau) / 369f.(schwarz).
[299] PA 73.674, Bl. 372(blau) / 374(schwarz).
[300] PA 73.674, Bl. 373(blau) / 375(schwarz).
[301] Zitate siehe PA 59.142, unfol. [doppelt vorhanden].
[302] PA 73.674, Bl. 322(rot) / 324(schwarz).

bruch, am 13. April 1933, verhaftet".[303] Dieses Datum findet sich auch in der Beantragung des Bundesverdienstkreuzes sowie im biographischen Vermerk von 1958[304] (siehe oben).

Karl Maly nennt in seinem zweiten Band zur Geschichte der Frankfurter Stadtverordnetenversammlung als Datum für die Besetzung des Römers den 13. März.[305] Dieses Datum führt auch Michael Bermejo auf: „Der hauptamtliche Stadtrat Rudolf Keller trat kurz nach seiner Verhaftung am 13. März 1933 aus der Deutschen Staatspartei aus und beantragte am 29. April 1933 die Mitgliedschaft in der NSDAP, der er am 1. Mai 1933 beitrat."[306]

Weiterführende Hinweise lassen sich den Anwesenheitslisten von Magistratssitzungen sowie aus Zeitungsberichten entnehmen. Laut den Protokollen[307] war Keller bei den Magistratssitzungen am 13. März um 10 Uhr und um 12.30 Uhr anwesend, aber nicht mehr um 16.00 Uhr.

Das „Höchster Kreisblatt. Main-Taunus-Zeitung" berichtete am 14. März 1933 auf Seite 5: „in ihren Amtszimmern" wurden Bürgermeister Dr. Schlosser und Stadtrat Keller „in Schutzhaft genommen; die beiden Herren sind nach einer Pressemitteilung inzwischen wieder auf freien Fuß gesetzt worden." (Diese Zeitung teilte einen Tag später auf Seite 5 mit, daß auch die „Schutzhaft" des Stadtverordneten Kirchner aufgehoben worden sei.) Auch der „Fechenheimer Anzeiger" hatte am 14. März 1933 auf Seite 3 berichtet: „Bürgermeister Dr. Schlosser und Stadtrat Dr. Keller sind wieder aus der Schutzhaft entlassen worden." (Und er hatte ebenfalls einen Tag später auf Seite 4 über das Ende der „Schutzhaft" des Stadtverordneten Kirchner informiert.) Die „Frankfurter Nachrichten" hatten am 14. März 1933 auf dem 1. Beiblatt geschrieben, daß der Bürgermeister Schlosser aus seinem Dienstzimmer in Schutzhaft genommen worden sei, der zuvor Oberbürgermeister Landmann in einer Magistratssitzung gewürdigt hätte. Am nächsten Tag berichtete diese Zeitung auf dem 1. Beiblatt von der „[a]ufgehobene[n] Schutzhaft" von Schlosser (und Kirchner).

Zum Datum der Verhaftung von Keller läßt sich das Fazit ziehen, daß er am 13. März verhaftet worden ist. Stützt man sich auf das Höchster Kreisblatt, dann wird dies nach der Magistratssitzung, die um 12.30 Uhr begonnen hatte, gewesen sein. (Ansonsten könnte es während jener Sitzung gewesen sein.)

Der Zeitraum der „Schutzhaft" lag unter 24 Stunden; denn es waren anscheinend keine morgens erscheinenden Zeitungen, die nach einer „Pressemitteilung" bereits am 14. März berichteten, daß

---

[303] PA 73.674, Bl. 345(rot) / 347(schwarz).
[304] Siehe MA 3933, unter Einlegeblatt K, Bl. 14.
[305] Siehe Maly, Regiment, S. 541.
[306] Bermejo, Opfer, S. 20.
[307] Siehe MA P 173.

die „Schutzhaft" unter anderem von Keller wieder aufgehoben worden war.[308] Sie unterschieden dies von der „Schutzhaft" des Stadtverordneten Kirchner, die einen Tag länger dauerte.

Zum Ort des Geschehens: Während das Höchster Kreisblatt den Ort der Verhaftung Schlossers und Kellers als ihre Amtszimmer angibt, schreibt Karl Maly, daß „Bürgermeister Schlosser und Stadtrat Keller .. aus der Magistratssitzung heraus in Schutzhaft genommen worden"[309] waren und ebenso Tüffers, daß er „aus der Magistratssitzung heraus in ´Schutzhaft´"[310] genommen worden sei. Laut Bermejo nahmen die Nationalsozialisten „Schlosser im Dienstzimmer des Oberbürgermeisters ... in ´Schutzhaft´."[311] Das werde auf einer Karteikarte der Frankfurter Gestapo bestätigt, die aber nur von der Verhaftung spricht. Aufgrund der widersprüchlichen Angaben ist mit Bezug auf das Höchster Kreisblatt zu vermuten, daß Keller in seinem Dienstzimmer verhaftet worden ist.

Über die Umstände der Verhaftung und Haft liegen keine Informationen vor. Keller berichtete nicht über konkrete Mißhandlungen, um damit seinen Status als Verfolgter zu untermauern. Von daher ist unbekannt, ob er ein Opfer brutalster Exzesse wurde, wie dies unter anderem Sozialdemokraten erlitten; davon wird man aber bei Keller wohl nicht ausgehen können. Denn der Direktor des Freien Deutschen Hochstifts Beutler vermerkte in seinem Tagebuch, daß Keller am 13. verhaftet worden sei und am Abend des 15. im Gesellschaftshaus des Palmengartens an einem Tisch mit ihm und anderen gesessen habe.[312] Zudem läßt sich eine begründete Vermutung aufgrund der Aussagen zu vergleichbaren Personen ableiten: Zu Karl Schlosser verweist Bermejo auf „einen Eintrag auf einer Karteikarte der Frankfurter Gestapo vom 18. März 1933 .., wo es heißt: ´Schl[osser] wurde auf Anordumg [sic, GSt.] des Polizeipräsidenten in Schutzhaft genommen.´" Und bei Heinrich Seliger beschreibt Bermejo den Vorgang wie folgt: „Am 14. März 1933 wurde Seliger ´auf Veranlassung der NSDAP von Kriminalbeamten verhaftet´ und sein Amtszimmer ´von Beauftragten der NSDAP, von denen einer SS-Uniform trug´, durchsucht. Da kein belastendes Material gefunden wurde, mußte die Polizei ihn wieder auf freien Fuß setzen. Seine Freilassung geschah wahrscheinlich bereits am gleichen oder darauffolgenden Tag (also am 14. oder 15. März 1933)."[313] Es scheint sich also um gemeinsame Aktionen von verschiedenen Einsatzkräften von Staat und Partei gehandelt zu haben, wobei die frühen Freilassungen auf bedingt rechtsstaatliche Züge bei den Vorgängen schließen lassen.

---

[308] Bei Tüffers, Magistrat, S. 168, heißt es, daß man Keller „nach einigen Tagen wieder aus der ´Schutzhaft´ entlassen hatte."
[309] Maly, Regiment, S. 546.
[310] Tüffers, Magistrat, S. 165.
[311] Bermejo, Opfer, S. 322.
[312] Siehe Seng, Goethe-Enthusiasmus, S. 385.
[313] Zitate siehe Bermejo, Opfer, S. 322, 336.

Keller war am 27. März in einer Magistratssitzung anwesend.[314] Unter den hauptamtlichen Magistratsmitgliedern in der Sitzung der Stadtverordnetenversammlung am 31. März 1933 war gemäß der Anwesenheitsliste auch Keller.[315] Von daher könnte es sogar so gewesen sein, daß Keller unmittelbar nach seiner knapp eintägigen Schutzhaft wieder „normal" im Dienst tätig war. Denn er war bei der dritten Magistratssitzung am 13. März um 16 Uhr auch nicht „beurlaubt" worden wie andere haupt- und ehrenamtliche Stadträte. (Offen ist, warum Keller in einem bedeutsamen Dokument wie dem „Fragebogen" ein unzutreffendes Datum für seine Verhaftung angegeben hat.)

## 2.13 Die versuchte Entfernung aus dem Amt

Der Gauleiter betrieb die Entfernung Kellers aus dem Dezernentenamt und ging zeitweilig davon aus, daß diese zwischenzeitlich umgesetzt worden wäre.[316] Keller selbst schreibt nach dem Kriegsende in einem Brief an den Oberbürgermeister (siehe oben), daß es diese Bemühungen bis 1944 gegeben habe.[317] Der Oberbürgermeister Krebs verhinderte dies, weil Kellers kompetentes Handeln für ihn und seine nationalsozialistische Politik so wichtig war.[318]

---

[314] Siehe MA P 173.
[315] Siehe St P 156, Bl. 23verso.
[316] Siehe Tüffers, Magistrat, S. 174; siehe auch Schäfer, Schulen, S. 297-299; siehe hierzu ebenso Städtisches Anzeigeblatt, Nr. 34, 19.08.1933, S. 357, wo eine „Stadtrats-Stelle" für „Schul- und Kulturwesen" ausgeschrieben wurde; Nachlässe S1 / 50, 1 Krebs, Bl. 28, 25.01.1935.
[317] Siehe PA 73.674, Bl. 322(rot) / 324(schwarz). Vgl. dazu Farnung Reich, Kulturpolitik, S. 86, wonach Krebs beim zeitweilig vorgesehenen Ende von Kellers Amtszeit 1940 sich für kurze Zeit die Übernahme selbst vorbehalten habe. Es ist sehr wahrscheinlich, daß dies vorgeschoben war.
[318] Siehe Kellers Beziehungslage zu Krebs bei Schiefelbein, Institut, S. 3-5, 28.

3. Friedrich Lehmann

## 3.1 Ehrungen durch die Universität sowie Ehrungstexte

Um nach der besonderen Ehrung Kellers auch Friedrich Lehmann in dieser Form zu ehren, war es wiederum Professor Hartner, der nun als Rektor im November 1959 aktiv wurde: „Der Rektor würdigt eingehend die Verdienste Professor Lehmann´s um die Frankfurter Universität während seiner Zeit als Stadtkämmerer und stellt den Antrag, ihm die gleiche Ehrung zuteil werden zu lassen wie Stadtrat a.D. Dr. Keller ... Der Senat unterstützt den Antrag des Rektors wärmstens"[319]. Damit wurde Lehmann in außergewöhnlicher Weise geehrt: als

a) Ehrenbürger sowie

b) Ehrensenator der Universität und dieses in der Erhöhung einer

c) Doppel-Ehrung, eine Besonderheit, die bereits im Januar 1960 im Senat kritisiert wurde;[320] hinzu kam

d) die Ausnahme, daß mit Lehmann ein Mitglied des Lehrkörpers geehrt wurde - ein Vorgang, der immer wieder geschah und wiederholt kritisiert wurde. Diese Ausnahme erhält

e) eine Zuspitzung darin, daß in derselben Sitzung, in der Lehmanns Ernennung erstmalig positiv votiert wurde, anschließend eine weitere Ehrung blockiert wurde, nämlich die von „Prof. Dr. Georg Hohmann, dem ersten Nachkriegsrektor der Frankfurter Universität ... In der anschließenden Aussprache weist Prof.Schiedermair darauf hin, daß nach früheren Senatsbeschlüssen keine weiteren Kollegen zu Ehrenbürgern ernannt werden sollen".[321] Bei Lehmann hatte Schiedermair laut Protokoll nicht darauf hingewiesen; dabei war Lehmann im Protokoll als Professor tituliert worden, nicht als Stadtkämmerer a.D. Im Dezember wurden in der 2. Lesung endgültig die Ernennungen Lehmanns beschlossen.[322] In derselben Sitzung hieß es zur Ernennung Professor Hohmanns: „Der Rektor teilt mit, dass Prof.Schiedermair seine ... geäusserten Bedenken zurückgezogen habe, da der seiner Zeit gefasste Senatsbeschluss eindeutig lediglich eine Ehrung von Mitgliedern des Lehrkörpers der Frankfurter Universität verneine. .. Prof. Hohmann aber ... sei .. nicht mehr als ´Mitglied des Lehrkörpers´ ... anzusehen."[323] Es war also wieder innerhalb eines Beratungspunktes

---

[319] Abt. 8 Nr. 11, 25.11.1959, S. 6.

[320] Siehe Abt. 8 Nr. 11, 20.01.1960, S. 10: „Spekt. O´Daniel regt in diesem Zusammenhang an, die nun mehrfach vorgenommenen Doppel-Ehrungen nicht zur Regel werden zu lassen."

[321] Abt. 8 Nr. 11, 25.11.1959, S. 6.

[322] Siehe Abt. 8 Nr. 11, 09.12.1959, S. 14. Über den Beschluß wurde z. B. die Medizinische Fakultät informiert, siehe Abt. 120 Fakultätsprotokolle [Medizin 3] 1959, 10.12.1959, Bl. 2.

[323] Abt. 8 Nr. 11, 09.12.1959, S. 15.

in einer Sitzung übergangen worden, daß Lehmann Mitglied des Lehrkörpers war.[324] (Und es war Schiedermair gewesen - der hier bei der Ernennung des „Professors" Lehmann schwieg -, der als Dekan 1949 einen Antrag auf Ernennung Lehmanns zum Honorarprofessor an den Kultusminister gestellt hatte und dabei unter Bezug auf behauptete Ablehnungen aus den Jahren 1935, 1938 und 1943 schrieb: „Die Ernennung ... ist daher heute auch eine Art der Wiedergutmachung eines im nationalsozialistischen Staate erlittenen Unrechts."[325])

f) Und Lehmann erhielt über seine Beziehung zur Universität hinaus eine überaus lobende Würdigung seiner Tätigkeit in der NS-Zeit im Text seiner Urkunde: „In den vielen Jahren seiner Tätigkeit als Stadtkämmerer hat Friedrich Lehmann es sich zu seiner vornehmsten Aufgabe gemacht, im Sinne des ciceronischen Humanismus Unrecht zu bekämpfen und abzuwehren. Er hat damit ein Beispiel hohen Mutes und unerschütterlicher Entschlossenheit gegeben."[326] Diese Ehrung geschah 14 Jahre nach dem Ende der NS-Zeit, auf die sich diese besondere Passage bezieht.


Wie Keller, so verstarb auch Lehmann relativ bald nach der Ehrung seiner Lebensleistung: er war am 20. Dezember 1959 geehrt worden[327] und sein Todestag ist der 9. Juli 1960.[328] Die Trauerkarte im Namen des Großen Rats, des Kuratoriums, des Rektors und des Senats wurde für den Großen Rat und das Kuratorium unterschrieben vom Kultusminister und für den Senat durch den Rektor. Mit der Schreibmaschine verfaßte Zeilen waren handschriftlich durch den Rektor Willy Hartner ergänzt worden:[329] „Mit der Ernennung zum Ehrenbürger und Ehrensenator sollte S.ns der Universität vor allem die Anerkennung und der Dank für die vorbildliche Haltung ausgedrückt werden, die Friedrich Lehmann während der Zeit der nationalsozialistischen Herrschaft gezeigt hat. Durch seinen Mut und seine Klugheit hat er zahllosen Verfolgten geholfen, hat er Vielen [sic, GSt.] buchstäblich das Leben gerettet. ... seine Schlichtheit und Güte, seine Hilfsbereitschaft, die Klarheit

---

[324] Die formale Mitgliedschaft eines Honorarprofessors als „Mitglied des Lehrkörpers" war nachzulesen im Universitätsrecht Frankfurt a. Main [Einführung mit Datum 1.3.1956] unter „Honorarprof. Nr. 150", Erlaß 08.07.1955; vgl. Gebundene Unterlagen zum Rektoratsbericht 1955/56, Bl. 11: „Aufgliederung des Lehrkörpers nach Fakultäten: ... Honorarprofessoren". Zum Beispiel war dem „Honorarprofessor ... Prof. Dr.-Ing. Anton Gramberg" deshalb keine akademische Würde gewährt worden, siehe Abt. 8 Nr. 12, 23.11.1960, S. 18.

[325] Abt. 14 Nr. 346, Bl. 30f.(rot) / 33f.(schwarz), 08.02.1949; Abt. 114 Nr. 94, Bl. 49.

[326] Abt. 1 Nr. 202.

[327] Siehe eine Fotografie in der Frankfurter Allgemeinen Zeitung vom 22.12.1959 (z. B. in S2 / 810 Friedrich Lehmann). (Dies kann kontrastiert werden mit einer Fotografie zum NS-Alltag eines Stadtrats wie bei Kellers Rede zur „Einweihung des Museums für heimische Vor- und Frühgeschichte am 22. Juni 1937", als das Rednerpult mit einem markanten Hakenkreuz versehen wurde, siehe Farnung, Kulturpolitik Reich, S. 188, Abb. 27.)

[328] Siehe Abt. 1 Nr. 202; Abt. 14 Nr. 346, Deckblatt.

[329] Siehe Abt. 4 Nr. 1447, Bl. 100f.; der Rektor schickte einen Brief mit dieser Textvorlage an den Minister, siehe ebenda, Bl. 104.

und Stetigkeit seines Willens und die oft bewährte Festigkeit und Lauterkeit seines Charakters."[330] Ungeachtet der Vorgehensweise bei Trauerfällen eines De mortuis nil nisi bene, die sich hier in allgemeinen Lobeshymnen manifestiert, ist die Aussage, Lehmann habe buchstäblich vielen Menschen das Leben gerettet, eine außerordentliche Würdigung, von der erwartet werden kann, daß sie zutreffend ist. Solche Beweise liegen aber anscheinend nicht vor (siehe unten).

## 3.2 Allgemeine Ehrungen und städtische Würdigungen

Die Stadt Frankfurt am Main ehrte Lehmann zu seinem 70. Geburtstag am 5. November 1958. Sein „Schüler" und „ständiger Vertreter in Rechtsanwaltsangelegenheiten" Dr. jur. Erich Petry hatte zuvor im September 1958 den Oberbürgermeister auf diesen runden Geburtstag hingewiesen.[331] Daraus entwickelte sich die städtische Ehrung mit der Goethe-Plakette, die aber Lehmann nicht annehmen wollte: er versuchte auf diese Weise, eine längere Amtszeit für eine höhere Pension herauszuhandeln, gab aber diesen Versuch schnell auf. In diesem Zusammenhang schrieb Lehmanns Frau dem Oberbürgermeister, weil jener herzkrank sei und deshalb nicht selbst schreiben könne.[332] Darauf antwortete Oberbürgermeister Werner Bockelmann der Ehefrau: „All die von Ihnen geschilderten, für Ihren Gatten so wenig erfreulichen Ereignisse der Vergangenheit waren mir durchaus bekannt. Gerade aus diesem Grunde habe ich es persönlich vorgeschlagen, Ihrem Gatten zu seinem 70. Geburtstag die Goethe-Plakette zu verleihen, um ihm eine Freude zu bereiten und das Geschehene - soweit möglich - vergessen zu lassen. Sehr würde ich es daher bedauern, wenn Ihr Gatte die ihm aus Anlass seines 70. Geburtstages zugedachte Ehrung zurückweisen sollte. Ich meine also, dass Ihr Gatte die ihm entgegengestreckte Hand ergreifen sollte. Bitte reden Sie ihm ein wenig gut zu."[333] Die Ehefrau schrieb am nächsten Tag, daß er die Ehrung annehme.[334]

Zwei Tage später erging ein Vermerk durch den Kulturdezernenten Dr. Karl vom Rath[335] an den Oberbürgermeister wegen des Textentwurfes für die Urkunde zur Goethe-Plakette mit einem

---

[330] Abt. 14 Nr. 346, Bl. 114(rot) / 118(schwarz).

[331] Siehe MA 2574.

[332] Siehe MA 2574, Frau Lehmann an Oberbürgermeister, 14.10.1958.

[333] MA 2574, Oberbürgermeister an Frau Lehmann, 20.10.1958; er nannte ihr Schreiben wohl aufgrund von Handschrift und Briefformat ein „Briefchen".

[334] Siehe MA 2574, Frau Lehmann an Oberbürgermeister, 21.10.1958. (Sie fügte hinzu: „Leider ist er gesundheitlich so schlecht mit seinem Herzen dran, dass wir ihm alle Erregungen fern halten müssen. ... auf Anraten unserer Ärzte schon am 4ten XI früh auf einige Tage verreisen.")

[335] Er war der „Stiefsohn" des „Wallraf-Richartz-Museums Direktors (1933-1945) Otto H. Förster. Karl vom Rath war im besetzten Paris für kurze Zeit in der Kunsthistorischen Forschungsstätte tätig und hat im Auftrag seines Stiefvaters auch nach möglichen Kunstankäufen für das Museum Ausschau gehalten", Dr. Britta Olény von Husen, Stadt Köln, Email vom 05.04.2018.

Entwurf, in dem es unter anderen heißt: „Der Magistrat ... würdigt damit seine ungewöhnlichen [„ungewöhnlichen" durchgestrichen, GSt.] Leistungen um [ersetzt in „für", GSt.] den Bestand und die Fortentwicklung der kulturellen Institute neben einem ebenso fruchtbaren Wirken als Stadtkämmerer in schwerster Zeit [von „neben" bis „Zeit" durchgestrichen, GSt.]. Er ehrt zugleich eine in menschlicher und geistiger Hinsicht ungewöhnliche Persönlichkeit, [eingeklammert ab „zugleich", dafür: „damit auch eine", GSt.] die sich an leitender Stelle vor allem für die Johann Wolfgang Goethe-Universität ... besondere Verdienste erworben [diese drei Worte durchgestrichen, GSt.] hat."[336] Der Urkundentext hatte schließlich diese Passage zur Persönlichkeit in leitender Stelle nicht mehr, sondern sagte: „... in dankbarer Würdigung der Verdienste, die er sich um den Bestand und die Fortentwicklung der kulturellen Einrichtungen Frankfurts, insbesondere um die Förderung der ... erworben hat."

Als Grundlage für den Ehrungsvorschlag und -vorgang wurde von der Stadtverwaltung ein zweiseitiger Vermerk zum Werdegang und Wirken Lehmanns erstellt, der damit beginnt, daß Lehmann 1920 mit 32 Jahren Kämmerer in Königsberg geworden war: „Anschliessend an diese Tätigkeit hat er über 14 Jahre, vom 1.2.1932 bis 1.9.1946, mit großem Geschick und Umsicht die Finanzen der Stadt Frankfurt/M. verwaltet." Es folgt ein langer Absatz über seine Leistungen beim Schuldenabbau. „Als einziger aller früheren Magistratsmitglieder wurde Dr. Lehmann 1945 einstimmig erneut in den Magistrat gewählt. Doch nicht lange war er in diesem Gremium tätig; bereits 1946 reichte er seine Pensionierung ein ... Im Jahre 1949 wurde er zum Honorarprofessor der Rechtswissenschaftlichen Fakultät berufen. Als Kämmerer der Stadt Frankfurt/M. ... hat sich Dr. Lehmann große Verdienste erworben. Insbesondere gewann er sich dadurch viele Freunde, daß er für seine Mitarbeiter und Untergebenen stets ein mitfühlendes Herz hatte und sich für deren Belange einsetzte. Darüberhinaus hatte er für die Sorgen und Nöte der Mitbürger jederzeit ein offenes Ohr. ... Der Magistrat der Stadt Frankfurt/M hat am 29.9.d.Js. beschlossen ... Oberbürgermeister Bockelmann hat dem Jubilar die Verleihung der hohen Auszeichnung in einem in herzlichen Worten gehaltenen Geburtstagsschreiben mitgeteilt".[337]

Bürgermeister Dr. Walter Leiske schrieb an Anneliese Goerdeler, dessen Witwe, in Heidelberg am 4. November 1958: „ist Herr Kollege Lehmann bettlägerig an einem Herzleiden erkrankt". Leiske bewertete die Auszeichnung Lehmanns mit der Goethe-Plakette der Stadt: „wenn ich so sagen darf, der ´Schwarze Adler-Orden´ unserer Verwaltung ... Herr Oberbürgermeister Bockelmann, der erst Ende der laufenden Woche von einem zweiwöchigen Israel-Studienbesuch zurückkehren wird, hat sich vorbehalten, diese hohe Auszeichnung ... persönlich zu überreichen." Der Oberbürgermeister schrieb an Lehmann zum 70. Geburtstag: „Sehr geehrter Herr Professor, lieber Herr Kollege!" Und

---

[336] MA 2574; siehe auch Kulturamt 1586, unfol.
[337] Zitate und Nachweise siehe MA 2574.

weiter: „daß der Magistrat einstimmig beschlossen hat, Ihnen in Würdigung Ihres langjährigen verdienstvollen Wirkens ... Ihren Geburtstag möchte ich aber nicht vorübergehen lassen, ohne Ihrer Tätigkeit als Stadtkämmerer in den Jahren von 1932 bis 1946 zu gedenken und Ihnen für die in dieser Zeit geleistete wertvolle und aufopferungsvolle Arbeit den herzlichen Dank der Stadt Frankfurt auszusprechen.“[338] Sowohl Bürgermeister Leiske als auch Oberbürgermeister Bockelmann titulierten einen Stadtkämmerer aus der NS-Zeit als „Kollegen".

Auch Frankfurter Zeitungen beachteten Lehmanns runden Geburtstag. Die Frankfurter Neue Presse lobte ihn am Tag danach, dem 6. November 1958: „Konsequenz seiner Politik und Festigkeit seines Charakters waren stets hervorstechende Eigenschaften des Mannes". An seinem Geburtstag hatte die Frankfurter Rundschau in ihrem Bericht eine Formulierung gewählt, als ob Lehmann nicht selbst Teil des erweiterten lokalen NS-Herrschaftsapparates gewesen wäre: „Während seiner Frankfurter Amtszeit erlebte er die Herrschaft des Nationalsozialismus auch im kommunalen Bereich, und sie sowie der Krieg mit all seinen Schrecknissen bereiteten ihm viele Sorgen." Die Frankfurter Rundschau gab ihrem Nachruf vom 15. Juli 1960 die Überschrift. „Immer dem Unrecht gewehrt". Im Magistrat fand durch Bürgermeister Rudolf Menzer ein Totengedenken statt.[339]

## 3.3 Lehmanns Tätigkeiten nach 1945[340]

Zu Lehmanns Tätigkeiten nach 1945 gehörte es, daß er im Juni 1945 „alleiniges Vorstandsmitglied und Präsident der Polytechnischen Gesellschaft [wurde, GSt.] und .. damit die Legitimation erhalten [hatte, GSt.], die Tätigkeit der Sparkasse von 1822 zu beaufsichtigen. Von diesem Posten wurde er im Dezember von der Militärregierung abberufen."[341] Lehmann war 1932 Vorsitzender des Aufsichtsrats der Main-Gaswerke AG geworden und dies bis 1947 geblieben.[342] Lehmann war Stiftungsleiter des St. Katharinen- und Weißfrauenstifts seit März 1938 und wirkte in diesem Amt bis Mitte Januar 1946; bis Januar 1947 war er der stellvertretende Stiftungsleiter.[343] „Im Jahre 1947 ließ

---

[338] Zitate siehe MA 2574. (Der Oberbürgermeister hatte mit der Aussage, die Abstimmung sei „einstimmig" erfolgt, die Vertraulichkeit der Magistratssitzung gebrochen.)

[339] Siehe S2 / 810 Friedrich Lehmann, Presseamt, 18.07.1960. Demnach hat Bürgermeister Menzer u. a. erklärt: „Er habe für alle Menschen ein mitfühlendes Herz gehabt und sei immer bereit gewesen, zu helfen."

[340] Es wird hierbei keine Vollständigkeit angestrebt, sondern es soll nur ein Eindruck vermittelt werden.

[341] Tüffers, Stadtkämmerer, S. 342; siehe auch Bauer, Gesellschaft, S. 142.

[342] Siehe Bauer/Maier, Impulse, S. 271. Lehmann soll statt Niemeyer in den „Aufsichtsrat der Franken-Allee A.-G." gewählt worden sein, siehe Stadtwerke 493, vom 11.03.1937,

[343] Siehe Bauer, Alter, S. 155, sowie MA 9470, unfol. (Ulmann gibt Lehmann als Leiter von „1938 bis zum 31. 8. 1946" an, siehe Ulmanns Personalakte, St. Katharinen- und Weißfrauenstift, Bd. 2,

er sich als Rechtsanwalt nieder. Zugleich nahm er seine schon Jahre zuvor innegehabte Lehrtätigkeit an der Frankfurter Universität wieder auf."[344] Er habe Frankfurter Juden bei der Restitution anwaltlich begleitet.[345] Und es wird 1958 im oben genannten zweiseitigen biographischen Vermerk der Stadtverwaltung zu seinen Aufgaben aufgeführt: „Professor Dr. Lehmann ist heute noch in einer Reihe wichtiger Einrichtungen unseres kulturellen Lebens tätig; u. a. gehört er an: dem Verwaltungsrat des Hessischen Rundfunks, dem Beirat der Frankfurter Museums-Gesellschaft, dem Kommunalwissenschaftlichen Institut der Universität (als Leiter), dem Verwaltungsausschuß des Freien Deutschen Hochstifts (als Vorsitzender), dem Kuratorium der Deutschen Gesellschaft für Kulturmorphologie."[346]

Friedrich Lehmann war 1938 in den Verwaltungsausschuß des Freien Deutschen Hochstifts gekommen, dort 1946 zum stellvertretenden Vorsitzenden und dann 1955 zum Vorsitzenden gewählt worden; anschließend war er von 1959 bis 1960 dessen Ehrenvorsitzender.[347] Lehmann gehörte zum Verwaltungsrat des Hessischen Rundfunks vom 31. Dezember 1948 bis zum 13. Februar 1960. Dem Verwaltungsrat obliegt es „im Wesentlichen, die wirtschaftlichen Vorgänge zu kontrollieren."[348]

### 3.4 Lehmanns Beziehungen zur Universität nach 1945

Lehmann pflegte vor, während und nach dem Zweiten Weltkrieg enge Beziehungen zur Universität. Das führte nach dem Krieg dazu, daß der Rektor am 19. August 1946 an den Ministerpräsidenten

---

Bl. 235; vgl. MA 9471, Bl. 155a, b.) Eine Urkunde des Winterhilfswerks vom 11.01.1939 belegt, daß die Stiftung dafür 3.000 Mark spendete. Lehmann war verantwortlich, denn er leitete sie nach dem Führerprinzip: „Entscheidungen des Pflegamts wurden ... ausweislich der Sitzungsprotokolle nicht mehr vom Gremium beschlossen, sondern vom Stiftungsleiter nach Anhörung der Pfleger ´verfügt´", Nachweise und Zitat siehe Bauer, St. Katharinen- und Weißfrauenstift.

[344] MA 2574. Lehmann hatte dies schon 1946 getan, siehe Vorlesungsverzeichnis Sommersemester 1946 [S. 3], sowie Vorlesungsverzeichnis Wintersemester 1946/47, S. 16.

[345] Siehe Tüffers, Magistrat, S. 235.

[346] MA 2574. Siehe auch S2 / 810 Friedrich Lehmann, Presseamt, 04.11.1958; Abt. 4 Nr. 1447, Bl. 90, Frankfurter Rundschau, 05.11.1958.

[347] Ich danke Dr. Joachim Seng für die Auskunft (siehe das Jahrbuch des Freien Deutschen Hochstifts von 1962), und Ders., Goethe-Enthusiasmus, S. 513, 543; siehe auch Hammerstein, Goethe-Universität, Nachkriegszeit, S. 58 - Anm. 62; sowie S2 / 810 Friedrich Lehmann, Presseamt, 04.11.1958.

[348] Ich danke Frau Barbara Rohr von der Geschäftsstelle des Rundfunk- und Verwaltungsrats im Hessischen Rundfunk für diese Informationen [vom Februar 2012].

schrieb und diesen um Unterstützung bei der Wiedereinsetzung von Lehmann als Stadtkämmerer bat.[349]

Der Kultusminister ernannte Lehmann auf Vorschlag des Rektors mit dem 1. Februar 1950 zum Universitätsrat, also zum Hausjuristen; er blieb dies bis 1953.[350] Lehmann war viele Jahre „Mitglied des Großen Rates, beziehungsweise des Kuratoriums" der Universität. Er leitete das eigens gegründete Kommunalwissenschaftliche Institut an der Universität von 1938 bis 1959. Er wirkte an der Rechtswissenschaftlichen Fakultät seit dem Wintersemester 1934/35 als Lehrbeauftragter und war seit 1949 Honorarprofessor.

Zum 70. Geburtstag wurde ihm für seine „Mitarbeit im Grossen Rat" gedankt. Zum Kontext seiner Eingebundenheit in das Universitätsleben gehört auch folgender Sachverhalt vom Mai 1958: „Er ist in der Privatklinik seiner Magnifizenz stationär behandelt worden." Er wurde dann in der Totenehrung im Bericht des Rektors mit aufgeführt.[351]

## 3.5 Lehmanns Mitgliedschaft in der NSDAP

Die Frage der Mitgliedschaft in einer Organisation im Allgemeinen und in der NSDAP im Besonderen scheint eine Entweder-Oder-Frage zu sein - entweder man ist Mitglied, oder man ist es nicht. Dabei könnte höchstens im Nachhinein versucht werden, eine Mitgliedschaft unklar aussehen zu lassen - solche Beispiele sind gerade auch aus den letzten Jahren zur NSDAP-Mitgliedschaft bekannt. Bei Lehmann tendiert sie schon in der NS-Zeit aufgrund einiger offener Fragen resp. Ungereimtheiten zu einer partiell-temporären Sowohl-Als-Auch-Frage - als ob er Mitglied gewesen wäre und wiederum auch nicht. Und besonders verwunderlich ist der Umgang damit im Spruchkammerverfahren zwei Jahre nach dem Ende des „Tausendjährigen Reiches". Zugleich ist es

---

[349] Siehe Abt. 14 Nr. 346, Bl. 24(rot) / 25(schwarz), und Abt. 4 Nr. 1447, Bl. 30.

[350] Siehe Abt. 14 Nr. 346, Bl. 41(rot) / 44(schwarz), Bl. 114(rot) / 118(schwarz), sowie zu seiner vorläufigen Ernennung Abt. 120 Nr. 160, Bl. 100, Senat, vom 27.2.1950; zum Amt siehe Müser, Institut, S. 117.

[351] Nachweise und Zitate siehe Abt. 14 Nr. 346, Bl. 24(rot) / 25(schwarz); Bl. 41(rot) / 44(schwarz); Tüffers, Stadtkämmerer, S. 341; Tüffers, Magistrat, S. 235; Klötzer, Biographie, Bd. 1, S. 448; Abt. 14 Nr. 346, Bl. 112(rot) / 116(schwarz); Bl. 105f.(rot) / 109f.(schwarz); Bericht des scheidenden Rektors ... bei der Rektoratsübergabe 1960, S. 11. Lehmann war bei der Wahl von Keller in den Großen Rat am 3. März 1932 als Gast in der gemeinsamen Sitzung des Großen Rates und des Kuratoriums anwesend. Lehmann selbst wurde am 24. November 1932 Mitglied des Großes Rates und im Finanzausschuß. Unter den Nationalsozialisten wurde daraus ein verkleinertes Kuratorium, dem er angehörte. Ab 1947 gab es wieder einen Großen Rat, zu dem er sowie zum Kuratorium bis zum 2. März 1959 gehörte. Ich danke für die Information Matthias Lorenz M.A. vom Universitätsarchiv.

nachgewiesen, daß er eine Mitgliedsnummer besaß, daß ihm eine Bescheinigung zur Mitgliedschaft überreicht wurde und er Beiträge zahlte - er gehörte somit zur NSDAP!

### 3.5.1 Aufnahmeantrag

Lehmann ist mit zum Umfeld der „Märzgefallenen" zu zählen, denen es gelang, noch rechtzeitig einen Aufnahmeantrag zu stellen. Denn die „erste Mitgliedersperre wurde durch die Verfügung 6/33 des Reichsschatzmeisters der NSDAP vom 19. April 1933 mit Wirkung vom 1. Mai 1933 verhängt."[352] Es existiert ein Eintritt in die NSDAP von Lehmann vom 1. Mai 1933 mit der Mitgliedsnummer 2.275.066.[353] Strittig ist, wer ihn angemeldet hat. Lehmann leugnete, dies selbst getan zu haben. In einem Schreiben zum Spruchkammerverfahren erklärte Lehmann: „Ich betone nochmals, dass ich durch den Oberbürgermeister Dr. Krebs ohne mein Wissen und Willen ... zur Partei in meiner Abwesenheit angemeldet worden bin. Ich habe damals von Berlin aus diesen Akt in keiner Weise beeinflussen können und auch nicht beeinflusst." Aber in der Verhandlung ergibt sich ein Widerspruch zur Frage der Einflußmöglichkeit: „Der Betroffene schaltet ein, dass er wohl in Berlin ein Telegramm erhalten habe mit der Aufforderung, in Ffm. anzurufen, aber er habe nicht angerufen, weil er sich in keiner Weise festlegen wollte, nachdem man ihm im Finanzministerium bereits in den Ohren gelegen habe, er dürfe sein Amt nicht verlassen." Krebs selbst bestritt, Lehmann angemeldet zu haben: Er „kann sich auf eine listenmässige Anmeldung von höheren Beamten, die er vorgenommen haben soll, nicht entsinnen. Er sei ja erst im Sept. 1933 Kreisleiter geworden"; ja, er halte eine listenmäßige Anmeldung „für gänzlich ausgeschlossen". Daraufhin erklärte Lehmann im Verfahren, „dass irgendjemand, der ihm durchaus wohlwollte[,] in seiner Abwesenheit, Ende April 1933, den letzten Augenblick wahrnehmend, seine Anmeldung zur NSDAP getätigt habe."[354] In einem allgemeinen Gutachten des Instituts für Zeitgeschichte Mün-

---

[352] Buchheim, Mitgliedschaft, S. 316. Siehe zu ihm auch Tüffers Angaben unter Lehmann in www.frankfurt1933-1945.de.

[353] Siehe Abt. 4 Nr. 1447, Bl. 4recto (S. 1); Tüffers, Stadtkämmerer, S. 344. Siehe BArch (ehem. BDC), NSDAP-Gaukartei, „Lehmann Friedrich". „Eingetreten" am „1.?.33", [die zweite Ziffer sieht eher wie eine „8", nicht wie eine „5", möglicherweise wie eine „4" aus], „Mitglieds Nr. 2275066" [die erste Ziffer war eine überschriebene „3"]. Es gibt hier keinen Hinweis auf eine Ablehnung. Siehe BArch PK-H 69, wonach das Hauptamt für Kommunalpolitik in München als Datum für den Parteieintritt den „30.4.33" und als Nummer „2275066" angibt.

[354] Zitate siehe HHStAW, 520 F (A-Z), 1. Protokoll, S. 6, 3verso, 4verso. Im Spruchkammerverfahren sagte der Vorsitzende „weiter, dass lt. Unterlagen seitens der Militär-Regierung ein Schreiben des Betroffenen an diese vorläge des Inhalts: ´Als ich zurückkam, hatte mich Oberbürgermeister Dr. Krebs bereits angemeldet. Nach längerer Zeit - meiner Erinnerung nach länger als ein Jahr - lehnte mich die Partei ab. Daraufhin beschwerte sich Oberbürgermeister Dr. Krebs bei der Partei. Von da ab bin ich zwar zu Parteiversammlungen eingeladen und habe von Anfang an auch Beiträge bezahlt

chen-Berlin zur Frage der Mitgliedschaft heißt es: „Jede Mitgliedschaft in der NSDAP nahm ihren Ausgang in einem eigenhändig unterschriebenen Antrag mit dazugehörigen Fragebogen ... korporative Übernahmen ... hat es nicht gegeben."[355]

Lehmanns Parteinummer von 1933 war 2.275.066.[356] Aber „1934 hatte die Partei den Aufnahmeantrag abgelehnt"; und zwar erfolgte dies schriftlich am 3. März 1934.[357]

Jedoch schrieb Krebs über Lehmann am 11. August 1934 an den preußischen Kultusminister, als Lehmann einen Lehrauftrag an der Goethe-Universität übernehmen wollte: „Er hat rechtzeitig die Aufnahme in die N.S.D.A.P. nachgesucht." Der Text ist mit Korrekturen versehen und der vorhandene getippte Text wurde handschriftlich ergänzt zu „Seinem Gesuch ist entsprochen .." Auf einem nicht abgeschickten Entwurf stand noch, „daß er unzweifelhaft politisch zuverlässig ist."[358] Zu diesem Vorgang läßt sich eine Vermutung äußern: Aufgrund einer scheinbar zwischenzeitlich erfolgten Bestätigung seiner Mitgliedschaft schien diese Erklärung nicht mehr notwendig. Lehmann

...'", ebenda, Spruchkammer vom 26.08.1947, S. 0verso. Es fehlt dieser Brief in diesen Unterlagen; es ist offen, wann Lehmann an wen diesen Brief geschrieben haben könnte. Er leugnete die Existenz dieses Briefes nicht.
Wenn man diesen Vorgang mit der Anmeldung von Keller vergleicht, so behauptete Keller kurz nach dem Krieg, der Oberbürgermeister habe ihn zu einem Beitritt in einer „Besprechung" gedrängt; Keller schrieb weiter von „meine[r] Meldung", was die eigenhändige Unterschrift widerspiegelt. Von daher fügt sich eine „listenmäßige Anmeldung", wie sie im Verfahren bei Lehmann anklingt, nicht zur Anmeldung Kellers; siehe PA 73.674, Bl. 322(rot) / 324(schwarz).
[355] Buddrus, Zutun, S. 22; siehe dazu Buchheim, Mitgliedschaft, S. 315: „die eigentliche Anmeldung zur Partei jedoch war nur möglich durch ausdrücklichen, unterschriebenen Antrag jedes einzelnen." (Siehe ebenso Mitgliedschaft, Funktionäre, S. 255f.)
Es gab eine Ausnahme: „Im ´Völkischen Beobachter´ vom 1. Februar 1937 lautete die Meldung: ´Mit Rücksicht darauf, daß demnächst die Mitgliedersperre für die Partei aufgehoben werden soll, vollzog der Führer als erste Maßnahme in dieser Hinsicht persönlich den Eintritt der Kabinettsmitglieder in die Partei, die ihr bisher noch nicht angehörten ...´ Nur einer widersetzte sich dieser pauschalen Rekrutierung, die der Freiwilligkeit widersprach. Der damalige Post- und Verkehrsminister Peter Paul Freiherr von Eltz-Rübenach schrieb am 30. Januar 1937 an Hitler, seine Treue zum Christentum wäre nicht in Einklang zu bringen mit den ´sich ständig verschärfenden Angriffen von Parteistellen gegen die christlichen Konfessionen und diejenigen, die ihren religiösen Überzeugungen treu bleiben wollen´. Sein Gewissen verbiete ihm deshalb, dem Anerbieten, ihn in die Partei aufzunehmen, nachzukommen", Wetzel, NSDAP, S. 77, und S. 194 - Anm. 17: „Nürnberger Prozeß, Hauptverhandlungen, 22. Tag, 18.12.1945, Nachmittagssitzung, S. 127, PS-2964", und Anm. 18 „Ebenda." Das Verhalten von Eltz-Rübenach hatte Folgen: es „entband ihn Hitler 1937, zunächst unter Gewährung des gesetzlichen Übergangsgeldes, von seinen Ämtern." NDB-ADB Deutsche Biographie [im Internet]. Und: „1940 sperrte man ihm ohne ein Rechtsverfahren alle Versorgungsgelder ... Erst nach acht Monaten bewilligte Hitler ... die Fortsetzung der Pensionszahlungen", Budde, Eltz-Rübenach.
[356] Siehe HHStAW, 520 F (A-Z), Bl. 2verso und Bl. 33.
[357] Zitat und Nachweis Tüffers, Magistrat, S. 226; siehe auch ebenda, S. 180 - Anm. 445; auch Abt. 4 Nr. 1447, Bl. 5recto (S. 2).
[358] Zitate siehe PA 73.701, Bl. 137f.

kommentierte dies gegenüber der Spruchkammer: „Das alles ist irrtümlich gewesen. Offenbar hatte Dr. Krebs nicht gegenwärtig, dass bereits 5 Monate vorher meine Aufnahme in die Partei abgelehnt worden war".[359] Es wäre verwunderlich, daß Krebs 1934 für seinen Kämmerer und dessen Lehrauftrag gelogen hätte, indem er eine Parteimitgliedschaft behauptete, und dann so unvorsichtig gewesen wäre, den Beweis für die Lüge, nämlich den korrigierten Entwurf des abgeschickten Briefs, der die ursprüngliche Formulierung enthielt, nicht vernichtet zu haben. Außerdem sei angemerkt: „Der Zeuge erklärt, dass der zweite Entwurf abgeschickt worden ist."[360] Hierbei ist es sehr erstaunlich, daß Krebs sich an eine solche Einzelheit erinnern konnte. Das spricht für einen Verlauf, der markant genug war, um im Gedächtnis haften zu bleiben. Dann stellt sich um so mehr die Frage, wie es zu diesem Vorgang kam.

Lehmann hatte mit seinem Lehrauftrag direkt von einer NS-Verfolgung profitiert: „Stadtkämmerer Friedrich Lehmann ersetzte im WS 1934/35 den auch als Stadtrat entlassenen, nicht mehr beauftragten Michel."[361]


Bei der Umfrage des städtischen Hauptverwaltungsamtes vom 8. März 1937 zu seiner Aktivität in der NSDAP füllte Lehmann den Fragebogen nicht aus. Statt dessen antwortete er in einem Schreiben vom 10. März 1937: „Schreiben vom 8.3.37 zurückgereicht. Bei meiner Arbeitsbelastung ist es vollständig ausgeschlossen, dass ich ein Amt der genannten Art übernehme."[362] Es bleibt offen, ob er nur geschickt auf die Frage der Parteimitgliedschaft nicht eingehe wollte, oder ob er eine Mitgliedschaft voraussetzte und nur die Übernahme von Ämtern ablehnte.

Eine ähnliche Situation ergab sich, als das Hauptverwaltungsamt mit dem 19. Mai 1938 einen „Antrag auf Verleihung des Treudienst-Ehrenzeichens in der 2. Stufe - nach 25jähriger Dienstzeit -" bearbeitete. In dem Vorgang wurde gefragt: „6. Ist der Bedienstete rechtskräftig aus der NSDAP ausgestoßen worden?" und als Antwort wurde „nein"[363] angegeben. Hier ist für Lehmann entweder von einer bestehenden Mitgliedschaft oder von einem Verständnis auszugehen, das die Ablehnung eines Aufnahmeantrags von einem Ausschluß unterscheidet.

---

[359] HHStAW, 520 F (A-Z), Bl. 30.

[360] HHStAW, 520 F (A-Z), 1. Protokoll, S. 4.

[361] Diestelkamp, Abriss, Abs. 33. (Zu einem späteren Zeitpunkt wird erklärt Diestelkamp, Abriss, Abs. 47: „Der ehemalige Stadtkämmerer Friedrich Lehmann ... hatte zwar .. einmal zu verstehen gegeben, dass er nicht weiter tätig sein wolle,[105 Hammerstein II (Anm. 70) , S. 58 Anm. 62.]" Distelkamp hat zu Lehmann Fehler in den Abs. 43, 47 und 126.)

[362] PA 73.702, Bl. 257; anschließend begründete er seine Überlastung.

[363] PA 73.702, Bl. 278. (Die 1. Stufe war für eine 40jährige Tätigkeit.) Es wäre zu prüfen, wie sich dies zu einer Verweigerung der Mitgliedschaft verhält.

## 3.5.2 Besonderheiten

In einem städtischen Vermerk vom 11. Juli 1938 steht: „Herr Oberbürgermeister wurde von dem Schreiben des Gauschatzmeisters in Kenntnis gesetzt. Der Oberbürgermeister erklärt, dass er bisher nicht wusste, dass Stadtkämmerer Dr. Lehmann Pg. sei."[364] Lehmann deutete dies im Spruchkammerverfahren so, als ob die Aussage von Krebs meinte, er, Lehmann, sei kein Mitglied. Das Schreiben des Gauschatzmeisters ist hingegen ein Beleg für eine Zugehörigkeit Lehmanns zur NSDAP. Der Gauschatzmeister wird wohl informiert worden sein, weil die „´Parteianwärter´ ... nicht die rote Mitgliedskarte der NSDAP [bekamen, GSt.], die nur von der Reichsleitung ausgestellt werden konnte, sondern lediglich eine Parteianwärterkarte, deren Ausgabe durch die jeweils zuständige Gauleitung erfolgte."[365]

Lehmann ist laut Spruchkammerverfahren erst am 1. August 1938 unter der alten Parteinummer wie 1933 eingetreten.[366] Dies wird nur ein offizielles Datum nach erfolgter Aufnahme sein, denn es gab im allgemeinen „Rück- und Vordatierungen".[367] Denn am 7. Dezember 1937 trug Lehmann allem Anschein nach in Anwesenheit des Gauleiters bei der Amtseinführung vom Bürgermeister Kremmer das Parteiabzeichen.[368]

Die Parteinummer von 1938 ist identisch mit der alten. Im Widerspruch dazu steht eine Aussage im Internetauftritt des Bundesarchivs: „Durch Ausschluss, Austritt oder Tod freigewordene Nummern wurden grundsätzlich nicht neu vergeben. Auch wenn ... die NSDAP eine Aufnahme ablehnte, wurde die im laufenden Aufnahmeverfahren bereits zugeteilte Nummer keiner anderen Person zugewiesen. Auch hatte ein Mitglied, welches ... als Parteigenosse gestrichen worden war, beim Wiedereintritt grundsätzlich keinen Anspruch auf seine ursprüngliche Mitgliedsnummer. Vielmehr wurde ihm dann eine höhere Mitgliedsnummer zugeteilt."[369] Dies scheint auch den Vorsitzenden der Spruchkammer verwundert zu haben. Er versuchte eine Erklärung in der 2. Verhandlung: „Die Ablehnung sei irrtümlicherweise nicht in der Kartei vermerkt worden und als 1937/1938 eine Art ´Amnestie´ für Logenmitglieder ausgesprochen wurde, sei die alte Mitgliedsnummer wieder auf den

---

[364] PA 73.702, Bl. 277.
[365] Buchheim, Mitgliedschaft, S. 316.
[366] Siehe Abt. 4 Nr. 1447, Bl. 5recto (S. 2).
[367] Mitgliedschaft, Funktionäre, S. 263.
[368] Siehe Tüffers, Magistrat, S. 201 (Fotografie).
[369] Internetauftritt des Bundesarchivs [Stand: April 2010]. Siehe auch schon Buchheim, Mitgliedschaft, S. 316: Mitgliedsnummern ausgeschiedener Mitglieder wurden „nicht wieder verwendet". (Vgl. Tüffers, Magistrat, S. 150 - Anm. 357.)

Plan getreten."[370] Für den Spruch wird vermutet: „Es ist anzunehmen, dass die alte, aus 1933 stammende Listen-Nummer durch irgendeinen Umstand im Jahre 1938 wieder auflebte. Wahrscheinlich handelt es sich um die Folge der damals den früheren Logen-Mitgliedern gewährten ´Amnestie´."[371] (In einer Mitteilung der Militärregierung für Bayern von 1947 über „Mitgliedschaft und Funktionäre in der Partei" wird nicht für den Fall der Ablehnung, sondern bei „einem Aus- und späteren Wiedereintreten eines Mitglieds" gesagt, daß „die alte Nummer wieder zugeteilt" „wurde, wenn die Zwischenzeit nicht zu lange war (bis zu drei Jahre)".)[372]

Zur Parteinummer erklärte Lehmann, nachdem Sprenger ihn „als Parteianwärter bezeichnete und verlangte, dass ich das Parteiabzeichen tragen sollte", habe er „einen Fragebogen als Parteianwärter ausfüllen" müssen. Er beantwortete - aufgrund seiner Darstellung als Lüge - „ die Parteimitgliedschaft mit ´ja´". Prompt „kam die erneute Rückfrage, ein Pg. müsse auch eine Nummer haben. Ich wusste mir nicht anders zu helfen, als dass ich Bickendorf, der in der Gauleitung arbeitete und ehrenamtlicher Stadtrat war, sagte, ich könnte meine Parteinummer im Augenblick nicht feststellen. Nach kurzer Zeit sagte er mir, sehr betreten, dass ich noch garnicht in die Partei aufgenommen sei, aber für mich sei immerhin eine Parteinummer xy ´reserviert´."[373] Es ist unklar, welchen Fragebogen Lehmann meinte. Da es nicht einen zusätzlichen in Hessen gab,[374] müßte dies der Fragebogen sein, der ab 1937 zum Aufnahmeantrag gehörte[375] und der wohl derjenige ist, den Lehmann als „berüchtigten Fragebogen vom März 1937"[376] bezeichnet hat. Von daher wäre Lehmanns zeitliche Darstellung der Abfolge im Zusammenhang mit Sprengers Aufforderung unzutreffend. Und die Fragen wären etwas anders gewesen, aber zugleich unangenehm für Lehmann. Sie lauteten nämlich: „Waren Sie schon einmal Mitglied der NSDAP. nach deren Neugründung am 27. 2. 1923?

---

[370] HHStAW, 520 F (A-Z), 2. Protokoll, S. 0verso.

[371] HHStAW, 520 F (A-Z), Entwurf Spruch, S. 1.

[372] Zitate siehe Mitgliedschaft, Funktionäre, S. 263.

[373] Zitate siehe HHStAW, 520 F (A-Z), Lehmann an Spruchkammer, 15.12.1946, S. 3f.

[374] Lt. Dr. Diether Degreif vom Hessischen Hauptstaatsarchiv Wiesbaden [vom 26.07.2012] läßt sich ein „zusätzlicher, eigener Fragebogen zum NSDAP-Aufnahmeantrag ... 1937 in Hessen nicht nachweisen."

[375] Siehe Mitgliedschaft, Funktionäre, S. 254; vgl. ebenda, S. 259. Siehe dazu für Lehmann, HHStAW, 520 F (A-Z), Lehmann an Spruchkammer, 15.12.1946, S. 3.

[376] HHStAW, 520 F (A-Z), Bl. 24verso. Wohl dazu meinte Martin M. Schaefer in seinem Schreiben vom 24.08.1946 an die Spruchkammer, die von Lehmann „ausgefüllten Fragebogen der Partei konnte der Oberbürgermeister niemals weitergeben, denn sie waren wahrheitsgemäss beantwortet und standen im Gegensatz zum Naziprogramm (Judenfrage, Loge, internationale Verständigung)", ebenda. Die Weitergabe durch den Oberbürgermeister würde mit hoher Wahrscheinlichkeit voraussetzen, daß der Oberbürgermeister zu dem Zeitpunkt zugleich Kreisleiter war; Schaefer war 1938 nach England emigriert. Es stellt sich die Frage, wann Schaefer - anscheinend nur durch Lehmann - Kenntnis von dem Inhalt des Fragebogens erhalten hatte. Schaefer spricht hier übrigens im Plural von „Fragebogen ... sie waren".

Mitglieds-Nummer? Zeit und Grund des Ausscheidens?"[377] Lehmann hätte dort seine ursprüngliche Nummer und die Tatsache, daß die Aufnahme abgelehnt worden war, angeben müssen. Von daher läßt sich vermuten, daß er über den Kontakt zum Stadtrat Bickendorf eine Umschiffung dieses Problems versuchte, die zur Folge hatte, daß er seine alte Parteinummer wiederbekam.

Lehmann war anscheinend kurzzeitig Freimaurer gewesen.[378] Es gibt zur Logenmitgliedschaft folgende gutachterliche Feststellung: „Für ehemalige [kursiv, GSt.] Logenangehörige war die Aufnahme in die NSDAP nicht ausgeschlossen ... Hierzu heißt es in den oben zitierten Richtlinien für die Parteigerichte der NSDAP: ʹEhemalige Angehörige von Logen ... haben als Voraussetzung für die Aufnahme neben der auf dem Aufnahmeblatt vorgesehenen noch eine besondere schriftliche Erklärung ʹauf Ehre und Gewissenʹ abzugeben des Inhalts, daß er sich von seinem ehemals der Loge [...] geleisteten Eid durch seinen Austritt aus ihr gelöst fühle ... Ohne Abgabe dieser Erklärung dürfen ehemalige Freimaurer nicht aufgenommen werden. Ist ein ehemaliger Freimaurer Parteimitglied geworden, ohne diese Erklärung abgegeben zu haben, so ist er zur Abgabe aufzufordern ... Bei Weigerung bzw. fruchtlosem Ablauf der Frist ist nach § 4 Abs. 2b ein Verfahren auf Ausschluß einzuleiten.ʹ"[379]

Zu dem oben genannten städtischen Vermerk vom 11. Juli 1938 zur Parteimitgliedschaft Lehmanns wurde für die erste Sitzung der Spruchkammer festgestellt: „Der Betroffene kennt das Schreiben des Gauschatzmeisters nicht". Damit widersprach Lehmann sich selbst; denn inzwischen kannte er es, da er in einem Schreiben an die Spruchkammer vom 15. Mai 1947 erklärt hatte: „denn in meinen Personalakten (Blatt 277) befindet sich mit einer mir nicht bekannten Unterschrift der Vermerk,

---

[377] Auf der Rückseite des Fragebogens, siehe Abbildung im Internetauftritt des Bundesarchivs [Stand: November 2011]. Dort wird auch sichtbar, daß beim Fragebogen die „Eigenhändige Unterschrift" betont wurde.

[378] Siehe Tüffers, Stadtkämmerer, S. 308 - Anm. 11; gemäß Tüffers, Magistrat, S. 179, waren es vier Jahre gewesen; Bauer, Jahre, S. 81: „Lehmann hatte in den Zwanzigerjahren einer Freimaurerloge angehört". Bei den von Lehmann auf dem „Meldebogen" angegebenen Organisationen befindet sich jedoch keine Loge. Auch wird er nicht als Freimaurer bei einem Vorgang in den „Akten des Obersten Parteigerichts I Kammer" angegeben, siehe BArch OPG-F 115.

[379] Buchheim, Mitgliedschaft, S. 321. Es stellt sich die Frage, ob der angeblich ungeklärte Sachverhalt, den die folgende Aussage meint, sich auf eine solche Erklärung bezieht: „Aus einem Schreiben des Gaupersonalamtsleiters der NSDAP Hessen-Nassau vom 16. 4. 1942 (PA 361) geht hervor, dass selbst zu diesem späten Zeitpunkt die Frage der endgültigen Parteimitgliedschaft noch ungeklärt gewesen sein muss, denn es wird nach der früheren Zugehörigkeit des Betroffenen zur ʹLiga für Menschenrechteʹ gefragt und auf Abschluss der Angelegenheit des Betroffenen gedrängt." MA 9200, und HHStAW, Abt. 520 F (A-Z), Entwurf Spruch vom 26.08.1947, S. 2. Es könnte sich hierbei vielleicht auch nur um Streitigkeiten zwischen Personen aus der Gauleitung und Lehmann (ggf. incl. Krebs) handeln.

datiert 11.7.38"[380]. (Dies ist aus einem Kontext, in dem Lehmann behauptet: „Wenn also ein Datum für den Beginn einer Mitgliedschaft überhaupt existiert, dann müsste es nach dieser Ablehnung liegen, und zwar noch nach dem 11. Juli 1938, denn in meinen Personalakten (Blatt 277) befindet sich mit einer mir nicht bekannten Unterschrift der Vermerk, datiert 11.7.38: ´Herr Oberbürgermeister wurde von dem Schreiben des Gauschatzmeisters in Kenntnis gesetzt. Herr Oberbürgermeister erklärt, dass er bisher nicht wusste, dass Stadtkämmerer Dr. Lehmann Pg. sei. Er erklärt, die Angelegenheit im unmittelbaren Benehmen mit Herrn Stadtkämmerer zu erledigen.´"[381] Lehmann versuchte wohl den Eindruck zu vermitteln, es hätte der Oberbürgermeister vor dem Gauschatzmeister von seiner Mitgliedschaft gewußt haben müssen. Da der Oberbürgermeister aber nicht mehr Kreisleiter war und die Karte für einen Parteianwärter von der Gauleitung kam, macht es Sinn, daß der Beginn vor dem 11. Juli 1938 lag.[382])

Verwunderlich ist folgender Vorgang im Spruchkammerverfahren: „Der Vorsitzende gibt bekannt, dass er in der Zwischenzeit von der Militär-Regierung neue Unterlagen erhalten habe; zunächst sei erwiesen, dass sich der Betroffene in einem von ihm ausgefüllten und unterschriebenen Fragebogen des Jahres 1933 selbst als ´Partei-Anwärter´ bezeichnet habe. Der Betroffene glaubt, dass er die Eintragung des ´Partei-Anwärters´ mit einem Fragezeichen versehen habe"[383]. (Die genannten Unterlagen sind nicht bekannt; sie befinden sich nicht in der Akte zum Spruchkammerverfahren.) Dabei sollte es den Begriff eines Parteianwärters erst ab 1937 gegeben haben, das Jahr, in dem er eingeführt worden war.[384] (Und es war dem Vorsitzenden bewußt, „dass der Begriff ´Partei-Anwärter´ erst seit 1937 aufkam."[385] Den Status eines Parteianwärters habe es nur im Zeitraum vom 1. Mai 1937 bis zum 1. Mai 1939 gegeben.[386]) „Mit der Anordnung 18/27 wurde gleichzeitig der Status des ´Parteianwärters´ geschaffen: Ihm oblagen alle Pflichten des Parteigenossen, insbesondere die Melde- und Beitragspflicht ... Die Anwärterschaft endete mit der Ausgabe der Mitgliedskarte, was innerhalb von drei Monaten erfolgen sollte. Die Aufnahme für die Parteianwärter wurde ohne Berücksichtigung des Antragsdatums einheitlich auf den 1. Mai 1937 festgelegt."[387] Damit endete die Aufnahmesperre, was zu einem erneuten Andrang führte.

---

[380] Zitate siehe HHStAW, 520 F (A-Z), 1. Protokoll, S. 1verso; Bl. 23verso.

[381] HHStAW, 520 F (A-Z), Bl. 23verso.

[382] Siehe Lerner, Krebs, S. 727 [zu Lerner siehe Münz, Woelcke, u.a. S. 60]; HHStAW, 520 F (A-Z), 1. Protokoll, S. 3verso; Schneider, Quellen, S. 352; vgl. auch ebenda, S. 350 - Anm. 2. (Krebs war Kreisleiter von 1933 bis zum Herbst 1937.)

[383] HHStAW, 520 F (A-Z), 2. Protokoll Sitzung 26.08.1947, S. 0verso; er ist erstaunlich, daß Lehmann dabei meinte, sich an ein Fragezeichen erinnern zu können.

[384] Siehe Internetauftritt des Bundesarchivs [Stand: April 2010].

[385] HHStAW, 520 F (A-Z), 1. Protokoll Sitzung 22.08.1947, S. 1verso.

[386] Siehe Wetzel, NSDAP, S. 78.

[387] Wetzel, NSDAP, S. 77; siehe auch Mitgliedschaft, Funktionäre, S. 262.

### 3.5.3 Mitgliedskarte

Ein weiteres Feld der Merkwürdigkeiten bei Lehmann erstreckt sich nun um die Gestalt der Mitgliedskarte resp. des Parteibuchs: Lehmann hat in einem Schreiben an den Dekan vom 22. November 1946 mit Lebenslauf[388] geschrieben: „Auffällig lange geschah nichts. Dann wurde ich von der Ortsgruppe Dornbusch ... abgelehnt." „Als ich bald darauf nach Ginnheim verzog, hat Krebs, der inzwischen Kreisleiter geworden war, wiederum ohne mein Zutun, ja durchaus gegen meinen Willen, bei der neuen Ortsgruppe meine Aufnahme durchzusetzen versucht. ... [Aufgrund bestimmter Handlungen von Lehmann, GSt.] war der Bruch mit dieser Ortsgruppe vollzogen. Wiederum nach auffällig langer Zeit wurde ich ohne Angabe von Gründen zu einer Versammlung eingeladen." Dabei wurde ihm eine Parteikarte übergeben: „´Diese Karte´ bestand aus einem weissen Kleinoktavblatt aus Kartonpapier, auf das am Kopf wörtlich mit der Hand geschrieben stand ´Duplikat für Herrn Dr. Friedrich Lehmann´. Es war nicht eine richtige Zweitausfertigung einer roten Parteikarte. Ob ich darüber quittierte oder sonst eine Verpflichtungserklärung unterschrieb, weiss ich nicht mehr"[389] - Vor der Spruchkammer sagte der Zeuge „Johann Gläser, Ortsgruppenleiter von 1932-1940 in der Ortsgruppe Ginnheim ... Dagegen weiss er sich zu erinnern, dass der Betroffene als ´Anwärter´ überwiesen worden ist."[390]

Für das Aufnahmeverfahren seit 1933 galt, daß „gemäß § 3 Abs. 3 der Satzung der NSDAP die Aufnahme erst dann als rechtswirksam [galt, GSt.], wenn der ... Mitgliedsausweis durch den Ortsgruppenleiter ausgehändigt"[391] worden war. Demnach wußte jedes Mitglied, daß es zur NSDAP gehörte - Ausnahmen gab es in der späten Kriegszeit, wenn es aufgrund chaotischer Zustände nicht zu einer Überreichung kam.

Zu Form und Farbe der Mitgliedsbestätigung sei darauf hingewiesen, daß es nicht nur eine Version gab: „´Parteianwärter´ .. bekamen nicht die rote Mitgliedskarte der NSDAP, ... sondern lediglich eine Parteianwärterkarte, ...die übrigens verschiedene Farben trugen"[392], und zwar jeweils nach dem Gau.[393]

---

[388] Siehe Abt. 114 Nr. 94, Bl. 65recto-69verso.

[389] Zitate und Nachweis siehe Abt. 114 Nr. 94, Bl. 65recto/verso. (Er wird die Aufnahmegebühr bezahlt haben.) Mit dem Erhalt dieses Duplikats wird Lehmanns Behauptung an anderer Stelle: „Vielmehr ist die Ablehnung der Ortsgruppe Dornbusch das einzige parteiamtliche Dokument, das jemals in meine Hände gekommen ist" zu einer Unwahrhaftigkeit, ggf. zu einer Lüge, siehe HHStAW, 520 F (A-Z), Bl. 30 (diesen Satz hatte er zudem unterstrichen). Außerdem hatte er von der Partei „einen Fragebogen als Parteianwärter ausfüllen" müssen, HHStAW, 520 F (A-Z), Lehmann an Spruchkammer, 15.12.1946, S. 3.

[390] HHStAW, 520 F (A-Z), 2. Protokoll, S. 2.

[391] Buchheim, Mitgliedschaft, S. 314.

[392] Buchheim, Mitgliedschaft, S. 316. Vgl. ebenda, S. 317: „Nicht mit der Parteianwärterschaft verwechselt werden darf die zweijährige Bewährungszeit, der alle Mitglieder unterworfen wurden,

Wenn Lehmann offen läßt, ob er eine „Verpflichtungserklärung" unterschrieb, so stellt sich die Frage nach deren Notwendigkeit: Einerseits heißt es in der Forschungsliteratur, daß „die Mitgliedschaft als solche .. mit der Aushändigung der Mitglieds- bzw. Anwärterkarte gültig wurde" und daß eine „Vereidigung der Parteigenossen .. nicht notwendig [war, GSt.], da er bei der Aushändigung der Mitgliedskarte durch den Ortsgruppenleiter bzw. seinen Vertreter durch Handschlag verpflichtet wurde."[394] Andererseits heißt es: „Empfangsquittungen sind daher in den Akten der NSDAP-Gau- bzw. Kreisleitungen zu suchen."[395]

Lehmann hätte ein Mitgliedsbuch beantragt können: „Nach einer zweijährigen Karenzzeit konnte das Mitglied die Mitgliedskarte bei der Ortsgruppe zusammen mit einem Antrag auf Ausstellung eines Mitgliedsbuches einreichen." Jedoch kam es nicht stets dazu: „Nach 1937 wurden Bücher immer seltener ausgestellt." Es gab auch noch eine weitere Form von Karten, nämlich für diesen fraglichen Zeitraum: „Für die Zwischenzeit erhielt das Mitglied eine Ersatzkarte von der Ortsgruppe". Diese „Interimskarte[n]" hatten unterschiedliche Farben.[396]

Auch die Umstände der angeblichen Ersatzpapiere Lehmanns scheinen verworren zu sein, und es fragt sich, ob dies wesentlich aufgrund von Lehmanns Darstellung der Fall ist.[397] Denn der zuständige Ortsgruppenleiter erklärte vor der Spruchkammer: „er weiss auch nicht, dass angeblich die Parteiunterlagen für den Betroffenen gefehlt haben sollen, weiss ferner nicht von einer angeblichen Duplikat-Karte".[398] Lehmann hatte schriftlich behauptet: „Im übrigen könnte eine Parteimitgliedschaft, wenn sie vorhanden wäre, bestenfalls aus den Jahren 1937/38 datieren, als mir der angebli-

---

die nach dem 30. Januar 1933 eingetreten waren. ... Die der Bewährung Unterworfenen bekamen nur eine Mitgliedskarte (und noch kein Mitgliedsbuch)".

[393] Siehe Mitgliedschaft, Funktionäre, S. 262: „Ein Parteianwärter-Ausweis wurde von der Reichsleitung nicht ausgegeben ... es oblag den einzelnen Gauleitungen, diesen Parteianwärtern Ausweise mit Anwärternummern, die nichts mit den späteren Mitgliedsnummern zu tun hatten, auszugeben. So sind in den Gauen ... verschiedene Farben von Anwärterkarten zu finden." Im Gau Hessen-Nassau sieht die Parteianwärterkarte nach Ocker aus; ich danke Dr. Diether Degreif vom Hessischen Hauptstaatsarchiv Wiesbaden für eine Abbildung davon.

[394] Zitate siehe Mitgliedschaft, Funktionäre, S. 256, 259.

[395] Internetauftritt des Bundesarchivs [Stand: November 2011]: „Personenbezogene Unterlagen aus der Zeit des Nationalsozialismus", Anm. 23. (Es kann also sein, daß Lehmann hier entweder vom Handschlag abzulenken versuchte oder den Eindruck vermitteln wollte, etwas möglicherweise nicht getan zu haben, das ggf. jedoch nicht zu den rechtlich vorgeschriebenen Handlungen gehörte.)

[396] Zitate siehe Mitgliedschaft, Funktionäre, S. 260. (Könnte es sich bei Lehmann um eine solche Karte gehandelt haben?)

[397] Lehmann wollte anscheinend damit die Aufmerksamkeit des Gerichts davon abzulenken, daß er mit der Annahme des Papiers NSDAP-Mitglied geworden war.

[398] HHStAW, 520 F (A-Z), 2. Protokoll, S. 2.

che Verlust der Parteipapiere von der Ortsgruppe Ginnheim mitgeteilt wurde."[399] Lehmann meinte: „Wenn also diese Karte oder dieses Buch für mich verloren gegangen wären, so hätten wohl 7 Jahre ausgereicht, um eine Neuausfertigung herzustellen."[400] Dabei ist von folgender Praxis auszugehen: „In Fällen, in denen ein Mitgliedsbuch nicht besonders beantragt wurde (Gebühr RM 2,--), behielt die Mitgliedskarte ihre volle Gültigkeit und wurde durch Anhänge auf je zwei Jahre ergänzt, in die Mitgliedsbeitragsmarken geklebt wurden."[401]

Es zeigen sich widersprüchliche Aussagen sowie ggf. mangelnde Erinnerungen, wenn man versucht, Vorgänge über den wechselnden Wohnort von Lehmann zu rekonstruieren: Lehmann erklärte: „Dann wurde ich von der Ortsgruppe Dornbusch ... abgelehnt." Seine Ablehnung geschah 1934. „Als ich bald darauf nach Ginnheim verzog, hat Krebs, der inzwischen Kreisleiter geworden war",[402] angeblich für die Mitgliedschaft gesorgt. Krebs war Kreisleiter vom (September) 1933 bis zum Herbst 1937 gewesen, was sich also zeitlich einfügt.[403] Aber der „Ortsgruppenleiter ... der Ortsgruppe Ginnheim ... weiss .. sich zu erinnern, dass der Betroffene als ´Anwärter´ überwiesen worden ist."[404] Dies wäre der Zeitraum vom 1. Mai 1937 bis zum 1. Mai 1939; nur da hatte es den Status eines Parteianwärters gegeben.[405] Daraus würde sich eine zeitliche Schnittmenge von wenigen Monaten im Sommer 1937 ergeben, die mit der Angabe Lehmanns „bald darauf" nicht in Einklang zu bringen ist.[406] (Lehmann war gemäß dem Hausstandsbuch nach Ginnheim in den Fuchshohl 59 am 23. Februar 1934 gezogen und von dort innerhalb der Nachbarschaft umgezogen am 2. April 1936.[407])

Es existiert eine Argumentation Lehmanns, bei der man nicht weiß, ob er sich „verplappert" hat oder nur „schwadronierte": „Wie oben schon angedeutet, gab es für mich innerlich zwei kritische

---

[399] HHStAW, 520 F (A-Z), Bl. 29verso.

[400] HHStAW, 520 F (A-Z), Bl. 30verso. Es stellt sich die Frage, ob das behauptete Provisorium des Mitgliedsausweises ggf. etwas mit der Überlastung des Parteiapparats nach der Aufnahmewelle 1937 zu tun hatte, weshalb die Bearbeitung dieser Anträge erst 1940 abgeschlossen worden sein soll, siehe Wetzel, NSDAP, S. 78.

[401] Mitgliedschaft, Funktionäre, S. 264.

[402] Zitate siehe Abt. 114 Nr. 94, Bl. 65recto (im Schreiben an den Dekan).

[403] Siehe Lerner, Krebs, S. 727; HHStAW, 520 F (A-Z), 1. Protokoll, S. 3verso; Schneider, Quellen, S. 352; vgl. auch ebenda, S. 350 - Anm. 2.

[404] HHStAW, 520 F (A-Z), 2. Protokoll, S. 2. (Dies ist eine Zeugenaussage vor der Spruchkammer).

[405] Siehe Wetzel, NSDAP, S. 78.

[406] Siehe HHStAW, 520 F (A-Z), Bl. 29verso.

[407] Siehe Hausstandsbuch 1646. Lt. Angaben im Frankfurter Adreßbuch in den Ausgaben 1934 und 1935 war er noch in der Adelheidstraße 18 in Eschersheim gemeldet, für 1936 im Fuchshohl 59 in Ginnheim und ab 1937 wenige Meter entfernt im Höhenblick 60, siehe Frankfurter Adreßbuch, jeweils Personenverzeichnis, 1934, S. 397; 1935, S. 408; 1936, S. 412; 1937, S. 419; 1938, S. 420; 1939, S. 422; 1940, S. 431.

Momente in dieser [gesamten NS-]Zeit. ... Der zweite kritische Moment kam, als ich den Prozess [durch die Stadt Königsberg, GSt.] gewonnen hatte. ... Ich hatte schon im Entwurf das Schreiben fertig, falls mir nunmehr 1939 die Mitgliedskarte oder sogar das Parteibuch ausgehändigt würde. Ich wollte schreiben, eine Probezeit von 6 Jahren sei für einen unbescholtenen Menschen doch ein so deutliches Zeichen des Misstrauens, dass ich auf diese Weise mich in keine Gemeinschaft eindrängen wollte. Ich wollte also den Gekränkten spielen und dadurch einem Disziplinarverfahren, das sich an eine solche Ablehnung knüpften konnte, von vornherein die Spitze abbrechen. Ich hatte aber wohl eine unvorsichtige Äusserung in diesem Sinne getan, sodass man es vorzog, mit den glücklich gefundenen Parteipapieren lieber nicht mehr herauszurücken."[408] Verwunderlich ist, woher er von einem Auffinden der Papiere gewußt haben will. Hätte es diese Papiere tatsächlich gegeben - wovon Lehmann mit dieser Formulierung ausgeht -, so wäre damit seine Zugehörigkeit zur NSDAP mehr als naheliegend. Denn warum sollte die Ortsgruppe sie ihm nicht ausgehändigt haben? Wegen einer zu befürchtenden Ablehnung? In einem allgemeinen Gutachten des Instituts für Zeitgeschichte München-Berlin zur Frage der Mitgliedschaft wird erklärt, daß nur dann eine Mitgliedskarte nicht ausgehändigt wurde, wenn es wegen der Kriegsumstände Probleme bei der Zustellung gab.[409] Bezeichnend für Lehmann ist, daß er versuchte, eine Übergabe zu bestreiten, er also anscheinend von der Bedeutung dieses Rechtsaktes wußte.

Lehmanns Jahresangabe 1939 bei seiner Aussage „nunmehr 1939 die Mitgliedskarte oder sogar das Parteibuch ausgehändigt würde" weist hin auf die Zeitspanne von 2 Jahren Anwärterschaft, wie sie ab Mai 1937 möglich war, welche dann zur Mitgliedschaft wurde.[410]

Wenn er behauptet, daß er damals „schon im Entwurf das Schreiben fertig" hatte, in dem er sich beschweren wollte, „eine Probezeit von 6 Jahren sei für einen unbescholtenen Menschen doch ein so deutliches Zeichen des Misstrauens", so überspielt er damit - oder hat es verdrängt -, daß im März 1934 sein Aufnahmeantrag von 1933 schriftlich abgelehnt worden war. Er lenkt (de facto) damit davon ab, daß es entweder 1934 in außergewöhnlicher Weise eine Aufhebung der Ablehnung gegeben haben muß - dies würde das Verhalten des Oberbürgermeisters im Jahre 1934 erklären, oder daß es einen erneuten Antrag ab 1937 gab - was eine Aussage des Oberbürgermeisters vom Juli 1938 verständlich macht (siehe oben).

---

[408] HHStAW, 520 F (A-Z), Lehmann an Spruchkammer, 15.12.1946, S. 3f. (Einmal spricht Lehmann von 6 Jahren, dann von 7 Jahren.) Zum Königsberger Prozeß siehe Tüffers, Stadtkämmerer, S. 309f., 338.

[409] Siehe Buddrus, Zutun, S. 23f.

[410] In Mitgliedschaft, Funktionäre, S. 262, heißt es (im Zusammenhang mit Aussagen des Reichsschatzmeisters Schwarz): „Nach dem 1. Oktober 1939 hat es offiziell keine Anwärter mehr gegeben, wenn auch noch Einzelfälle übriggeblieben sein mögen, die bis zu diesem Zeitpunkt nicht geklärt waren. Sie wurden dann aber kurze Zeit darauf entweder als Vollmitglieder aufgenommen oder aber abgelehnt."

Zu der angeblichen Duplikat-Karte erklärte seine Sekretärin Horrenberger, sie erinnere sich an einen zusammengefalteten Zettel, „der unter einer Schale im Herrenzimmer lag; darauf waren wohl allerlei Marken geklebt".[411] Auch seine Sekretärin Klock „erinnert sich ebenfalls an ... mit der handschriftlichen Aufschrift ´Duplikat´. ... Beklebt war dieses Stück Papier mit Luftschutz- und anderen Marken, vielleicht auch mit Parteimitgliedsmarken. .. die Zeugin war auch dabei, als diese Karte vernichtet wurde kurz vor dem Einmarsch der Amerikaner."[412]

Zuerst irritiert an den Darstellungen der beiden loyalen Sekretärinnen,[413] daß in der Wohnung Lehmanns, ja, im Herrenzimmer, anscheinend gut sichtbar ein Bogen gelegen haben soll, auf dem Marken klebten, die man ggf. als Mitgliedsmarken der NSDAP wahrnehmen konnte. Man erwartet, daß Unterlagen, die Zahlungen betreffen, sorgfältig verwahrt werden. Und ein (angeblicher) Parteigegner würde solche Belege erst recht verbergen.

Und es kommt hierbei noch ein bemerkenswerter Vorgang ans Licht der Sonnen, den die jüngere Sekretärin Adolphine Klock vor der Spruchkammer bezeugte: Die Vernichtung eines Dokuments! Das wirft ernsthaft Fragen auf: Wieso vernichtet man einen Bogen, wenn er wohl nur mit Luftschutzmarken beklebt wurde? Wieso hat diese Vernichtungsaktion sonst nie jemand erwähnt? Was hat Lehmann ggf. sonst noch vor dem Einrücken der amerikanischen Streitkräfte vernichtet? Welche Rolle spielte die Sekretärin bei diesem Vorgang?

### 3.5.4 Beiträge

Lehmann hat Mitgliedsbeiträge gezahlt. Ab wann und wie es dazu kam, ist aufgrund seiner Behauptungen ebenfalls offen; es gibt widersprüchliche Aussagen zum Umfang. Lehmann erklärte schrift-

---

[411] HHStAW, 520 F (A-Z), 1. Protokoll, S. 3verso.

[412] HHStAW, 520 F (A-Z), 1. Protokoll, S. 5verso. Vgl. mittelbar Gall, Man, S. 127: „Von daher verbot es sich von selbst, bei ´Widerstandshandlungen´ im weitesten Sinne des Wortes eine Papierspur zu legen. Das Argument gilt allerdings ... auch in der Gegenrichtung. In der Bank ging man intern schon früh davon aus, daß der Krieg verloren sei - Abs zog diese Möglichkeit wohl seit Kriegsanfang ins Kalkül."

[413] „Philippine Horrenberger: Sekretärin bei dem Betroffenen seit 1932", HHStAW, 520 F (A-Z), 1. Protokoll, S. 3recto. Sie war häufiger „im Haushalt des Betroffenen". Sie wurde auch „Pina Horrenberger" genannt, siehe ebenda, Lehmann, 18.09.1946. Anscheinend war auch die 2. Sekretärin Adolphine Klock öfter beim Mittagessen oder aus anderen Anlässen „in die Wohnung des Betroffenen gekommen", siehe ebenda, 1. Protokoll, S. 5verso. Dies kann daran gelegen haben, daß sie ab dem 10. November 1944 im Haus von Lehmann wohnte (als „Untermieterin"), siehe Hausstandsbuch 1679. Horrenberger war beim Spruchkammerverfahren 49 Jahre alt, Klock 30 Jahre, siehe ebenda, Zeugenliste.

lich gegenüber der Spruchkammer, es habe von ihm „minimale Beiträge ... zur Partei"[414] gegeben. „Genauer gesagt habe ich persönlich überhaupt nie etwas gezahlt. Die Zahlungen erfolgten stets durch meine Frau. Diese hat sich grundsätzlich gegen alle Zahlungen an die Partei möglichst gewehrt und die Zahlungen daher weitgehend verhindert." Diese Zahlungen seien „nicht laufend, sondern mit vielen, zum Teil lang andauernden Unterbrechungen" erfolgt. Und: "manchmal wurden Marken ausgehändigt, manchmal auch nicht. Eines weiss sich der Betroffene bestimmt zu entsinnen: im Jahre 1937 seien mit jeweiligen Unterbrechungen (3-4 Monate) kleinere Beträge abgeführt worden." „Die gelegentlichen Parteibeiträge seien bis Ende 1944 bezahlt worden."[415] - Und auf dem „Meldebogen" gab Lehmann, möglicherweise um einen Gegensatz zu den erfragten „finanziellen Zuwendungen" aufzubauen, „nur gewöhnl. Beiträge"[416] an. - Ein gelegentliches Zahlen von Beiträgen steht im Widerspruch zur Zeugenaussage vor der Kammer von „Johann Gläser, Ortsgruppenleiter von 1932-1940 in der Ortsgruppe Ginnheim ... [Er, GSt.] weiss nur, dass Beiträge auch von Anwärtern kassiert wurden, und dass sofort moniert wurde, wenn Beiträge im Rückstand gerieten."[417] Allgemein heißt es zur Bedeutung der Mitgliedsbeiträge für die Ortsgruppen der NSDAP: „Der korrekte Einzug der Mitgliedsbeiträge durch die Blockleiter war für die Ortsgruppe lebenswichtig, da sie keine Gelder von der NSDAP direkt erhielt", sie statt dessen 1 RM für jedes Mitglied monatlich abführen mußte. Außerdem spricht für eine intensive Befassung mit den Beitragszahlungen, daß in einer Ortsgruppe es gerade der „Ortsgruppenkassenleiter" war, der nicht ehrenamtlich wirkte, sondern dafür bezahlt wurde.[418] (Und ab 1937 gab es ein vereinheitlichtes Mahnverfahren für säumige Beitragszahler.)[419]

In der zweiten Sitzung der Spruchkammer erklärte der Vorsitzende „weiter, dass lt. Unterlagen seitens der Militär-Regierung ein Schreiben des Betroffenen an diese vorläge des Inhalts: ´... von Anfang an auch Beiträge bezahlt ...´ [zu haben, GSt.] Dies bedeute eine Unstimmigkeit hinsichtlich der Aussagen die Beitragszahlungen betreffend."[420] Lehmann bestritt daraufhin jedoch die Bezahlung von Beiträgen von Anfang an, wobei er die Existenz eines solchen Schreibens nicht negiert hatte. Hier stellt sich die Frage, ob er im Zeitraum zwischen dem Aufnahmeantrag 1933 und der Ablehnung 1934 keine Beiträge gezahlt haben will?

---

[414] Abt. 114 Nr. 94, Bl. 69verso.
[415] Zitate siehe HStAW, 520 F (A-Z), 1. Protokoll, S. 1. Erstaunlich ist die Jahresangabe 1937, da das zweite Eintrittdatum der 1. August 1938 sein soll.
[416] Zitate siehe Abt. 4 Nr. 1447, Bl. 19(schwarz) / 9(blau).
[417] HHStAW, 520 F (A-Z), 2. Protokoll, S. 2.
[418] Zitat und Nachweise siehe Reibel, Ortsgruppen, S. 84, 70.
[419] Siehe Reibel, Fundament, S. 238.
[420] HHStAW, 520 F (A-Z), 2. Protokoll, S. 0verso.

Das Wissen Lehmanns über diese Vorgänge steht nicht im Einklang mit der Aussage seiner Frau während der Verhandlung: „sie habe niemals ihren Mann vorher befragt, wenn Partei-Beiträge erhoben wurden; dies habe sie selbständig erledigt. ... Die Zeugin kann sich nicht erinnern, ob und wann sie [mit, GSt.] ihrem Mann davon gesprochen habe." Sie habe dies ihm gegenüber verschwiegen, damit er sich nicht ärgere.[421] Dies ergibt eine Unstimmigkeit: Wie will Lehmann von den erfolgten resp. nicht erfolgten Zahlungen gewußt haben?

Es ergab sich in der Verhandlung die Frage, wie es zum erstmaligen Kassieren der Beiträge gekommen war. Es soll dazu jemand Lehmanns Wohnung aufgesucht haben. „Der Betroffene gibt auf Einwand eines Beisitzers die Möglichkeit zu, dass der Mann, der die Gelder bei seiner Frau kassierte, identisch sein könne mit demjenigen, der ihm die weisse Karte ausgehändigt hat".[422] Es fragt sich, warum der ansonsten so geschickt agierende und argumentierende Lehmann diese Möglichkeit nicht negierte, da er gar nicht dabei gewesen sein will. (Verwundern kann auch, wieso er sich das Gesicht jener Person so gut gemerkt hat, da er in einem Lebenslauf an den Dekan behauptete, daß „ich sehr schlecht sehe und infolgedessen ein miserables Gedächtnis für Gesichter habe".[423])


Grundsätzlich ist die kritische Anfrage des Vorsitzenden zur Mitgliedschaft: „Weiter versteht es der öffentliche Kläger nicht, warum der Betroffene [nicht, GSt.] einen Schlusstrich durch Nichtzahlen der gelegentlichen Beiträge gezogen hat, nachdem er doch den Prozess gewonnen hatte ... [Lehmann, GSt.:] er sei damals nicht auf diesen Gedanken gekommen."[424] Der angesprochene Prozeß war von der Stadt Königsberg gegen ihn geführt worden; er hatte ihn 1939 gewonnen - dieser Prozeß diente ihm wiederholt als Ausrede. Es stellt sich die - rhetorische - Frage, warum der ansonsten sorgfältig planende Lehmann gerade über eine solche Möglichkeit des Parteiausschlusses nicht nachgedacht haben will.[425]

---

[421] Zitat und Nachweis siehe HStAW, 520 F (A-Z), 1. Protokoll, S. 2verso.

[422] HHStAW, 520 F (A-Z), 1. Protokoll, S. 5verso.

[423] Abt. 114 Nr. 94, Bl. 69recto (S. 9), Lebenslauf an Dekan. Dies wird wohl Teil einer Schutzbehauptung gewesen sein, warum es an Nachweisen seiner behaupteten Beteiligung am Widerstand um den 20. Juli mangelt.

[424] HHStAW, 520 F (A-Z), 1. Protokoll, S. 2verso.

[425] Zu den möglichen Konsequenzen gibt es einen Vorgang mit entsprechenden Bezügen: Es existiert als Abschrift einer Abschrift (mit Angabe „Personalamtsleiter" Dr. Lehmann), siehe Personalakte 136.152, Bl. 31, ein Runderlaß des preußischen Innenministers vom 27.02.1936 (II SB 6190/1363), wonach ein Beamter, der aus der Partei austrat, nicht mehr Beamter sein konnte, wenn er dies wg. einer Ablehnung des Parteiprogramms, also aus ideologischen Gründen, gemacht habe. (Es mangelte hierbei an Ausführungsbestimmungen für die Beendigung des Beamtenverhältnisses.) Siehe auch PA 18.372, Bl. 31 rot, vom 20.03.1936. War der Parteiaustritt aus anderen Gründen motiviert - und es fehlte an Kriterien, wie man dies unterscheiden könnte - gäbe es keine bevorzugten Beförderungen mehr. Das heißt also, es wurde nicht einmal ein generelles Beförderungsverbot

### 3.5.5 Parteiabzeichen

Auch beim Tragen des Parteiabzeichens zeigt Lehmann merkwürdige Argumentationen. Denn ab welchem Zeitpunkt will Lehmann das Parteiabzeichen bisweilen getragen haben? In einem Schreiben an den Dekan mit Lebenslauf vom November 1946 erklärte Lehmann: „Der Gauleiter hat mich zwar nach einer Etatsrede [sic, GSt.] gerüffelt, warum ich kein Parteiabzeichen trüge: auch Parteianwärter seien dazu verpflichtet. ... Tatsächlich habe ich nie ein Parteiabzeichen besessen. Aber nach diesem Zusammenstoss habe ich mir immer dann ein Parteiabzeichen geborgt, wenn ich mit ihm oder mit Mitgliedern der Gauleitung zusammenzutreffen fürchtete."[426] Eine andere Darstellung gab Lehmann im Spruchkammerverfahren: „Der Betroffene schildert den Vorgang, wie Gauleiter Sprenger von einer Unterredung mit Dr. Krebs an ihm, dem Betroffenen vorbeikam und dabei ziemlich laut äusserte: ´Tragen Sie kein Parteiabzeichen? Auch Anwärter haben das Parteiabzeichen zu tragen´ ... Der Betroffene hatte bis zu diesem Zwischenfall mit Sprenger kein Parteiabzeichen getragen. Bei dieser Rüge, die Sprenger im Vorübergehen ihm erteilt habe, seien hunderte von Menschen zugegen gewesen, der Betroffene vermag jedoch keinen bestimmten Namen anzugeben. Ab dieser Zeit jedoch hat der Betroffene das Parteiabzeichen schätzungsweise alle 10 Tage für einige Stunden getragen, namentlich bei Sitzungen, von welchen er sich nicht ausschliessen konnte."[427] Die Angabe der Anzahl der Personen, die diesen Vorfall miterlebt haben sollen, nämlich „hunderte von Menschen", würde in etwa zu einer „Etatsrede" passen.[428] Nur wären dabei viele dieser Anwesenden dem Kämmerer gut bekannt gewesen; von daher verwundert es noch mehr, daß er keinen einzigen Namen nennen konnte. Einen solchen Vorfall, bei dem man von jemanden „gerüffelt" wird, der für einen sehr gefährlich ist, sollte man gut in der Erinnerung behalten haben.[429]

Lehmann will sich das Parteiabzeichen stets nur ausgeliehen haben. Lehmanns 1. Sekretärin, Frau Horrenberger, bezeugte vor der Spruchkammer: „Das Parteiabzeichen habe die Zeugin von irgend-

---

oder gar eine Zurückstufung angedroht. Siehe zum Runderlaß auch Partei-Kanzlei, Verfügungen, S. 548f.

[426] Abt. 114 Nr. 94, Bl. 66verso.

[427] HHStAW, 520 F (A-Z), 1. Protokoll, S. 1verso.

[428] Im Juni 1938 sollen es ca. 100 Zuhörer und im März 1939 ca. 120 Zuhörer gewesen sein, siehe MA 5587, „Städtische Veranstaltungen und Empfänge im Monat Juni 1938 ... 10.6.1938 Haushaltsrede des Herrn Oberbürgermeisters 100 [Personen, GSt.] Bürgersaal 16 Uhr"; ebenda, städt. Veranstaltungen, 13.03.1939: Haushaltsrede des Oberbürgermeisters, 120 Personen.

[429] Vgl. HHStAW, 520 F (A-Z), 1. Protokoll, S. 6verso: Sprenger habe ihn angeschrien. „Sprenger habe ihn dadurch zum Parteianwärter gemacht. Er habe dann eine concludente Haltung eingenommen." (Duden: „Konkludentes Verhalten: eine ausdrückliche Willenserklärung rechtswirksam ersetzendes schlüssiges Verhalten (Rechtsw.)")

jemanden ausgeliehen".[430] Es ist überaus erstaunlich, daß eine Chefsekretärin sich nicht mehr an die Person (resp. die Personen) erinnern kann, von der (resp. von denen) sie sich etwa sieben lange Jahre im Durchschnitt alle 10 Tage das Parteiabzeichen für ihren Vorgesetzten ausgeliehen haben will.

Lehmann behauptete, sich „immer dann ein Parteiabzeichen geborgt" zu haben, wenn er mit dem Gauleiter „oder mit Mitgliedern der Gauleitung zusammenzutreffen fürchtete."[431] Da Lehmann davon ausging, daß der Gauleiter ihn bespitzeln ließ,[432] hätte er häufig ein Parteiabzeichen ausleihen müssen.


Unverständlich ist, warum zwei Jahre nach dem Ende des „Tausendjährigen Reiches" das Tragen des Parteiabzeichens durch Parteianwärter in dieser Form im Spruchkammerverfahren behandelt werden konnte. Anwärter mußten ein Abzeichen tragen; es war bei der „Reichszeugmeisterei und deren zugelassenen Verkaufsstellen ... zu beziehen".[433] Es stellen sich zu Lehmanns Behauptung mehrere Fragen: Falls er sich tatsächlich das Abzeichen jeweils nur ausgeliehen hatte, geschah dies stets von ein und derselben oder von unterschiedlichen Personen? Wie begründete er resp. seine Sekretärin dies? (Mit der Behauptung, er habe seines verlegt oder es sei momentan am falschen Anzug? Oder führte er die Begründung an, die er nach den Krieg gab?) Und wie handelte(n) währenddessen diese Person(en) bezüglich der Pflicht, das Abzeichen zu tragen? (Unter Strafe stand dessen unberechtigtes Tragen; aber wie war es mit einer Nichtanschaffung, um es sich statt dessen nur auszuleihen? Hätte dies einen Parteiausschluß ergeben können? Und wäre dies bei Lehmann der Fall gewesen? Wie häufig haben sich Personen - in vergleichbarer Stellung - ein Parteiabzeichen ausgeliehen?)


Es gibt eine Beurteilung des Ortsgruppenleiters vom Januar 1942: „er trage trotz wiederholter Aufforderung kein Parteiabzeichen", sowie des Gauwirtschaftsberaters Wilhelm Avieny in einem

---

[430] HHStAW, 520 F (A-Z), 1. Protokoll, S. 3verso. Professor Hartner: „es war 1943, als er den Betroffenen mal mit einem Parteiabzeichen sah, auf seine Frage, ob er Pg. sei, habe der Betroffene geantwortet: ´Nein, aber das ist eine ganze Geschichte ... ´", HHStAW, 520 F (A-Z), 1. Protokoll, S. 5verso. (Vgl. dazu Ulmanns diesbezügliche Darstellung von Lehmann in der Personalakte im St. Katharinen- und Weißfrauenstift, Bd. 2, Bl. 235, 296, 302.) Verwunderlich ist die Aussage von Wilhelm Emrich: „Es sei durchaus keine Seltenheit gewesen, dass mal einer der Beamten unberechtiger Weise [sic, GSt.] das Parteiabzeichen trug", HHStAW, 520 F (A-Z), 2. Protokoll, S. 1verso.
[431] Zitate siehe Abt. 114 Nr. 94, Bl. 66verso. Lehmann ist auf einer Fotografie bei der Haushaltsrede des Oberbürgermeisters am 10.06.1938 zu sehen, bei welcher Sprenger nicht anwesend war, und der große helle Punkt an seinem Revers ist mit hoher Wahrscheinlichkeit ein Parteiabzeichen, siehe Institut für Stadtgeschichte: Foto-Nr. 1938.05.01.02.
[432] Siehe HHStAW, 520 F (A-Z), Bl. 25recto; vgl. Tüffers, Magistrat, S. 336.
[433] Organisationsbuch, S. 46; siehe auch Internetauftritt des Bundesarchivs [Stand: April 2010].

Brief vom Februar 1942, wonach Lehmann „´grundsätzlich von der in der Bewegung üblichen Grußform abgesehen und nach meiner Beobachtung niemals das Parteiabzeichen getragen´" habe.[434] Diese Personen gingen von Lehmanns Parteimitgliedschaft aus; Avienys Behauptungen sind übertrieben.

Ein Gemälde des Malers Georg Poppe von Friedrich Lehmann (90,4 x 75,3 cm) aus dem Jahr 1936 kann möglicherweise einen weiteren Hinweis liefern:[435] Lehmann sitzt aufrecht auf einem Stuhl und ist vom Kopf bis zu den Knien abgebildet. Er hält die Hände im Schoß und schaut den Betrachter an. Die Perspektive ist schräg von der Seite. Lehmann trägt ein weiches Sakko. Dessen Knopf ist geschlossen, so daß sich die linke Seite unvorteilhaft ausbeult. Dieser verwunderliche Sachverhalt führt mit dazu, daß sich das linke Revers, das sehr weich ist, so stark wellt, wodurch ein Parteiabzeichen, sofern er es getragen hätte, wohl auf der relevanten Fläche nicht sichtbar geworden wäre. Es ist eine begründete Spekulation, ihm zu unterstellen, daß er dies intendiert hatte: Demnach wäre es ihm gelungen, eine Pose zu finden, bei der er ohne Parteiabzeichen zu sehen war, ihm zugleich aber dies nicht vorgeworfen werden konnte. Weil auf dem Gemälde „umlaufend um gemalten Adler des Frankfurter Stadtwappens" auf die Stadtverwaltung Frankfurt am Main verwiesen wird, kann sich um ein offizielles Porträt handeln. Dies würde aber voraussetzen, daß er 1936 Mitglied gewesen wäre, er es demnach geschafft hätte, die Ablehnung seines Aufnahmeantrages umzuwenden, und das in der Zeit der Aufnahmesperre. Dies wäre immerhin stimmig mit der positiven Aussage in der 2. Fassung des Antragsschreibens des Oberbürgermeisters zu Lehmanns Lehrauftrag an der Universität von 1934.

### 3.5.6 Verschiedene Beweise und Hinweise

In den „Akten des Obersten Parteigerichts I Kammer" findet sich ein Schreiben vom 7. Juni 1939 zur parteiinternen Kritik an Lehmann. Der Vorwurf lautete: „Der Pg. Lehmann hat sich in seiner Rede gegen die Finanzmassnahmen des Reiches bezüglich der Gemeinden gewandt." Auslöser dafür, daß sich das Oberste Parteigericht mit Lehmann befaßte, war eine Verärgerung im Stab des Stellvertreters des Führers über Lehmanns Äußerung gewesen. „Das Oberste Parteigericht hält

---

[434] Nachweis und Zitate siehe Tüffers, Magistrat, S. 94, 96. Avieny kritisierte in jenem Jahr eine weit übertriebene Schuldentilgung; Lehmann wies dies begründet zurück, siehe MA 4053, Bl. 52verso, vom 24.10.1942.

[435] Ich danke für hilfreiche Auskünfte Dr. Mareike Hennig und Dr. Nina Sonntag vom Freien Deutschen Hochstift, Frankfurter Goethe-Museum, in dessen Bestand sich das Gemälde befindet; Zitat siehe Maisak/Kölsch, Hochstift, S. 203 und Abb. 201. Vgl. dazu das Gemälde vom Stadtrat Fischer-Defoy in Tüffers, Magistrat, S. 191 - Abb.

jedoch die Durchführung eines Parteigerichtsverfahrens nicht für erforderlich." Für einen Stadt-kämmerer sei Lehmanns Aussage noch akzeptabel gewesen; das Gericht kritisierte statt dessen die Presseberichterstattung darüber.[436] Die Befassung eines Parteigerichts setzt eine Parteimitglied-schaft voraus; und ein solches Verfahren vor dem Obersten Parteigericht läßt sich nur so deuten, daß dieses hohe Gericht zweifelsfrei gewußt haben wird, ob jemand Mitglied war oder nicht.

Es existieren weitere Hinweise auf Lehmanns Zugehörigkeit zur NSDAP:

Der Kreisamtsleiter adressierte einen Brief am 5. Dezember 1938 „An den Stadtkämmerer der Stadt Frankfurt/Main Pg. Dr. Lehmann"[437]; in dem Schreiben ging es um die Tilgung der Namen jüdi-scher Stiftungen. Mit der Abkürzung „Pg." titulierte er ihn als Parteigenossen, sah ihn also als zugehörig zur NSDAP an.[438]

„Auf jeden Fall habe ihn Eck im Jahre 1938 als ´Pg´ bezeichnet".[439]

Lehmann ist gemäß einer Auskunft vom Arbeitsamt „in der Pg.-Liste erfasst"[440] gewesen.


Es gibt einen weiteren Vorgang, der mindestens ein Image Lehmanns vermuten läßt, wonach er als politisch zuverlässig erscheint. Der Hinweis auf diesen Sachverhalt stammt aus einer Verteidigung, die zu Lehmanns Gunsten vorgebracht worden war: Lehmann verfügte laut „Persilschein" seines Chauffeurs zum Spruchkammerverfahren über eine „russische[n] Hausgehilfin", welche aber seiner Ehefrau „weggenommen wurde."[441] Diesen Vorgang meinte wahrscheinlich „Jos. Behrens (Milch-händler)", der erklärte, „dass der Betroffene zum politischen Leiter Rihm geladen worden war, weil er zu einem Russen-Mädchen zu human gewesen sei."[442] Offen ist, wieso Lehmann eine solche

---

[436] Zitate und Nachweise siehe BArch OPG-F 115. Es wird sich um Lehmanns Haushaltsrede vom 13.03.1939 gehandelt haben, in der er u. a. den „Finanzausgleich" als „zum Nachteil der Gemein-den" beklagte und dem Reich „schlechte[n] Rat" vorwarf. Seine Kritik war schon deutlich und nicht kurz; die Rede wurde allgemein veröffentlicht im Städtischen Anzeigeblatt, Nr. 11, 18.03.1939, S. 118 (vgl. Städtisches Anzeigeblatt, 1941, S. 73). Im selben Zeitraum äußerte sich Lehmann im Jahrbuch für Kommunalwissenschaft und verteidigte allgemein die Gemeindefinanzen gegen das Reich. Dabei übte er bedingt Kritik und verwendete auch Anspielungen, welche eine gewisse Distanz zum NS-Regime deutlich machten, siehe Lehmann, Probleme, S. 18, 20.
[437] MA 9420.
[438] Aber Lehmann teilte der Spruchkammer am 17.06.1947 mit: „In Wirklichkeit hat mich niemand als Parteimitglied angesehen", HHStAW, 520 F (A-Z), Bl. 30verso.
[439] HHStAW, 520 F (A-Z), 2. Protokoll, S. 1; siehe auch ebenda, Schreiben Lehmann über Ober-bürgermeister an Oberregierungsrat Oppenheimer, 15.08.1946, wo er ihn als „Gauschatzmeister[s] Eck" bezeichnete.
[440] HHStAW, 520 F (A-Z), Bl. 20, siehe Tüffers, Stadtkämmerer, S. 345; vgl. auch Schembs, Geschichte, S. 27. Beim Spruchkammerverfahren hatte „Der öffentliche Kläger" im Großhessischen Staatsministerium über Lehmann vermerkt: „In der Pg.-Kartei erfasst", HHStAW, 520 F (A-Z), Bl. 2.
[441] Zitate siehe HHStAW, 520 F (A-Z), Bl. 6.
[442] Zitate siehe HHStAW, 520 F (A-Z), 2. Protokoll, S. 2. Es war der Milchhändler Joseph Behrens, siehe Frankfurter Adreßbuch von 1942, S. 41. Woher hätte er das wissen können? Hatte er die

Hausangestellte erhielt - und sie dann verlor. Grundlage dafür war, daß im September 1942 ein Sauckel-Erlaß den Einsatz von „Ostarbeiterinnen" in Haushalten erlaubt hatte.[443] Dabei gab es zwei Einschränkungen: „Für den Einsatz kommen nur Haushaltungen in Betracht, deren Mitglieder politisch zuverlässig sind"; und diese Mädchen und Frauen waren für „Kinderreiche[n] und Aufbaufamilien" bestimmt, deren „Bedarf bevorzugt berücksichtigt werden" sollte. „Erst wenn diesen Familien" damit geholfen worden war, sollten „andere[n] Haushaltungen" berücksichtigt werden. Um dies zu gewährleisten, hatten die „Anträge auf Zuweisung ... zur Begutachtung an den zuständigen Hoheitsträger der NSDAP. (Kreisleiter)" zu gehen, der darüber letztlich entschied.[444] Es stellen sich die Fragen, wieso demnach Lehmann als politisch zuverlässig eingestuft wurde und wieso nicht berücksichtig wurde, daß er nur ein (damals bereits erwachsenes) Kind hatte?[445] War dies nicht eine Bevorzugung, weil er Stadtkämmerer war? Und, sofern dies zutrifft, hat er sich dadurch nicht korrumpieren lassen?

Lehmann hatte am 23. Dezember 1942 diese „Hausang." erhalten, (also am selben Tag wie Keller), die aus „Russland" gekommen war. Am 27. Oktober 1944 wird dann für sie als neue Adresse Haus „Sandweg 7" im Hausstandsbuch angegeben (vgl. auch hier oben bei Keller). Aufgrund zeitlicher und sachlicher Parallelen zu Keller ist davon auszugehen, daß nicht ein individuelles Verhalten Lehmanns, sondern andere Gründe dafür ausschlaggebend waren, diese Zwangsarbeiterin seinem Haushalt nicht mehr zur Verfügung zu stellen. - Lehmann hatte vorher Haushälterinnen und mindestens eine nachher, und zwar vom 16. Januar 1945 an. - Die Zwangsarbeiterin war am 26. Juli 1927 geboren worden,[446] also noch keine 16 Jahre alt, als sie in das Land der brutalen Eroberer mußte, in das Haus eines wichtigen Politikers, mit vermutlich einer für sie (gänzlich) fremden

---

Erzählung von Frau Lehmann? Der Stadtkämmerer hatte bei seinen Aufgaben und dem damaligen Rollenverständnis in der Ehe wohl kaum selbst mit ihm Kontakt.
(Zur Verantwortung für die Hausangestellte hieß es im „Merkblatt für Hausfrauen": „Der Haushaltungsvorstand und die Hausfrau sind für die Beachtung der vorstehenden Bestimmungen verantwortlich", Küppers/Bannier, Einsatzbedingungen, S. 86.) Der „politische Leiter" wird sehr wahrscheinlich Rolf Rihm gewesen sein, der einzige „Rihm" im Frankfurter Adreßbuch von 1942, siehe ebenda, S. 564; lt. Auskunft von Lutz Becht M.A. war Rolf Rihm Ortsgruppenleiter im Dornbusch zu Beginn des NS-Zeit gewesen.

[443] Siehe Herbert, Fremdarbeiter, S. 205 und S. 484 - Anm. 260.

[444] Zitate siehe Küppers/Bannier, Einsatzbedingungen, S. 78. An der Zuteilung war das Arbeitsamt beteiligt. Dort gab es ein Formschreiben, das an die NSDAP zu schicken war und in dem um folgende Erklärung ersucht wurde: „Ich bitte um Stellungnahme, ob Bedenken gegen den Einsatz einer solchen in diesem Haushalt bestehen", ebenda, S. 80.

[445] Er hatte nur einen Sohn, Jahrgang 1921, der ein Studium absolvierte, siehe Abt. 4 Nr. 1447, Bl. 25, 110, sowie PA 73.702, Bl. 393, siehe auch Hausstandsbuch 1679, S. 245.

[446] Zitate und Nachweise siehe Hausstandsbuch 1679, S. 245 (Lehmanns Adresse war Höhenblick 60 in Ginnheim).

Sprache.[447] Wie erlebten die Lehmanns diesen täglichen Kontakt im Rahmen des nazistischen Unrechts? Es sei auf Lehmanns Grundhaltung hingewiesen, eine Zwangsarbeiterin im Haushalt bevorzugt zu haben. Treffend charakterisiert Ulrich Herbert die Umstände dieser Hausangestellten: „Eine Ostarbeiterin - das war bürgerliches Statussymbol zu erschwinglichem Preis und zugleich sichtbarer Ausdruck einer quasi-kolonialen Gesellschaftsordnung."[448]

Im Urteil des Spruchkammerverfahrens vom August 1947[449] erscheint Lehmann als Parteigenosse mit dem neuen Eintrittsdatum 1. August 1938 in den Unterlagen der Berliner Dokumenten-Zentrale. Lehmann gibt zu, eine „unbedruckte Karte zum Aufkleben von Beitragsmarken" erhalten zu haben. „Diese Karte ist von dem Betroffenen, wie er zugibt, tatsächlich für den vorgegebenen Zweck benutzt worden. ... dass der Betroffene, wenn nicht als Pg., so doch zumindest als Parteianwärter behandelt worden ist." „... die vom [sic, GSt.] dem Betroffenen selbst gegebene Darstellung, dass er von dem Gauleiter als Parteianwärter angesprochen und zum Tragen des Parteiabzeichens aufgefordert worden sei. Er gibt zu und mehrere Zeugen bestätigen, dass er das Parteiabzeichen bei offiziellen Anlässen, wenn auch ungern, getragen hat." „Es ist unerheblich, ob dies ein eigenes, oder, wie die Zeuginnen Horrenberger und Klock aussagen, ein von Fall zu Fall entliehenes Abzeichen war." „Die Kammer kam daher zu der Erkenntnis, dass der Betroffene die Verantwortung aus dem Rechtsschein nicht ablhenn [sic, GSt.] kann, d. h. er muss im Rahmen des Gesetzes so behandelt werden, wie es diesem Verhalten entspricht."[450] Lehmann habe „sich äusserlich wie ein ... Parteianwärter giriert [sic, GSt.]. ... [Er könne deshalb, GSt.] die Verantwortung aus dem Rechtsschein nicht ablehnen".[451]

Bevor es zum Spruchkammerverfahren gekommen war, hatte Lehmann im „Meldebogen auf Grund des Gesetzes zur Befreiung von Nationalsozialismus und Militarismus vom 5. 3. 1946", unterschrieben am „26. Oktober" o.J., bei der Frage nach der Mitgliedschaft in der „NSDAP. nein Siehe Nr. 14 keinerlei Amt oder Rang" geschrieben. Auf die Frage „Gehörten Sie außer Ziffer 1 einer Naziorganisation gemäß Anhang zum Gesetz an?" nannte er Nicht-NS-Organisationen, um sich in ein gutes Licht zu rücken: „Mitglied der Liga f. Menschenrechte[,] [Mitglied der] Friedensgesellschaft[,] [Mitglied] des Rotary-Clubs[,] Vertrauensmann der Organisation Gördeler [sic, GSt.]." Bei

---

[447] Mendel, Zwangsarbeit, gibt vor allem auf den Seiten 215-229 unter psychoanalytischer Sichtweise anschaulich Erlebnisse und die Gefühlslage von jungen Zwangsarbeiterinnen wieder, die in deutschen Familien vor allem ab 1942 tätig waren.
[448] Herbert, Fremdarbeiter, S. 205.
[449] Siehe Abt. 4 Nr. 1447, Bl. 4-9.
[450] Zitate siehe Abt. 4 Nr. 1447, Bl. 5f.
[451] HHStAW, 520 F (A-Z), Entwurf Spruch, S. 2.

„finanziellen Zuwendungen" schrieb er „nur gewöhnl. Beiträge".[452] Dabei ist der Begriff „Beiträge" statt „Beträge" ein verräterischer Lapsus linguae. Lehmann fügte an: „Bemerkungen. In meiner Abwesenheit von Oberbürgermeister Krebs zur Partei angemeldet, nicht aufgenommen. Nach Prüfung durch CIC des MG Ffm. als nicht zur Partei gehörig anerkannt." - Oberbürgermeister Krebs bestritt im Spruchkammerverfahren, Lehmann angemeldet zu haben. - Nach diesem Verfahren hatte sich Lehmanns Antwortverhalten signifikant geändert: In dem „Meldebogen", unterzeichnet vom 25. Januar 1949, antwortete er bei der Frage Nr. 1 nach der NSDAP-Mitgliedschaft mit „nein" und bei „finanziellen Zuwendungen" auch mit „nein".[453] Das spricht nicht für Wahrhaftigkeit.

Ein weiteres Beispiel für Lehmanns widersprüchliche Erklärungen und angebliche Erinnerungslükken stammt aus einem Schreiben an die Spruchkammer: „Die Klageschrift enthält insofern eine nicht zutreffende Angabe, als ich entweder in der NSV oder im Reichsluftschutzbund Mitglied gewesen bin. In einer von beiden Organisationen war nicht ich, sondern meine Frau Mitglied, in welcher, ist nicht mehr festzustellen." Daran hätte man sich zwei Jahre nach Kriegsende erinnern müssen. Oder ließ sich vielleicht der Vorgang deshalb nicht mehr feststellen, weil er auch diese Unterlagen vernichtet hatte? Aber Lehmann hatte im „Meldebogen", unterzeichnet am 23. April 1946, angegeben, er sei NSV-Mitglied von „?" bis „1945" und im RdB (Reichsverband Deutscher Beamte) von „?" bis „1945" gewesen.[454]

Lehmann ging bei anderer Gelegenheit von seiner guten Erinnerung aus, wenn er an die Spruchkammer schrieb: „Charakteristisch ist, dass ich niemals habe Sprenger öffentlich reden hören."[455] Vor dem Hintergrund der vielfältigen Kontakte bei den Verpflichtungen der Politiker einer Stadt ist diese Aussage durchweg unglaubwürdig; sie wäre nur zu erklären, wenn sie ein demonstratives Verhalten belegen würde.[456] Aber Sprenger war zum Beispiel in der „Sitzung mit den Gemeinderäten am Dienstag, den 13. März 1934" anwesend und hielt eine Rede - und es sprach dann auch Lehmann; dieser wird jenen also gehört haben.[457] Dieselbe Konstellation gab es bei der „Beratung

---

[452] Abt. 4 Nr. 1447, Bl. 19(schwarz) / 9(blau).

[453] Abt. 4 Nr. 1447, Bl. 49, und Abt. 14 Nr. 346, Bl. 1(rot) / 2(schwarz), sowie Abt. 114 Nr. 94, Bl. 53.

[454] Zitat und Angaben siehe HHStAW, 520 F (A-Z), Bl. 1 und 23recto. Diese Angaben stehen auch auf dem Bogen, unterzeichnet am 26.10.o.J., siehe Abt. 4 Nr. 1447, Bl. 19(schwarz) / 9(blau).

[455] HHStAW, 520 F (A-Z), Lehmann an Spruchkammer, 15.12.1946.

[456] Vgl. z. B. Städtisches Anzeigeblatt, Nr. 12, 21.03.1936, S. 205: „Gauleiter Sprenger spricht vor den Beamten".

[457] Siehe MA Nachträge 11, Bl. 1, 4-7verso und 38-44; vgl. Städtisches Anzeigeblatt, Nr. 11, 17.03.1934, S. 124. Vgl. dazu eine „von Sprenger geleitete Sitzung der Ratsherren", Tüffers, Magistrat, S. 272 - Anm. 700.

mit den Gemeinderäten am 9. August 1935",[458] dies war die „Einführung und Verpflichtung der Ratsherren".[459] Ein weiterer Gegenbeleg stellt eine Fotografie dar, auf der Lehmann zu sehen ist und die ihn zeigt bei der Amtseinführung von Joseph Kremmer als Stellvertreter des Oberbürgermeisters am 7. Dezember 1937. Der Oberbürgermeister steht am Rednerpult mit Amtskette; und ein weiterer Redner war der Gauleiter.[460] Krebs hatte zuvor bekannt gegeben, daß dieser feierlich Akt „in Anwesenheit des Gauleiters und Reichsstatthalters Sprenger"[461] geschehen solle; somit war Lehmann darüber informiert gewesen. Auch zur Amtseinführung von Stadtbaurat Arntz am 10. August 1939 redete Sprenger. Danach ging man in die Tagesordnung, auf welcher der wichtigste Punkt die Jahresrechnung war, zu der Lehmann sprach.[462] Folglich wird er Sprenger gehört haben.

Auf der oben genannten Fotografie ist bei Lehmann am linken Revers ein größerer heller Fleck sichtbar, wie auch bei seinem Nebenmann. Da Lehmann erklärt hat, in Gegenwart des Gauleiters das Parteiabzeichen getragen zu haben, wird es sich um das Parteiabzeichen handeln. Und wenn Lehmann hierbei den offenen Bruch mit dem Gauleiter scheute, wird er nicht ostentativ Veranstaltungen verlassen haben, während der Gauleiter eine Rede hielt.

Es ist davon auszugehen, daß Lehmann den Gauleiter gehört hat am 14. Januar 1934 bei der ersten großen kommunalpolitischen „Tagung des Gaues Hessen-Nassau im Hippodrom unter Beteiligung aller Oberbürgermeister, Bürgermeister, Landräte, Stadträte." Es sollen „5.000 nationalsozialistische Gemeindevertreter im Hippodrom" „in Anwesenheit von Gauleiter Jakob Sprenger" dort gewesen sein. Dies ist auch wahrscheinlich bei der zweiten „Reichstagung des Reichsbundes Deutscher Beamten … im Schumann-Theater in Anwesenheit von Gauleiter Jakob Sprenger" im Mai 1939, denn Lehmann war Mitglied dieser Vereinigung seit 1935. Es ist zu vermuten, daß er ihn bei einer Veranstaltung wie der „Großkundgebung ... in der Festhalle anlässlich des 125jährigen Jubiläums der Industrie- und Handelskammer Frankfurt u.a. mit Reichswirtschaftsminister Kurt Schmitt und Gauleiter Jakob Sprenger" am 28. Mai 1934 gesehen hat.[463]

---

[458] MA Nachträge 43, Bl. 1, 4-14, 27-34; siehe Wohlfahrtsamt 1860, „Verwaltungsbericht ... 1935/36", S. 7. (Auch: Verwaltungsbericht ... [ISG, Lesesaal]): Amtseinführung der Ratsherren am „9. August 1935"; es „hielt Gauleiter Reichsstatthalter Sprenger an die Ratsherren eine grundlegende Ansprache"; dann sprach der Oberbürgermeister und „anschließend" Lehmann.

[459] Städtisches Anzeigeblatt, Nr. 33, 16.08.1935, S. 559; siehe Sprengers Rede auf den Seiten 559-561 und Lehmanns Rede auf den Seiten 563f.

[460] Siehe Städtisches Anzeigeblatt, Nr. 49, 10.12.1937, S. 619, sowie S. 621-623 mit der Rede Lehmanns zur „Jahresrechnung 1936"; MA Nachträge 101, Bl. 11-14; siehe auch Tüffers, Magistrat, S. 201; vgl. [Institut für Stadtgeschichte:] Wilke, Magistrat, Bl. 19 (+ 26).

[461] MA P 211, 30.11.1937 (Nr. 756).

[462] Siehe Städtisches Anzeigeblatt, Nr. 33, 18.08.1939, S. 371-373; Chroniken S 5, 194 (1939), Bl. 45.

[463] Zitate siehe ISG, Webseite, Stadtchronik [Stand: Oktober 2018]. Vielleicht hatte er ihn zuvor bei der „kommunalpolitische[n] Sondertagung ... über Gemeindefinanzen" auf dem Reichsparteitag am

Lehmann wird Sprenger wohl als Aufsichtsratsmitglied der Messe- und Ausstellungs-Gesellschaft gehört haben, als dieser am 24. August 1935 bei der „Leistungsschau ´Rhein-Mainische Wirtschaft´" sprach, denn als Aufsichtsratsmitglied ist die Teilnahme an einer solchen Eröffnung naheliegend.[464]

Ich gehe davon aus, daß schriftliche Aussagen gegenüber der Spruchkammer bewußt geschehen; somit stellt diese Unwahrheit Lehmanns zugleich eine Lüge dar.

Die Frage der Mitgliedschaft in der NSDAP wird wahrscheinlich auch relevant gewesen sein für das Ende seiner Amtszeit 1946, weil dies eine der Erklärungen für seinen Rücktritt ist: „Man hatte Hinweise gefunden, daß Lehmann seine Mitgliedschaft in der NSDAP verschwiegen hatte".[465]

Eine gute Frage zu Lehmanns Parteibeziehung hat er selbst aufgeworfen, als er den Advocatus Diaboli spielte und sich dabei decouvrierte: „Es kann die Frage aufgeworfen werden, warum ich von 1933 - 45 mein Verhältnis zur Partei stets in der Schwebe gelassen habe, ohne dagegen zu protestieren, dass ich als Pg. oder mindestens als Anwärter geführt wurde, vielmehr diese Bezeichnungen duldete und später sogar mich bewusst hinter ihnen versteckte."[466]

**3.6 Lehmanns berufliches Wissen und Wirken während des „Dritten Reiches"**

Was hat der Stadtkämmerer, der systembedingt als Leiter des Rechneiamts[467] bezeichnet wurde, und der nicht nur die verwaltungsmäßige, sondern de facto auch die politische Führung der städtischen Finanzen innehatte, vom NS-Unrecht gewußt - auch in Form des Pseudorechts -, und an welchen Vorgängen war er beteiligt, und, wenn ja, in welcher Form? Bei Lehmann ist vor allem der Kontext der sog. „Arisierungen" relevant: Denn finanzielle und stadtplanerische Interessen der Stadt sowie deren Bestreben, der Gestapo oder einer staatlichen Verwaltung zuvorzukommen, sprechen dafür, daß die Stadt teilweise durch Lehmann Abläufe unter anderem bei der Arisierung beschleunigte.

---

31.08.1933, ab 18.00 Uhr wahrgenommen? Seine Teilnahme wäre noch zu prüfen, siehe „Die nationalsozialistische Gemeinde", 1, 1933, vom 01.9.1933, Deckblatt.

[464] Lehmann war Aufsichtsratsmitglied von 1933 bis 1945; ich danke für die Information Peter Kerwien vom Archiv der Messe Frankfurt [im April 2012]. Siehe Bauer, Jahre, S. 81, 83, und Bonnell, Witness, S. 330f. Zudem kann Lehmann auch durch dieses Amt erfahren haben, daß jüdische Männer nach der Reichspogromnacht in die Festhalle verschleppt und dort mißhandelt worden waren, siehe Bauer, Jahre, S. 88f.

[465] Tüffers, Magistrat, S. 224.

[466] HHStAW, 520 F (A-Z), Lehmann an Spruchkammer, 15.12.1946, S. 1.

[467] Siehe MA 3643, Bl. 5, 24.02.1934. Es wurde auch Rechneiamt-Finanzverwaltung genannt.

### 3.6.1 Zur Universität und ihren Ehrenbürgern

Zuerst werden Vorgängen vorgestellt, die die Universität resp. deren Ehrenbürger betreffen. Wie Keller, so wußte auch Lehmann vom Kauf des „Anwesen[s] der Familie Beit von Speyer", den die Stadt „angesichts der guten Lage und des ausgezeichneten Zustands des Anwesens als ´äußerst vorteilhaft´" bezeichnete. (Der Ehrenbürger der Universität Beit von Speyer war wenige Jahre zuvor gestorben.) Lehmann war informiert über den Kauf großbürgerlicher Villen in guter Lage im Frankfurter Westend und am Mainufer, von denen auch Gebäude der Universität zur Verfügung gestellt werden sollten. Der Oberbürgermeister informierte mit einer Vorlage „die Gemeinderäte vom 28.11.1936"[468]. (Die Stadt nutzte dann später gezielt die „Jagd auf jüdische Männer" beim Novemberpogrom, um Immobilien weit unter Preis zu erstehen.[469])

„1937 konnte sich das Institut für Volkskunde der Universität ... durch den Bezug der Villa Senckenberganlage 32 bedeutend erweitern. Der jüdische Eigentümer war ebenso emigriert[,] wie der jüdische Bewohner. Die Villa war allein mit 80.000 RM zur Sicherung der Reichsfluchtsteuer belastet. Wegen ´Steuerrückstands´ betrieb die städtische Steuerklasse [sic, GSt.] - ganz legal - die Zwangsversteigerung."[470] Diese Steuerkasse gehörte zum Verantwortungsbereich von Lehmann. Später war dann die Villa von Richard Merton für das Deutsche Apothekenmuseum vorgesehen worden, das der Oberbürgermeister in Frankfurt ansiedeln wollte (siehe oben bei Keller). Auch Kunstwerke wurden Richard Merton - einem Ehrenbürger der Universität - abgepreßt und ihr Kauf gegenüber dem Oberbürgermeister als „´sehr günstig´"[471] bezeichnet.

Bei den Ausgaben für die Universität sei auch hingewiesen auf die Ansiedlung des Universitäts-Instituts für Erbbiologie und Rassenhygiene. In den ersten Monaten des Jahres 1935 wurde um dessen Ansiedlung in Frankfurt verhandelt. Weil die Existenz der Universität bis in den Herbst 1934 noch stark gefährdet gewesen war,[472] wollte der Frankfurter Stadtkämmerer schon im Januar, „dass alles getan" werde, „um das erbbiologische Institut hierher zu ziehen." Denn er sah darin einen „Vorteil für den Bestand" der Universität. Anfangs versuchte der Kämmerer, diese Aufwendungen durch die Stadt zu begrenzen. Für ihn war eine „Belastung von RM. 50.000.-- bis 60.000.--" „das Institut für uns wert". Darüber hinaus war er zu weiteren Leistungen bereit; es hat den Anschein, als ob der Oberbürgermeister weniger Entgegenkommen zeigte als er. Schließlich sorgten

---

[468] Zitate und Nachweise siehe Eizenhöfer, Stadtverwaltung, S. 304 und S. 304 - Anm. 25.
[469] Zitat und Nachweis siehe Kingreen, Raubzüge, S. 25.
[470] Steen/Wolzogen, Synagogen, S. 91.
[471] Mongi-Vollmer, Recht, S. 171.
[472] Siehe Hammerstein, Goethe-Universität, S. 302-304.

Kämmerer und Oberbürgermeister für die Genehmigung der notwendigen außerplanmäßigen Ausgaben durch die Stadt; auch später bewilligten sie weitere „freiwillige Leistung[en] der Stadt". Dieses Universitätsinstitut bezog sich auf Kernelemente der nationalsozialistischen Ideologie; und offenkundig war die Praxisrelevanz schon aufgrund der Planungen, über welche die Stadt bei den Verhandlungen informiert worden war. Das Institut ist an Verfolgungsmaßnahmen beteiligt gewesen.[473]

### 3.6.2 „Arisierung" von Kunstwerken, Büchern und Immobilien

Die Auswanderung von Juden aufgrund nationalsozialistischer Verfolgungen wurde von der Stadt als Chance gesehen, günstig Kunstwerke kaufen zu können. Als Ende 1936 die Stadt ungeachtet der Sparpolitik dafür extra Finanzmittel bereitstellte, befürwortete dies Stadtkämmerer Lehmann gegenüber den Gemeinderäten: „Unterschätzen Sie nicht die Gefahr, die darin besteht, dass wertvolle Sachen sich ins Ausland verkrümeln. Wenn unter dem Auswanderergepäck eine grössere Anzahl gedruckter Noten sind und unter diesen sich ein paar handschriftliche Noten befinden, die, nehmen wir an, Original-Handschriften Beethovens sind, so kann das der ehrbare Zöllner den Noten nicht ansehen. So geht es mit Bildern, so geht es mit anderen Kunstgegenständen."[474] Lehmann unterstellte Auswanderern, sie würden schmuggeln; und er wollte ihre Notlage mit vorteilhaften Käufen ausnutzen.

Zur NS-Enteignungspolitik gehörten Zwangsverkäufe durch Juden, die dazu durch Schaffung einer allgemeinen oder einer finanziellen Notlage gezwungen wurden. Von diesen Käufen profitierten auch Frankfurter Kultureinrichtungen; es waren also in diese Vorgänge sowohl Lehmann als auch Keller involviert (oder darüber informiert). Denn aufgrund der bewilligten Finanzmittel für Zwangsankäufe von Kunstwerken jüdischer Bürger wußte Lehmann davon oder hatte möglicherweise selbst eine aktive Rolle dabei eingenommen: Freiherr von Goldschmidt-Rothschild wurde gezwungen, seine außerordentliche Kunstsammlung an die Stadt zu verkaufen.[475] Und für 721 Kunstobjekte, die Carl von Weinberg gehörten, zahlte die Stadt nur 750.000 Reichsmark. Der

---

[473] Zitate und Nachweise siehe MA 8269, Bl. 10f., 20, 23, 31, 56f., 59, 63f., 108. Siehe auch Weiss, Doctor, S. 636, 638. Vgl. auch Daum/Deppe, Zwangssterilisation, z. B. S. 64.

[474] MA Nachträge 78, Bl. 32f. Ich danke Maike Brüggen M.A., Provenienzforschung im Historischen Museum Frankfurt, für diesen Hinweis [vom Dezember 2012].

[475] Siehe Kingreen, Raubzüge, S. 24f.; siehe auch Tisa Francini, Spannungsfeld, S. 137f.; Mongi-Vollmer, Recht, S. 166f.; MA 5587, Kulturamt, 14.12.1938; MA 5588, Kulturamt, 09.08.1939; ebenda, Kulturamt, 16.09.1939. Siehe zur Sammlung Alfred Oppenheim bei Hansert, Schicksal, S. 304. Vgl. auch Tüffers, Stadtkämmerer, S. 325 - Anm. 73.

Oberbürgermeister freute sich über dieses „´einträgliche[s] Geschäft´".[476] Lehmann verteidigte solche Ausplünderungen in seiner Rede vor den Ratsherren am 10. August 1939. Er sprach zur Jahresrechnung 1938 und gab dabei „einen Aufwand von 3,8 Millionen Reichsmark für Kunstankäufe .. [an, GSt.]. Hier handelt es sich um einen einmaligen Vorgang. Er zielte darauf ab, die in Frankfurter Privatbesitz - meist jüdischem Besitz - befindlichen Kunstschätze nicht in alle Welt zerstreuen zu lassen, sondern hier zusammenzufassen. Für die nächsten Jahre kommen wohl derartige Aufwendungen nicht in Betracht. Ich bin überzeugt, daß Gegenwart und Zukunft dieses entschlossene Zupacken, zu dem wir glücklicherweise die flüssigen Mittel hatten, billigen wird."[477] Hier spricht Lehmann deutlich und eindeutig.


Zudem griff die Stadt bei der vom Reich angeordneten „Zwangsabgabe der Schmuck- und Edelmetallwaren von Juden im Frühjahr 1939" zu: Es wurde „ein außerplanmäßiger städtischer Sonderfond zum ´Ankauf jüdischen Silbers´ von 25.000 Reichsmark geschaffen, der schon bald um weitere 20.000 Reichsmark erhöht wurde." Das „Museum für Kunsthandwerk" bekam Gegenstände „für mehr als 32.000 Reichsmark".[478]

Die planmäßigen Maßnahmen massiver Übervorteilungen gingen während des Krieges auch im Ausland weiter, zum Beispiel in Paris.[479] Die Stadt - und damit der Kämmerer - stellte dafür Geld zur Verfügung: Die Stadt gab „60.000 Reichsmark für Ankäufe in Frankreich und je 20.000 Reichsmark für Belgien und die Niederlande frei." Dann kamen hinzu „150.000 Reichsmark aus

---

[476] Nachweise und Zitat siehe Mongi-Vollmer, Recht, S. 168f. Siehe auch Bopp, Weinbergs; Mack, Familie, S. 77f.

[477] Städtisches Anzeigeblatt, Nr. 33, 18.08.1939, S. 372.

[478] Zitate siehe Kingreen, Raubzüge, S. 30; siehe Gruner, Gemeindetag, S. 280f., 283-285; siehe zum Kauf von Gold- und Silberkunst Steen/Wolzogen, Synagogen, S. 188, ebenso Heimann-Jelinek, Was, S. 69, 71, 74, 85-88; siehe auch den Bericht des Frankfurter Magistrats vom 21.02.2014, B 61, in: PARlamentsInformationsSystem [digital], sowie Steen, Silbererwerbungen, S. 171 und S. 171 - Anm. 22, zur Besprechung im Dienstzimmer von Emrich am 26.04.1939 mit Verweis auf MA 8073.

[479] Vgl. MA P 217, 31.12.1940 (Nr. 218): „Überplanmäßige Ausgabe im Haushaltsplan des Völkerkundemuseums für den etwaigen Ankauf volkskundlicher Gegenstände in Paris" mit einem Antrag des Kulturamts und einem „k-H.-Bericht des Reichneiamts-Finanzverwaltung" und den Reisespesen. Und vor den Gemeinderäten berichtete am 27.02.1941 der Oberbürgermeister über vorteilhafte „Einkaufsmöglichkeiten auf den Kunstmärkten in Paris usw.", wo Frankfurter Museumsdirektoren „zur Zeit wieder unterwegs" seien und entsprechende Mittel bewilligt bekommen hätten, Zitate und Nachweis siehe MA Nachträge 145, Bl. 64(rot); siehe auch Chroniken S5, 196 (1941), Bl. 422, (24.03.), „Einkaufsreise in den besetzten Ländern des Westens" für das Völkerkundemuseum. („Der Direktor des Stadtgeschichtlichen Museums gab einen Bericht über seine Pariser Reise" im März 1941 vor Mitarbeitern, siehe MA 4146, Bl. 201verso.) Siehe auch MA 5581, Hauptverwaltungsamt, maschinenschriftlicher „Verwaltungsbericht 1940/1941", S. 4: „Der Ausfall" internationaler und nationaler „Käufer in den eroberten Westgebieten legt den Gedanken nahe, die Gelegenheit zur Erwerbung von Kunstwerken für die Frankfurter Museen auszunutzen. Das Ergebnis dieser Bemühung[en] ist für Frankfurt ausserordentlich günstig."

den Haushalten ´des Städelschen Kunstinstituts, der Städtischen Galerie sowie aus Zuwendungen von Stiftungen´". Und das Völkerkundemuseum profitierte von „30.000 Reichsmark zur Vermehrung seiner Bestände."[480] Von den 1940 in Paris beschlagnahmten Büchern sollte das neugeschaffene Judaica-Bibliotheksinstitut ebenso seinen Anteil an der Beute erhalten, wofür die Stadt - also der Kämmerer - „außerplanmäßige Mittel von 80.000 Reichsmark"[481] gewährte. In Griechenland war Karl Woelcke im Herbst 1941 unterwegs und kaufte skrupellos in Athen Antiquitäten für das Museum für Vor- und Frühgeschichte, „da die Ausfuhrverbote ´durch die Besatzung, (wenn auch nicht de jure, so doch tatsächlich) außer Kraft gesetzt worden sind.´"[482] - Dabei wurden die Beiräte für kulturelle Angelegenheiten, deren Sitzungen Keller leitete, von Raubkunst einschließlich der zur Verfügung gestellten Ankaufssummen unterrichtet: „Die Beiräte begrüssten die damit ermöglichte schnellere Entschlussfähigkeit beim Vorliegen wertvoller Angebote", wie Keller im Protokoll für deren Sitzung vom 15. Oktober 1941 schrieb.[483] Es gingen somit solche Informationen bis in die Stadtgesellschaft hinein. - Auch Ende 1942 war man in der Stadtverwaltung mit der „Abwicklung von Kunstankäufen im besetzten Ausland" beschäftigt.[484]

Die Stadt nutzte ebenso die Deportationen aus Frankfurt zu diesem Zweck und „bediente" sich bei Versteigerungen von „´jüdische[m] Umzugsgut´" durch die Gestapo. „Hier wollte auch die Stadtverwaltung zugreifen und stellte 50.000 Reichsmark zur Verfügung, denn ´aus dem früheren jüdischen Kunstbesitz´, der nun ´an den Mann gebracht wird, sind außerordentlich günstige Käufe zu tätigen´."[485] „In den Jahren 1942 und 1943 konnten die Städtische Galerie und das Städelsche

---

[480] Zitate siehe Kingreen, Raubzüge, S. 32f. Siehe den Magistratsbericht vom 21.02.2014, B 61, in: PARlamentsInformationsSystem [digital]; demnach sind von „den im okkupierten Ausland zwischen 1940 und 1943 von Galerien in Frankreich, Belgien und den Niederlanden erworbenen Sammlungsgegenständen (sog. Besatzungsankäufe) .. noch 317 Objekte" im heutigen Museum der Weltkulturen vorhanden. Außerdem existieren noch 47 Objekte aus der „1941 für die Afrikaabteilung angekaufte[n] Sammlung Maurice de Rothschild". Siehe benso Friedel/Gliszczynski, Gesammelt, S. 56; Farnung, Kulturpolitik Nationalsozialismus, S. 14 erwähnt dazu Dr. Jensen.

[481] Kingreen, Raubzüge, S. 34; siehe auch Mongi-Vollmer, Recht, S. 184-187. Siehe zum Kauf von Hebraica und Judaica in Schiefelbein, Institut, S. 21-24. Vgl. Schiefelbein, Institut, Antisemitismus, S. 52; vgl. auch BArch R 1501/141373.

[482] Nachweis und Zitat siehe Farnung, Kulturpolitik Reich, S. 214f. Siehe auch detailliert zur Mitwirkung von Keller in Stutzinger, Wohle, S. 133, 135f., 143, 158, mit Verweis auf MA 9380, Bl. 254, 263, 269verso, 287f. Woelcke hatte ein Museum für antike Kleinkunst im Sinn, siehe Münz, Woelcke, S. 79.

[483] Siehe Zitat und Nachweis Stutzinger, Wohle, S. 130-132 (Punkte 4 und 5).

[484] Zitat siehe MA 5588, Kulturamt, 09.10.1942, S. 1, „Hauptgeschäftsstelle", Nr. 8; und ebenso jeweils in Monatsberichten ebenda, 06.11.1942, S. 1; 07.12.1942, S. 1; 09.01.1943, S. 1.

[485] Zitate siehe Kingreen, Raubzüge, S. 35; das letzte Zitat stammt aus einer Sitzung der Gemeinderäte von 1941. Vgl. MA 5588, Kulturamt, März 1943, XII. Städt. Galerie: „Erwerb v. Gemälden u. Zeichnungen auf Versteigerungen" [mit Doppel].

Kunstinstitut Gemälde aus dem Besitz deportierter oder emigrierter Juden ... erwerben. Die Frankfurter Kulturinstitute trieben bald mit ′arisierten′ Objekten auch Handel."[486]

Beim Zwangsverkauf jüdischen Edelmetalls über städtische Pfandleihen fielen allein in Frankfurt 20 kg Gold und 8 Tonnen Silber an. Oberbürgermeister Krebs weigerte sich nach Kriegsausbruch, an Juden dafür 100.000 RM auszuzahlen. An Lehmann wird dies alles nicht unbemerkt vorbeigegangen sein.[487]

Stadtkämmerer Lehmann wird von Immobiliengeschäften gewußt und vermutlich teilweise eine erhebliche Rolle dabei gespielt haben. Auch hierzu seien Beispiele aus der Forschungsliteratur genannt: „Das am 1. Juli 1937 von der Stadt angekaufte und im Jahre 1939 zum Kunstausstellungshaus umfunktionierte ehemalige Haus des jüdischen Sammlers Maximilian Goldschmidt-Rothschild ... diente als Ausstellungsort"[488] für die Wanderschau „Entartete Kunst". „Das Ende der Jüdischen Gemeinde war schon im April 1939 durch die sogenannten Judenverträge eingeleitet worden. Die Stadt Frankfurt am Main hatte damit die Gemeinde gezwungen, alle ihre Liegenschaften und Begräbnisstätten an sie zu veräußern, und zwar zu einem Gesamtkaufpreis von RM 1.819.395,-, was nach Aussage der Liegenschaftsverwaltung des Bauamtes angeblich ′durchaus angemessen und vertretbar′ war."[489] Dieser Kauf betraf auch jüdische Friedhöfe. Es „konnte der Oberbürgermeister

---

[486] Kingreen, Raubzüge, S. 36. (Tüffers, Stadtkämmerer, S. 325 - Anm. 74: „Diese Grundstücks- wie auch die Kunstkäufe der Stadt, das heißt im weitesten Sinne die Frage der ′Arisierung′, bedürfen noch eingehender Untersuchungen. Vor allem ab 1940 hat die Stadt nochmals beträchtliche Summen dazu verwandt, um in den besetzten europäischen Ländern Kunstgegenstände für die städtischen Sammlungen zu kaufen.") Siehe aus den Amtsleiterbesprechungen zu solchen Vorgängen z. B. MA P 217, 26.11.1940 (Nr. 173), sowie 18.03.1941 (Nr. 280); MA P 218, 29.04.1941 (Nr. 38). Vgl. MA 5588, Kulturamt, Dezember 1943, „XII. Städt. Galerie", Nr. 3, „Erwerbung einer spätgotischen Holzmadonna aus beschlagnahmtem jüdischen Besitz".

[487] Siehe Gruner, Gemeindetag, S. 283f. LAB, B Rep. 142-07 1/276/2/2, wonach Krebs an den Deutschen Gemeindetag am 16.09.1939 schrieb: „Die Städt. Darlehensanstalt hat noch etwa 3500 Einzelabrechnungen für den Ankauf jüdischer Vermögenswerte ... vorliegen, für die noch eine Auszahlung von über 100.000 RM in Frage kommt. ... Wenn auch der Erlass des Herrn Reichswirtschaftsministers vom 15.1.39 bisher noch keine Änderung erfahren hat, so habe ich doch die Auszahlung an Juden vorerst zurückgestellt. Ich bitte um Ihre gutachterliche Äusserung"; vgl. auch MA 3883, Bl. 108verso.

[488] Roth, „Kunst", S. 202. Siehe MA 5587, stellv. Bauamtsleiter Lingnau, 07.09.1938, S. 4: „Goldschmidt-Rothschild, Gelände an der Fresenius-Strasse 92 666.-"; MA 5587, stellv. Bauamtsleiter Dr. Müller, [für September 1938], S. 4: von Goldschmidt-Rothschild mehrere Baugelände für 77 227 RM und die „bebaute Liegenschaft Bockenheimer Landstrasse 10 mit Park" für 620 000 RM gekauft; vgl. Farnung, Kulturpolitik Reich, S. 71.

[489] Gohl, Wohlfahrtspflege, S. 81; siehe Steen/Wolzogen, Synagogen, S. 189; Städtisches Anzeigeblatt, Nr. 11, 18.03.1939, S. 116; vgl. Becht, Wohlfahrtseinrichtungen, S. 216. Siehe zu den sog. Judenverträgen auch Andernacht/Sterling, Dokumente, S. 258-276. Siehe auch MA 5587, stellv. Bauamtsleiter Dr. Müller, 10.05.1939, S. 4f.: „Synagogen, Krankenhäuser usw. für 1 819 395.- RM.

in seinem Schreiben vom 30. März 1939 daher darauf hinweisen", daß der „'Erwerb der gesamten Begräbnisstätten ... als außerordentlich günstig zu bezeichnen'" sei. „Für die Stadt war der Erwerb ... im ersten 'großen Judenvertrag' ... ein großer 'Erfolg'. Was es dagegen für die Vertreter der Jüdischen Gemeinde bedeutete, ... auch die Grundstücke, ... die der 'ewigen Ruhe' der Toten dienenden Friedhöfe zu verkaufen, kann man nur erahnen."[490] Zum Hintergrund der Verkäufe sei angemerkt: „Die Stadt war in großer Eile bestrebt, sich Besitz jüdischer Organisationen anzueignen, um damit der Gründung einer Zwangsorganisation für Juden auf Reichsebene zuvorzukommen, in die dieser Besitz eingegliedert werden sollte. Im Frühjahr 1939 kaufte die Stadt unter dem Verkehrswert umfangreichen Grundbesitz von der Jüdischen Gemeinde an, den sie perfiderweise mit angeblich in der Zukunft zu leistenden Fürsorgezahlungen zu ihren Gunsten verrechnete."[491] Es stellt sich die Frage, wie sehr Lehmann in dieses Finanzgebaren involviert war.

Auch das moderne jüdische Krankenhaus und weitere Immobilien waren von der Stadt zu niedrigen Preisen gekauft worden, wobei dies vom Oberbürgermeister und vom Baurat Müller betrieben worden war.[492]

Diese Pressionen lasteten nicht nur auf der Jüdischen Gemeinde und jüdischen Einrichtungen, sondern auch auf einzelnen Personen: „In der Folge mussten zahlreiche Frankfurter Juden zur Sicherung der Existenz oder zur Finanzierung der Auswanderung ihren oft letzten und einzigen Vermögensteil abgeben, den privaten Haus- und Grundbesitz. Davon profitierten nicht nur Privatleute oder NS-Institutionen. Auch die Frankfurter Stadtverwaltung nutzte die Gunst der Stunde und erwarb in den Jahren 1936 bis 1943 jüdischen Grundbesitz im Umfang von 155 Hektar zum Gesamtpreis von 14 Millionen Reichsmark. Davon waren ungefähr 42 Prozent unbebaut".[493] Dabei

---

Ferner wurden aus jüdischem Besitz in den Gemarkungen ... unbebaute Grundstücke im Werte von zusammen 147 863.- RM erworben."

[490] Wippermann, Leben, Bd. I, S. 124; siehe auch S. 121-126.

[491] Kingreen, Raubzüge, S. 42f. Gohl, Wohlfahrtspflege, S. 82: „Zunächst mußten daraus die eventuell auf den Grundstücken lastenden Hypotheken und Grundschulden abgetragen werden. Außerdem war die Jüdische Gemeinde zur Übernahme einer etwaigen Wertzuwachssteuer ... verpflichtet. Vom verbleibenden Erlös waren RM 540.000,- auf ein zugunsten der Stadt eingerichtetes Sperrkonto überwiesen worden, aus dem die Jüdische Gemeinde alle Fürsorgeleistungen 'nur mit Genehmigung der Stadt' zu bestreiten hatte. Der Rest-Kaufpreis war der Gemeinde in bar ausgezahlt worden. ... Raten bis zum 31.12.1939". Es ist offen, ob folgender Sachverhalt unter dem Datum 16.09.1939 in diesem Kontext - in bezug auf Lehmann - relevant ist: Der Frankfurter Oberbürgermeister hatte angeordnet, „daß die Juden als Feinde anzusehen sind ... [und deshalb, GSt.] ihnen der Preis für die auf Arier übertragenen Vermögenswerte nicht zu zahlen ist, obwohl der Justizminister in seinem Runderlaß vom 25.1.39 keine solche Anweisung gegeben hat." (Akten des Deutschen Gemeindetages): „DGT, 1-2-6/1, Bd. 2", siehe Walk, Sonderrecht, S. 305 (IV, Nr. 14).

[492] Siehe Kingreen, Raubzüge, S. 28f.

[493] Eizenhöfer, Stadtverwaltung, S. 300. Siehe auch Nietzel, Handeln, S. 72. Zum Wohnsitz Arthur von Weinbergs vgl. Volhard, Wohltäter, S. 340, sowie MA 5587, Bauamt Lingnau, 07.04.1939, S. 2.

hatte die bessere „finanzielle Lage ab 1937"[494] diese verbrecherische Politik mit befördert (resp. ermöglicht).

Oberbürgermeister Krebs konnte 1940 im Haus Ecke Schaumainkai 55 / Städelstraße 28 einziehen. Lehmann berichtete darüber den Ratsherren: „´Da die jüdischen Eigentümer sich im Ausland aufhalten und Verhandlungen zu keinem Ergebnis führten, musste die Zwangsentjudung gemäß § 6 der Verordnung über den Einsatz jüdischen Vermögens vom 3.12.1938 durchgeführt werden.´"[495] Welche Sicht die Gestapo auf diese Vorgänge hatte, zeigt folgendes Zitat: „Außerdem kritisierte die Gestapo, daß ´die Stadtverwaltung beim Kauf jüdischer Grundstücke zu einseitig auf ihren Vorteil bedacht gewesen´ sei."[496] Dies sieht nach einem Streit unter Räubern aus.[497]

Der Stadtkämmerer wird von diesen Vorgängen mindestens gewußt haben, wenn nicht darin (erheblich) involviert gewesen sein, da er anscheinend an strategischen Grundstückskäufen für die Stadtentwicklung interessiert war.[498] Und er wird sicherlich als gut informierter Verwaltungsfachmann valide Daten über die Immobilienpreise eingeholt haben. (Darüber hinaus sei auf eine allgemeine Information durch den Oberbürgermeister aus dem Jahr 1934 verwiesen, wonach es beim Bauamt eine „Grundstücks-Werte-Sammlung" mit Kaufpreisen seit 1885 gebe.[499])

Zu den städtischen Grundstücksgeschäften, von denen Lehmann aufgrund der Größe resp. der grundsätzlichen Frage der Vorgehensweise gehört haben könnte, zählt auch die Hilfe an einen Verein bei dessen antisemitischem Vorgehen: „Der SC 1880 teilte dem Oberbürgermeister mit, der verlangte Rausschmiß der etwa 400 nichtarischen Vereinsmitglieder führte zu Einnahmeverlusten, die um den Bestand des wohl renommiertesten Frankfurter Sportvereins der Zeit fürchten ließen. Die vereinseigene Sportanlage war durch eine Hypothek von 84.000 RM belastet ... Die Stadt kaufte das Vereinsgelände auf und damit war der Weg für die Verwandlung des SC 1880 in einen deutschen Sportverein frei."[500]

---

[494] Eizenhöfer, Stadtverwaltung, S. 305.

[495] Drummer, Wahren, S. 213, mit Verweis auf MA Nachträge 136, § 55, Nr. 3 (G 56) vom 10.10.1940.

[496] Kingreen, Raubzüge, S. 29; siehe Andernacht/Sterling, Dokumente, S. 431f. Und Lehmanns Verwaltung wird die „arisierten" Vermögen im städtischen Haushalt verbucht haben; dies ist für Fleiter, Kommunen, S. 40, ein Merkmal, wie städtische Ämter in der „Mitwirkung der Städte an der NS-Verfolgungspolitik" beteiligt waren.

[497] Zu einem weiteren Beispiel um ein Kunstwerk siehe Mongi-Vollmer, Recht, S. 177-179.

[498] Siehe z. B. Tüffers, Stadtkämmerer, S. 327.

[499] Siehe MA 4700, Bl. 195.

[500] Steen/Wolzogen, Synagogen, S. 89. Siehe auch MA 5586, stellv. Bauamtsleiter Dr. Müller, 03.07.1937, Bl. 2verso: „Ankauf der Liegenschaft des Sportklubs Frankfurt 1880 ... 114 500.- RM". Vgl. Fleiter, Kommunen, S. 38.

### 3.6.3 Personalausgaben

Lehmann mußte es als sparsamer Kämmerer akzeptieren, daß die Nationalsozialisten Alte Kämpfer mit Stellen in der Stadtverwaltung versorgten und somit zusätzliche Personalkosten verursachten. Es waren viele, die so als Beamte, Angestellte oder Arbeiter in städtische Dienste traten; vermutlich waren manche unterdurchschnittlich qualifiziert. War ihre Einstellung in städtische Dienste sachlich notwendig?[501] Diese Praxis begann schon 1933.[502] In den Verwaltungsberichten, mit denen sich der NS-Oberbürgermeister öffentlich präsentierte, wurden Zahlen verkündet: Für den Berichtszeitraum 1934/35 rund 800, „darunter über 150 alte Kämpfer, bei denen es trotz der einschränkenden gesetzlichen Bestimmungen ... möglich war, sie als Angestellte auf Dauerstellen zu übernehmen." Im Entwurf zu diesem Bericht ist die Rede von „etwa 100 alte[n] Kämpfer[n] ... mit Mitgliedsnummern unter 300.000". 1936/37 wird von inzwischen insgesamt 1.100 Mitarbeitern gesprochen. Zum Kompetenzniveau von Bevorzugten gibt die folgende Angabe einen Einblick: „Rund 40 alte Kämpfer haben in sinngemäßer Anwendung der Runderlasse ... die vereinfachte erste Beamtenprüfung mit Erfolg abgelegt."[503]

NS-Politik führte zu vermehrtem Personalbedarf, zum Beispiel aufgrund von rassistischen Gesetzen. Eine solche Personalvermehrung hatte Lehmann nicht gern gesehen.[504] So beklagte man sich im Finanzausschuß des Deutschen Gemeindetages im Jahr 1938 in Anwesenheit Lehmanns: „Hohe

---

[501] Das Thema der Personaleinstellung Alter Kämpfer taucht häufig in Berichten des Personalamts innerhalb der Monatsberichte des Oberbürgermeisters an den Gauleiter auf. Geschah dies, um den Nazis zu gefallen? So wurden z. B. zum „9.11.1935 .. 95 alte Kämpfer" in ein „Dauerangestelltenverhältnis" übernommen, siehe MA 5583, Personalamtsleiter, Dez. 1935; siehe auch MA 5584, Gesamtbericht für Juni 1936, Bl. 12, „X.) Personalamt. ... 3. Abschlussarbeiten für die Zulassung von 72 alten Kämpfern der nationalen Erhebung zu den vereinfachten Beamtenprüfungen und zu den Vorbereitungslehrgängen hierzu." Siehe ebenso MA 5587, Schulamt, 02.05.1938, „4."; ebenda, Personalamtsleiter, 04.05.1938, „11."; ebenda, Personalamt, 03.11.1938, „11."; ebenda, Personalamtsleiter, 04.12.1938, „10."; ebenda, Personal, 29.12.1938, „7."; ebenda, Personal, [04.07.1939] „7.". Siehe auch z. B. MA P 208, 22.02.1937 (Nr. 1275) „Anstellung von Nationalsozialisten in Beamten= (Stadtassistenten-)Stellen".
[502] Es sollten bis zu 50 Parteigenossen bis zur Parteinummer 300.000 als Fürsorgearbeiter gemäß NS-Oberbürgermeister eingestellt werden, so Bruno Müller, vom 28.10.1933, siehe Stadtwerke 446.
[503] Nachweise und Zitate siehe Wohlfahrtsamt 1860; Chroniken S 5, 135, Bd. 2: „Verwaltungsbericht ... 1934/35", S. 10; MA 5087, Bl. 219; Wohlfahrtsamt 1860, „Verwaltungsbericht ...1936/37". (Auch: Verwaltungsbericht ... [ISG, Lesesaal]. S. 9. Krebs sprach in seiner Haushaltsrede vom März 1943 auch von 1.100 eingestellten Gesinnungsgenossen, siehe Krebs, Frankfurt, S. 88. Siehe auch Städtisches Anzeigeblatt, Nr. 6, 08.02.1935, S. 94, sowie ebenda, Nr. 9, 28.02.1936, S. 122; Nr. 8, 27.02.1937, S. 101. Es gab weitere finanzwirksame Bevorzugungen: Für Arbeiter unter den Alten Kämpfern und den aktiven Mitgliedern im Stahlhelm gab es durch Runderlaß des Reichsfinanzministers eine „um 5 Jahre" erhöhte Dienstzeit, siehe MA 5087, Bl. 261.
[504] Siehe Städtisches Anzeigeblatt, Nr. 7, 19.02.1937, S. 76.

Personalvermehrungen ergeben sich auch bei den Gesundheitsämtern und bei den Standesämtern."[505]

Lehmann hat sicherlich immer wieder auf die Personalkosten der Stadt Frankfurt ein wachsames Auge geworfen. So stellt sich die Frage, wie hoch die städtischen Kosten aufgrund der Beurlaubungen von Beamten für Parteischulungen waren.[506] Wie weit Lehmann darüber hinaus ins Detail ging und daher konkrete Vorgänge (ansatzweise) im Amt erfuhr, ist offen.[507] Das betrifft auch Initiativen des Oberbürgermeisters beim Deutschen Gemeindetag in Berlin. Hierzu sollen zwei Beispiele gegeben werden: „In Frankfurt a. Main wollte man sie [die Juden, GSt.] aber auf keinen Fall in tariflich entlohnter Fürsorgearbeit einsetzen. Der Deutsche Gemeindetag erklärte zustimmend, daß Juden in den meisten Städten ihre Sozialunterstützung durch unbezahlte Pflichtarbeit ableisten müßten, nicht durch entlohnte Fürsorgearbeit."[508] „Der Oberbürgermeister von Frankfurt a.M. hatte sich Anfang März 1942 beschwert, daß die Lohnbegrenzung nicht für die ca. 100 im städtischen Bestattungswesen, Forst und bei der Straßenbahn eingesetzten Juden gelte, da sie dem RTdÖ unterstanden. Der DGT Berlin solle über den Innenminister einheitliche Grundsätze herbeiführen."[509]

---

[505] LAB, B Rep. 142-07, 2/1/9/6/5, S. 9.

[506] Zu Düsseldorf vgl. Paul, Reich, S. 79.

[507] Vgl. z. B. die „Kürzung der Versorgungsbezüge früherer jüdischer Bühnenangehöriger", MA 5588, Kulturamt, 09.10.1942, S. 1, „I. Hauptgeschäftsstelle", Nr. 4.

[508] Gruner, Arbeitseinsatz Zwangsarbeit, S. 38f., Nachweis S. 38 - Anm. 129: „BA Koblenz, R 36 DGT, Nr. 785, unfol.: OB Frankfurt a.M. ... 1938", und vgl. S. 39 - Anm. 130: „Mitteilung auf Anfrage des OB Frankfurt; ebenda: DGT an OB Frankfurt am Main am 1. 8. 1938." Siehe auch BArch R 36/785, Rundbrief des Deutschen Gemeindetages vom 31.10.1939 mit den Frankfurter Antworten, wo man das Fazit zog: „Die Durchführung von Pflichtarbeit hat sich bestens bewährt." (S. 11). „Bei den Pflichtarbeitern handelt es sich in der Hauptsache um Jugendliche und Alleinstehende." (S. 8). „In der Hauptsache werden Erdbewegungsarbeiten ausgeführt, z. B. Grünanlagen, Fusswege, Uferbefestigungen usw." (S. 5). „Neben der laufenden Unterstützung wird eine Arbeitsprämie von 15 Pfg. je Arbeitsstunde gewährt." (S. 3). Lt. Brief vom 29.06. gab es im Bauamt eine Abteilung „Arbeitsbeschaffung" (Bl. 2). Es wird ausgeführt, daß die Pflichtarbeiter für „städtische Ämter und verwandte[r] Betriebe" arbeiten. Dazu findet sich als Anlage 2 ein Vermerk des Oberbürgermeisters vom 20.03.1939, der nachrichtlich auch an „Rechneiamt-Finanzverwaltung" ging, also ebenso Lehmann informierte. Demnach gab es „Fürsorgearbeiten" für insgesamt 588 Personen und „Volksdienstarbeiten" - diese waren für Juden bestimmt - für 100 Personen.

[509] Gruner, Arbeitseinsatz Juden, S. 298 - Anm. 125 und Nachweis: „BA Koblenz, R 36 DGT, Nr. 516, unfol.: OB Frankfurt a.M. an DGT am 3. 3. 1942 ...; ebenda: DGT an OB Frankfurt a.M. am 15. 4. 1942".

Lehmann war durch die Funktion der Kämmerei als Querschnittsamt über finanzrelevante Vorgänge informiert, so mit Sicherheit über den Einsatz von sog. Notstandsarbeitern, Fürsorgearbeitern,[510] Volksdienstarbeitern und später „Fremdarbeitern" in der Stadtverwaltung.

Für den Zeitraum 1935/36 gibt der städtische Verwaltungsbericht an: „Es waren bis zu 1 400 Fürsorgearbeiter zum städtischen Lohntarif für ungelernte Arbeiter beschäftigt. 200 Volksdienstarbeiter wurden fast das ganze Jahr über gegen Weitergewährung ihrer Wohlfahrtsunterstützung und Zusatzvergütung von täglich 0,60 RM für Ledige bzw. 0,70 RM für Verheiratete mit gemeinnützigen Arbeiten beschäftigt." „Die Fürsorgearbeiten erforderten für 168 732 geleistete Tagewerke einen Lohnaufwand von 939 518 RM ..., die Volksdienstarbeiten für 30 680 Tagewerke Vergütungskosten im Betrage von 25 799 RM". Dies waren vor allem manuelle Arbeiten im Freien. Und zu den „Fürsorge-Angestellte[n]" wird berichtet: „Die Höchstzahl belief sich zeitweise auf 250 männliche und weibliche Kräfte, die vorwiegend aus Kreisen der Frankfurter Wohlfahrtserwerbslosen genommen und u. a. im städtischen Büro-Dienst beschäftigt wurden. Es wurden etwa 62 000 Tagewerke geleistet und 405 200 RM insgesamt aus städtischen Mitteln aufgewandt."[511]

Für 1937/38 heißt es zu „Fürsorge- und Volksdienstarbeiten": „Für geistige Berufe wurde ebenfalls Arbeitsgelegenheit im Bereiche des Kulturamtes bereitgestellt und dabei 33 Akademiker und Angehörige gehobener Berufe bis zu 26 Wochen beschäftigt. Die Entlohnung der Fürsorgearbeiter und -arbeiterinnen erfolgte nach dem städtischen Lohntarif für ungelernte Arbeiter. Die im Fürsorgeangestelltenverhältnis Beschäftigten erhielten Bezahlung nach dem städtischen Angestelltentarif. ... Die Volksdienstarbeiter erhielten diesmal nicht wie früher neben der ihnen weitergezahlten Wohlfahrtsunterstützung eine geldliche Zusatzvergütung, sondern es wurde ihnen arbeitstäglich eine warme Mahlzeit aus der Küche der städtischen Beamtenspeisung auf der Arbeitsstelle verabreicht. Die Fürsorgearbeiten erforderten für 140 464 geleistete Tagewerke einen Lohnaufwand von rd. 866 811 RM ... Die Volksdienstarbeiten mit 54 575 geleisteten Tagewerken kosteten 35 575 RM ... einschließlich Fahrtvergütung, wenn die Arbeitsstelle über 2 km von der Wohnung lag." Zu den Aufgaben gehörten unter anderem „Befördern von Feuerlöschsand und Anstrich der Dachstühle mit Feuerschutzmitteln ... Erweiterung der Hauptkampfbahn auf 60 000 Zuschauerplätze". „Wohlfahrtserwerbslose Frauen wurden mit folgenden Arbeiten beschäftigt: Reinigung von Straßenbahnwagen ... Beschäftigung in der Volksküche Höchst."[512]

---

[510] Siehe z. B. Städtisches Anzeigeblatt, Nr. 51, 24.12.1937, S. 643, wonach es damals 125 Notstandsarbeiter und 800 Fürsorgearbeiter waren.

[511] Zitate siehe Wohlfahrtsamt 1860, „Verwaltungsbericht ... 1935/36", S. 24. (Auch: Verwaltungsbericht ... [ISG, Lesesaal]).

[512] Zitate siehe Wohlfahrtsamt 1860, „Verwaltungsbericht ... 1937/38", S. 49f. (Auch: Verwaltungsbericht ... [ISG, Lesesaal]).

Umfang und Art der Beschäftigungen machen deutlich, welches Sparpotential für den städtischen Haushalt hierbei bestand. Offen ist der Grad der Notwendigkeit für diese Tätigkeiten; es wird durch die Aufschiebung solcher Arbeiten am Ende der Weimarer Zeit wahrscheinlich einen Bedarf gegeben haben.[513] Dies waren Aspekte, die eine hohe Aufmerksamkeit des Stadtkämmerers erzeugt haben werden.

Es mußten Frankfurter Arbeitslose auch außerhalb der Stadt im Gau arbeiten.[514]

„Ende Dezember 1938 wurden mit städtischen Arbeiten beschäftigt" 1.247 Personen; bei den Volksdienstarbeitern waren „darunter in Sonderkolonnen 53 Juden männl.[,] 14 Juden weibl."[515] In den Folgemonaten blieb die Gesamtzahl bei über 1.000 Personen, während sich die Zahl der jüdischen Arbeiterinnen und Arbeiter erhöhte.[516] Die geringen Kosten für die Stadt zeigt folgende Aussage: „Die Volksdienst-Arbeitsfolge I für April/Juni 1939 sieht Beschäftigung von 100 Juden (80 Männer und 20 Frauen) mit 6505 Arbeitstagewerken und 6100.- Kosten vor."[517]

Zu Zwangsarbeitern heißt es bezüglich der deutschen Kommunen allgemein: „Tatsächlich spielten die Kommunen ... auch in dem in den Kriegsjahren zunehmenden Zwangsarbeitereinsatz eine zentrale Rolle."[518] Zu Düsseldorf wird festgestellt, die Stadt sei dabei „einer der größten Arbeitgeber" mit zeitweise 3.700 Zwangsarbeitern gewesen.[519] Die Zwangsarbeiter, auch die in der Frank-

[513] Siehe z. B. Städtisches Anzeigeblatt, Nr. 9, 28.02.1936, S. 126, so in einer Inhaltswiedergabe zu einer Rede von Lehmann.

[514] Siehe Städtisches Anzeigeblatt, Nr. 32, 13.08.1937, S. 405.

[515] MA 5587, stellv. Bauamtsleiter Dr. Müller, [für Dezember 1938], S. 5.

[516] Siehe MA 5587, stellv. Bauamtsleiter Dr. Müller, 05.02.1939, S. 5: 1.108 Personen, „(darunter in Sonderaktionen 83 Juden und 16 Jüdinnen)." Ebenda, stellv. Bauamtsleiter Dr. Müller, 04.03.1939, S. 5: 1.189 Personen, „Volksdienstarbeiter (davon 102 Juden) ... (davon 27 Jüdinnen)"; und zur Erläuterung hieß es: „Zu Volksdienstarbeiten wurden in der Hauptsache Juden herangezogen. Wegen weiteren Arbeitseinsatzes von Juden ... aufgrund des Geheimerlasses". Weitere Angaben finden sich ebenda, stellv. Bauamtsleiter Dr. Müller, 10.05.1939, S. 5: 1.293 Personen; MA 5588, Bauamt, 14.06.1939, S. 5: 1.070 Personen.

[517] MA 5587, Bauamt Lingnau, 07.04.1939 Bl. 6. Siehe auch MA 5588, Bauamt, 11.07.1939, S. 5: „Im Volksdienst werden nur Juden beschäftigt und zwar im Juli/September 200 Juden und 30 Jüdinnen. Die Zahl der Juden verringert sich, aber Neuzuwanderungen gleichen diesen Abgang wieder aus. Die Kosten betragen 16 000.- RM. ... Die Gesamtzahl der von der Stadt unterstützten Juden beträgt 230 zuzüglich etwa 800 nichtarbeitsfähiger Juden = rd. 1030." Siehe auch Städtisches Anzeigeblatt, Nr. 16, 22.04.1939, S. 183.

[518] Meyer/Meyer-Woeller, Jahre, S. 50; siehe auch Gruner, „Arbeitseinsatz", S. 268f., 277f., 280f. Rebentisch, Frankfurt, S. 512, schreibt: „Insgesamt gab es während des Zweiten Weltkrieges in Frankfurt 217 Lager oder lagerähnliche Unterkünfte für ausländische Zwangsarbeiter." Die Stadt war involviert bei der „Einrichtung eines Kriegsgefangenenlagers in Ffm-Hö.", MA P 217, 25.02.1941 (Nr. 257).

[519] Zitat und Nachweise siehe Schröder, Stadtverwaltung, hier S. 132.

furter Stadtverwaltung, wurden vielfältig eingesetzt.[520] Lehmann wird sie gesehen haben. (Schon Anfang September 1940 wurde stadtintern festgehalten, französische Kriegsgefangene „werden als Arbeiter in verschiedenen Zweigen der Stadtverwaltung beschäftigt.")[521] Und er hat aufgrund seines Amtes von ihnen gewußt: Es existiert ein Brief über städtische Zwangsarbeiter, die von einer Firma ausgeliehen worden waren, der geschickt wurde über das Rechneiamt an den Oberbürgermeister.[522] Und in einer „Amtsleiterbesprechung" gab es den Tagesordnungspunkt „Herrichtung eines Unterkunftsraumes für ukrainische Arbeiter in der Schweinemastanlage".[523] 1942 wirkte russisches Personal im Städtischen Krankenhaus Sachsenhausen für die Behandlung von „Ostarbeitern", und 1943 wurden in der Straßenbahnverwaltung „10 französische[n] Kraftfahrer[n] in den Kraftomnibusdienst" übernommen.[524] 1942 und 1943 wurden Kriegsgefangene und ausländische Arbeiter unter anderem beim Luftschutzbau eingesetzt; es waren immer über 1.000 - das Bauamt führte darüber Statistiken.[525] Für 1943/44 heißt es: „In den Wintermonaten wurden wiederum französische Gefangene der Forstverwaltung vorübergehend aus der Landwirtschaft zugewiesen."[526]

Hinzu kamen in Frankfurt auch jüdische Zwangsarbeiter, von denen zum Beispiel im Juli 1943 89 Personen „bei Betrieben der Stadtverwaltung"[527] tätig waren.

---

[520] Vgl. Becht, Arbeitskräfte, S. 455-460. Lutz Becht M.A. zeigte eine Fotografie am 29.05.2012 bei seinem Vortrag „´Die ganze Stadt war ein Zwangsarbeiterlager´. Zwangsarbeit in Frankfurt am Main", auf dem Zwangsarbeiter nach einem Bombenangriff im Oktober 1943 beim Goethehaus aufräumen und auf ihrem Karren zu lesen ist: „Bauamt Straßenbau".

[521] Chroniken S5, 195 (1940), Bl. 316.

[522] Siehe Sandner, Frankfurt, S. 130.

[523] MA P 218, 13.01.1942 (Nr. 243).

[524] Nachweis und Zitat siehe MA 5588, Stadtgesundheitsamt, 02.12.1942, 6; ebenda, Lingnau, 05.05.1943, 4. Siehe auch Boehm, Zwangsarbeiter[lager], S. 192. Vgl. BArch R 36/516 zum Zeitraum März bis Mai 1942.

[525] Siehe hier stets MA 5588, Bauamt, 10.10.1942: 1.273 Personen; 04.11.1942: 1.239 Personen; 03.12.1942, „Verdingung und Technische Überwachung:" 1.291 Personen; 09.01.1943: 1.383 Kriegsgefangene, „35993 Verpflegungssätze (Morgenkaffee, Mittag- und Abendessen) ausgegeben." 05.02.1943: 1.320 Personen; 04.03.1943: 1.346 Personen; 06.04.1943: 1.045 Personen; 05.05.1943: 1.085 Personen; dazu hieß es: „Die als Ukrainer ausgewiesenen Arbeitskräfte erhalten den gleichen Lohn wie deutsche Arbeiter und gegenüber den Ostarbeitern eine bessere Verpflegung." 07.06.1943: 1.069 Mann; 03.07.1943: 1.179 Personen [mit Doppel]; 03.08.1943: 1.090 Personen; 04.09.1943: 1.067 Personen; [für September 1943]: „auf rd. 1100 erhöht." Eine Beschreibung einer Folge der schlechten Unterbringung findet sich in MA 5588, Stadtgesundheitsamt, 04.09.1943: „In den Arbeitslagern ausländischer Arbeitskräfte sind Ruhrerkrankungen festgestellt worden".

[526] Fürsorgeamt 1890, „Verwaltungsbericht 1943/44 des städtischen Fürsorgeamtes Frankfurt am Main", S. 34.

[527] Andernacht/Sterling, Dokumente, S. 501; gemäß dem Beauftragen der Gestapo bei der Jüdischen Wohlfahrt vom 15.07.1943 lebten in Frankfurt noch 495 Juden, von denen „18 v.H." bei städtischen Betrieben arbeiten mußten. Als Beispiel für einen Betroffenen sei auf das Schicksal von James Freudenberg, Mitglied des Vorstands der Neuen Frankfurter Versicherung, verwiesen, der mit 67 Jahren „als Zwangsarbeiter dem Stadtreinigungsamt zugeteilt" worden war, so Modert, Entwicklung, S. 97, siehe auch S. 95f. Lutz Becht M.A. sagte in seinem Vortrag „Zwangsarbeit in Frankfurt

Die Gehaltsdifferenzen zu regulär bezahlten Mitarbeitern werden sich zu erheblichen Beträgen summiert haben und werden von daher dem Stadtkämmerer bekannt gewesen sein.

Als Vorsitzender des Aufsichtsrats der Main-Gaswerke AG wird Lehmann von grundlegenden Vorgängen in dem kommunalen Unternehmen gewußt haben; dazu kann man den Einsatz vieler Zwangsarbeitern zählen: „Im Ostwerk hausten etwa 120 ausländische Arbeitskräfte in einem Barackenlager." Es wird insgesamt für die Stadtwerke und die Main-Gaswerke geschätzt, daß dort „mehrere Hundert" Zwangsarbeiter, Kriegsgefangene und ausländische Zivilarbeiter tätig waren.[528]

### 3.6.4 Soziales und „Euthanasie"

Auch die Sozialausgaben hat der Kämmerer im Auge behalten;[529] von daher wird er ein Interesse an dem Vorgehen des Stadtrats Müller gehabt haben, jüdische Stiftungen mittels Pressionen und Rechtsbruch für die Wohlfahrtsleistungen an jüdische Bürger möglichst umfassend heranzuziehen. Denn Bruno Müller berichtete im März 1939 stolz: „So gelang es, die Erträge der jüdischen Stiftungen ... geschlossen und ungeschmälert der jüdischen freien Wohlfahrtspflege zuzuführen. ... [Dies, GSt.] bedeutet also eine fühlbare Erleichterung der Aufwendungen, die sonst durch das Fürsorgeamt hätten aufgebracht werden müssen."[530] Und in der Literatur wird darauf hingewiesen: „Die Stadt Frankfurt a. M. wälzt am 7. Juni 1939 die Fürsorgekosten für Juden auf die Jüdische Gemeinde ab." Für die damals ca. 1.100 von der öffentlichen Fürsorge betreuten Juden wurden von Januar bis März 1939 insgesamt 176.722,46 RM bezahlt, wovon ein Teil von der jüdischen Wohl-

---

am Main [...]" am 26.06.2012, daß in der Wäscherei des städtischen Krankenhauses jüdische Zwangsarbeiter tätig waren. (Im Spätsommer 1944 waren 22.281 zivile und kriegsgefangene Zwangsarbeiter allein bei Frankfurter Betrieben in der Gauwirtschaftskammer Rhein-Main tätig gewesen; ich danke Lutz Becht M.A. für diese Auskunft vom 06.12.2012.)

[528] Zitate und Nachweise siehe Bauer/Maier, Impulse, S. 131f. und 139f.; siehe auch ebenda, S. 291 - Anm. 236: „Bruno Müller, Erlebnisse in den ersten Tagen der amerikanischen Besatzung, im Juni 1945 verfasstes Typoskript im ISG. Dort findet sich auf Seite 40 die Bemerkung: ´Da die Werke fast durchweg mit polnischen und russischen Kriegsgefangenen gearbeitet haben und diese nicht mehr für deutsche Aufgaben tätig sind, so ist eine völlige Umstellung erforderlich.´" Siehe außerdem Boehm, Zwangsarbeiter[lager], S. 184.

[529] Siehe z. B. Wohlfahrtsamt 1860; Chroniken S 5, 134, Bd. 1: „Verwaltungsbericht ... 1933/34", S. 78. (Auch: Verwaltungsbericht ... [ISG, Lesesaal]). Vgl. dazu Beratungen im Finanzausschuß des Deutschen Gemeindetages in den Jahren 1937 und 1938 in LAB, B Rep. 142-07, 2/1/9/6/5, S. 6-8.

[530] Pia Sammlung S6b / 38-50, Bl. 4; siehe auch Stiftungsabteilung 1031, Vermerk von Müller aus dem Jahr 1939: „Aufarbeit 1933-1939", dort S. 4; vgl. auch Roth, Aufstieg, S. 136: Die „Quellen aus der Stiftungsabteilung zeigen eindrucksvoll, wie die jüdischen Stiftungen finanziell ausgeblutet wurden, wie man sie der Fähigkeit beraubte, ihren Stiftungszwecken nachzukommen"; MA 5587, Fürsorgeamt, 03.12.1938; ebenda, Fürsorgeamt, 02.02.1939.

fahrtspflege erstattet worden war. Das Fürsorgeamt schrieb in einem Protokoll zu einer Besprechung beim Oberbürgermeister: „´Nur durch Veräusserung ihres Grundbesitzes und durch Flüssigmachung festangelegter Werte wird es der jüdischen Gemeinde möglich sein, ihren Ver-Verpflichtungen, insbesondere auch auf dem Gebiet der Wohlfahrtspflege, nachzukommen. Trotz alledem haben wir uns veranlasst gesehen, von der jüdischen Wohlfahrtspflege mit Wirkung vom Januar 1939 die Erstattung der gesamten für die Juden aufgewendeten Fürsorgekosten zu fordern. ... Die jüdische Wohlfahrtspflege hat sich inzwischen bereit erklärt, die gesamten Fürsorgekosten vom genannten Zeitpunkt ab zu erstatten. Zur Sicherung dieses Anspruches werden die Kaufgelder, die die Stadt auf Grund getätigter Grundstücksverkäufe an die jüdische Gemeinde schuldet, auf ein Sperrkonto bei der Stadtsparkasse angelegt´".[531] Eine gesetzliche Grundlage für das Vorgehen der Stadt wird im Dokument nicht genannt. Es wurde also die jüdische Gemeinde gezwungen, für Menschen, die der NS-Staat als Juden deklarierte, die Sozialleistungen zu übernehmen; somit sparte die öffentliche Hand erhebliche Beträge. Das wird dem sparsamen Stadtkämmerer bekannt gewesen sein; es ist insbesondere zu erwarten, daß er von der Einrichtung des Sperrkontos gewußt haben wird.[532]

Außerdem kann man davon auszugehen, daß Lehmann bereits zuvor davon Kenntnis hatte, daß „die Stadt Frankfurt am Main allen jüdischen Armen die ihnen nach Recht und Gesetz zustehenden Unterstützungen" seit Herbst 1936 gekürzt hatte. Dies ist vor den Hintergrund einer „Amtsleiterbesprechung" vom 21. September 1936 zur Gründung einer „´Juden-Sonderstelle´" zu sehen, in der zum Beispiel teilweise jüdische Arme separat behandelt wurden.[533] Dank dieser Einrichtung erhielt die Stadt leicht einen Einblick in den Umfang von Sozialleistungen für Juden. - Hingegen betonte im Juli 1938 Stadtrat Fischer-Defoy gegenüber seinen Kollegen, „dass wir in Frankfurt in der

---

[531] Zitate und Nachweis siehe Heim, Verfolgung, S. 771f. (Dok. 293). Vgl. Daub, Bericht, S. 48.
Siehe auch LAB, B Rep. 142-07 Nr. 1-2-6/2 Bd. 2, Deutscher Gemeindetag Nr. I 600/38: „Ergebnis der Umfrage vom 5.II.1938 - I 600/38 - bei 15 Großstädten. Betr. Unterbringung obdachloser Juden", Bl. 4: „Frankfurt a. M. ... besteht ... zurzeit kein Bedürfnis. ..., daß die jüdische Fürsorge unmittelbar für die Beseitigung der Obdachlosigkeit Sorge trägt. ... Ob den jüdischen Kultusgemeinden ganz allgemein die Unterbringung obdachloser Juden zur Pflicht gemacht werden kann, erscheint mir fraglich, da ihre Mittel immer mehr zusammenschrumpfen." Zum Vergleich: In Hannover wurden sie in städtischen Unterkünften untergebracht.
[532] Dies könnte ggf. auch durch Lehmanns Tätigkeit für die Stadtsparkasse geschehen sein - wo er während des „Dritten Reiches" Vorstandsvorsitzender war, siehe z. B. MA 4833, Bl. 55 -, vgl. seinen Bericht MA 5588, Stadtkämmerer, 09.09.1943, „III. Stadtsparkasse[.] 1. Auflösung der jüdischen Kleinstguthabenkonten, ..., 3. Umwandlung der nicht jüdischen Ausländer-Sperr- und Sonderkonten in Vorzugs-Sperrkonten, 4., Nachprüfung der Belege für die Ausländer- und Judenkonten".
[533] Zitate und Nachweise siehe Gruner, Wohlfahrt, S. 90 und S. 99 - Anm. 107, S. 92.

gleichen Weise vorgegangen sind, wie die anderen in gleicher Lage befindlichen Grosstädte, d.h. uns streng an das Gesetz gehalten haben unter Ablehnung jeder ergänzenden Fürsorge."[534]

Lehmann wird von der Sparpolitik im Fürsorgebereich gewußt haben,[535] die massiven Druck auf Menschen ausübte, um Kosten der Sozialleistungen wie auch der Personalkosten zu senken. Dazu seien einige Beispiele aufgeführt. Während es noch Anfang 1934 22.900 Wohlfahrtserwerbslose in Frankfurt gab, wie Lehmann selbst berichtete, waren es 1935 nur noch 10.900 und 1937 dann 7.900.[536] 1936 hieß es: „Gegen Nichtarier, die Verpflichtungen aus unehelicher Vaterschaft zu erfüllen haben, ist auf Betreiben des Fürsorgeamtes-Jugendamt eine Passsperre [sic, GSt.] verhängt worden. Sie hat bereits zu den ersten geldlichen Erfolgen geführt."[537] Ende 1937 konnte als Folge verringerter Sozialaufwendungen bei einer „Prüfung der Personalverhältnisse des Fürsorgeamtes" gemeldet werden, daß „bis jetzt insgesamt 70 Arbeitskräfte abgegeben wurden."[538] Im Mai 1938 berichtete das Fürsorgeamt von „Massnahmen gegen Asoziale (Trinker, Arbeitsscheue, Landstreicher, Bettler)[.] Mit der Frankfurter Kriminaldirektion, dem Arbeitsamt und der Kreisamtsleitung der NSV wurde das Verfahren zur Unterbringung von Asozialen in Konzentrationslagern verabredet." Der Kreis wurde auf „vorbestrafte Juden" ausgeweitet; im Juli wurde schon eine Bilanz dieser schrecklichen „Sondermassnahmen gegen Asoziale" gezogen, die „im Juni mit grösstem Nachdruck fortgesetzt" worden waren: „Es wurden insgesamt über 400 Personen in Vorbeugehaft genommen und dem Konzentrationslager zugeführt."[539] Diese Politik der Nationalsozialisten verbunden mit der Kriegsrüstung und weiteren Maßnahmen führte dazu, das sich die Zahl der „Hilfsbedürftigen im Fürsorgebereich von 40.000 Personen (1933) auf nunmehr 6.000 (1942) verringert habe",[540] wie der Oberbürgermeister 1942 in einer Besprechung informiert wurde; es wäre sehr verwunderlich, wenn der Stadtkämmerer diese Zahlen nicht gekannt hätte.

---

[534] MA 4116, Bl. 104 (+ 108), 06.07.1938.
[535] (Schon 1935 erklärte Lehmann in seiner Rede vor den Ratsherren, daß er „die Fürsorge nennen wollte, die scheinbar stark entlastet ist", Städtisches Anzeigeblatt, Nr. 33, 16.08.1935, S. 563.) Der Oberbürgermeister sagte 1939 in einer Haushaltsrede, die Fürsorgekosten seien gesunken infolge von „durchgreifenden Maßnahmen", Städtisches Anzeigeblatt, Nr. 11, 18.03.1939, S. 111. Siehe auch Tüffers, Stadtkämmerer, S. 320.
[536] Siehe Städtisches Anzeigeblatt, Nr. 7, 19.02.1937, S. 76; ebenda, Nr. 49, 10.12.1937, S. 622.
[537] MA 5583, Gesamtbericht vom 07.03.1936: „X. Fürsorgeamt, ... 3.)".
[538] Zitate siehe MA 5586, Rechnungsprüfungsamt, 03.12.1937, „3.)".
[539] Zitate siehe MA 5587, Fürsorgeamt, 30.05.1938; ebenda, Fürsorgeamt, 02.07.1938, „1." Auch der Bezirksverband Nassau war aktiv, so 1938/39 mit „Maßnahmen gegen asoziale Personen, insbesondere der zwangsweisen Unterbringung von Wanderern und Arbeitsscheuen in Arbeitslagern", was der Kämmerer registriert haben wird, siehe MA 4052, Bl. 67: „Bericht ...", darin S. 21.
[540] Huber, Jugendfürsorge, S. 307 (die Besprechung war am 01.06.).

Bei den Sozialhilfeausgaben gibt es einen Nachweis, daß Lehmann von ungeheuerlichen Verbrechen der Nationalsozialisten wußte, und zwar bei „dem kalkulierten Massensterben, später den erneuten systematischen Morden" sogenannten „lebensunwerten Lebens", wie es in der Lingua tertii imperii hieß. Für die Stadt Frankfurt waren die „Euthanasie"-Morde finanziell relevant, denn die Bezirksfürsorgeverbände hatten die „individuellen Fürsorgekosten (Spezialpflegekosten) für Anstaltspatienten" zu tragen, so daß Frankfurt zusammen mit anderen Städten und Kreisen „Hauptnutznießer der Morde" war. Dies betraf gerade die Stadt Frankfurt, weil sie nämlich beim Bezirksverband Nassau „knapp 60 Prozent der kommunalen Umlage im Regierungsbezirk Wiesbaden" zu tragen hatte. „Wiederholt versuchte die Stadt nach den ′Euthanasie′-Morden, mit Hinweis auf die verringerte Zahl von Psychiatriepatienten eine Senkung des Umlagesatzes zu erreichen." Denn „das Volumen des Haushaltsabschnitts Volksfürsorge des Bezirksverbandes Nassau" war „massiv" gesunken, „worüber auch die Pflegegeldzahlungen der Kreise und Städte an die Anstalten verbucht wurden". „Anhand des Haushaltsplans 1943 konnte ... Lehmann feststellen, dass ′die Aufwendungen für Volksfürsorge nicht grösser geworden, sondern gegen den Haushaltsplan 1941 sogar um rund 150 000 RM zurückgegangen′ waren, und das, obwohl mittlerweile ein zusätzlicher Ausgabenposten von rund 200 000 RM für Tuberkulosehilfe hinzugetreten war. Dem Kämmerer war durchaus bewusst, dass sich bei ′dieser Ersparnis [...] insbesondere der Rückgang der Aufwendungen für Geisteskranke, Idioten und Epileptische′ auswirkte."[541] Es sollen „mehr als 1.000 Anstaltspatientinnen und -patienten aus Frankfurt, für deren Unterbringung die Stadt bislang gezahlt hatte, 1941 innerhalb eines sehr kurzen Zeitraums verstorben"[542] sein. Darüber hinaus gab es 1942 und

---

[541] Zitate und Nachweise siehe Sandner, Fürsorgebehörden, S. 108f.; zur Fundstelle siehe ebenda, S. 109 - Anm. 41: „Institut für Stadtgeschichte Frankfurt/M., Magistratsakten, Nr. 4.053, Bl. 78 f., Schreiben des Frankfurter Stadtkämmerers Lehmann an den Frankfurter Oberbürgermeister (15.01.1944)." Siehe auch Sandner, Verwaltung, S. 594f. Siehe zudem Sandner, Fürsorgebehörden, S. 104: „Der für das Abrechnungswesen zuständige ′T4′-Mitarbeiter Hans-Joachim Becker räumte später diese anfängliche Tarnungslücke ein: ′Selbst dem Einfältigsten mußte anhand dieser Rechnungen auffallen, was hier vor sich ging, daß es eine planmäßige Aktion war.′" Vgl. zu Lehmann ebenda, S. 110. (Möglicherweise konnte Lehmann, sofern er oder ein Mitarbeiter in die Details ging, aufgrund von Vergleichszahlen zu früheren Jahren zusammen mit dem bekannten Anteil der Stadt an den Gesamtleistungen grob schätzen, wie viele Menschen, für die Frankfurt zuvor Leistungen aufgebracht hatte, ermordet worden waren. Frankfurt wurde durch den Bezirksverband übervorteilt, mußte überdurchschnittliche Leistungen in die Umlage einbringen, und Lehmann wandte sich 1936 und 1939 dagegen. Dabei ging er detailliert auf Zahlen des Haushaltsplanes des Bezirksverbandes ein, siehe Sandner, Verwaltung, S. 306f., 306 - Anm. 257.) Siehe auch Sandner, Morde.
[542] Sandner, „Euthanasie"-Gasmorde. („1937 z. B. galten 2.290 Menschen aus Frankfurt als sogenannte ′Ortshilfsbedürftige′, die auf Kosten der Stadt in Landesheilanstalten ... untergebracht waren", ebenda.) In den städtischen Verwaltungsberichten wurden in den 30er Jahren die Zahlen der „Pfleglinge" genau aufgeführt; Lehmann waren sie von daher bekannt. Für 1933/34 waren die „Alters- und Siechenpfleglinge" durch die Stadt „auf öffentliche Kosten": 1404; die „unter Mitwirkung des Städtischen Fürsorgeamtes durchgeführte Pflege des Landesfürsorgeverbandes Wiesbaden ... umfaßte einen beträchtlichen Personenkreis mit hohem Kostenaufwand": 2511 Personen. Sie

1944 eine ähnliche Konfliktlage mit dem Bezirksverband: „Bei ihrer Kritik verquickte die Stadt moralische Argumente „(wegen Unterversorgung der Patienten in den Anstalten) mit finanzpolitischen Vorwürfen (wegen des Gewinnstrebens des Verbandes auf Kosten der Kommune)." Denn in Frankfurt hatte man den Verdacht, daß bei den geringen Verpflegungskosten von „nur 46 Pfennig pro Tag und Patient" Frankfurter Pflegebedürftige ausgehungert werden würden. Oberbürgermeister Krebs konnte sich aber gegen den Bezirksverband nicht durchsetzen.[543]

### 3.6.5 Weitere verschiedene Einblicke

Lehmann stand als Stadtkämmerer vor dem Problem, daß Gliederungen der NSDAP wie SA und HJ insbesondere in den Anfangsjahren an die Stadt keine oder nur zögerlich Miete zahlten, wenn sie deren Räume nutzten. Auch mußten sie zur Begleichung der Nebenkosten durch die Stadt gedrängt werden. Zwar gab es überörtliche Vorgaben sowie Entscheidungen des Oberbürgermeisters, der auf geordnete Verhältnisse drängte. Aber der sparsame Kämmerer war in manche Kompromisse verwickelt; dabei legte er anscheinend teilweise Wert auf ein korrektes Verfahren, war jedoch zugleich bereit, finanzielle Verluste zu akzeptieren.[544]

Die NSDAP und ihre Gliederungen sollten prinzipiell für Leistungen der Kommunen bezahlen; aber gerade anfangs versuchten sie, diese kostenlos zu erhalten: So wollte in Frankfurt die SA Standarte 99 von der selbständigen städtischen Stiftung Taubstummenerziehungsanstalt Räume in deren Schulgebäude sowie deren Turnhalle und Garten benutzen, ohne Miete zu bezahlen, und bei den Kosten von Heizung, Strom und Wasser keinen Anteil übernehmen. Lehmann schlug dem Oberbürgermeister (als Zwischenlösung) vor, die angefallene Summe von „6.693,47 RM aus dem

---

lagen in den folgenden Jahren mit 1511 zu 2728, 1483 zu 2750 und 1505 zu 2374 Personen mehr oder weniger in derselben Größenordnung, siehe Wohlfahrtsamt 1860; Chroniken S 5, 134, Bd. 1: „Verwaltungsbericht ... 1933/34", S. 60; Wohlfahrtsamt 1860, „Verwaltungsbericht ... 1935/36", S. 69; ebenda, „Verwaltungsbericht ... 1936/37", S. 74; ebenda, „Verwaltungsbericht ... 1937/38", S. 84. (Auch: Verwaltungsbericht ... [ISG, Lesesaal]).
Die Euthanasie war letztlich eine „'vorsätzliche Tötung'", sie hätte unter Umständen „'allenfalls 'Tötung auf Verlangen''" sein können. Es blieb „die 'Euthanasie' bis zum Zusammenbruch des 'Dritten Reiches' de lege lata strafbar", Zitate siehe Schmuhl, Rassenhygiene, S. 292, 294, 297. (Als Handlungsgrundlage gab es nur einen Führerbefehl, der auf „privatem Briefpapier geschrieben" und „unter Verschluß gehalten" worden war. Diesen sog. Führerbefehl findet man in Bembenek/Ulrich, Widerstand, S. 330. Er erscheint von Form und Formulierung merkwürdig zurückhaltend.)
[543] Zitate und Nachweis siehe Sandner, Morde. Siehe zu Lehmanns Kenntnissen ab 1943 von der Anstalt Köppern, wo gegen Kriegsende anscheinend Pflegefälle ermordet worden sind, z. B. Rechneiamt IV 53; siehe auch Stemmler, Hofacker.
[544] Siehe z. B. aus Amtsleiterbesprechungen MA P 199, 09.10.1934 (Nr. 650), 10.12.1934; MA P 203, 23.12.1935 (Nr. 1017); MA P 207, 02.11.1936.

Armenvereinsvermögen" zu begleichen, was dann auch geschah. Im Februar 1935 lehnte Lehmann es dann gegenüber dem Pflegamt der Stiftung ab, weiteres Geld zu überweisen. Es stellt sich die Frage, ob die Teilzahlung aus Mitteln des ehemaligen Armenvereins legal oder immerhin legitim war.[545]

In den Unterlagen der „Amtsleiterbesprechungen" finden sich immer wieder Verzichte auf berechtigte Forderungen gegenüber der NSDAP, so im November 1936 der Erlaß von Mieten in Höhe von 42.098,03 RM. Darüber hinaus wird berichtet von Einzelfällen, in denen es ein finanzielles Entgegenkommen gegeben habe.[546] Dabei hatte es in den „Monatsberichten" vom Juni und Juli 1936, welche der Oberbürgermeister zur Information an den Gauleiter schickte, eine Niederschlagung von Mieten in Höhe von 84.583,50 RM aufgrund der „bis zum 30.6.34 entstandenen Mietforderungen an Gliederungen der NSDAP" gegeben. An den Beratungen, die zu diesem „Mietausfall" geführt hatten, war Lehmann beteiligt gewesen. Als Begründung für diesen Verzicht verwies der Oberbürgermeister auf einen „dahingehenden Wunsch des Herrn Reichsschatzmeister". Die Stadt folgte also dem Wunsch der Partei.[547] Der Stadtkämmerer verhinderte dies nicht. Noch 1939 wünschte sich Lehmann eine Klärung dieser Problemlage.[548]


Und die Stadt leistete zunehmend finanzielle Unterstützungen für Gliederungen der NSDAP, zum Beispiel sechsstellige Beträge „zur Förderung der Hitler-Jugend und des Bundes Deutscher Mädel" im Oktober 1941.[549]


Lehmann wird sehr wahrscheinlich bezüglich der städtischen Leistungen für den Novemberpogrom gewußt haben, daß der Oberbürgermeister Erstattungen dafür eintreiben wollte: „Während des Novemberpogroms wurden in Frankfurt ... fast alle jüdischen Männer verhaftet. ... [Dafür, GSt.] stellte die Stadtverwaltung der Gestapo die Festhalle ... und ´Großkraftwagen´ für die

---

[545] Nachweise und Zitat siehe Schulamt 7221, zwei Schreiben vom 25.02.1935 sowie Schreiben vom 05.03.1935. Vgl. auch MA P 207, 16.11.1936 (Nr. 887); Schulamt 7221, Schreiben vom 18.05.1934, 30.08.1934.

[546] Siehe MA P 207, 02.11.1936; siehe zu den 42.000 RM auch MA Nachträge 78, Sitzung der Gemeinderäte vom 17.12.1936 unter Anwesenheit Lehmanns.

[547] Zitate und Nachweise siehe MA 5584, für Juni 1936, Bauamt-Raumbeschaffung, 01.07.1936, Bl. 3; MA 5584, Gesamtbericht für Juli 1936, Bl. 1, „Rechneiamt", 2. Vgl. auch MA 5585, Bauamt, 28.12.1936, und Gesamtbericht für Dezember 1936, VII, „V. Raumbeschaffung".

[548] Aus Lehmanns Haushaltsrede von 1939: „In diesem Sinne wäre es zweifellos zu begrüßen, daß eine endgültige Auseinandersetzung mit HJ. und NSV. herbeigeführt würde", Städtisches Anzeigeblatt, Nr. 11, 18.03.1939, S. 119, sowie MA Nachträge 181, Bl. 11 [mit Schreibweise „begrüssen"].

[549] Siehe MA P 218, 21.10.1941 (Nr. 172). Die HJ hatte aus Haushaltsmitteln des Jugendamtes allein im Zeitraum 1941/42 „rund 300.000 RM" erhalten, siehe Huber, Jugendfürsorge, S. 307; siehe auch Fürsorgeamt 1890, „Verwaltungsbericht des Jugendamtes", 1943/44, Bl. 39.

´Beförderung´... zur Verfügung. Der Oberbürgermeister bemühte sich noch Monate später um Erstattung der Kosten durch die Gestapo.“[550]

Über das Rechneiamt kann Lehmann in Detailfragen verwickelt gewesen sein: So kam es beispielsweise aufgrund einer in der Pogromnacht zerstörten Synagoge zu deren Abbruch, was die Begehrlichkeit auf bestimmte Steine weckte, die für eine Friedhofsmauer verwendet werden sollten. Den Kosten des Mauerbaus mußte die Kämmerei zustimmen.[551]

Als im Sommer 1942 das Institut für Gemeinwohl aufgelöst werden sollte, bot Lehmann im Auftrag des Oberbürgermeisters zwei Eigentümern an, „die Stammanteile am Institut gegen eine Vergütung von 70.000 RM auf die Stadt zu übertragen“. Die Verhandlungen zogen sich bis Februar 1943 hin; gegen 350.000 RM wurden die Stammanteile dann an „die Stadt Frankfurt und die stadtnahe milde öffentliche Stiftung Allgemeiner Almosenkasten“ übertragen. Das Institut überdauerte somit arisiert und wurde „von den Machthabern für ihre Interessen benutzt.“[552]

Hierbei und bei dem folgenden Institut hatte Lehmann mit Wilhelm Polligkeit[553] zu tun, der dann von 1945 bis 1946 Stadtrat für die Frankfurter Sozialverwaltung war: „Polligkeit hatte seit 1943 im Soziographischen Institut in Frankfurt a.M. einen Zirkel von Fürsorgefachleuten um sich geschart ... Allerdings war das Soziographische Institut keine fortschrittliche, regimekritische Institution, wie von den Beteiligten rückblickend suggeriert wurde, sondern betrieb Raumforschung im Sinne der

---

[550] Kingreen, Raubzüge, S. 23. Siehe auch Gruner, Gemeindetag, S. 287 - Anm. 152; dazu LAB, B Rep. 142-07 1/2/6/2/2, wo sich das Frankfurter Verkehrs- und Wirtschaftsamt an den Deutschen Gemeindetag wandte und um Auskunft zur Rechtslage bat. Im Schreiben vom 24.12.1938 wurden die Kosten genannt: „Grosskraftwagen 289.54 RM ... Festhalle an 5 Tagen 5.125.10 [RM] zusammen 5.414.64 RM.“

[551] Siehe Andernacht/Sterling, Dokumente, S. 279f.; Steen/Wolzogen, Synagogen, S. 156f. Vgl. auch https://www.frankfurt1933-1945.de/nc/index/orte/show/4/ort/gedenktafel-in-der-mauer-des-hauptfriedhofs/. In einer Amtsleiterbesprechung schlug Stadtrat Müller für das Hochbauamt vor, bei der „Synagoge Freiherr vom Stein-Strasse“ die „Bronzeteile am Eingang“ zu entfernen, „da sie unnötig zu Diebstählen Veranlassung geben könnten“, MA P 215, 16.05.1939, (Nr. 85), [Bl. 3], sowie MA 4128, Bl. 3(+8).

[552] Zitate und Nachweise siehe Eckhardt, Einrichtungen, S. 146f.; siehe auch MA 4128, Bl. 130 (+135).

[553] Polligkeit hatte sich mit Nationalsozialisten nach 1933 u. a. gegen Nichtseßhafte engagiert, wie er auch ältere Leute aus ihren Wohnungen zugunsten junger Familien vertreiben wollte. Er hatte sich für Zwangssterilisationen ausgesprochen, siehe Willing, Verein, S. 125. Bei Polligkeit zeigt sich, wie Personen in Frankfurt während und nach der NS-Zeit miteinander verknüpft waren, so seine Beziehung zum Oberbürgermeister Blaum, der im Buch „Der nichtseßhafte Mensch“ von 1938, das Polligkeit redigiert hatte (und in dem er Nichtseßhafte als „Parasiten“ und „Schmarotzer“ bezeichnete), auch einen Beitrag verfaßt hatte, siehe ebenda, S. 124. Polligkeit stellte später für Prestel einen „Persilschein“ aus, siehe ebenda, S. 123. Siehe auch Stemmler, Polligkeit.

nationalsozialistischen Siedlungs- und Aggressionspolitik.“[554] Die Stadt Frankfurt hatte die Einrichtung des Soziographischen Instituts 1943 an der Goethe-Universität gefördert, indem sie „das Anwesen Schaumainkai 35 gegen eine geringe Miete überließ“. „Die NSDAP war sich der Bedeutung des Soziographischen Instituts und seiner Forschungen frühzeitig bewußt. Gauleiter Sprenger erwies im März 1943 – noch vor der offiziellen Eröffnung – seine Reverenz ... Er zeigte sich beeindruckt“.[555] Lehmann wird als Stadtkämmerer wie auch durch seine Nähe zur Universität wohl hinreichend Kenntnis hierüber gehabt haben.

Mehrere Ämter, die zum Dezernat des Kämmerers gehörten, haben mit statistischen Erhebungen das Wirken der Nationalsozialisten gefördert: Das Statistische Amt unternahm im September 1936 eine „Auszählung der Hausangestellten in Frankfurt ... unter Berücksichtigung der Gesichtspunkte der Nürnberger Gesetze“; es wurde „nach dem Bekenntnis des Haushaltungsvorstandes sowie nach dem Bekenntnis und dem Alter der Hausangestellten selbst“ gefragt. Die Nationalsozialisten hatten Juden zum 1. Juni 1936 verboten, nichtjüdische Dienstmädchen unter 45 Jahren zu beschäftigen. Das Statistische Amt vollzog 1939 eine „Sonderauszählung der jüdischen Hausbesitzer“ und arbeitete mit „an den Vorbereitungen zur Ausstellung des Rassenpolitischen Amtes.“ Im selben Jahr war das Amt beteiligt an „der Beschaffung von Unterlagen für die Statistik der kirchlichen Austritte“. Und 1942 listete das Statistische Amt als eine Tätigkeit die „Beschaffung von Unterlagen für das Rassenpolitische Amt“ auf. Im Rechneiamt hatte die Steuerverwaltung 1938 die „Wahllisten auf Nichtwähler und Bereinigung der Wahl- und Einwohnerkartei“ durchgearbeitet. Im selben Jahr fertigte die Hypothekenverwaltung ein Verzeichnis „über jüdischen Grundbesitz und dessen hypothekarische Belastung zu Gunsten der Stadtgemeinde“ an.[556] Es ist davon auszugehen, daß Lehmann die Intentionen hinter diesen Vorhaben nicht verborgen geblieben sind.

Für München wird in der Forschung darauf verwiesen, daß de facto das Stadtsteueramt, das Einziehungsamt und die Stadthauptkasse ihren „Beitrag zur Dynamik der Verfolgung“ geleistet haben. Und der Stadtkämmerer habe, „genau wie seine Mitarbeiter ..., ihre Fachexpertise in

---

[554] Internetauftritt Deutscher Verein [Stand: 15.02.2013].
[555] Zitate siehe Eckhardt, Einrichtungen, S. 150f.
[556] Zitate siehe MA 5584, Stadtkämmerer, 03.10.1936, „II. Statistisches Amt ... 3)“, und Gesamtbericht, Bl. 1, „b) ... 4.“, und vervielfältige Fassung des Gesamtberichts, Bl. 1, 4; MA 5587, Stadtkämmerer, 03.03.1939; ebenda, Stadtkämmerer, 08.05.1939; MA 5588, stellv. Stadtkämmerer, 08.10.1942; MA 5587, Stadtkämmerer, 10.06.1938; ebenda, Stadtkämmerer, 06.12.1938, I, „e)“, 4. Lehmann erfuhr auch auf diesem Weg von den Säuberungen unter den Studierenden an der Goethe-Universität, siehe MA 5586, Gesamtbericht für März 1937, Bl. 2, „II. Statistisches Amt. ... 4. Abschluss einer Untersuchung über den Besuch der Universität Frankfurt a.M.“

besonderem Maße in den Dienst des NS-Regimes" gestellt. „Der Haushalt ... bündelte .. die Politik aller Ressorts".[557] Darin hat sich Frankfurt von München nicht unterschieden.

Es gibt weitere Einzelbeispiele, über die Lehmann sich vielleicht informiert hatte, so die Ausgaben für ein Lager für Sinti und Roma,[558] die Anmietung der Keller der Großmarkthalle für die Deportationen durch die Gestapo ab 1941, die Versorgung der für die Deportation bestimmten Menschen[559] durch die Zentralküche der Städtischen Schulkinderspeisung (deren „Kosten gehen zu Lasten des Finanzamtes") - wie spärlich dieses Essen auch immer gewesen sein mag - sowie die „Versteigerungen des Eigentums von Emigranten und Deportierten", zum Beispiel in der Turnhalle der Klingerschule.[560]

Der Kämmerer beobachte selbstredend die wirtschaftliche Lage; er bezog Stellung am 4. Dezember 1933 gegenüber dem Oberbürgermeister, als er in verstärkten Abmeldungen jüdischer Firmen eine „schwere wirtschaftliche Schädigung, die die Stadt erfahren hat",[561] sah. (Es scheint, als ob der Oberbürgermeister diese Einschätzung vertreten oder übernommen hätte, da Krebs Anfang 1936 „von einem starken Ausfall an Steuern durch die Abwanderung" sprach.)[562] Aber im Juli 1937 erklärte Lehmann: „Seit dem Umbruch sind Industrien, die wirtschaftlich ins Gewicht fallen, nicht abgewandert."[563] In gleicher Weise wird er später sicherlich die Aufrüstung registriert haben.

Lehmann hätte sich aufgrund der kriegsorientierten NS-Politik frühzeitig über die vielfältigen Kriegskosten, zum Beispiel für den Abtransport von Kulturgütern, um sie vor einer Bombardierung zu sichern, wie auch über weitere Formen von Folgekosten im klaren sein müssen.

---

[557] Nachweis und Zitate siehe Rabe, Stadt, S. 366f., 371.

[558] Vgl. Sandner, Frankfurt, S. 78, 128f. Vgl. auch MA 5584, Fürsorgeamt, 05.08.1936, Bl. 2, „4.", und Gesamtbericht für Juli 1936, Bl. 12verso; ebenda, Gesamtbericht für August 1937, Bl. 13, XII, und Fürsorgeamt, 01.09.1937, Bl. 1verso; ebenda, Fürsorgeamt, 14.10.1942.

[559] Zur „Verpflegung der Beamten in der Großmarkthalle durch die Städtische Schulkinderspeisung" siehe Kingreen, Großmarkthalle, S. 168 und vgl. die Folgeseite.

[560] Nachweise und Zitate siehe Heuberger/Backhaus, Kaddisch, S. 116, 120, 442, 426; Kingreen, Diebstahl, S. 52f.; vgl. Andernacht/Sterling, Dokumente, S. 493, 515; Wippermann, Leben, Bd. I, S. 13; Heibel, Hungertuch, S. 63. (Es wird von einer Mitarbeiterin des Fürsorgeamts berichtet, wie sie mit Kolleginnen die Frauen vor der Deportation nach Schmuck und Lebensmitteln durchsuchen mußte, siehe Hebauf, Gaußstraße, S. 110; siehe ebenso Kingreen, Großmarkthalle, S. 167; vgl. Schwarz/Altmeyer/Warny, Erinnerungsstätte, S. 14. Im Kontext zur Klingerschule wurde in der hr-3-Fernsehsendung vom 08.11.2011, 22.45-23.30 Uhr: „Der große Raub. Wie in Hessen die Juden ausgeplündert wurden", davon gesprochen, daß es innerhalb von zwei Jahren 5.000 Versteigerungen in Frankfurt gab. Außerdem hatte es nach der sog. „Machtergreifung" ein Wildes KZ in der Klingerschule gegeben, siehe z. B. Krauß, Frankfurt, S. 173. Es habe „politische Häftlinge in der Klingerschule Frankfurt/M" gegeben, siehe HHStAW, 649, Bl. 460, im Findbuch Bd. XXVIII zu Omgus.)

[561] Andernacht/Sterling, Dokumente, S. 178. Siehe auch Nietzel, Handeln, S. 70.

[562] Städtisches Anzeigeblatt, Nr. 9, 28.02.1936, S. 115.

[563] MA 4116, Bl. 131, Amtsleiterbesprechung, 26.07.1937.

Und Lehmann hatte dienstlich mit den Kriegskosten in verschiedener Art und Weise vor und während des Krieges zu tun: Zum Beispiel berichtete der Oberbürgermeister in der „Beratung mit den Gemeinderäten am 10. Juni 1938" über einen vorgesehenen „Zuschuss für den Luftschutz in Höhe von 265.000 RM", der „um rund 194.000 RM höher als 1937" sei.[564]

Die Rüstungsindustrie in Frankfurt am Main führte insbesondere im Krieg zu erhöhten kommunalen Einnahmen. So wies der Stadtkämmerer Anfang 1943 gegenüber den Stadträten und Ratsherren in einer Aussprache darauf hin, Frankfurt habe „50 Millionen RM Gewerbesteuer ... Im Frieden ... 28 Millionen RM." Dieser satte Kriegsgewinn wurde aufgezehrt durch den vom Kämmerer errechneten Frankfurter „Kriegsbeitrag ... 28,9 Millionen RM".[565]

Es gehört zu den Kennzeichen erfolgreicher Politiker, über ihr Ressort hinaus gut informiert zu sein. Von daher seien einige Aspekte aufgeführt, über die Lehmann Kenntnisse gehabt hat: Zum Beispiel wies der Oberbürgermeister in einer „Amtsleiterbesprechung" „nochmals auf den Inhalt und die Bedeutung des Erl. d. Herrn Preuss. Min.Präs. vom 16.7.35 ausdrücklich" hin; in diesem Erlaß hatte Göring die anti-katholische Haltung erläutert und zu einem entschiedenen Vorgehen aufgefordert.[566] In den Ratsherrensitzungen wurden insbesondere die für das nationalsozialistische Denken einschlägigen Themen behandelt, wobei „bei solchen Sitzungen der gesamte Magistrat anwesend war". Dort wurde unter anderem der „Ausschluss von Juden von der Nutzung der Straßenbahnen" besprochen, so in den Jahren 1938, 1940 und 1941.[567] Solche Vorhaben zur

---

[564] Zitate siehe MA Nachträge 109, Bl. 83(rot) / 81(schwarz). In den Monatsberichten des Oberbürgermeisters an den Gauleiter gibt es zahlreiche Vorgänge zum Luftschutz und Bunkerbau, siehe z. B. MA 5583, Feuerlöschpolizei Luftschutz, 10.12.1935; MA 5584, Gesamtbericht für August 1936: „IX. Verkehrs- und Wirtschaftsamt", „6. Verhandlungen wegen der Durchführung des ´Tages der Luftabwehr´ 1937"; MA 5588, Personalamtsleiter, 02.06.1939, „1. Beschaffung von Volksgasmasken für die städt. Bediensteten"; ebenda, Kulturamt, 16.09.1939, Städt. Galerie: „Luftschutzmaßnahmen"; ebenda, Bauamt, 04.03.1943, „Hochbau: Eine grosse Anzahl weiterer Massnahmen zur Sicherung von Kunstwerken, Museumsgütern und Kirchen, Museen, Büchereien und Archiven wurde durchgeführt (Ausgaben etwa 125 000.- RM)." Siehe auch zu einer Sitzung der Gemeinderäte von Anfang 1943 MA Nachträge 167, Bl. 23f., „Feuerschutzmaßnahmen"; zu den Kosten des Bunkerbaus siehe Hampel, Hochbunker, S. 22-24, S. 37 - Anm. 36.

[565] Zitate siehe MA Nachträge 167, Bl. 22f. Siehe auch Chroniken S5, 198 (1943), Bl. 839. Krebs nannte in seiner Haushaltsrede vom März 1943 an Einnahmen aus der Gewerbesteuer für 1933 14,8 Millionen und für 1941 46,9 Millionen RM, siehe Krebs, Frankfurt, S. 81.

[566] Zitat und Nachweis siehe MA P 202, 05.08.1935 (Nr. 450a), Bl. 4 (Lehmann war anwesend.)

[567] Zitate und Nachweise siehe Tüffers, Politiker, S. 65-68; sie nennt auf Seite 75 - Anm. 66 auch die „Diskussion über die Kennzeichnung der Lebensmittelkarten für Juden im Jahr 1939 und die Frage der Gewährung von Sonderzulagen für jüdische Schwerstarbeiter im Jahr 1941". Siehe auch Tüffers, Magistrat, S. 318-333. Bereits in der Magistratssitzung vom 15.05.1933 ging es um das Bemühen von seiten der Stadt, die bisherigen Zahlungen an die Israelitische Volksschule einzustellen, siehe Schulamt 5454, Rechneiamt.

Entfernung der Juden aus der Stadtgesellschaft dienten (letztlich) der Entfernung der Juden aus der Stadt, um sie dann an entferntem Ort ermorden zu können.

### 3.6.6 Deportationen

Am 31. März 1941 wurde in der Ratsherrensitzung die Wohnungsfrage besprochen. Dabei erklärte Oberbürgermeister Krebs in Anwesenheit von Lehmann und Keller: „'Wenn wir berücksichtigen, daß noch etwa 10.000 Juden evakuiert werden und dadurch noch sehr viel Wohnraum zur Verfügung stehen wird ..., dann brauchen wir Ihnen nicht ein aufgeblähtes Siedlungsprogramm vorzulegen. Also auch diese Fragen sind schon erkannt und in Angriff genommen worden.'"[568] Als Kämmerer hatte Lehmann beim finanzintensiven Wohnungsbau sicherlich sehr aufmerksam zugehört.[569] Denn der Bau von Wohnungen und ganzen Siedlungen war zuvor ein Thema in den internen Beratungen gewesen: In der „Amtsleiter-Besprechung" im August 1940 lagen schriftlich die „Grundsätzliche[n] Ausführungen zum Generalbebauungsplan der Stadt des deutschen Handwerks Frankfurt am Main" durch den Oberbürgermeister vor, wonach „unmittelbar nach Beendigung des Krieges ein umfassendes Siedlungsprogramm in Angriff genommen werden"[570] solle. Und zum Zeitpunkt der Ankündigung von Krebs, die Juden aus Frankfurt zu deportierten, gab es für die „Amtsleiterbesprechung" eine Planung von Wohnungen in der Größenordnung von 6.000.[571]

Wegen der dafür zu erwarteten enormen Ausgaben ist die Aufmerksamkeit des Kämmerers nachvollziehbar, der kurz darauf „in der Amtsleitersitzung vom 13. Mai 1941", folgendes ausführte: „Ganz grosse Vorhaben wie Neugestaltung, grosse Neusiedlungen und ähnliches kann nur im Wege einer Anleihe finanziert werden. ... Aber auf die bestehende Verschuldung von 185 Millionen etwa noch eine Anleihe von 1-200 Millionen heraufzusetzen, ist schlechterdings unmöglich. Auf der anderen Seite reichen unsere sehr ordentlichen Rücklagen zwar für den Normalbedarf, nicht aber für solche ganz grossen neuen Belastungen."[572]

Die Ankündigung von Krebs geschah ein halbes Jahr vor dem Beginn der Deportationen: „Zwischen 19. Oktober 1941 und 15. März 1945 werden mehr als 10.000 antisemitisch Verfolgte aus

---

[568] Nachweise und Zitat siehe MA Nachträge 148, Bl. 1, und Bl. 100(rot) / 75(schwarz); Daub, Stadt, S. 333f. formuliert überspitzt; siehe auch ebenda, S. 351 - Anm. 74. Siehe zudem Heim, Verfolgung, S. 755 (Dok. 284). Zur Problemlage der Nationalsozialisten, in Frankfurt Wohnungen zu bauen, siehe Kraus, Frankfurt, S. 182: „In den Jahren von 1933 bis Ende 1939 sind 4647 Wohnhäuser mit 9476 Wohnungen gebaut worden - 6000 Wohnungen weniger als in den 5 Jahren der 'Ära May'".

[569] Siehe z. B. Lehmann, Gemeindeverwaltung, S. 697.

[570] Zitate siehe MA P 217, 06.08.1940, u. a. S. 37. Siehe auch MA P 217, 17.12.1940 (Nr. 187).

[571] Siehe MA P 218, 01.04.1941 (Nr. 3).

[572] Zitate siehe MA 4128, Bl. 84 (+ 86), niedergeschrieben am „20.5.41".

Frankfurt in Lagern und Ghettos im Osten verschleppt."[573] Bedenkt man die schlechte Lebenslage der Frankfurter Juden 1941 und die Vorstellung, daß reichsweit die Juden in fremde - sprich in ärmere, vielleicht vom Krieg bereits erheblich betroffene - Regionen deportiert werden sollten, dann konnte man damals anschaulich erahnen, in welche schrecklichen Lebensumstände, in welch bitteres Elend die betroffenen Frankfurter Bürgerinnen und Bürger geraten mußten. In einem Schreiben des Bischofs zu Limburg an dessen Kollegen in Berlin nach der ersten Deportation im Oktober 1941 heißt es: „'Der Schrecken über den Abtransport ist bei den Juden furchtbar - am Montag, dem 20. Oktober, lagen morgens elf Leichen von jüdischen Selbstmördern auf dem Friedhof; aber auch bei der arischen Bevölkerung Frankfurts ist, wie ich zuverlässig höre, die Erregung groß."[574] Und Adolf Diamant beziffert mit einer beklemmenden Statistik solche Reaktionen von jüdischer Seite: er führt für den Zeitraum von 1938 bis 1943 715 Selbstmorde Frankfurter Juden auf, darunter 195 Selbsttötungen im Jahr 1941 sowie 249 im Jahr 1942.[575]

(Hinzu kommt, daß eine Deportation von so vielen Menschen innerhalb Deutschlands nicht realisierbar und damit gänzlich unwahrscheinlich war. Eine Deportation ins Ausland bedeutete für diese Opfer ab November 1941 die Aberkennung der deutschen Staatsbürgerschaft zusammen mit dem Verlust des gesamten Vermögens.[576])

Bei den „Amtsleiterbesprechungen" wurden mindestens im Einzelfall die Deportationen mittelbar angesprochen. So berichtete der Leiter des Fürsorgeamtes Ende November 1941: „Die Zahl der Juden ist auf etwa 8.000 zurückgegangen. Von den noch anwesenden Juden steht etwa der dritte Teil in Arbeit; etwa 40% sind über 60 Jahre alt. Die Freimachung des Jüdischen Krankenhauses wird vorbereitet".[577]

Der Stadtkämmerer führte für den „Monatsbericht" des Oberbürgermeisters im Februar 1943 im Bereich der Steuerkasse auf: „Die Bürgersteuerkasse wurde ... aufgelöst ... bei den Restbeträgen handelt es sich um Fälle, in denen ... c) die Steuerpflichtigen (Juden) abgeschoben und die Forderung gemäß ... gemeldet, die Fälle aber vom Finanzamt bisher noch nicht bearbeitet wurden."[578] Lehmann hatte von daher dienstlich mindestens einen gewissen Einblick in das Ausmaß der Deportationen.

---

[573] Heuberger/Backhaus, Kaddisch, S. 168.
[574] Andernacht/Sterling, Dokumente, S. 516.
[575] Siehe Diamant, Freitod, S. III.
[576] Siehe Kuller, Normenstaat, S. 219: „Am 29. November 1941 schuf die Elfte Verordnung zum Reichsbürgergesetz eine neue gesetzliche Grundlage, die die Enteignung wesentlich beschleunigte. Der Vermögensverfall trat nun automatisch ein, wenn ein deutscher Jude die Reichsgrenze überschritt und dauerhaft Aufenthalt im Ausland nahm."
[577] MA P 218, 25.11.1941 (Nr. 198). Vgl. Drexler/Kalinski/Mausbach, Schicksal, S. 103.
[578] MA 5588, Stadtkämmerer, 04.02.1943, I, c) 1 [mit Doppel].

In einer „Eidesstattlichen Erklärung" schreibt Johannes Jaenicke nach dem Krieg, daß Lehmann „während meiner Abwesenheit meiner jüdischen Frau in vielen schwierigen Lagen beigestanden und rechtzeitig Verwaltungsmassregeln gegeben (habe, GSt.), sobald er amtlich von neuen schikanösen Geheimplänen ... Kenntnis erhielt."[579] Demnach wäre Lehmann über Verfolgungsmaßnahmen hinreichend genau informiert gewesen.

## 3.7 Die Frage von Lehmanns Widerstandstätigkeit

Das Thema Widerstand gegen den Nationalsozialismus erscheint bei Lehmann weitaus deutlicher als bei Keller; dies wird daran liegen, daß er selbst dies wiederholt mit verschiedenen Aspekten vorgebracht hat. Dazu gehören Maßnahmen einer sog. „Finanzsabotage", bei der er auf mehreren Feldern aktiv gewesen sein will: zum einem durch nicht getätigte Spenden, Käufe, Zeichnung von Kriegsanleihen und Geldvernichtung, zum anderen mit einem Geldentzug durch heimliches Sparen. Hinzu komme ein konkreter Einsatz für Individuen sowie schließlich seine Beteiligung am geplanten Aufstand vom 20. Juli.

### 3.7.1 „Finanzsabotage"?

Bei der Verwendung der städtischen Finanzen und Barmittel will Lehmann „Finanzsabotage" betrieben haben. Er behauptete, „durch eine ausgeklügelte Finanzpolitik Widerstand gegen die Forderungen der Partei geleistet"[580] zu haben. Es wäre diesbezüglich zu vergleichen, wie Kämmerer in anderen Großstädten sich verhalten haben, ob diese ggf. dabei „entdeckt" und mit welchen Strafen sie verfolgt wurden? Es wurden nämlich auch in anderen Städten kommunale Gegenstrategien entwickelt. In der Forschungsliteratur heißt es dazu: „Dies zeigt sich insbesondere im Hinblick auf die kommunalen Finanzen .. am Beispiel Augsburgs und Memmingens .. . Einerseits standen die Finanzen der Städte während des NS-Regimes unter dem ehernen ́Diktat der Reichsinteressen ́, was jene ́große Erzählung ́ vom Niedergang der Selbstverwaltung zunächst bestätigt. Andererseits aber wird offenkundig, wie erfindungsreich die Gemeindeverwaltungen hierauf reagierten. Durch die Umschichtung der Einnahmen - kommunale Verbrauchssteuern statt Anteile an den Reichs-

---

[579] HHStAW, 520 F (A-Z), Bl. 17recto.
[580] Tüffers, Magistrat, S. 227; diese Aussage von Tüffers und ihre Darstellung zur „Verschleierungstaktik" dort auf Seite 261 vor dem Hintergrund ihrer Angaben auf den Seiten 255f. vermitteln zusammen das Bild, als ob es den von Lehmann behaupteten Wiederstand durch heimlichen Geldentzug gegeben hätte.

steuern - bewahrten sie, wenn auch mühsam, ihre eigene finanzielle Leistungskraft".[581] Diese Beispiele zur Vorgehensweise in anderen Städten verweisen auf die Notwendigkeit eines prüfenden Vergleichs der individuellen Eigenarten im Vorgehen von Lehmann.

Der erste Widerstandsbereich, den Lehmann für sich reklamiert, ist die Ablehnung der Zahlung der Adolf-Hitler-Spende durch die Gaswerke, wie sie die Entscheidung der Spruchkammer wiedergibt.[582] Außerdem habe Lehmann sich beispielsweise dem Kauf einiger Bilder von NS-Malern widersetzt.[583] Hinzu soll er Überlegungen des Gauleiters für die Errichtung eines Gauviertels in Frankfurt konterkariert haben; letzteres sieht jedoch nach einer Aktivität von Krebs aus.[584]

Ein weiterer Bereich ist „die Weigerung, städtisches Geld im vorgeschriebenen Maß in Kriegsanleihen anzulegen"[585]. Er habe sein Vorgehen im Jahr 1938 trickreich verschleiert.[586] Aber Krebs wußte mindestens zum Teil von Lehmanns entsprechenden Vorgehensweisen und hat sie gebilligt. Und Kommunen durften, statt Anleihen zu zeichnen, auch „Reichsschulden zurückzahlen". „Die auf die Stadt entfallenden 60 Prozent Anleihezeichnung (3,9 Millionen Reichsmark" sollten vollständig durch Tilgung von Reichsschulden aufgebracht werden."[587] „Lehmann äußerte sich im

---

[581] Mecking/Wirsching, Stadtverwaltung, S. 16f.

[582] Siehe Abt. 4 Nr. 1447, Bl. 7. Aber die Stadtsparkasse Frankfurt hatte im Jahr 1934 3.068 RM dafür gespendet, als Lehmann der „Vorsitzende des Sparkassenvorstandes" war, siehe Städtisches Anzeigeblatt, 1935, Doppel-Beilage: „Bericht der Stadtsparkasse Frankfurt a.M. über das Kalenderjahr 1934", S. 3, sowie „Jahresabschluss der Stadtsparkasse Frankfurt am Main ... per 31. Dezember 1934", [S. 4]. Im Berichtsjahr 1937 gab die Stadtsparkasse zur Adolf Hitler-Spende 3.615,71 RM, siehe Städtisches Anzeigeblatt 1938, Beilage: „Bericht der Stadtsparkasse ... 1937", S. 6. Und für 1938 heißt es: „An der Adolf Hitler-Spende beteiligte sich die Stadtsparkasse mit RM. 4244.-", Städtisches Anzeigeblatt, 1939, Beilage: „Bericht der Stadtsparkasse ... 1938", S. 6 (siehe auch S. 2). Zu wiederholten Spenden der Stadtsparkasse Frankfurt an die NSV siehe Recker, Volkswohlfahrt, S. 132f. (Zur Adolf-Hitler-Spende wäre zu sagen, daß ein Artikel im Städtischen Anzeigeblatt vom 01.07.1933 eine Mitteilung des Deutschen Gemeindetags enthält, diese Spende „findet nicht statt" für kommunale Verwaltungen und Betriebe, siehe MA 4700, Bl. 119; Städtisches Anzeigeblatt, Nr. 27, 01.07.1933, S. 286.) (Siehe oben zur Spende des St. Katharinen- und Weißfrauenstifts unter Lehmann an das Winterhilfswerk.)

[583] Siehe Abt. 4 Nr. 1447, Bl. 7.

[584] Gemäß Tüffers, Stadtkämmerer, S. 335f., kann man bei Lehmann hier nur von bedingtem Widerstand sprechen, hingegen war Krebs engagiert tätig gegen diese Vorstellungen seines Kontrahenten Sprenger. Weil diese avisierten Vorhaben auf die Zeit ab September 1941 bezogen waren, werden sie auch bald durch die Kriegslage tangiert worden sein. Siehe auch Tüffers, Magistrat, S. 208f.

[585] Tüffers, Stadtkämmerer, S. 331.

[586] Siehe Tüffers, Magistrat, S. 261, er habe die Zeichnung von Kriegsanleihen 1938 „systematisch unterlaufen" und nur einen sehr geringen Anteil der Mittel dafür verwandt, und Dies., Stadtkämmerer, S. 326; jedoch zugleich mit ihren Hinweisen zur Schuldentilgung, ebenda, S. 322-330.

[587] Zitate sieheTüffers, Stadtkämmerer, S. 325, S. 325 - Anm. 77, mit Verweis auf Stadtkämmereiakten 82, Lehmann, vom 17.10.1938, Bl. 20.

Juni 1939 Krebs gegenüber besorgt über die erhöhte Liquidität der Stadt. ... In einem Bericht an Krebs schlug er deshalb vor, das Geld zu einer überplanmäßigen Schuldentilgung ... zu nutzen, zum anderen für die Stadt den im Stadtwald gelegenen Park Louisa aus dem Besitz der Familie Bethmann ... zu kaufen. ... Anschließend bat er noch, den Ankauf von Wald, städtischen Gütern oder Kunstschätzen für die städtischen Sammlungen in Erwägung zu ziehen. Der Oberbürgermeister folgte dem Vorschlag seines Kämmerers: 1941 erwarb [die Stadt, GSt.] ... Louisa ".[588] Insgesamt kaufte die Stadt in jenem Zeitraum Grundstücke im Umfang von 1,3 Millionen Quadratmetern.[589]

Eine zentrale Rolle in Lehmanns Selbststilisierung zur eigenen Verteidigung nimmt die Behauptung ein, in seiner Funktion als Stadtkämmerer den Nationalsozialisten nicht genutzt, sondern geschadet zu haben. Dies will er dadurch geleistet haben, daß er den Nationalsozialisten die Finanzmittel für ihre Pläne und Vorhaben entzog, indem er sie heimlich zur Schuldentilgung benutzte. So behauptete Lehmann in einem Schreiben an die Spruchkammer: „Besonders in Geldangelegenheiten habe ich alle Parteifunktionäre, auch den Oberbürgermeister, vollkommen im Unklaren gelassen. Sie haben niemals einen wirklichen Einblick in die Finanzlage gehabt."[590] Hingegen wird im Protokoll der 1. Sitzung verzeichnet, daß Lehmann zugeben mußte: „Auf Befragen erklärt der Betroffene, dass seinem Empfinden nach Dr. Krebs um seine systematische Verschleierungsmethode Bescheid wusste, dass er aber ... aus seinem Wohlwollen zur Stadt ... die Anlage der Gelder zur Schuldentilgung vollauf billigte". Von Stadtrat Dr. Hellmuth Reinert heißt es: „Der Zeuge nimmt an, dass auch der Oberbürgermeister Dr. Krebs davon gewusst hat." Zu Krebs selbst wird niedergeschrieben: „Der Zeuge habe gewusst, wohin diese Gelder liefen, die verweigert wurden." Darüber hinaus behauptete Krebs nicht nur, von der heimlichen Schuldentilgung gewußt zu haben; er will sich auch dazu an einen Hinweis von dritter Seite erinnern.[591]

Tatsächlich entsprach Lehmanns Sparpolitik im Allgemeinen den Wünschen des Oberbürgermeisters. Krebs hatte zum Beispiel in Reden zu Ratsherren 1936 und 1937 „verstärkte Schuldentilgung" gefordert und 1937 erklärt: „Sparsamkeit wird auch in der kommenden Zeit das Gebot der Stunde sein."[592] Entsprechend konnte Krebs Ende 1942 in einer Sitzung der Stadträte und Ratsherren feststellen: „Frankfurt steht in dem Ruf, eine sparsame Stadtverwaltung zu haben. So soll es

---

[588] Tüffers, Stadtkämmerer, S. 327.
[589] Siehe Chroniken S5, 196 (1941) Bl. 478.
[590] HHStAW, 520 F (A-Z), Lehmann, 15.12.1946, S. 1. Selbstverständlich wußte Keller, daß Geld für Raubkunst vorhanden war, der deshalb in einer Sitzung der Gemeinderäte argumentierte: „Wenn die Kasse im besonderen Masse flüssig ist ...", Stutzinger, Wohle, S. 125, vom 31.03.1941, mit Verweis auf MA Nachträge 147
[591] Zitate und Nachweis siehe HHStAW, 520 F (A-Z) S. 2recto, 3recto, 4verso.
[592] Zitate und Nachweis siehe Städtisches Anzeigeblatt, Nr. 9, 28.02.1936, S. 123; ebenda, Nr. 8, 27.02.1937, S. 99, 104. Siehe auch Nietzel, Handeln, S. 69.

bleiben.“[593] Und Anfang 1943 äußerte Krebs solche Ziele vor diesem Kreis: „Ich hoffe und strebe an, die Schulden auf 100 Millionen Rm [sic, GSt.] herunterzudrücken. Das wäre ein großer Erfolg. Eine Schuldenverringerung von 313 auf 100 Millionen RM ist der Ausdruck einer sparsamen Kommunalpolitik. Wir können dann in Friedenszeiten ... mit verstärkter Kraft an größere Aufgaben herantreten. Das ist unsere Politik.“[594] Und in seiner Haushaltsrede im März 1943, in der er eine Bilanz über zehn Jahre NS-Stadtregierung zog, erläuterte er mit denselben Zahlen, daß zu Beginn des Rechnungsjahres 1933 die Schulden 313 Millionen RM betragen hätten, um daraufhin stolz zu erklären, daß die Schulden in „wenigen Monaten ... nur noch 100 Millionen RM erreicht haben.“[595] Diese Rede wurde sogar als Heft veröffentlicht. Der NS-Oberbürgermeister wollte seine Amtskompetenz dadurch demonstrieren, daß er eine der höchstverschuldeten deutschen Städte in finanzpolitisch ruhiges Fahrwasser gesteuert hatte. Dazu diente ihm die Arbeit des darin gleichgesinnten Stadtkämmerers.


Die Akten geben genügend Einblick in Lehmanns tatsächliche Vorgehensweise hierzu. Die einschlägigen Zitate werden hier ausführlich wiedergegeben, um damit zu belegen, mit welcher Dreistigkeit er nach dem Krieg von der angeblichen Verschleierung als Widerstand sprach. Denn Lehmann hat die finanzpolitische Situation Frankfurts immer wieder deutlich dargelegt in den „Beratungen mit den Gemeinderäten“, in seinen Reden zum Haushalt, die grundsätzliche Ausführungen als Ergänzungen zu den Haushaltsreden des Oberbürgermeisters waren, in den sog. „Amtsleiterbesprechungen“, in den städtischen „Verwaltungsberichten“[596], vorgelegt vom Oberbürgermeister, und in dessen „Monatsberichten“ über die städtischen Leistungen für den Gauleiter und seine Gefolgsleute. Lehmanns Aussagen wurden auch im „Städtischen Anzeigeblatt“ verbreitet.[597]

---

[593] MA Nachträge 164, Bl. 15. Zur Aussage von Krebs in seinem Tagebuch, der Gauleiter habe ihm vorgeworfen, er würde sparen, siehe Nachlässe S1 / 50, 1 Krebs.

[594] MA Nachträge 167, Bl. 23verso.

[595] Nachweis und Zitat siehe Krebs, Frankfurt, S. 77, 79.

[596] Siehe Wohlfahrtsamt 1860, „Verwaltungsbericht ... 1935/36“, S. 8; ebenda, „Verwaltungsbericht ... 1936/37“, S. 99, „Rechneiamt[.] Finanzverwaltung“: „Im Sinne der von der Regierung gegebenen Weisung ist nicht nur dem Rücklagenaufbau, sondern auch der zusätzlichen Schuldentilgung [gesperrt gedruckt, GSt.] ein besonderes Augenmerk zugewandt worden. .. Demnach ist während des Haushaltsjahres 1936 eine Schuldenminderung [gesperrt gedruckt, GSt.] um 19 282 048,28 RM eingetreten.“ Siehe auch ebenda, „Verwaltungsbericht ... 1937/38“, S. 110. (Auch: Verwaltungsbericht ... [ISG, Lesesaal]).

[597] So im Städtischen Anzeigeblatt, Nr. 5, 01.02.1935, S. 79f., mit einem Beitrag von Lehmann: „Das Schuldenproblem der Stadt Frankfurt“. Dort erläuterte er die Finanzlage, wonach die „eigentliche Verwaltung .. mit rund RM. 300 Millionen Schulden“ und dazu „die städtischen Gesellschaften“ mit weiteren „rund RM. 100 Millionen“ verschuldet seien. Frankfurt stehe „unter den deutschen Großstädten“ nach neuestem Stand an dritter Stelle. Er erklärte, „daß wir 20 bis 30 Jahre an dieser Schuldenlast abzutragen haben werden.“ Dieser Zeitraum könnte höchstens „um einige

Die Ausgangssituation[598] stellte Lehmann unter anderem bei seiner Einführung in die Haushaltslage für die neu verpflichteten Ratsherren am 9. August 1935 dar, als er darauf hinwies, daß es „allein in der öffentlichen Verwaltung eine Schuldenlast von 300 Millionen RM [gebe, GSt.]. Dazu kommen noch die Schulen der städtischen Gesellschaften." Lehmann ging für die Beseitigung der Schulden von einem „Zeitraum von 20 bis 30 Jahren" aus.[599] Er argumentierte für eine Politik, „die jede Mark dreimal herumdreht, ehe sie ausgegeben wird." Er plädierte für einen stetigen Schuldenabbau: „Macht keine Experimente!"[600]

Gemäß seiner Haushaltsrede im Jahre 1937 wollte er planmäßig und überplanmäßig Schulden abbauen. Denn „Frankfurt hat bei der Hoheitsverwaltung - also ohne Gesellschaften - rund 1/4 Milliarde Schulden. Nach Köln ist es die zweithöchst verschuldete Grosstadt Deutschlands."[601]

Auch in einem Zeitschriftenartikel legte er seine Sicht dar: Die Stadt habe „eine Viertelmilliarde Schulden". Er wolle sparen und erklärte, daß solche Schulden „normalerweise nur in 20 Jahren abzutragen" seien. Wenn man dies in der Hälfte der Zeit schaffen könnte, würde dies „einen kaum vorstellbaren Glücksfall" darstellen.[602] An anderer Stelle berichtete Lehmann sogar: „Die Frankfurter Presse hat diesmal den Jahresabschluß unserer Stadt sehr eingehend behandelt."[603]

Lehmann forderte in seiner Haushaltsrede 1938 „Sparsamkeit", Schuldenabbau und „Rücklagenbildung".[604] Ebenso wurde in den Folgejahren der Schuldenabbau thematisiert und in „Amtsleiterbesprechungen" beschlossen, die verstärkte Schuldentilgung fortzusetzen:[605] Lehmann wies in seiner

---

Jahre verringert [werden, GSt.]. Das ist aber alles, was man erwarten kann. Wer weitergehende Hoffnungen nährt, glaubt an Wunder". Frankfurt hatte demnach einen Schuldendienst von jährlich 17 bis 20 Millionen. Lehmanns Appell: „äußerste Vorsicht bei Neuverschuldung".

[598] 1934 konnte Lehmann einen ausgeglichenen Haushalt vorweisen, siehe Tüffers, Stadtkämmerer, S. 320 und 320 - Anm. 52, mit Verweis auf MA 8210, Bl. 59; siehe auch Lehmann, Frankfurts Lage, S. 15.

[599] Zitate und Nachweise siehe MA Nachträge 43, Bl. 27. „20 Jahre lang wird Frankfurt an seiner Schuldenlast abzuzahlen haben", verbreitete er presseöffentlich, Lehmann, Haushalt, S. 4. 1935 hat Lehmann u. a. Auslandsschulden abgebaut, siehe Tüffers, Stadtkämmerer, S. 320 und S. 320 - Anm. 55, mit Verweis auf MA Nachträge 35, Bl. 68.

[600] Städtisches Anzeigeblatt, Nr. 33, 16.08.1935, S. 564.

[601] Nachweis und Zitat siehe MA Nachträge 181, Bl. 5, 9. Vgl. auch MA 6705, Niederschrift Aufsichtsrat Main-Gaswerke, 23.03.1937, S. 8. Siehe [Lehmann], Beratung, S. 78, wo er von erfolgter „vermehrter Schuldentilgung" berichtet, sowie vor allem Städtisches Anzeigeblatt, Nr. 8, 27.02.1937, S. 106, Lehmann am 24.02.1937 vor Ratsherren mit der weiterhin bestehenden Forderung einer „zielbewußten Schuldentilgung", wobei er jetzt vom „Zeitraum von zehn Jahren" ausging; siehe auch ebenda, Nr. 49, 10.12.1937, S. 623, wo er von einer „kräftige[n] Schuldentilgung" spricht; sowie ebenda, Nr. 31, 06.08.1937, S. 393f.

[602] Zitate und Nachweise siehe Lehmann, Jahresabschluß Frankfurts, S. 503.

[603] Siehe Lehmann, Jahresabschluß Frankfurt am Main, S. 478; er forderte hier ein „Herabdrücken der Schulden", siehe ebenda, S. 481.

[604] Städtisches Anzeigeblatt, Nr. 23, 11.06.1938, S. 345.

[605] Siehe MA P 213, 23.08.1938 (Nr. 254), siehe auch MA P 214, 10.01.1939 (Nr. 582); MA P 216, 24.10.1939 (Nr. 389). Siehe darüber hinaus auch MA 5586, Anlage, 03.05.1937, und Gesamtbericht

Rede zur Jahresrechnung 1938 im August 1939 darauf hin, daß seit dem Höchststand der Schulden von 309 Millionen diese auf 214 Millionen reduziert werden konnten.[606] Lehmann sagte, „daß die Schuldentilgung in jeder Beziehung eine der wesentlichsten Aufgaben der Finanzverwaltung unserer Stadt ist. Ich spreche nicht zum ersten Mal über diesen Punkt zu Ihnen."[607] Und daß trotz des Schuldenabbaus Geld für die NS-Politik vorhanden war, machte Lehmann implizit in dieser Rede deutlich, wenn er erklärte, „daß wir die Mehreinnahmen wohl für Grundstückskäufe .. und Käufe größerer, bleibender anderer Werte verwendet ... haben";[608] denn damit verwies er auf Arisierungen von Immobilien und kostbaren Kunstwerken.

Aufgrund der Berichterstattung in der Frankfurter Wochenschau, einer Illustrierten, wußte die Bürgerschaft 1939 über „Die verstärkte Schuldentilgung" Bescheid. Und ebenso konnte sie sich mehr oder weniger ausrechnen, was gemeint war - der Kunstraub an Frankfurter Juden, vor allem nach der Reichspogromnacht -, wenn er dort heißt: „Erst gerade in jüngster Zeit hat wiederum der Oberbürgermeister die seltene Möglichkeit zu nützen verstanden, durch Ankauf bedeutender Kunstsammlungen einzigartige Schätze Frankfurt zu erhalten. Wertvolle Kunstwerke werden demnächst schon der Oeffentlichkeit zugängig gemacht werden können, die bisher ein mehr oder weniger verborgenes Dasein in Privathäusern geführt haben."[609]

Zur Jahresrechnung 1939 legte Lehmann 1940 gegenüber dem Oberbürgermeister und den Gemeinderäten, also den Stadträten und Ratsherren, die Gründe für die Verbesserung der städtischen Finanzen dar und informierte über seine Ziele: „Die Stadt hat einen erheblichen Bestand an Wertpapieren. Auch dieser Bestand ist eigentlich kein freiwilliger, sondern auch er rührt im wesentlichen daher, dass wir unser Bauwesen nahezu vollständig haben stillegen müssen." Er erläuterte verschiedene größere Rücklagen, die er gebildet habe: „Es ist uns zuletzt sogar gelungen, die planmässige Schuldentilgung durch die überplanmässige zu verdoppeln und statt 10 Millionen RM 20 Millionen RM zu tilgen." Weitere überplanmäßige Tilgungen hätten wegen des Kriegsausbruchs „abgebrochen werden" müssen. „Die Schulden sind von 243 Millionen RM auf 231 Millionen RM gesunken.

---

für Mai 1937, Bl. 1, I., 1, b; MA 5587, Stadtkämmerer, 06.08.1938, I, a, 2: „Mit Genehmigung des Herrn Oberbürgermeisters wurde unsere Schuld gegenüber dem Gemeindeumschuldungsverband in Höhe von 2,4 Millionen RM ausserordentlich getilgt"; MA 5588, Stadtkämmerer, 08.08.1939, I, a. Lehmann setzte die ordentliche Tilgung wird voraus, wenn er öffentlich verbreitete: „Es interessiert eigentlich nur noch die außerordentliche", Lehmann, Jahresabschluß Frankfurt a.M., S. 559.

[606] Siehe Städtisches Anzeigeblatt, Nr. 33, 18.08.1939, S. 372. Gegenüber der Öffentlichkeit behandelte er zudem das Thema Veruntreuungen, wofür ein Skandal in Düsseldorf die Grundlage bildete, siehe Lehmann, Sicherheit.

[607] Städtisches Anzeigeblatt, Nr. 33, 18.08.1939, S. 372.

[608] Städtisches Anzeigeblatt, Nr. 33, 18.08.1939, S. 373.

[609] Zitate siehe Mösinger, Mai, S. 217, 219. Lehmann hatte vor der Frankfurter Gesellschaft für Handel, Industrie und Wissenschaft am 8. März 1939 über „Die Probleme der Gemeindefinanzwirtschaft" gesprochen, siehe Roth, Jahre [Bd. 2, CD].

... die eigentlichen Finanzschulden [sind, GSt.] ... unter 200 Millionen RM gesunken".[610] In bezug zum Schuldenstand von 1933 teilte er öffentlich mit: „Die Stadt ist also ein Drittel ihrer Schuldenlast losgeworden, und das hat etwa 6 Jahre gedauert. Hoffen wir, daß die noch fehlenden zwei Drittel auch nicht länger dauern möchten."[611]

Und Lehmann berichtete Ende 1940: „Die Stadtkasse ist sehr flüssig. Das liegt zum Teil in der Schwierigkeit, geeignete Geldanlagen zu finden. Zum Teil drückt sich darin allerdings auch die Vorsorge für die gesicherte Flüssigkeit für die Zukunft aus."[612]

- Es gehörte auch stets zu Lehmanns strategischen Zielen, Rücklagen zu bilden und flüssig zu sein, um handlungsfähig zu bleiben. Er hat immer großen Wert darauf gelegt, die Stadtkasse „möglichst liquide zu halten".[613] -

Zur Jahresrechnung 1940 sagte Lehmann zu den Gemeinderäten, daß ein „starkes Anschwellen der Kriegsausgaben" einem „nahezu völlige[n] Wegfall der größeren Sachausgaben" gegenüberstehe, weil der Krieg manches verhindere. Lehmann berichtete von der Fortsetzung der überplanmäßigen Tilgung und von freiwilligen Rücklagen: „Die Tilgung geht in diesem Jahr sehr kräftig weiter, so daß wir mindestens auf 160 Millionen RM herunterkommen."[614]

In der „Beratung mit den Gemeinderäten am 27. Februar 1941" sagte er - sicherlich mit Stolz: „Sie wissen, dass wir von rd. 300 Millionen unter 200 Millionen hinuntergekommen sind". Dabei hatte er bestimmten Ausgaben zugestimmt: „wir haben etwas zugenommen bei den Sammlungen und Kunstwerten". Er wiederholte sein bekanntes Ziel: „Es muß unsere Aufgabe sein, zunächst einmal die Schulden zu tilgen, soweit es irgend geht, und dann nach dem Kriegsende dafür bereit zu sein, die Sachwerte wieder aufzuholen."[615]

In der „Amtsleiterbesprechung" vom 13. Mai 1941 hatte der Stadtkämmerer vorgetragen, daß die Steuereingänge „unverändert gut" seien. „Die Reste vermindern sich immer mehr." Die Stadt war demnach damals mit 185 Millionen Reichsmark verschuldet. Lehmann wendete sich gegen „grosse

---

[610] „Der Reinvermögenszuwachs betrug im Rechnungsjahre 1939 20 1/2 Millionen RM gegenüber 25 Millionen RM im Jahre 1938." Nachweise und Zitate siehe MA P 217, 17.09.1940, Bl. 2f., 5. Siehe auch Tüffers, Stadtkämmerer, S. 326, S. 328 - Anm. 88, mit Verweis auf MA Nachträge 138. Vgl. sein allgemeines Eintreten damals für die überplanmäßige Tilgung von Schulden im Jahrbuch für Kommunalwissenschaft, siehe Lehmann, Probleme, S. 22.

[611] Lehmann, Frankfurts Jahresabschluß, S. 603.

[612] MA P 217, 05.11.1940 (Nr. 154).

[613] MA 4128, Bl. 27 „Amtsl.-Bespr. Nr. 323", 05.09.1939; siehe auch ebenda, Bl. 52recto (+57recto), Amtsleiterbesprechung Nr. 154, 05.09.1940. Es ist davon auszugehen, daß Lehmann auch bei seinen Ausführungen im Rahmen der Belegschaftsbesprechung im Rechnungsprüfungsamt am 06.04.1940 unter Punkt 9: „Entwicklung der Schulden der Stadt Frankfurt am Main seit der Machtübernahme", MA 4146, Bl. 95verso, hinreichend Einblick gewährt haben wird.

[614] Zitate und Nachweise siehe MA P 218, 17.09.1941. Zu den Kriegsausgaben siehe Chroniken S 5, 194 (1939), Bl. 163.

[615] Zitate siehe MA Nachträge 145, Bl. 78-80(rot).

Neusiedlungen und ähnliches". Sein Ziel drückte er unmißverständlich aus: „Es bleibt also nichts Anderes übrig, als mit aller Macht die 185 Millionen weiter herunterzudrücken, möglichst unter die 100-Millionen-Grenze."[616] Und Lehmann thematisierte den Schuldenabbau in weiteren Besprechungen.[617]

Am 25. März 1942 sagte er vor dem Kreis der Gemeinderäte: „Das Ergebnis ist ein sehr erheblicher Geldüberfluß." Seine Forderung lautete: „Also Schuldenabtrag!" Immerhin könnten noch in jenem Jahr weitere Schulden abgetragen werden: „Dann stoßen wir nämlich auf den Block der Umschuldungsschulden, die nicht in Geld, sondern nur in Stücken der Umschuldungsobligationen getilgt werden können. Es ist uns noch völlig schleierhaft, wie wir vorgehen sollen." Zugleich wies er auf den „Kriegsbeitrag" hin. Zu seinen Rücklagevorschlägen gehörte eine „Erneuerungsrücklage II", die er unter anderem für Frostschäden vorgesehen hatte. Lehmann ging im folgenden immer wieder ziemlich detailliert auf Finanzfragen ein; Heimlichkeit kann man das nicht nennen.[618]

Und in einer „Amtsleiterbesprechung" im Mai 1942 behandelte der Stadtkämmerer einen Zeitungsausschnitt aus dem Stuttgarter Neuen Tageblatt vom 12. April mit der Schlagzeile: „Was geschieht mit dem Geldüberschuß der Gemeinden?" und der Unterzeile: „Wichtiger als Schuldentilgung ist die Kriegsfinanzierung - Neue Kaufkraft unerwünscht", welcher dem Oberbürgermeister vom städtischen Hauptverwaltungsamt gegeben worden war. Lehmann trug vor, aufgrund eines Erlasses sei „die Gemeinde in ihren Entschlüssen bezüglich der verstärkten Schuldentilgung nicht mehr frei. Grundsätzlich sollen verstärkte Schuldentilgungen unterbleiben. Ausnahmen sind nur bei besonders hoch verschuldeten Gemeinden zugelassen; danach könnte für Frankfurt eine zusätzliche Schuldentilgung in Höhe von 5 v.H. nach dem Schuldenstand vom 31.3.1942 durchgeführt werden." Anschließend legte er detailliert Möglichkeiten dar: „Eine Reihe von Schulden kann über die erwähnten 5% hinaus überplanmässig getilgt werden. Unter diesen Ausnahmen rechnen die Verpflichtungen gegenüber Reich und Staat, ferner die Verpflichtungen gegenüber dem Umschuldungsverband. Folgende Verpflichtungen kommen zunächst für Frankfurt für die zusätzliche Schuldentilgung in Frage: .... rd. 7 Mill. ..., ... (rd. 8,2 Mill. RM), soweit sie in die oben erwähnten 5% fallen, ... rd. 99 Mill." Dies addierte sich somit zu stolzen potentiellen Sparbeträgen. Zusätzlich zu diesen eindeutig vorgetragenen Zielen der Schuldenreduktion „winkte er noch mit dem Zaun-

---

[616] Zitate siehe MA 4128, Bl. 84 (+ 86). Lehmann schrieb in seinem Vorwort von 1940 zu Markus, Verwaltungsbuchführung, auf Seite VIII, daß die „Entwicklung der Liquidität ... beeinflußt wurde ... von dem stockenden Abfluß ... insbesondere für einmalige Anschaffungen, Bauten usw." Lehmann schrieb 1956 von der „´starken[n] Schuldentilgung in der ersten Hälfte des zweiten (sic) Weltkrieges´", zitiert nach Tüffers, Stadtkämmerer, S. 330.

[617] Siehe MA P 218, 25.11.1941 (Nr. 195); MA P 218, 13.01.1942 (Nr. 229).

[618] Zitate und Nachweise siehe MA Nachträge 158, Bl. 93-95, 97f.(rot). Zum Thema Sparen bei der Jahresrechnung 1941 am 03.09.1942 siehe Tüffers, Stadtkämmerer, S. 329 - Anm. 91, mit Verweis auf MA Nachträge 162. Auch in Veröffentlichungen trat Lehmann für die Schuldentilgung ein, siehe Lehmann, Frankfurt, S. 300.

pfahl" bei seinem abschließenden Hinweis: „Von dem übrigen Teil des Erlasses ist für die Stadt die Bestimmung von Wichtigkeit, dass die Gemeinden nur noch Grundbesitz kaufen sollen, wenn kommunalpolitische Gründe einen solchen Kauf erforderlich machen. Auch in diesen Fällen soll nach Möglichkeit Stundung des Kaufpreises vereinbart werden."[619] Daß Lehmann selbstredend stets „kommunalpolitische Gründe" vortragen würde und dann ggf. von der Möglichkeit einer Stundung nicht unbedingt Gebrauch machen wollte, konnte ein aufmerksamer Zuhörer, der Lehmanns Ziel der Schuldenreduktion kannte, deutlich heraushören.

In einer Vorlage des Oberbürgermeisters - sicherlich erstellt durch die Stadtkämmerei - für die Sitzung der Gemeinderäte ging es Anfang 1943 um die „verstärkte Schuldentilgung"; es heißt darin, daß der „Gesamtbetrag der Schuldentilgung ... 1942 ... rd [sic, GSt.] 14,9 Mill. RM" gewesen sein wird. Die „Finanzschulden der Stadt werden bei Abschluss dieses Rechnungsjahres noch rd. 140,8 Mill. RM betragen."[620]

Im Jahr 1943 ging es bei einer „Amtsleiterbesprechung" um die „Schuldentilgung für das Rechnungsjahr 1942". Der Oberbürgermeister entschied: „Für die verstärkte Tilgung von Schulden genehmige ich im ordentlichen Haushaltsplan 1942 ... weitere überplanmässige Ausgaben bis zum Betrage von 7.050.000 RM."[621] Ein halbes Jahr später genehmigte der Oberbürgermeister eine verstärkte Schuldentilgung im Rechnungsjahr 1943 in der Höhe von 31.700.000 RM.[622]

In den „Monatsberichte[n] ... über durchgeführte größere Arbeiten" - die der Oberbürgermeister in den 30er Jahren dem Gauleiter sowie schließlich weiteren Personen zukommen ließ, und die er in den 40er Jahren an den Ratsherrn Friedrich Koch schickte, der zugleich Kreisamtsleiter war,[623] (und der sie dann zurückschickte) - wird ebenso offensichtlich auf die Schuldentilgung eingegangen. Die folgenden Beispiele sind immer der erste Sachpunkt im Gesamtbericht, also das, was ein Leser zuerst zur aktuellen Tätigkeit der Stadtverwaltung wahrgenommen hat: Anfang April 1943 berichtete der Kämmerer über die „1. Herstellung von nummernmässig geordneten Verzeichnissen für nom. 30.000.000 RM 4 % Schuldverschreibungen des Umschuldungsverbandes deutscher Gemeinden und Überbringung der Stücke nach Berlin zum Zwecke der überplanmässigen Schuldentilgung im RJ 1943." Und Anfang September schrieb er, man habe einen „Restposten von 2 Millionen RM Gemeindeumschuldungsanleihe zur weiteren ausserordentlichen Tilgung beim Umschuldungsverband in Berlin abgeliefert." Anfang Oktober 1943 erklärte er die „Neuberechnung des Schulden-

---

[619] Zitate und Nachweis siehe MA 4128, Bl. 123-125, sowie MA P 219, 05.05.1942 (Nr. 23).

[620] MA Nachträge 167, Bl. 18. In der Besprechung zu dieser Vorlage äußerten sich Stadträte und Ratsherren, siehe ebenda, Bl. 22-24.

[621] Zitate siehe MA P 219, 09.03.1943 (Nr. 270).

[622] Siehe MA P 220, 12.10.1943 (Nr. 140 [nur TO II]).

[623] Koch gehörte zu denen, „die die ihnen von Sprenger zugedachte Rolle als Spitzel oder Kontrolleur der Stadtverwaltung und Interessenvertreter der Partei perfekt ausfüllten." Er war ein fanatischer Antisemit, siehe Tüffers, Magistrat, S. 336; siehe zu ihm auch ebenda, S. 113-117.

dienstes für die inneren Schulden infolge verstärkter Tilgung von rd. 32 Mill. RM zum 30.9.1943".
Anfang Dezember 1943 nannte er als sein Ziel: „Erwerb von Umschuldungsanleihen in grösserem Umfange durch Umtausch gegen Reichsschätze."[624]

Es zeigt sich an diesen Beispielen, wie der Stadtkämmerer den Oberbürgermeister und seine Kollegen stets über seine kontinuierlichen Sparanstrengungen informierte.[625] Er kann somit die behauptete Widerstandsleistung durch heimliche Schuldentilgung nicht für sich reklamieren.
(Bettina Tüffers schreibt, daß Lehmann „dem Bürgerrat im Januar 1946 verkünden konnte", die Schulden seien von 300 auf 90 Millionen gesunken.[626])


Lehmanns Behauptung gegenüber der Spruchkammer, den Oberbürgermeister und die Partei hintergangen zu haben (siehe oben), und den Nationalsozialisten heimlich das Geld entzogen zu haben, zeigt sich als Lüge.


Lehmann hat es stets als sein finanzpolitisches Ziel angesehen, finanziell handlungsfähig zu sein; er vertrat also nicht eine Sparpolitik um ihrer selbst willen. Deshalb wußten die Nationalsozialisten, daß Geld vorhanden war. So hatte Lehmann schon 1937 auf eine solche „Ansammlung von Kapitalvermögen" hingewiesen und die daraus beginnende „freie Beweglichkeit" genannt, die er anstrebte. Im selben Jahr hatte er vor den Ratsherren zur Jahresrechnung 1935 erklärt, daß die Stadt über Vermögenswerte wie Wertpapiere in Höhe von 31,6 Millionen RM verfüge.[627] Und entsprechend konnte er zur Jahresrechnung 1938, in der „3,8 Millionen Reichsmark" für Kunstkäufe

---

[624] Zitate siehe MA 5588, Stadtkämmerer, 06.04.1943: „I. Rechneiamt a) Finanzverwaltung"; ebenda, Stadtkämmerer, 06.09.1943; ebenda, Stadtkämmerer, 04.10.1943; ebenda, Stadtkämmerer, 03.12.1943. In einer städtischen Chronik wird unter dem 13.03.1943 zu einer nichtöffentlichen Sitzung über den Entwurf zum Rechnungsjahr 1943 festgehalten, daß für die Schuldentilgung 14.450.000 RM „bereitgestellt" werden, siehe Chroniken S5, 198 (1943), Bl. 839.

[625] Es gab jeweils zu den Haushaltsberatungen im Rahmen der Amtsleiterbesprechungen zahlreiche Sitzungen: so waren 1938 mindestens 19 angesetzt worden. Für 1944 finden sich immerhin noch vier vorgesehene Termine. In diesem Rahmen hätte Lehmann nicht ständig die Haushaltslage verschleiern können; siehe MA P 212, 25.03.1938, und MA P 220; 1939 waren es mindestens 18, siehe MA P 214, 02.02.1939; 1940 mindestens 15, siehe MA P 216, 19.03.1940; 1941 mindestens 6, siehe MA P 217; für 1942 hatte Krebs sie in seinem Tagebuch vom 03.02. bis zum 07.02 notiert, siehe Nachlässe S1 / 50, 1 Krebs, Bl. 134f. Beispielsweise forderte Lehmann „sehr energische Sparsamkeit" in der Haushaltsberatung vom 27.02.1940, siehe MA 2944, Bl. 59.

[626] Tüffers, Römerkoalition, S. 240. (Lt. Frankfurter Neue Presse, 05.11.1953, sollen die Barbestände am Kriegsende 90 Millionen betragen haben, siehe S2 / 810 Friedrich Lehmann.) Tüffers konzentriert sich in ihrem Aufsatz zu Lehmann auf die Frage, ob dessen Wirken oder „andere Faktoren" entscheidend für den Schuldenabbau gewesen seien, Zitat und Nachweis siehe Tüffers, Stadtkämmerer, S. 318. Darüber hinaus erklärt sie bei einer Schuldentilgung statt der Kriegsfinanzierung, daß die Parteifunktionäre nicht in der Lage gewesen seien, „die vielen Einzelrechnungen zu einem Gesamtbild zusammenzusetzen", ebenda, S. 326.

[627] Zitate und Nachweise siehe Städtisches Anzeigeblatt, Nr. 49, 10.12.1937, S. 623; ebenda, Nr. 7, 19.02.1937, S. 78, (am 11.02.).

verwendet worden waren, den Ratsherren erklären, daß „wir glücklicherweise die flüssigen Mittel hatten", um durch „entschlossene[s] Zupacken" „Kunstschätze" aus „Frankfurter Privatbesitz - meist jüdischem Besitz" erwerben zu können. Lehmann hatte also Geld für Arisierungen, was er den Ratsherren nicht verschwieg.[628] Ebenso verwies der NS-Oberbürgermeister darauf. Krebs erklärte in seiner Haushaltsrede vom März 1943 zur Mehrung der Kunstbestände: Die Museen „erhalten auch im kommenden Rechnungsjahr die Mittel, die zur Verfolgung dieser Politik ausreichend sein werden."[629]

„Der Antrag des öffentlichen Klägers am Ende dieser Sitzung war eindeutig: Er blieb bei dem Vorwurf, Lehmann habe keinen Widerstand geleistet, sondern sich für die ´dunklen Zwecke´ des Nationalsozialismus ´einspannen´ lassen. Er sah auch seine Finanzpolitik nicht von politischen, das heißt oppositionellen Gründen motiviert, sie sei ´lediglich dem Lokalinteresse des Betroffenen´ zuzuschreiben und ohne Unterstützung des Oberbürgermeisters nicht möglich gewesen."[630]

### 3.7.2 Bargeld gesichert?

Lehmann will die Kriegsfinanzierung durchkreuzt[631] und Wertdepots nicht nach Berlin verlegt haben. Es soll die Vernichtung der Kassenbestände eine „Vorschrift des Gauleiters" gewesen sein:[632] „Der im Januar 1945 von den Nationalsozialisten ausgegangenen Anweisung, aus Gründen der ´Sicherheit´ die Gelder nach Berlin zu senden oder sie im ´Ernstfall´ zu verbrennen, war Lehmann nicht nachgekommen. So befand sich in den Tresoren der ausgebrannten Rathauskeller nach Kriegsende ein Geldbetrag von -zig Millionen Reichsmark."[633] Lehmann verwies darauf in seinem Schreiben an den Dekan der Rechtswissenschaftlichen Fakultät vom 22. November 1946 mit einer aufschlußreichen Begründung; er habe dies getan, „um auch die lebensnotwendigen Werte nicht jenseits einer Demarkationslinie liegen zu haben."[634] Diese Argumentation verrät, daß er mit

---

[628] Zitate siehe Städtisches Anzeigeblatt, Nr. 33, 18.08.1939, S. 372.
[629] Krebs, Frankfurt, S. 17.
[630] Tüffers, Stadtkämmerer, S. 345f.; siehe HHStAW, 520 F (A-Z), 2. Protokoll, S. 2verso.
[631] Es wird im Spruchkammerverfahren gesagt, er sei ein Pazifist gewesen, siehe HHStAW, 520 F (A-Z), Bl. 11, 14.
[632] Siehe HHStAW, 520 F (A-Z), 1. Protokoll, S. 7, so Direktor Markus; siehe auch MA 9200, Bl. 10 (20.12.1945).
[633] Frankfurter Allgemeine Zeitung, 05.11.1958; siehe auch Abt. 4 Nr. 1447, Bl. 8. Es ist davon auszugehen, daß die Datumsangabe von Lehmann selbst stammte.
[634] Abt. 114 Nr. 94, Bl. 69. Und es wird sich die Frage nach der Motivation stellen: Wäre es bewußter Widerstand gegen den NS-Staat gewesen oder nur die Bewahrung der eigenen beruflichen Leistung als Stadtkämmerer vor willkürlicher Zerstörung?

einer Sichtweise vom November 1946 zu einem Vorgang von Anfang 1945 Stellung bezog. Lehmann belegte damit, daß er den Kalten Krieg früh wahrgenommen hatte. Jedoch: Wie wollte er vor dem Kriegsende gewußt haben, daß es einerseits zur Teilung kam und die Rote Armee Berlin einnehmen würde, und es andererseits nicht sofort zur Einführung einer neuen Währung durch die Sieger kommen würde? Letztlich belegt eine solche argumentative Anpassung der Tatsachen ex post facto an den Zweck Lehmanns instrumentelles Verhältnis zur Wahrheit.

Wenn der Gauleiter diese Finanzsabotage entdeckt hätte, so der Zeuge Krebs vor der Spruchkammer, würde jener dies „zum Anlass genommen haben .., die von ihm längst geplanten Massnahmen gegen den Betroffenen in die Tat umzusetzen."[635] Für Lehmanns Ehefrau ist die Bewertung knapp 14 Jahre später eindeutig: ihr Mann habe „trotz der von Hitler angedrohten Todesstrafe unter Einsatz seines Lebens alle Forderungen über Geldvernichtung etc. nicht ausgeführt".[636]

Ein Nachweis für die behauptete Anweisung des Gauleiters konnte nicht gefunden werden. Zudem muß darauf hingewiesen werden, daß ein solcher Geldtransport in jenen letzten Kriegstagen nur unter großen Schwierigkeiten hätte realisiert werden können. Vor allem gibt es eine widerstreitende Tatsache, weshalb Lehmann nicht in der Lage gewesen wäre, einen Transport, der durch Sicherheitspersonal begleitet worden wäre, zu verhindern: Er war nämlich ernsthaft erkrankt und somit nicht vor Ort präsent. Er hätte also eine solche Entscheidung nicht beeinflussen oder den Oberbürgermeister nicht an ihrer Umsetzung hindern können. Lehmann schrieb zu dieser Erkrankung an den „Herrn Oberbürgermeister Hollbach" am 3. Juli 1945: „Weihnachten 1944 traten dann plötzlich schwere Gefässkrämpfe am Herzen auf (Coronarinfarkt). Ich habe deshalb vom 25. Dezember 1944, wo ich den ersten Anfall erlitt, bis zum Einrücken der Amerikaner in Frankfurt gelegen. Erfreulicherweise hatten sich dadurch die Herzbeschwerden soweit gebessert ..."[637] Und Lehmann war in diesem Zeitraum ständig für die „Amtsleiterbesprechungen" krank gemeldet.[638] Lehmanns

---

[635] Abt. 4 Nr. 1447, Bl. 9.

[636] MA 2574, Frau Lehmann an Oberbürgermeister, 14.10.1958.

[637] PA 73.702, Bl. 394. Wenn diese Erkrankung in der NS-Zeit eine Täuschung durch Lehmann gewesen wäre, um sich in den letzten Monaten des NS-Regimes vor diesem zu schützen, so stellt sich die Frage, warum Lehmann dies dann im Juli 1945 nicht zugegeben hat? In der Akte sind zumindest für diesen Zeitraum weder Krankmeldungen noch ärztliche Atteste vorhanden, während es zuvor eine Reihe unterschiedlicher Krankmeldungen gegeben hatte. Vgl. Tüffers, Stadtkämmerer, S. 339 - Anm. 127. Stadtrat Bruno Müller berichtete unter dem 27. März 1945 in seinen maschinenschriftlichen Aufzeichnungen „Erlebnisse in den ersten Tagen der amerikanischen Besatzung" (erstellt am „9.6.45") über die Plünderung von Zügen auf dem Güterbahnhof: „Einige mir bekannte Mitbürger, die in den letzten Monaten ... an keiner Tätigkeit teilnehmen konnten, weil sie ... an Herzschwäche litten, erwiesen sich auf einmal als erstaunlich leistungsfähig", Nachlaß S1-25, Nr. 3. Das Zitat könnte man auf Lehmann beziehen, gegen den Müller bei der Wahl zum Stadtkämmerer 1932 verloren hatte.

[638] Gemäß MA P 221 war Lehmann seit Dezember 1944 bei den Amtsleiterbesprechungen als krank gemeldet; und lt. MA P 222 [Beginn: 20.03.1945] war Lehmann erstmals wieder am 17.04.1945

Behauptung, er habe Widerstand geleistet, indem er das Bargeld - statt seiner Vernichtung oder Verlagerung - für Frankfurt gerettet habe, ist als Lüge anzusehen.

Es ist erschreckend, wenn man diese Aussage Lehmanns, es sei eine Widerstandsleistung gewesen, eine hohe Millionensumme Bargeld gerettet und damit nach dem Krieg in Frankfurt die Geldzirkulation gesichert zu haben, kontrastiert mit der Forschung von Viktoria Pollmann zur Rolle Lehmanns bei besonderen Anstrengungen des amtierenden Bürgermeisters Hollbach unmittelbar nach dem Krieg: „Zur Kostenübernahme bei der Instandsetzung der Liegenschaften der jüdischen Gemeinde fragte auch der Kämmerer Dr. Friedrich Lehmann am 27. Mai 1945 etwas maliziös beim Bauamt an, woher man denn ´die Kosten zu nehmen gedenke´.“[639] Pollmann zieht das Fazit: „Dabei wäre allein das über das ganze Jahr 1945 dauernde kleinliche Hickhack um den Kostenvoranschlag der jüdischen Gemeinde, die Frage von Vorschüssen, Krediten und Rückzahlungsmodalitäten eine ausführliche Behandlung wert, denn niemand in der städtischen Finanzverwaltung kannte besser als ... Lehmann die Ursachen für den gegenwärtigen Besitzstand der völlig verarmten jüdischen Gemeinde ... Bei der Diskussion um die finanzielle Unterstützung der Gemeinde wird ihr unverfroren empfohlen, sich eigene Einnahmen zu erschließen“,[640] wenn die „Spenden des amerikanischen Hilfskomitees“ nicht ausreichten, und zwar durch „Erhebung einer Kultussteuer und Sammlungen bei den wirtschaftlich stärkeren Mitgliedern der Gemeinde“, schrieb Lehmann an das Stadtoberhaupt.[641] Es handelte sich dabei um das Entgelt für Heiminsassen. Indem Lehmann - wie es in der NS-Zeit in Frankfurt praktiziert worden war - die Jüdische Gemeinde für diese Sozialleistungen in der Verantwortung sah und nicht die Stadtgemeinde, argumentierte er antisemitisch-rassistisch.

Bei Lehmann gab es nach der NS-Zeit anscheinend auch keine handlungsleitenden Skrupel, einem praktizierenden Menschenverächter wie Otmar von Verschuer dabei helfen zu wollen, sein Institut nach Frankfurt am Main zu verlegen, wo dieser – allen voran die Medizinische Fakultät - einen

---

anwesend. Am 08. 07.1945 ging man von seiner schlechten Gesundheit aus, siehe MA 3643, Bl. 170verso.

[639] Pollmann, „Ehrenpflicht“, S. 142; zur Fundstelle ebenda, S. 142 - Anm. 23: „Ifs, MA 5.800, Bl. 119.“

[640] Pollmann, „Ehrenpflicht“, S. 152, zur Fundstelle ebenda, S. 152 - Anm. 63: „Finanzverwaltung der Stadt Frankfurt D I/54, 15.11.1945. Ifs, MA 5.800, Bl. 149.“

[641] Zitate und Nachweis siehe MA 5800, Bl. 149verso. Juden, welche nach dem Krieg aus Theresienstadt nach Frankfurt zurückgekommen waren, billigte der Sozialdezernent Polligkeit gegenüber dem Oberbürgermeister am 18.08.1945 eine Kur im Krankenhaus Köppern zu; zugleich meinte er, „daß ´eine Verrechnung der entstehenden Kosten aus Reichsmitteln durchaus vertretbar´ erscheine“, Pollmann, KZ-Häftlinge, S. 578. Lehmann erklärte dazu am 27. 08.1945: „Wir pflichten der Auffassung des Fürsorgeamtes bei“, Fürsorgeamt 461, unfol.

Lehrstuhl für Genetik geben wollte. Verschuer fuhr 1946 nach Frankfurt, „um mit dem Stadtkämmerer Lehmann die Finanzfrage zu besprechen. Der habe ihm ja den Institutsetat garantiert".[642]

### 3.7.3 Gegen Kindergärten an die NSV?

Im Spruchkammerverfahren heißt es, Lehmann habe „auf sozialem Gebiet weitgehend verhindert, dass die Kindergärten von der NSV übernommen wurden".[643] Dabei hatte die Stadt Kosten zur Etablierung der NSV in Frankfurt nicht gescheut, denn sie hatte zum Beispiel Ende August 1933 „zwei städtische Bedienstete gegen Fortzahlung der Gehälter [beurlaubt, GSt.], um die NSV aufzubauen."[644] Und zum behaupteten Widerstand Lehmanns sei hingewiesen auf den Oberbürgermeister, zu dem es heißt: „Krebs widersetzte sich, als auf Drängen der NSDAP die städtischen Kindergärten der NSV zugeschlagen werden sollten."[645] Susanne Keval sieht dies als eine Auseinandersetzung zwischen dem Oberbürgermeister und dem Gauleiter; sie schreibt zudem dem Schulamt - also letztlich Keller - eine signifikante Rolle bei diesem konkreten Vorgang zu: „Nachdem das Schulamt dieses Anliegen mit der Begründung ablehnte, daß der NSV nicht bereit sei, städtische Bedienstete, die nicht in der Partei sind, zu übernehmen, weigerte sich auch Oberbürgermeister Krebs trotz massiven Drucks, diesem Schritt zuzustimmen."[646] (Zwischen der NSV und der Stadt, beispielsweise dem Jugendamt, gab es einerseits eine mannigfaltige Zusammenarbeit, andererseits aber immer wieder Konflikte um die Kompetenzen, welche die NSV für sich ausdehnen wollte.[647]) Und auch Rudolf Prestel, führend im Sozialbereich, behauptete von sich, dagegen „erfolgreich Widerstand geleistet" zu haben.[648]

---

[642] Nachweis und Zitat siehe Abt. 120 Nr. 60, Bl. 278, Medizinische Fakultät, vom 11.07.1946: „Die Fakultät beschliesst die Berufung auf den Lehrstuhl für Genetik vorzubereiten"; Kröner, Rassenhygiene, S. 103, Brief vom 29.06.1946, mit Verweis auf Universitätsarchiv Münster, NL Verschuer, BW Verschuer/de Rudder.

[643] HHStAW, 520 F (A-Z), 1. Protokoll, Sitzung 22.08.1947, S. 2. Lehmann schrieb 1939 im Jahrbuch für Kommunalwissenschaft: „So müssen auch manche Auseinandersetzungen mit HJ und NSV beurteilt werden. Hier muß eine Scheidung der Aufgaben kommen. Aber nicht so, daß die Gemeinden Teile ihrer ureigensten Aufgaben der Jugend- und Wohlfahrtspflege abgeben, also doch wieder Sonderstellen gebildet werden. ... HJ und NSV sollten ein eigenes und mehreres tun als die Gemeinde kann", siehe Lehmann, Probleme, S. 27.

[644] Eckhardt, Einrichtungen, S. 117. Siehe auch Recker, Volkswohlfahrt, vor allem S. 137.

[645] Rebentisch, Frankfurt, S. 500.

[646] Keval, Widerstand, S. 105.

[647] Siehe zu diesen Konflikten Hubert, Jugendfürsorge, z. B. S. 264, 323.

[648] Zitat siehe PA 136.152, Bl. 51.

Es ist diese Entwicklung in Frankfurt zu sehen unter dem Einfluß des Reichsinnenministers Frick, der den Verbleib städtischer Kindergärten bei den Kommunen verteidigte.[649] „Der Leiter der Parteikanzlei gab am 11. April 1941 einen mit dem RMdI gemeinsam herausgegebenen Runderlaß vom 21. März 1941 über die Zusammenarbeit der Gemeinden und Landkreise mit der NSV zur Förderung der Kindertagesstätten bekannt ... und schrieb dazu, dieser Erlaß ... erkläre die Betreuung der Kinder in den Kindertagesstätten grundsätzlich zur Aufgabe der Partei. ... Die Planung neuer Kindertagesstätten sowie deren Betrieb und Leitung und die Anstellung des Personals sei Aufgabe der NSV, während die zur Zeit von den Gemeinden betriebenen Kindertagesstätten weiter im Betrieb der Gemeinden bleiben sollten."[650] Und der Vorsitzende des Deutschen Gemeindetages, der Münchener Oberbürgermeister und Reichsleiter Fiehler, „beklagte öffentlich" den Versuch der Einverleibung städtischer Kindertagesstätten „vom hessisch-nassauischen Gauleiter" durch die NSV, und der „RmdI hatte daraufhin den Kasseler Oberpräsidenten wie auch die RP in Kassel und Wiesbaden" angewiesen, „auf genaue Einhaltung" des Runderlasses in bezug zum Recht der Städte auf die bestehenden Kindertagesstätten.[651] Somit war es der Reichsinnenminister, der die bestehenden städtischen Kindergärten vor der NSV geschützt hatte.

Und es ist in Betracht zu ziehen, in welchem Umfang neue Einrichtungen für die NSV durch die Stadt geschaffen worden waren. Denn in der Vorlage des Schulamts für einen (dann nicht veröffentlichten städtischen) Verwaltungsbericht 1939/40 heißt es: „Das in letzter Zeit sich immer mehr bemerkbar machende Bedürfnis an öffentlichen Kindergärten wird in Zusammenarbeit mit der NSV. befriedigt. So ist neben der Zurverfügungstellung von städt. Räumlichkeiten für Kindergärten der NSV. u.a. auch im Laufe des Jahres in der Siedlung Goldstein durch Aufstellung von 2 Schulbaracken ein Kindergarten eingerichtet worden, dem auch eine Schwesternstation der NSV. eingegliedert ist. Ebenfalls in Zusammenarbeit mit der NSV. wird der durch den Krieg entstandenen Notwendigkeit, Kinder von in der Kriegswirtschaft tätigen Müttern Betreuung zu gewähren, durch Einrichtung von Kriegskindergärten entsprochen."[652] Und Krebs wies in seiner Haushaltsrede vom März 1943 darauf hin, daß die „Zahl dieser Stätten ... im kommenden Rechnungsjahr durch neue Einrichtungen der NSV vermehrt werden, wofür die Zuschüsse in den neuen Haushaltsplan eingestellt sind."[653] Die NSV konnte zudem die konfessionellen Kindergärten übernehmen, welche nicht geschützt worden waren.[654]

---

[649] Siehe z. B. Recker, Volkswohlfahrt, S. 136.

[650] Buchhein, Übernahme, S. 130.

[651] Zitate siehe Tüffers, Magistrat, S. 277 - Anm. 715.

[652] Schulamt 4133, „Betr.: Verwaltungsbericht 1939/40" [kaum korrigierte Fassung], Bl. 6. Siehe auch Chroniken S 5, 194 (1939), Bl. 107. Vgl. auch Chroniken S5, 196 (1941), Bl. 384.

[653] Krebs, Frankfurt, S. 14.

[654] Siehe Recker, Volkswohlfahrt, S. 137; „1941 wurde[n] ... die katholischen Kindergärten von der NSV beschlagnahmt", Unternehmen Nächstenliebe, S. 38.

Lehmann wurde von Seinesgleichen unterstützt, wenn es um Behauptungen zu seinem Widerstand ging: So habe er den Leiter des Freien Deutschen Hochstifts unterstützt - bezeugt von Keller und Krebs - sowie sich dem Kauf von Bildern von NS-Malern widersetzt - bezeugt von Krebs.[655] Er soll seine Personalpolitik nur nach dem Leistungsprinzip ausgerichtet haben sowie in der Sozialpolitik konfessionelle Einrichtungen unterstützt haben - bezeugt von Prestel.[656]

Außer Zeugen, welche dieselben oder intensivere Verstrickungen in das NS-System zu vertuschen hatten, half ihm auch seine geschickte und teilweise unverfroren dreiste Argumentation: So behauptete er, daß er sich „der Überführung jüdischer Stiftungen aus der Städt. Verwaltung in die Verfügungsgewalt der NSDAP .. widersetzte";[657] tatsächlich war es Sinn und Zweck dieses angeblichen „Widerstandes" gewesen, jüdische Stiftungen zu städtischen Gunsten auszurauben, damit sie nicht der Reichsvereinigung anheimfielen.[658] Ein Beispiel für einen Vorgang, in dem Lehmanns Involvierung nachgewiesen werden kann, ist die Philipp und Jakob H. Schiff-Stiftung: Am 16. September 1939 schlug der Stiftungsleiter Müller vor, die Hälfte des Vermögens an die Reichsvereinigung und die andere Hälfte zwischen der städtischen Jugendfürsorgestiftung und der allgemeinen Jugendfürsorgestiftung aufzuteilen. Gemäß einer Verfügung aus einer „Amtsleiterbesprechung" vom 3. Oktober, die nachrichtlich ans Rechneiamt ging, betrug das Vermögen der Stiftung immerhin 70.948 RM. Es dauerte dann noch, bis Müller zu dieser Stiftung am 24. März 1942 an den Oberbürgermeister schrieb und der Brief über das Rechneiamt lief: „Das Rechneiamt/Fin.Verw. legt grossen Wert darauf, dass die Stiftung wegfällt, da es nicht Aufgabe der Stadt sein kann, Gelder, die den Juden zustehen, noch weiter zu verwalten, im Haushaltsplan nachzuweisen und Steuern darauf

---

[655] Siehe Abt. 4 Nr. 1447, Bl. 7. Lehmann schrieb zusammen mit Keller zugunsten von Walter Mannowsky, siehe Farnung, Kulturpolitik Reich, S. 260; Bauer, Bedauern, S. 46f.: Mannowsky war Direktor des Museums für Kunsthandwerk und u. a. NSDAP-Mitglied und förderndes Mitglied der SS. Er hatte in Paris mit Bargeld Ende 1940 die militärpolitische Situation zum „Kauf" von Kultur genutzt und in seinem Reisebericht, den Keller an Krebs weiterleitete, geschrieben: Es „konnten Kunstgegenstände für die Frankfurter Sammlungen erworben werden, deren Handelswert in Deutschland mindeste das 5 bis 6 fache beträgt. ... Ich würde dringend empfehlen, diese so leicht nicht wieder sich bietende Gelegenheit zu benutzen und eine weitere grössere Summe zu Ankäufen in Paris bereit zu stellen. ... Ferner würde ich empfehlen, auch im belgischen und holländischen Kunsthandel in ähnlicher Weise Umschau zu halten." Zitat und Nachweis siehe Stutzinger, Wohle, S. 113-115, vom 27.12.1940 resp. 04.01.1941, mit Verweis auf MA 7863.

[656] Siehe Abt. 4 Nr. 1447, Bl. 7; siehe zu ihm Heibel, Prestel; Stemmler, Prestel.

[657] Abt. 4 Nr. 1447, Bl. 7f.

[658] Siehe Kingreen, Raubzüge, S. 29, 43; siehe auch MA 4128, Bl. 54verso (+56recto). Lehmann wird wohl von der Finanztransaktion bei der Ausraubung der Budge-Stiftung gewußt haben, siehe Lustiger, Budge-Stiftung, S. 317; siehe auch Andernacht/Sterling, Dokumente, S. 162. Lehmann behauptete vor dem städtischen Hauptuntersuchungsausschuß über den NS-Stadtrat Müller: „Stadtrat M. war für Beraubungen u. Rechtsbrüche anderen gegenüber niemals zu haben", PA 65.185, Bl. 219recto [S. 5], was u. a. bezüglich der Ausplünderung jüdischer und sog. paritätischer Stiftungen nicht zutrifft.

zu entrichten." Diese Aussage wurde durch Lehmann am 27. März mit einem „zustimmend weitergereicht" abgezeichnet.[659] Lehmann wollte somit den städtischen Anteil für die städtischen unselbständigen Stiftungen sichern. Bis dahin mußten anscheinend Steuern durch die Stiftung auf den Gesamtbetrag hin entrichtet werden, da es für jüdische Stiftungen keine Steuerbefreiung mehr gab. Als Teil städtischer Stiftungen wäre dies wegfallen, und die Stadt hätte über die Summe verfügen können. Er beabsichtigte auch, das[660] Geld der Moritz Rapp´schen Stiftung für die Senckenbergische Naturforschende Gesellschaft und für das Rochus-Hospital einzusetzen, weshalb er an Müller schrieb: „Wir haben also ein erhebliches finanzielles Interesse daran, dass die Vermögensaufteilung baldigst vorgenommen wird."

In diesem Politikfeld zeigt sich eine antisemitische Haltung bei Lehmann, wenn man dem Gedächtnisvermerk von Bruno Müller Glauben schenkt: Zur Beratung über eine neue „Verwaltungssatzung für die öffentlichen milden Stiftungen" notierte Müller sich von seiner Rücksprache mit dem NS-Oberbürgermeister: „Ueber die weiteren Wünsche des Herrn Kämmerers habe ich Vortrag gehalten. Insbesondere wünscht der Kämmerer, dass über die Person des Stiftungsleiters in der Verwaltungsordnung besondere Erfordernisse festgelegt werden. Dieser Wunsch bezieht sich vor allem anscheinend auf die Religionszugehörigkeit. Ich stellte mich auf den Standpunkt, dass bei der Person des Stiftungsleiters völlig der Wille des Oberbürgermeisters entscheiden muss und dass der Stiftungsleiter ohnehin an die für die Stiftungen bestehenden Sondervorschriften, insbesondere wegen der Religionszugehörigkeit der Bewerber gebunden ist."[661]

### 3.7.4 Hilfe verfolgter Personen?

Die Spruchkammer erklärte in ihrem Spruch zu Lehmanns Schutz für verfolgte Menschen: „Ausserhalb seines beruflichen Wirkungskreises hat der Betroffene ebenfalls nazigegnerische Aktionen aufzuweisen; so hat er z.B. die jüdische Ehefrau des Dr. Edmund Schilling aufgenommen und ihr Schutz gewährt, wie durch einen Brief des Dr. Schilling aus England erklärt wird. Ausserdem hat er der jüdischen Schriftstellerin Paula Steinert [sic, GSt.] in Berlin beigestanden, als deren Gatte seine Stellung im Ullstein-Verlag aufgeben musste. Aehnliche Vorfälle werden von mehreren Zeugen

---

[659] Zitate und Nachweise siehe MA 9506; aus Schreiben zuvor läßt sich entnehmen, daß der Reichsinnenminister wegen amerikanischer Stiftungsangehöriger zuerst während des Krieges die Stiftung nicht auflösen wollte, um die USA nicht zu provozieren; mit der Kriegserklärung gegen die USA bestand dann dieser Hinderungsgrund nicht mehr.
[660] Stiftungsabteilung 337, Bl 62; mit Dank an Ralf Roth für diese Information.
[661] Stadtwerke 493, vom 10.06.1937.

geschildert."[662] (Gemeint war die „Redakteurin Paula Steiner".)[663] Lehmann hatte Ende 1946 an den Dekan geschrieben, er habe „2 Halbjuden durch die ganze nat.soz. Zeit in der Verwaltung hindurchgerattet [sic, GSt.] .., den Prokuristen Löwenstein von den Main-Gaswerken und den VI Ullmann vom St. Katharinen- und Weissfrauenstift".[664] Und: „So habe ich z. B. dem bekannten Opernsänger Schramm durch meine Sekretärin Horrenberger eine Wohngelegenheit in ihrer Mansarde verschafft".[665]


Was konnte zu diesen und weiteren Erklärungen ermittelt werden? Hermann Schramm lebte bis 1951; aber er war weder vor die Spruchkammer als Zeuge geladen worden noch hatte er eine eidesstattliche Erklärung abgegeben.[666]

Der jüdischen Frau von Johannes Jaenicke, die aufgrund von Lehmanns warnenden Hinweisen „den Naziterror ohne die vielen Schicksalsgenossen widerfahrenen Nachteile für Leib und Leben" überstanden habe, wie ihr Ehemann eidesstattlich versicherte, bot jener an: „Als im Jahre 1944 die Deportation der jüdischen Ehepartner vorbereitet und begonnen wurde, hat er meiner Frau sein Haus als Versteck angetragen und nicht geruht, bis meine Frau die Zusage gemacht hatte, von diesem ihn selbst schwer gefährdenden Angebot im äussersten Notfall Gebrauch zu machen."[667] Es

---

[662] Abt. 4 Nr. 1447, Bl. 8. Michael Lenarz vom Jüdischen Museum in Frankfurt recherchierte nach einigen Personen; ich danke ihm für seine Hilfe. Lenarz weist darauf hin, daß „Dr. Edmund Schilling Museumskustos war"; es gibt im Institut für Stadtgeschichte „die Einwohnermeldeunterlagen für seine Wohnadresse Fuchshohl 69 in Ginnheim (Hausstandsbuch 1646)". Schilling wohnte also in Lehmanns unmittelbarer Nachbarschaft. (Frau Schilling wird nicht als Lehmanns Untermieterin im Hausstandsbuch 1679 erwähnt.)

[663] HHStAW, 520 F (A-Z), Bl. 25verso.

[664] Abt. 114 Nr. 94, Bl. 68recto. (Lehmann war Aufsichtsratsvorsitzender der Main-Gaswerke, siehe MA Nachträge 11, Bl. 42verso. Eine kursorische Suche im nur begrenzt vorhandenen Archivmaterial zu Personalangelegenheiten der Main-Gaswerke im Institut für Stadtgeschichte [im Januar 2013] führte nicht weiter.)

[665] Abt. 114 Nr. 94, Bl. 68verso; falls diese Handlung illegal war oder den Unwillen der Nationalsozialisten erregt hätte, so wäre wohl zuerst und vor allem seine Sekretärin davon betroffen gewesen. Siehe zu Hermann Schramm, Klötzer, Biographie, Bd. 2, S. 336f., hier S. 337: „1933 mußte Schr. als ́Nichtarier ́ seinen Abschied von der Bühne nehmen. 1943 dreimonatige Gestapo-Haft." Er hatte 1946 wieder einen Auftritt mit 75 Jahren. Lt. Schültke, Theater, S. 101, hatte Schramm in der NS-Zeit nach einer Kürzung seiner Bezüge überzählige Leistungen zurückzuzahlen. Siehe zu seinem Überleben auch Martini, Musik, S. 241f. Vgl. zu den Vorgängen Tüffers, Stadtkämmerer, S. 340f.

[666] Siehe HHStAW, 520 F (A-Z); bei den immerhin bis auf Nr. 39 eingereichten Unterlagen, siehe Bl. 3, gehört er nicht dazu; vgl. auch Bl. 25verso sowie die Liste der befragten sowie der nichtbefragten Zeugen der Verhandlung.

[667] HHStAW, 520 F (A-Z), Bl. 17. Michael Lenarz vom Jüdischen Museum in Frankfurt informierte mich dankenswerterweise über ihn: „Dr. Johannes Jaenicke ... war verheiratet mit Erna geb. Buttermilch, ... die nach den NS-Rassekriterien ́Volljüdin ́ war. ... Die Familie ist in den Unterlagen zur Volkszählung vom 17.05.1939 nachgewiesen."

ist also nicht zur Verwirklichung des Angebots gekommen, so daß dieses Hilfsangebot nicht zu beweisen ist.

In diesen Kontext fügt sich auch die folgende Erklärung zugunsten Lehmanns ein: „Eine Pflege-schwester von Frau L. heiratete einen jüdischen Anwalt Julius Demant. ... die christliche Frau ... starb ... Als Demant ins Konzentrationslager Theresienstadt deportiert wurde, setzte Lehmann alles in Bewegung, um ihn herauszubekommen. Als die Befreiung endlich verfügt wurde, war es zu spät. D. war bereits verstorben."[668]

Eine weitere Aussage stammt von „Fritz Eigenstetter"; er soll von der Gestapo 1943 wegen Äuße-rungen aus dem Jahr 1938 verhaftet worden sein. Lehmann habe „sogar die Hilfe" von Krebs „dazu in Anspruch genommen",[669] um ihm zu helfen. Daß Lehmann dazu Krebs um Unterstützung ersucht habe, ist verwunderlich. Und Lehmann verwies diesbezüglich nicht auf Krebs, sondern auf Schwie-rigkeiten für den Staatsanwalt wegen dessen Hilfe.[670] Fritz Eigenstetter war wg. Verstoßes gegen das sog. „Heimtückegesetz" von zwei Kollegen, darunter einem SS-Rottenführer, denunziert worden; dabei waren die einschlägigen Äußerungen Jahre zuvor gefallen. Lehmann trat im Dezem-ber 1942 mit dem Leiter des Statistischen Amtes sowie dessen früheren Amtsleiter, der Universi-tätsprofessor geworden war, für Eigenstetter ein. Sie wiesen bei dem langjährigen städtischen Mitarbeiter darauf hin, daß er ein verwundeter Frontkämpfer und seit Anfang 1942 NSDAP-Mitglied sei. Der Oberstaatsanwalt stellte das Verfahren Ende 1942 ein.[671]

Der Direktor des Freien Deutschen Hochstifts, Beutler, gibt an, daß Lehmann seinem Sohn eine Lehrstelle bei „Hartmann & Braun" vermittelt habe; Beutlers Frau war eine sogenannte „Halbjü-din", somit sein Sohn ein sogenannter „Vierteljude" gewesen.[672]

Vor der Spruchkammer äußerte sich der Buchhändler Schumann: Er „kennt den Betroffenen als Kunden der Buchhandlung Schatzki (jüd. Geschäft) ... Nach dem Ausscheiden des jüdischen Geschäftsinhabers habe sich der Zeuge stets um Rat hinsichtlich Sitzungen oder Verhandlungen an den Betroffenen wenden können."[673] Schatzki mußte auf Druck der Reichsschrifttumskammer das

---

[668] HHStAW, 520 F (A-Z), Rückseite des Schreibens von Martin M. Schaefer; er war ehrenamtli-cher Stadtrat in Königsberg gewesen und als Jude 1938 nach England emigriert. Wie könnte Schaefer vom geschilderten Vorgang erfahren haben?

[669] Zitate und Nachweis siehe HHStAW, 520 F (A-Z), 1. Protokoll, S. 7verso.

[670] Siehe Abt. 114 Nr. 94, Bl. 68 (S. 8 in seinem Lebenslauf an den Dekan).

[671] Siehe Bauer, Stadt, S. 30f.

[672] Siehe Seng, Goethe-Enthusiasmus, S. 415 - Anm. 254, in einem Schreiben an Fritz Flersheim in New York vom 26.11.1946; der Sohn habe nicht studieren dürfen. Lehmann war langjähriges Mitglied im Verwaltungsausschuß des Freien Deutschen Hochstifts und wurde in jener Zeit dessen stellvertretender Vorsitzender.

[673] HHStAW, 520 F (A-Z), 1. Protokoll, S. 5.

Geschäft „´in den Besitz geeigneter arischer Persönlichkeiten´"[674] überführen. „Konzentriert betrieb Walter Schatzki die Übergabe und Emigration. Die Arisierung gelang auf freundschaftliche Art"[675] an seinen Schwager Richard Schumann sowie an Gerhard Dross. Nach dem Tod von Frau Schatzki „gelang im Dezember 1937 die Emigration über Lissabon in die USA ... Mit Hilfe von Richard Schumann glückte im Mai/Juni 1938 unter Aufsicht der Devisenstelle beim Oberfinanzpräsidenten die Expedition antiquarischer Bücher nach New York. ... Bücher und Kunstblätter im Wert von 6.000 Reichsmark und eine Handbibliothek im Wert von 3.000 Reichsmark wurden gegen Abgabe von 4.500 Reichsmark an die Golddiskontbank nach Übersee verschickt." Schatzki mußte also 50 % Abgaben für die Erlaubnis der Mitnahme seiner Bücher und Kunstblätter bezahlen. Von daher ist nicht nachvollziehbar, inwieweit Lehmann Schatzki geholfen hat. Und eine Hilfe für Schumann wäre im Allgemeinen keine Widerstandsleistung. Auch läßt sie sich im Besonderen nicht erkennen; so verkündete im März 1939 die „Frankfurter Bücherstube" ihren Umzug zum Roßmarkt: „Die Bücherstube Schatzki hat ... ihre alten Räume in der Börsenstraße verlassen, weil das Haus zum Gauhaus umgebaut wird."[676] In der Literatur werden die Umstände des Umzugs nicht als ein Problem beschrieben, schon gar nicht in bezug auf die Gauleitung.[677]

Ausführlich soll auf Lehmanns Haltung zum Verwaltungsinspektor „Ullmann", wie er Edgar Ulmann bezeichnete, eingegangen werden, denn die Lage ist nicht eindeutig, so daß möglichst viele Informationen herangezogen werden, um eine erste Einschätzung abgeben zu können:
Edgar Ulmann hatte einen jüdischen Vater und eine nichtjüdische Mutter. Er war als Kind getauft worden und hatte eine nichtjüdische Frau geheiratet. Ulmann war Frontsoldat gewesen.[678] Es existiert seine Personalakte im St. Katharinen- und Weißfrauenstift für die Nachkriegszeit; diese ist als Band 2 gekennzeichnet. Die Stiftung hat Akten an das Institut für Stadtgeschichte abgegeben.[679] Es sind zumindest Vorgänge zu Ulmann aus der Zeit des „Dritten Reiches" in einer Akte aus der

---

[674] Langen-Wettengl, Bücherstube, S. 97, zitiert aus einem Schreiben des Präsidenten der Reichsschrifttumskammer, siehe ebenda, S. 104 - Anm. 26.
[675] Langen-Wettengl, Bücherstube, S. 97. Ihre detaillierte Darstellung gibt eine gute Beziehung zwischen Walter Schatzki und seinem Schwager Richard Schumann bis ins hohe Alter wieder.
Frau Langen-Wettengl schrieb auf Anfrage [im November 2011]: „In den Quellen, die mir zur Verfügung standen, taucht der Name Friedrich Lehmann nicht auf."
[676] Zitate siehe Langen-Wettengl, Bücherstube, S. 98.
[677] Siehe auch HStAW, Abt. 518 Nr. 5763 [Wiedergutmachungsakte Walter Schatzki], Bl. 54, Schreiben von Schubert an den Regierungspräsidenten vom 09.12.1959, in dem jener keine Schwierigkeiten beim Umzug der Frankfurter Bücherstube erwähnte. Schatzki hatte sich auch nicht an Lehmann als Helfer oder Rechtsbeistand bei den jahrelangen Auseinandersetzungen um seine berechtigten Ansprüche gewandt, siehe die Akte insgesamt. Ansonsten hatte sich Schumann im Spruchkammerverfahren nur allgemein positiv zu Lehmann geäußert.
[678] Siehe Personalakte im St. Katharinen- und Weißfrauenstift, Bd. 2, Bl. 301.
[679] Ich danke Herrn Bernhard Feurig vom St. Katharinen- und Weißfrauenstift für seine freundliche Unterstützung meiner Forschung. Ein Band 1 war nicht vorhanden.

Stadtkanzlei vorhanden.[680] Dabei handelt es sich zum einen um Ulmanns Bemühungen für eine Beförderung und um eine Anfrage des Stiftungsleiters Melber an das Personalamt.[681]

Ulmann war 1932 eine Inspektorenbesoldung versagt worden. 1934 erhielt er sie wiederum nicht; dieses Mal mit der Begründung, er sei „Nichtarier". Daraufhin ersuchte er seine Höhergruppierung 1935 beim Oberbürgermeister; der Vorgang zog sich noch im Jahr 1936 hin. Ulmann versuchte es auch beim Bürgermeister. Dann setzte Ulmann 1936/37 seine Bemühungen beim Regierungspräsidenten fort. Es schloß sich 1938 sein Versuch an, über den Reichsinnenminister Erfolg zu haben. Schließlich wandte er sich 1940 an ein Arbeitsgericht. Auch dort unterlag er.[682] (Ulmanns Aktivität zur Erreichung seiner Beförderung während der NS-Zeit war wagemutig.)

Kurz nach der Befreiung, am 4. Mai 1945, hatte Lehmann Ulmann als „hinsichtlich der Beförderung benachteiligt der Personalabteilung gemeldet". Lehmann beantragte als Stiftungsleiter im August 1945 beim Oberbürgermeister als Wiedergutmachung für Ulmann die Beförderung, die aufgrund „nichtarischer" Abstammung während des „Dritten Reiches" abgelehnt worden war; Ulmann erhielt sie „mit Wirkung vom 1.7.1945".

Und Ulmann versuchte aufgrund von Benachteiligungen, zum Oberinspektor ernannt zu werden. Dazu wandte er sich in der Folgezeit unter anderem an die Stadtverordnetenversammlung und an die Wiedergutmachungskammer am Landgericht Wiesbaden. Schließlich einigte er sich 1954 mit dem St. Katharinen- und Weißfrauenstift und dem Magistrat der Stadt Frankfurt am Main als Stiftungsaufsichtsbehörde, daß er in eine Oberinspektor-Besoldungsgruppe eingeordnet wurde „unter gleichzeitiger Versetzung in den dauernden Ruhestand".

Ulmanns unnachgiebiges Bemühen (nach 1945) war von der Stadtverwaltung und der Stiftung als Querulantentum bewertet worden.[683] Es gab Widersprüche in den Argumentationen der Stiftung resp. der Stadt, die Ulmann aufgriff, sowie menschliche Verletzungen, weil NSDAP-Mitglieder ihm vorgezogen worden waren.

Ulmann hatte am 18. Mai 1945 an Lehmann geschrieben und darin einen Brief Lehmanns vom 23. März 1942 zitiert, wonach dieser „kein Verständnis für meinen Hinweis auf die Möglichkeit meiner vorzeitigen Zurruhesetzung" habe. Wer beabsichtigte damals was? Ulmann habe sich dann am 15. März 1943 bei Lehmann schriftlich beschwert, weil ihm ein jüngerer Kollege vorgesetzt worden

---

[680] Siehe MA 9471; die Akte gibt die Altsignatur an: Stadtkanzlei St. Katharinen- und Weißfrauenstift 8415/3, Bd. 1.
[681] Siehe Bauer, Alter, S. 92: „aber Senior Melber und danach Stiftungsleiter Lehmann hielten an" Ulmann fest; als Beleg siehe ebenda S. 169 - Anm. 9, mit Hinweis auf MA 9471.
[682] Siehe MA 9471, Bl. 56-155o; siehe zum Zeitraum 1937 bis 1940 auch Stiftungsabteilung 662, Bl. 7-9, 23-25.
[683] Nachweise und Zitate siehe Personalakte im St. Katharinen- und Weißfrauenstift, Bd. 2, Bl. 241, 239, 286, 405; 409, 407 (und MA 9471, unfol.)

sei. Ulmann will sich auch 1942 und 1944 dagegen gewandt haben, daß „städtische Beamte sich bei den Stiftungen die besten Posten sichern können".[684]

Ulmann schrieb im Februar 1951 an das Landgericht, Wiedergutmachungskammer: „Ich erhielt am 1.3.1945 vom Arbeitsamt Frankfurt a.M., nachdem vorher deswegen Erörterungen persönlicher und telefonischer Art mit der Stiftung geführt waren, folgenden Bescheid: ´... Auf Veranlassung der Geheimen Staatspolizei werden Sie zur Organisation Todt, Baustelle Northeim bezw. Blankenburg zugewiesen. Sie haben sich zum Abtransport am Samstag den 10.3.1945 um 3 Uhr morgens vor Gleis 3 des Hauptbahnhofs Framkfurt [sic, GSt.], einzufinden usw. Sollten Sie zu diesem Transport nicht erscheinen, haben Sie mit staatspolizeilichen Massnahmen zu rechnen.´ Am 10.3.45 waren nach schweren Luftangriffen auf Ffm. die Gleise des Frankfurter Bahnhofes zerschlagen. Der Transport konnte deswegen am 10.3.45 nicht gehen. Dass ich dann drei Tage später, als der Transport dann tatsächlich auch ging, in Frankfurt a.M. verblieb, habe ich selbst verantwortet, nachdem ich mich vorher nicht gescheut hatte, bei der Gestapo in der Lindenstr. in Ffm. eine Entscheidung zu erlangen. Seitens der Stiftung konnte damals nichts veranlasst werden, mich zu halten, es wurden wohl mir unbekannte Gespräche geführt zwischen dem Direktor Herrn Wacker-nagel und dem Gestapo-Inspektor Hummel. Ich bekam von der Stiftung als letztes lediglich einen Brief mit, in dem gesagt wurde, dass ich bei der Stiftung als Sekretär bis zum 10.3.45 beschäftigt war und welches meine letzten Gehaltsbezüge gewesen seien."[685] Dazu hatte Ulmann am 8. Oktober 1946 an Lehmann geschrieben: „ohne dass irgendwelche Einwendungen von Seiten der Stiftung hiergegen erhoben wurden".[686]

Ulmann begründete gegenüber dem Landgericht, Wiedergutmachungskammer, im Juli 1951: „Wäre ich als nichtarischer Mensch in den Jahren 1933-1945 nicht willenlos - der Güte oder der Willkür, wie man es nehmen kann und will -, der Stiftung selbst, deren Machthabern und meinen sonstigen Mitarbeitern ausgeliefert gewesen ..."[687] Dies könnte man als Hinweis auf einen Schutz durch die Stiftungsleitung deuten.

Lehmann hatte im Antrag auf Anhebung von Ulmanns Stelle im Oktober 1945 erklärt: „Es hielt wirklich schwer genug, ihn trotz der Vorstellungen des Personalamtes als Mischling bei dem Stift zu halten".[688] Dr. Rasor hatte dies ähnlich dargelegt mit Hinweis auf das Personalamt.[689]

---

[684] Nachweise und Zitate siehe Personalakte im St. Katharinen- und Weißfrauenstift, Bd. 2, Bl. 242, 304.

[685] Personalakte im St. Katharinen- und Weißfrauenstift, Bd. 2, Bl. 297f.

[686] Personalakte im St. Katharinen- und Weißfrauenstift, Bd. 2, Bl. 236.

[687] Personalakte im St. Katharinen- und Weißfrauenstift, Bd. 2, Bl. 324.

[688] Personalakte im St. Katharinen- und Weißfrauenstift, Bd. 2, Bl. 236.

[689] Siehe Personalakte im St. Katharinen- und Weißfrauenstift, Bd. 2, Bl. 244.

Im Antrag der Stiftung zur Beförderung mit Zurruhesetzung von 1954 an den Magistrat wird behauptet, daß „die Stiftung nachweislich mit Erfolg ihre schützende Hand über U. halten konnte, was er aber heute nicht Wort [sic, GSt.] haben will".[690]

Direktor Wackernagel gibt in einer Mitteilung an Lehmann vom 29. Januar 1943 das Personal der Stiftung an. Von den insgesamt 5 Personen ist „3) .. Sekretär Ulmann, Mischling 1. Grades, 51 Jahre, seit 2. Jan. 1919, mithin 24 Jahre, bei der Stiftung".[691] Wackernagel verschwieg dies also nicht.

Der Stiftungsleiter Melber wandte sich an das Personalamt am 20. März 1938. In dem Schreiben fragt er, „ob dort die Auffassung vertreten wird, dass die Eigenschaft als Mischling 1. Grades allein [unterstrichen, GSt.] einen wichtigen Grund zu einer Entlassung ... abgibt." Daraufhin antwortete der Personaldezernent, daß dies allgemein „noch nicht endgültig entschieden" sei.[692] Ob man diese Anfrage als Vorwärtsverteidigung deuten kann, ist offen.

Insofern Ulmann die NS-Zeit überlebte, kann man es so deuten, daß wahrscheinlich jemand eine gewisse schützende Hand über ihn gehalten hat; sicherlich ist kein Scharfmacher am Werk gewesen. Lehmann hatte in dieser Situation als „Stiftungsleiter" eine wichtige Position. (Es verwundert nur, daß Lehmann und Dr. Rasor als Angreifer das Personalamt nennen; eher hätte man Parteikreise vermutet.) Konkrete Hinweise auf eine Aktivität Lehmanns, Ulmann zu schützen, konnten nicht ermitteln werden.


Die Spruchkammer kam zum Fazit: „Es ist zuzugeben, dass jede einzelne dieser Handlungen für sich betrachtet vielleicht das Prädikat eines aktiven Widerstandes nicht beanspruchen könnte. Zusammen genommen ergeben aber diese Handlungen ..."[693] Diese Gesamtbetrachtung der Spruchkammer läßt vermuten, daß die behaupteten Hilfeleistungen - wobei sich einige „Persilschcinc" nicht mehr in der Akte des Spruchkammerverfahrens befinden - nicht besonders überzeugend gewesen sein werden, weil Einzelbeurteilungen nicht zu positiven Resultaten kamen. Die vorhandenen Unterlagen stützen hingegen nicht einmal die genannte Einschätzung der Spruchkammer.

Der Grad der tatsächlichen Verweigerung des Gehorsams gegenüber dem nationalsozialistischen Staat und damit der potentiellen Gefährdung Lehmanns läßt sich aus diesen Äußerungen letztlich nicht entnehmen.[694] Jedoch, wie stehen diese Aussagen im Verhältnis zu jener auf der Trauerkarte

---

[690] Personalakte im St. Katharinen- und Weißfrauenstift, Bd. 2, Bl. 408f.
[691] Personalakte im St. Katharinen- und Weißfrauenstift, Bd. 2, Bl. 305.
[692] Zitate siehe MA 9471, Bl. 155a, b, d.
[693] HHStAW, 520 F (A-Z), Entwurf Spruch, S. 4.
[694] Siehe HHStAW, 520 F (A-Z) z. B. Bl. 16f. Kingreen, Verfolgung, S. 167, schreibt für Frankfurt und Umgebung, praktische Hilfe für schutzsuchende Juden sei relativ selten gewesen. Kingreens Recherchen über Behauptungen verschiedener Personen zu konkreten Maßnahmen erwiesen diese sehr häufig als „Rettungslegenden", siehe ebenda, S. 185.

der Universität? „Durch seinen Mut und seine Klugheit hat er zahllosen Verfolgten geholfen, hat er Vielen [sic, GSt.] buchstäblich das Leben gerettet."[695] Und wie ist die Relation zur Aussage aus der Stadtverwaltung? „Darüberhinaus hatte er für die Sorgen und Nöte der Mitbürger jederzeit ein offenes Ohr."[696]

### 3.7.5 Vertrauensmann der Organisation Goerdeler?

Lehmann stilisierte sich als Angehöriger (im Umfeld) des Aufstandes vom 20. Juli.[697] So nutzte er nach dem Krieg die Frage zur Mitgliedschaft in NS-Organisationen auf dem Meldebogen, um am „26. Oktober" [ohne Jahresangabe] zu behaupten, er sei ein „Vertrauensmann der Organisation Gördeler"[698] gewesen. Im „Fragebogen" vom 10. August 1946 führte er gleichfalls die „Organisation Goerdeler"[699] auf. In seinem Schreiben an den Dekan vom Ende 1946 ging er auf die „Aktion Goerdeler"[700] näher ein, wie er das mißglückte Attentat nannte. Beide Begriffe um Goerdeler werden im Allgemeinen anscheinend nur sehr selten benutzt, so daß sie vermutlich von Lehmann eigens zu dem Zweck eingesetzt wurden, um sich als Glied des Widerstands zu gerieren. Diese Begriffe widersprechen auch der Vorgehensweise Goerdelers, der ein Attentat abgelehnt hatte und es somit nicht eine „Aktion Goerdeler war", und der zudem keine „Organisation" aufgebaut hatte.[701]

Lehmann kannte Goerdeler aus seiner Zeit in Königsberg; 1920 war Lehmann Stadtkämmerer und Goerdeler Zweiter Bürgermeister geworden. „Als wir noch zusammen waren, hatten wir manche Auseinandersetzung miteinander. Als er nach Leipzig als Oberbürgermeister ging, haben wir uns

---

[695] Abt. 14 Nr. 346, Bl. 114(rot) / 118(schwarz).

[696] MA 2574.

[697] Theodor Heuss behauptete sehr ähnlich eine Nähe zu Goerdeler, siehe Rütters, Instrumentalisierung, S. 540-542.

[698] Abt. 4 Nr. 1447, Bl. 19.

[699] PA 142.588, Bl. 1 [S. 2verso].

[700] Abt. 114 Nr. 94, Bl. 69.

[701] Siehe Mommsen, Geschichte, S. 268: Es gab „die unermüdliche Bemühung Goerdelers, Gesinnungsgenossen auszumachen und einzubinden, seit 1942 dann auch konkrete personelle Überlegungen für die geplante Umsturzregierung. Ersteres lässt sich schwer nachzeichnen, zumal die Grenze zwischen der Aufrechterhaltung und Pflege persönlicher Kontakte und aktiver Mitwisserschaft an der Umsturzplanung stets fließend war. Paradoxerweise hat diese sehr lose Form der Gewinnung von Anhängern, die unter konspirativen Gesichtspunkten problematisch erscheint, die zivile Opposition in vieler Hinsicht vor einem Zugriff der Gestapo bewahrt. Die Unzufriedenheit in der bürgerlichen Mittel- und Oberschicht wurde vom Sicherheitsdienst durchaus registriert, aber nicht wirklich ernst genommen"; ebenso S. 284f.

gut vertragen."[702] Geschickt trug Lehmann also seine nähere Bekanntschaft mit Goerdeler vor und behauptete eine amtsbezogene Konfliktlage in Königsberg, die später irrelevant gewesen sei.

Lehmanns Aussagen zu den Details seiner Einbeziehung in das Wirken Goerdelers sind bezeichnend: „Auch die ersten Fäden zu Goerdeler spannen sich bereits 1935 an, damals natürlich nicht mit dem Ziel eines Attentates, sondern mit dem Ziel, einen Zusammenhalt verantwortungsbewusster Menschen zu finden, die gewillt waren, das System des dritten Reiches zu unterhöhlen."[703] Diese Aussage enthält eine sachlich unzutreffende Behauptung: Goerdeler war zu dem Zeitpunkt noch Oberbürgermeister von Leipzig. Eine solche Widerstandsposition hatte Goerdeler nicht vor dem Herbst 1938 eingenommen. In der Forschungsliteratur heißt es dazu: „Erst 1939 hat Goerdeler seine Hoffnung, wieder ein politisches Amt zu übernehmen, endgültig aufgegeben." „Die definitive Abwendung vom Regime vollzog sich erst im Verlaufe des Jahres 1939".[704] Lehmann sagte hier also die Unwahrheit oder er log.

Es ist theoretisch möglich, daß Goerdeler Lehmann zu dem Zweck aufsuchte, um zu erfahren, wie seine Haltung zum „Dritten Reich" sei, vielleicht auch, um ihn zum Mitwirken am Neuaufbau nach einem Staatsstreich einzuwerben; dies hängt jedoch wesentlich vom Zeitpunkt ab. Zum Jahr 1938 behauptete Lehmann im Spruchkammerverfahren, er sei „mit Dr. Goerdeler sehr liiert gewesen. ... [Er sei einbezogen worden, GSt.] hinsichtlich der von Goerdeler getroffenen Personenwahl, sei es für die Ausführung der geplanten Aktion, sei es für die Besetzung der massgeblichen Stellen nachher. ... Weiter habe der Betroffene Dr. G. vorgeschlagen, Preziosen aufzukaufen, um damit das geplante Attentat vorzubereiten. Goerdeler sprach davon, dass er nur mit Gewalt vorgehen könne... Diese Unterredungen hätten schon 1938 begonnen, jedoch sei Dr. G. damals noch nicht als Umstürzler bekannt gewesen."[705] Lehmann erklärte also vor der Spruchkammer, er habe Goerdeler Vorschläge bis ins Detail für das „geplante Attentat"[706] gemacht; und es heißt dort „von Goerdeler getroffenen Personenwahl ... für die Ausführung der geplanten Aktion".[707] Mit diesen Äußerungen, die ich als intentional werte, entlarvt sich Lehmann als Lügner, weil Goerdeler ein Attentat abgelehnt hatte.[708]

---

[702] Abt. 114 Nr. 94, Bl. 69recto.

[703] HHStAW, 520 F (A-Z), Lehmann an Spruchkammer, 15.12.1946, S. 2.

[704] Nachweis und Zitate siehe Mommsen, Geschichte, S. 266, 271.

[705] HStAW, 520 F (A-Z), 1. Protokoll, S. 2recto.

[706] Ebenda; siehe auch Schreiben Lehmanns vom 15.12.1946, S. 2; vgl. ebenda, Bl. 3, sowie Bl. 11verso-12.

[707] HStAW, 520 F (A-Z), 1. Protokoll, S. 2recto.

[708] Siehe Deutsches Historisches Museum, Biographien im Internet [Stand: August 2011]: zu Goerdeler 1943: „Da er jedoch einen Putsch ohne Attentat erreichen will, bleiben seine Planungen ohne echte Möglichkeit zur Ausführung", und zu 1944: „20. Juli: Das Attentat von Claus Schenck Graf von Stauffenberg lehnt Goerdeler aus moralischen Gründen ab." (Falls Lehmann Goerdeler

Lehmann behauptete, man habe die Treffen in Frankfurt so vertraulich gehandhabt, daß davon niemand - mit Ausnahme seiner Frau und seinen „beiden Sekretärinnen Horrenberger und Klock vom ersten Besuch Goerdelers" - etwas erfahren hätten.[709] Lehmann zeigt hier wiederum eine sehr geschickte Argumentation, indem er auf ein konspiratives Verhalten verweist, falls die Frage nach Zeugen (oder Beweisen) aufgekommen wäre. - Wobei ein konspiratives Verhalten im Allgemeinen viel gefährdeter gewesen ist als ein Treffen unter einem nachvollziehbaren Vorwand.[710]

Lehmann ist nach der Gefangennahme Goerdelers nie inhaftiert worden, obwohl Goerdeler viele Namen preisgegeben hatte. Denn: „Allerdings führte Goerdelers Neigung zur Vertrauensseligkeit dazu, dass er bei seinen Verhören, auch um die Breite der Opposition zu verdeutlichen, mehr Namen und Daten preisgab, als die Gestapo erwartet hatte." Er habe „'manchen Freund'" in den Gestapo-Verhören belasten müssen.[711] Wenn Lehmann tatsächlich, wie er behauptete, mit Goerdeler „sehr liiert" und in dessen Pläne eingebunden gewesen wäre, hätte dies sich mit an Sicherheit grenzender Wahrscheinlichkeit in einer Verhaftung manifestieren müssen.

Aber es gelang Lehmann, die Spruchkammer zu überzeugen, daß zu seinem „Bekanntenkreis ... auch Dr. Goerdeler gehörte."[712]

Es gibt im Kontext des Aspekts Widerstand verschiedene Aussagen über Lehmanns Verhaltensweisen, die, falls sie zutreffend wären, ihn als ziemlich unvorsichtig zeigten: Sein Fahrer sagte vor der Spruchkammer. „Wenn ich mich mit ihm über von Feindsendern abgehörte Nachrichten unterhielt ..." Und: „Während einer Fahrt erzählte mir Herr Stadtkämmerer von jungen Studenten, die bei ihm aus und ein gingen, dass diese der Widerstandsbewegung angehörten."[713] Und der Oberverwal-

---

tatsächlich Vorschläge für das Attentat unterbreitet hätte, wäre es kontraproduktiv gewesen, dies zu erwähnen, da er ja ein einverträgliches Verhältnis darlegen wollte und nicht eines, das weiterhin Konflikte enthielt - nämlich entgegen Goerdelers Wertevorstellungen solche Anregungen zu geben.)

[709] Zitate und Nachweis siehe Abt. 114 Nr. 94, Bl. 69. Die 1. Sekretärin sagte: „bewusst habe sie Goerdeler nur einmal gesehen." Frau Lehmann bestätigte Goerdelers Besuche in ihrem Zuhause. Zum Besuchsgrund erklärte sie: „sie konnte sich nur denken, weshalb Dr. G. kam"; das ist so dargestellt, als hätte es sich nur um den Widerstand handeln können. Zitate siehe HHStAW, 520 F (A-Z), 1. Protokoll, S. 3. Ein Vergleich mit der Vorgehensweise von Hermann Josef Abs läßt vermuten, daß Lehmann nur ein Treffen mit Goerdeler hatte: „Den Kontakt zu Goerdeler brach er [Abs, GSt.] nach nur einem Treffen ab, als er sah, daß dieser sich Notizen machte - eine Vorsicht, die ihm möglicherweise angesichts des Leichtsinns und schließlich, in der Gestapohaft, auch der Mitteilungsbereitschaft Goerdelers das Leben gerettet hat", Gall, Man, S. 156.
[710] Ich danke Lutz Becht M.A. vom Institut für Stadtgeschichte für diesen Hinweis.
[711] Zitate siehe Mommsen, Geschichte, S. 285; siehe auch Gillmann/Mommsen, Schriften, S. 1052.
[712] Abt. 4 Nr. 1447, Bl. 8.
[713] Zitate siehe HStAW, 520 F (A-Z) Bl. 6f.; vgl. auch Bl. 13.

tungsdirektor Adolf Kohl erklärte über ein Gespräch mit Lehmann „vor dem Juli-Attentat ... Er hat damals mit allem Ernst die Frage aufgeworfen und erörtert, ob nicht eine Möglichkeit besteht, durch einen Gewaltstreich die Reichsführung zu beseitigen."[714] Und das alles soll geschehen sein trotz der von Lehmann behaupteten „Bespitzelung durch die Gestapo"[715]?

Mit seinem angeblichen Widerstand begründete Lehmann das Verbleiben in seinem Amt als Stadtkämmerer Frankfurts: „Wenn man sich entschloss, Widerstand zu leisten, so war dazu notwendig, im Amt zu bleiben, denn die Möglichkeit einer Gegenwirkung war im Amt weitaus grösser. Dann aber musste man sich mit Anstand tarnen."[716] Hier liegt ein grundsätzlicher Widerspruch Lehmanns bei seiner Verteidigung vor: Einerseits habe er sich getarnt, um die Einflüsse seines Amtes zur Gegenwirkung nutzen zu können, andererseits hätten alle gewußt, daß er ein Gegner der Nationalsozialisten war. Dazu kann eine Aussage aus dem Urteil des Spruchkammerverfahrens gestellt werden, es sei eine „auffällige Tatsache, dass ein als Nazigegner geradezu stadtbekannter Kämmerer von seinem nationalsozialistischen Oberbürgermeister im Amt behalten wurde".[717]

## 3.8 Charakterisierung Lehmanns

Lehmann war seit 1920 Stadtkämmerer in Königsberg gewesen und hatte dieses Amt in Frankfurt am Main seit 1932 inne.

Lehmann war fachlich kompetent; er entwickelte eine eigene „Vermögens- und Wirtschaftlichkeitsrechnung ... neben der normalen kameralistischen Buchführung",[718] um möglichst gut über die Finanzlage der Stadt informiert zu sein. Frankfurt verfügte „seit dem 1. April 1938 neben der gewöhnlichen kameralistischen Buchhaltung [über, GSt.] eine vollkommen ausgebaute Wirtschaft-

---

[714] HStAW, 520 F (A-Z), Bl. 11verso-12 (21.09.1946).

[715] HHStAW, 520 F (A-Z), Bl. 25recto; zuvor schrieb Lehmann von „zahlreiche[n] Verunglimpfungen, Bedrohungen und Bespitzelungen".

[716] Abt. 114 Nr. 94, Bl. 69verso. Lehmann argumentierte dann weiter, daß er sich nicht zum Heuchler oder zum Narren machen lassen wollte, weshalb er u. a. „minimale Beiträge ... zur Partei" gegeben habe.

[717] Abt. 4 Nr. 1447, Bl. 6.

[718] Tüffers, Stadtkämmerer, S. 331. Siehe Markus, Verwaltungsbuchführung, mit einem Vorwort von Friedrich Lehmann. (Karl Markus war Direktor der Stadthauptkasse.) Lehmann spricht im Vorwort der ersten Auflage von 1940, es gehe statt einer einfachen Buchführung um „´Verbundsrechnung´" und um „Gruppik". Der erste entsprechende Jahresabschluß erfolgte für 1938. Im Vorwort der zweiten Auflage spricht er von der „Frankfurter Verwaltungsbuchführung", siehe ebenda, S. V, VII, X. Das neue Rechnungsverfahren entspreche einer kaufmännischen Bilanz, siehe Lehmann, Frankfurt, S. 300.

lichkeits- und Vermögensrechnung." Sie gewährte „denselben Ueberblick .. wie die doppelte kaufmännische Buchhaltung, und zwar ... für die gesamte Verwaltung." Lehmann war stolz darauf, „dass diese Buchhaltung ... ein wirklich lückenloses Bild der Vermögensrechnung und der Wirtschaftlichkeitsrechnung bietet."[719]

Lehmanns berufliches Ziel wird die Entschuldung Frankfurts gewesen sein. Zu den Voraussetzungen dazu gehörten für ihn in der Gemeindepolitik „Stabilität, Sicherheit!"[720] Er wird sich zur Sicherung seiner Handlungsfreiheit für die Selbstverwaltung der Gemeinden ausgesprochen haben.[721] Entsprechend wandte er sich gegen den Finanzausgleich.[722] Bei all dem ging es ihm um die „Ellenbogenfreiheit", wie er in einer „öffentliche[n] Sitzung mit den Gemeinderäten" bekundete.[723]

Lehmann sprach wiederholt als Kämmerer zu den Ratsherren wie auch zu den „Amtsleitern". In seiner Rede als Kämmerer nach der des Oberbürgermeisters zur „Vorlage des Haushaltsplanes für das Jahr 1933" in der „öffentlichen Sitzung der Stadtverordneten-Versammlung" am 30. Juni 1933 sagte Lehmann: „Der vorhandene Zustand ist hier zweifellos unerfreulich, und ich selbst leide mit meinem Arbeitsgebiet wohl am meisten darunter. Trotzdem bin ich der Ansicht, daß wir unsere Kraft nicht durch ein Rückwärtssehen verbrauchen sollen. Der beste Teil jeder revolutionären Bewegung ist die durch sie ausgelöste Begeisterung. Es ist Sache der nationalen Arbeit, aus dieser Begeisterung etwas zu machen. Der Schwung nach vorwärts muß ausgenutzt werden und darf nicht verpuffen in Auseinandersetzungen über die Gegenwart."[724] In diesen Ausführungen ist Lehmanns Grundhaltung zu erkennen: er ist pragmatisch und optimistisch, verfügt über eine selektive Wahrnehmung und drückt sich mit mehrdeutigen Formulierungen aus. In diesen Reden leistet er sich in seiner Diktion und seinen Ausführungen anscheinend so gut wie keine offensichtlichen verbalen Referenzen an das NS-System. Nur einige Bezüge zum Machtwechsel wie auch als Kritik interpretierbare Aussagen sind in seiner Rede in der Sitzung der Gemeinderäte am 13. März 1934 vorhan-

---

[719] Zitate siehe MA P 217, 17.09.1940, Bl. 5. Siehe Städtisches Anzeigeblatt, Nr. 11, 18.03.1939, S. 118. Vgl. auch MA Nachträge 36, Bl. 44. Lehmann bezeichnete sie als „Pionierarbeit", siehe Städtisches Anzeigeblatt, Nr. 33, 18.08.1939, S. 372.

[720] MA Nachträge 43, 09.08.1935, Rede Lehmanns: Einführung in die Haushaltslage für die neu verpflichteten Ratsherren, Bl. 27-34, hier Bl. 33; siehe auch Bl. 34.

[721] Siehe MA Nachträge 109, 10.06.1938, Rede Lehmanns, Bl. 106(rot)-118(rot), hier Bl. 106.

[722] Siehe MA Nachträge 181, Lehmanns Haushaltsrede von 1939.

[723] Zitate siehe MA Nachträge 36, 25.03.1935, Rede Lehmanns, Bl. 36-45, hier Bl. 38.

[724] MA Nachträge 5, abgedruckt in der „Sonderbeilage zum Städtischen Anzeigeblatt ... vom 1. Juli 1933", Nr. 28. Siehe auch die Fortsetzung auf S. 299: Lehmann titulierte Hitler als „Der Herr Reichskanzler". Er forderte implizit für Frankfurt Eingemeindungen; er verlangte explizit, daß Frankfurt der Sitz von Zentralbehörden werden solle: „Wenn jetzt die Statthalterschaft hier ihren Sitz hat, so nehme ich das als ein Vorzeichen der Besserung."

den. So forderte Lehmann in der genannten Rede „die Hebung der Einnahmen[,] durch die Stabilisierung der Wirtschaft". Er kritisierte wohl etwas den Boykott vom 1. April, denn er sagte: „Es ist nicht der erste April 1933 gewesen, es hat rückwärts gesehen, manchen anderen Stoss gegeben, der unsere Wirtschaft geschwächt hat." Und er erklärte: „es soll mit diesem Erbe des Zwiespalts und der Gehässigkeit zwischen - ich sage absichtlich immer wieder das alte Wort - Magistrat und Bürgerschaft gebrochen werden."[725] Aber in seiner Rede am 9. August 1935 endete Lehmann mit einem „Heil Hitler!", was er anscheinend ansonsten in solchen Reden nicht tat.[726]

Lehmann scheint sich auch über relevante Vorgänge außerhalb der Stadtverwaltung informiert zu haben. Zum Beispiel trat er dem Städelschen Museums-Verein am 16. Februar 1933 „persönlich bei. Im Mai 1934 nahm er an der Generalversammlung teil und erkundigte sich bei Swarzenski nach Schatzanweisungen der Stadt Frankfurt, die sich im Vereinsbesitz befanden; er könne in dieser Sache vielleicht etwas für den Verein tun."[727]

Er war selbstredend auch gut darüber informiert, wer in seinem Umfeld Parteigenosse war und wer nicht, und zählte 1946 entsprechend Namen auf.[728]

Es wird anscheinend eine Charakterisierung Lehmanns durch das nationalsozialistische Hauptamt für Kommunalpolitik in München gegen Ende des „Dritten Reiches" sein, wenn er auf einem

---

[725] Nachweise und Zitate siehe MA Nachträge 11, Bl. 38-44, insbesondere Bl. 42, 44.

[726] Siehe Städtisches Anzeigeblatt, Nr. 33, 16.08.1935, S. 564; siehe auch zum einen MA Nachträge 43, Bl. 34, und zum anderen MA Nachträge 5; MA Nachträge 36; MA Nachträge 51; MA Nachträge 145; MA Nachträge 158; MA P 217, 17.09.1940. Bei anderer Gelegenheit verwendete Lehmann den Deutschen Gruß. Einen Einblick hierzu gewährt eine Denunziation, die den Kreisleiter bewegte, am 31.12.1942 an den Oberbürgermeister zu schreiben; denn es wurde behauptet, Lehmann habe einen „Betriebsappell des Rechneiamtes" abgehalten. Aber: „Der Appell wurde ohne Ehrung für unseren Führer ... abgeschlossen". Das sei „empörend". Daraufhin entgegnete Lehmann gegenüber dem Oberbürgermeister am 12.01.1943, daß dies kein Betriebsappell, sondern eine „Betriebsbesprechung" gewesen sei. Diese hatte einen „innerdienstlichen Charakter". Lehmann wies auf eine Verfügung des Oberbürgermeisters hin, wonach diese am Ende mit Heil-Hitler abzuschließen sei. Lehmann erklärte: „Ich beginne und schließe jede Betriebsbesprechung mit Heil-Hitler." Der Oberbürgermeister übernahm im Schreiben an den Kreisleiter die Argumente des Kämmerers, siehe MA 4147, Bl. 209, 211f.

[727] Hansert, Geschichte, S. 99. Und er war seit 1934 im künstlerischen Beirat des Kulturamts, siehe Bauer, Bedauern, S. 25f.

[728] Siehe Abt. 114 Nr. 94, Bl. 67verso/68recto. Mit seinem Beitrag „Zum Haushalt 1935" in der Zeitschrift „Das Rathaus" schrieb Lehmann in einem Parteiblatt bei einem Kollegen in der Frankfurter NS-Regierung, wie die Angabe zur Herausgeberschaft verdeutlicht: „Das Rathaus, hg. v. Bürgermeister Karl Linder, M.d.R, Leiter des Amtes für Kommunalpolitik der NSDAP, Gau Hessen-Nassau", Lehmann, Haushalt.

„Personal-Blatt" folgendermaßen beschrieben wird: „Körperliche Eignung und Fähigkeiten: häufig krank ... Kein Auftreten in der Oeffentlichkeit, lebt sehr zurückgezogen."[729]

Bettina Tüffers charakterisiert Lehmann allgemein so: „Dieser Pragmatismus und ein vorsichtiges Herantasten an das gerade noch Machbare ist bei ihm durchgängig zu beobachten."[730] Anscheinend agierte Lehmann vorausschauend und trickreich. Ein Beispiel: Er erklärte 1946 zur Endphase der NS-Herrschaft: „Einen weiteren Unterschlupf hatte ich in einem Heim im Taunus präpariert."[731] Er war also so vorsichtig, daß ihm ein Versteck allein nicht ausreichte.[732] Andererseits hatte er zumindest zeitweilig ein Tagebuch (oder ähnliche Notizen) geführt,[733] aus dem er in einer Verhandlung der Spruchkammer zitierte; und er vernichtete Unterlagen - in welchem Umfang auch immer - vor dem Einmarsch der amerikanischen Truppen.

### 3.9 Lehmanns Beziehung zum Oberbürgermeister Krebs

Das Verhältnis Lehmanns zum Oberbürgermeister wird von Bettina Tüffers als „Zweckgemeinschaft" gesehen - mit Krebs gegen den Gauleiter. Dafür war Lehmann „äußerst anpassungsbereit".[734] „Erst diese Kompromittierbarkeit der traditionellen Bürokratie ermöglichte ein mehr oder weniger reibungsloses Funktionieren der Arbeit im Magistrat", so daß sich dort „ein erstaunlich reibungsfreies, nüchternes Arbeitsverhältnis etabliert hatte".[735] Zum Charakter dieses Verhältnisses gehörte es, daß der Oberbürgermeister 1934 an seinen Kämmerer einen Genesungsbrief bei der Erkrankung von Lehmanns Frau schrieb, woraufhin dieser sich bedankte,[736] wie auch Lehmann selbst herzliche Genesungszeilen vom Oberbürgermeister im Jahre 1942 erhielt. Es gab zu Lehmanns Geburtstag 1944 einen Parademarsch und Lieder; das Salutschießen dabei empfand Leh-

---

[729] BArch PK-H 69, [ohne Organisationsangabe, ohne Datum]; es heißt: „Amtszeit 2.2.32-1.2.44 bis auf weiteres verlängert". (Hier besteht das Parteieintrittsdatum „30.4.1933".)

[730] Tüffers, Stadtkämmerer, S. 349.

[731] Abt. 114 Nr. 94, Bl. 69verso. (War das Heim tatsächlich oder vorgeblich für die Rekonvaleszenz nach seinem Herzinfarkt gedacht?)

[732] Sein Sohn behauptete gegenüber Bettina Tüffers, Lehmann habe sich gegen Kriegsende versteckt, siehe Tüffers, Stadtkämmerer, S. 339 -Anm. 127. Es ist offen, ob dies nicht eher die Rekonvaleszenz nach dem Herzinfarkt war.

[733] Siehe HHStAW, 520 F (A-Z), 2. Protokoll, S. 3verso.

[734] Zitate siehe Tüffers, Magistrat, S. 262. Dazu Tüffers, Politiker, S. 61: „Es war eine Zweckgemeinschaft, die auf dem beiderseitigen Kalkül basierte, ohne den anderen schwächer zu sein als mit ihm." Vgl. zudem Nachlässe S1 / 50, 1, Bl. 33.

[735] Zitate siehe Tüffers, Politiker, S. 63, 75.

[736] MA 4239, Bl. 2f.

mann als zuviel, wie er in einem Brief an den Oberbürgermeister schrieb.[737] Tüffers zieht das Fazit: „Der Einfluß, den einzelne Amtsleiter auf den Oberbürgermeister hatten, läßt sich direkt natürlich nur schwer nachweisen ... Aber zumindest was Lehmann anging, scheint es, als hätte Krebs gezielt seinen Rat gesucht und seiner Meinung einige Bedeutung beigemessen ...[, so, GSt.] daß Lehmann damit seine Einflußmöglichkeiten auf die städtische Politik ausbauen und sich einen gewissen eigenen Handlungsspielraum sichern konnte."[738]

Krebs hatte im Juli 1940 Lehmann als taktisch versiert beschrieben. Tüffers faßt dies zusammen, daß Krebs „seinen Stadtkämmerer für raffiniert hielt, wenn nicht sogar für verschlagen und unaufrichtig - ´geschmeidig´, wie Krebs dies nannte. Die vor allem intellektuelle Gewandtheit Lehmanns, die Fähigkeit zu taktieren, strategisch zu denken und sich nicht immer in die Karten schauen zu lassen, war ihm zu komplex ... Seiner Ansicht nach betrieb Lehmann ´Tintenfischpolitik´, was heißen sollte, daß dieser ´seine Gedanken und Maßnahmen´ vernebele, so daß er nicht festgelegt werden könne."[739] Und Krebs erklärte gegenüber der Spruchkammer, „dass er den Betroffenen als den besten Stadtkämmerer Deutschlands angesichts der Finanzlage Frankfurts nicht glaubte entbehren zu können."[740]

Der Oberbürgermeister lobte Lehmann ausdrücklich bei „Beratung[en] mit den Gemeinderäten" in den Jahren 1936, 1937[741] sowie 1938[742] und bezeichnete ihn als ausgezeichnet, erfahren, klug, gewissenhaft.


„Gerade Stadtkämmerer unterlagen während der NS-Zeit dem Schutz der Nische, denn nationalsozialistische Finanzexperten waren eine Rarität. Deswegen überdauerten beispielsweise in Düsseldorf, Stuttgart, Nürnberg und Frankfurt die Finanzreferenten den Sturm der Machtergreifung unbeschadet. Als der erste Beigeordnete und Finanzreferent Düsseldorfs 1936 starb, folgte ihm der bisherige Dezernent für Wirtschaft nach. In Stuttgart amtierte der für Finanzen zuständige Bürgermeister Walther Hirzel von 1924 bis zu seinem Tod 1943. ... Nürnberger Nationalsozialisten wählten den Stadtkämmerer der ´Systemzeit´, Dr. Walter Eckemeyer, sogar zum Zweiten Bürgermeister. Der in Fachkreisen hoch angesehene Experte mauserte sich mit zunehmender Dauer der

---

[737] Siehe PA 73.702, Bl. 365, 391. Lehmanns Dienstzeit war zuvor „bis auf weiteres verlängert" worden. Lehmanns Wunsch im Sommer 1944, dafür einen festgelegten Zeitraum rechtlich zugesichert zu erhalten, wurde vom Oberbürgermeister nicht erfüllt mit dem Verweis darauf, daß dies rechtlich nicht möglich sei, siehe ebenda, Bl. 380f.

[738] Tüffers, Stadtkämmerer, S. 317.

[739] Tüffers, Magistrat, S. 261.

[740] Abt. 4 Nr. 1447, Bl. 6.

[741] Siehe Städtisches Anzeigeblatt, Nr. 9, 28.02.1936, S. 124; Städtisches Anzeigeblatt, Nr. 8, 27.02.1937, S. 100.

[742] Siehe MA Nachträge 109, Bl. 72(rot) / 70(schwarz).

NS-Zeit zum eigentlichen Kopf der Stadtverwaltung."[743] Ausgangsbasis für diese Darstellung durch Bernhard Gotto ist dieser Sachverhalt für Augsburg.

Der Frankfurter Oberbürgermeister Krebs hatte das Ziel, durch eine Verringerung der Schulden mehr wirtschaftspolitische Unabhängigkeit zu erreichen und zugleich wohl auch seine politische Kompetenz zu belegen. Das kann man heraushören, wenn er in der „Beratung mit den Gemeinderäten am 10. Juni 1938" feststellte, daß Frankfurt unter den Großstädten bei der Verschuldung „immer noch an zweiter Stelle"[744] stehe. Und 1939 erklärte er in der Diktion Lehmanns: Es bestehe „noch auf lange Zeit keine volle Bewegungsfreiheit".[745] Um diese Entschuldung zu erreichen, war er auf Lehmanns Kompetenz angewiesen.

Es gab regelmäßige Rücksprachen des Kämmerers beim Oberbürgermeister. Im November 1934 wurde für den Stadtkämmerer ein morgendlicher Vortrag von jeweils einer halben Stunde montags und donnerstags festgelegt. 1938 bat der Kämmerer den Oberbürgermeister: „Ich habe den dringenden Wunsch, lieber nur einmal in der Woche bei Ihnen vorzukommen, dann aber in aller Ruhe auch die grösseren Sachen besprechen zu können. Für den jetzigen, unbefriedigenden Zustand ist bezeichnend, dass ich seit Wochen keine eingehende Aussprache über unsere Finanzielle [sic, GSt.] Lage bei Ihnen gehabt habe." Er möchte, daß man „die Ruhe findet, sich auszusprechen über den allgemeinen Zustand der Gemeindepolitik, insbesondere auch auf finanziellem Gebiet. Hier ist es nicht mit einem Vortrag getan[,] sondern mit einem Meinungsaustausch, zu dem gehört Ruhe." 1942 bestand eine Vorsprache am Donnerstag jeweils in der 1. und 3. Woche eines Monats, wobei sie ohne zeitliche Einschränkung war.[746] Lehmann versuchte, Krebs zu beeinflussen.[747]

---

[743] Gotto, Kommunalpolitik, S. 134f. Siehe auch Fleiter, Stadtverwaltung, S. 363; er nimmt u. a. den hannoverschen Stadtkämmerer Weber als Beispiel dafür, „dass in Hannovers .. Stadtverwaltung Nicht-Nationalsozialisten bis zum Ende in hohen Funktionen verblieben - und damit zu zentralen Funktionsträgern der Verfolgungspolitik wurden." Ein weiterer Fall war der noch lange in der NS-Zeit in Magdeburg tätige Stadtkämmerer Klewitz, siehe Hattenhorst, Gegenrevolution, S. 47-50. Vgl. im Kontext der beruflichen Übergänge der Stadtkämmerer von der Weimarer Zeit zur NS-Zeit resp. dann zur Bundesrepublik z. B. die der Städte Fürth, Wetzlar, München, Erfurt und Breslau. Zu Mannheim siehe Arnold, Selbstverwaltung, S. 34, zu Lübeck siehe Lokers, Nahaufnahme, S. 302 - Anm. 9, 306f., 309, 317f., 322-325, zu München siehe Rabe, Stadt. Der Kämmerer von Passau, Thomas Bihler, war anscheinend von 1919 bis 1949 im Amt, aber es gibt keine Veröffentlichung zu ihm, so die Auskunft des Stadtarchivs Passau vom 29.05.2019. Es drängt sich von daher eine vergleichende Untersuchung zu Stadtkämmerern deutscher Großstädte vom Ende der Weimarer Zeit bis zur jungen Bundesrepublik auf.

[744] MA Nachträge 109, Bl. 80(rot) / 78(schwarz).

[745] Städtisches Anzeigeblatt, Nr. 11, 18.03.1939, S. 113.

[746] Zitate und Nachweis siehe MA 4116, Bl. 18f., 109, 127. Auch hierbei wäre ein Schuldenabbau nicht zu verheimlichen gewesen. Lehmann informierte den NS-Oberbürgermeister über die Schul-

Gegenüber dem Oberbürgermeister scheint er geschickt und selbstbewußt aufgetreten zu sein. Darauf verweist unter anderem folgender Vorgang: Der Oberbürgermeister bat Stadträte,[748] die Erstellung einer Denkschrift über die Geschichte der Universität zur Phase ab 1933 zu unterstützen. In seinem Brief vom 13. November 1936 an den Oberbürgermeister „bluffte" Lehmann geschickt: „Die Akten sind naturgemäss unvollständig. Zudem ist alles Material, das hier vorliegt, höchst wahrscheinlich auch Herrn Stadtrat Dr. Müller bekannt gewesen. Aus dem Gedächtnis aber kann ich die Darstellung ... auch nicht ergänzen."[749] Der Oberbürgermeister nahm diese Absage zur Kenntnis. Daß Lehmann einerseits aufgrund seiner fachspezifischen Kenntnisse den Akten mehr als jeder andere hätte entnehmen können, er andererseits sicherlich auch Informationen besaß, die keinen Niederschlag in Akten gefunden hatten - er verwies selbst darauf, daß sie unvollständig seien -, überspielte er. Und das erfolgreich. Damit erzielte er den Vorteil, sich Arbeit zu ersparen. Theoretisch hätte es auch sein Ziel sein können, sich der unangenehmen Situation zu entwinden, dem Niedergang der Universität durch die nationalsozialistische Herrschaft gute Seiten abgewinnen zu müssen. Dies kann aber nicht der Fall gewesen sein, weil Lehmann selbst dem Oberbürgermeister im Juni 1935 vorgeschlagen hatte, zum Zwecke der Reklame einen Bericht über die Universität zu veröffentlichen.[750] Lehmann wagte auch, dem Oberbürgermeister zu widersprechen. Als Krebs bei der Altstadtsanierung an Entschädigungen sparen wollte, beurteilte der Stadtkämmerer „die Möglichkeit von Entschädigungen unter Wert eher skeptisch"; Lehmann verwendete dabei im März 1935 die Formulierung von „angeblich national-sozialistischen Gründe[n]".[751]

---

denentwicklung auch schriftlich u. a. am 01.07.1940, siehe Tüffers, Stadtkämmerer S. 327 und S. 327 - Anm. 82, mit Verweis auf MA 8210.

[747] Siehe zum Beispiel MA 4215, Bl. 98f.

[748] Siehe MA 8234, Brief Keller an Krebs vom 10.09.1936: „'Geschichte der Universität' ... Müller."

[749] MA 8234. Bruno Müller ist u. a. durch sein Buch über die „Stiftungen für Frankfurt am Main" von 1958 sowie einer für den Oberbürgermeister erstellten Denkschrift einer Geschichte der Universität mit dieser verbunden. Diese Denkschrift war anscheinend aus seiner Befassung mit den Stiftungen inspiriert worden. Er war als stellvertretender Bauamtsleiter, der zuständig war für das Liegenschaftsamt, mit für den „Kauf" jüdischer Immobilien in der NS-Zeit verantwortlich, siehe z. B. Eizenhöfer, Stadtverwaltung, S. 304; Kingreen, Raubzüge, S. 20, 28f., 41. Müller war auch engagiert bei den Enteignungsmaßnahmen gegen jüdische Stiftungen, siehe Kingreen, Politik, S. 233 und S. 229 mit einen Zitat Müllers an Krebs vom März 1938: „'Die Regierung ist erst durch die zahlreichen von hier ausgelösten Anträge [...] auf die Bedeutung des Stiftungswesens allgemein aufmerksam gemacht worden.'" Vgl. auch MA 5587, Rechtsamt, 03.11.1938. Zur Person siehe auch Bauer, Gesellschaft, S. 117f.

[750] Siehe MA 5087, Bl. 202. (Es ist unverständlich, wie Lehmann 1935 auf diese Idee gekommen war: Denn wie wollte er eine positive Entwicklung der Universität begründen? Er konnte höchstens mitteilen, daß ihre Schließung verhindert worden war.)

[751] Zitate siehe Cunitz, Stadtsanierung, S. 83 und S. 83 - Anm. 199.

Lehmann hatte es bereits im August 1934 gewagt, für sich und seine Kollegen einen Freiraum zu fordern, indem er für Krebs eine Verfügung vorformuliert hatte, in der es über Berichte an den Oberbürgermeister hieß: „Die Amtsleiter haben dabei meine Verfügungen nach Treu und Glauben und nicht buchstäblich, sondern sinngemäss auszuführen. Daraus folgt: a) Offensichtlich minder wichtige Angelegenheiten sind, auch wenn sie unter die genannten Verfügungen fallen, mir nicht vorzulegen".[752]

Nach diesem Versuch probierte es der Kämmerer Lehmann während des „Tausendjährigen Reiches" zudem, seinen Machtbereich auf Kosten des Oberbürgermeisters auszudehnen und sich sogar über die anderen Stadträte zu erheben, indem Lehmann Krebs vorschlug, ihm einen Teil seiner Arbeit abzunehmen. So bot Lehmann im April 1936 Krebs in einem vertraulichen Schreiben an: „Auf Ihrer Seite kann ich mir nicht vorstellen, dass Sie ein Interesse an all dem belanglosen Zeug haben, dass Ihnen von aussen, aber auch aus der Verwaltung selbst, an Streitigkeiten, Auseinandersetzungen, Beschwerden usw. zur Unterschrift vorgelegt wird. ... Ich glaube, dass man schon aus Gründen der Kräfteersparnis diese Sachen ruhig bei mir eingehen lassen könnte. ... Sie geben im Einverständnis mit dem Herrn Bürgermeister ... alle Sachen ab, die im Wege von Vorstellungen, Bitten und Beschwerden von aussen an Sie als Gemeindeleiter herankommen, ebenso die gleichen Sachen aus der Verwaltung und die Streitigkeiten innerhalb der Verwaltung zwischen den einzelnen Aemtern. Ausgenommen können folgende Sachen sein: a) Sachen von grundsätzlicher Bedeutung, b) Sachen von politischer Bedeutung ... Beim Hauptverwaltungsamt werden alle diese Dinge büromässig abgearbeitet und gehen dann an mich zur Unterschrift. Das Aussortieren ... muss beim Hauptverwaltungsamt möglichst durch Herrn Direktor Emrich ... geschehen."[753] Aber Krebs durchschaute den Plan, daß sich Lehmann über die anderen Stadträte erheben wollte. Wahrscheinlich hatte ihn der Leiter des Hauptverwaltungsamtes darauf aufmerksam gemacht, der auch nicht seinen Einfluß verlieren wollte. Krebs antwortete ablehnend: „Ich habe von Ihren Vorschlägen ... Kenntnis genommen und danke Ihnen für Ihre guten Absichten. Ich möchte jedoch von diesen Vorschlägen nicht in der von Ihnen vorgeschlagenen Art und Form Gebrauch machen. ... Im übrigen kann ich natürlich nicht den Kämmerer zum Schlichter über Streitigkeiten innerhalb der Verwaltung zwischen den einzelnen Aemtern machen." Und Krebs lobte dabei den Leiter des Hauptverwaltungsamtes, der seine Arbeit „schon seit Jahren ohne Beanstandung" mache.[754]

Im Juni 1937 mußte sich Lehmann gegenüber Krebs verteidigen: „In der anliegenden Sache muss ein Irrtum vorliegen. Es liegt mir naturgemäss daran, diesen nicht aufkommen zu lassen. Niemals,

---

[752] Zitate siehe MA 5576, Bl. 56f. Und es traf dabei selbstredend das Gegenteil von seiner Behauptung zu: „Ich bitte, versichert zu sein, dass ich mit dieser Anregung in keiner Weise ein persönliches Ziel verfolge."
[753] MA 4212, Bl. 136f.(schwarz).
[754] Zitate siehe MA 4212, Bl. 138.

seit unserer Auseinandersetzung, an die Sie sich wohl noch erinnern werden, sind mir Anträge von Institutsleitern usw. im Original zugegangen. Im Gegenteil haben sich alle an meine Bitte gehalten, sämtliche Anträge an das Kulturamt oder an Sie zu schicken und mir nur danach einen Durchschlag zuzuschicken, falls es sich um geldliche Belange handelt."[755] Auch hieraus läßt sich erkennen, wie stark in Lehmann ein Machtstreben wirkmächtig war.

Zur Beziehung zwischen Krebs und Lehmann wird es zugleich gehört haben, daß sich der Oberbürgermeister immer wieder nicht hinreichend informiert sah. So forderte Krebs im Januar 1939 Lehmann auf, ihn über wichtige Detailfragen Mitteilung zu machen.[756] Allgemein beklagte sich Krebs über mangelnde Information auch gegenüber allen Dezernenten noch im Mai 1944, weil er die Stadt nach außen vertrete und die Verwaltung dabei einheitlich auftreten solle. In diesem Zusammenhang behauptete Krebs: „Ich lasse den Herren Amtsleitern im allgemeinen in Dingen des laufenden Geschäftsganges ... soweit wie irgend vertretbar, freie Hand".[757]

Lehmann unterbreitete Krebs auch Vorschläge; so empfahl er ihm, zusätzlich zum „jährlichen Verwaltungsbericht" für die „Reklame" „Einzelveröffentlichungen" vorzunehmen, darunter die Themen „Entwicklung unserer Universität" sowie „Die Genesung unserer Finanzen". Krebs antwortete, daß zur Universität Müller bereits tätig sei; Lehmann solle einen Text zur Gesundung der Finanzen vorbereiten.[758]

Als Voraussetzung für das Verhältnis zwischen dem Oberbürgermeister und dem Stadtkämmerer ist die grundsätzliche Haltung von Krebs zu beachten: Krebs sicherte seine von ihm als Alten Kämpfer unrechtmäßig erworbene Macht gegen Einflußnahme anderer Nationalsozialisten. Nur dafür war er „gesetzestreu";[759] ansonsten war er weiterhin jederzeit bereit, jede Form von Gesetzesbruch und Gewalt zur Durchsetzung seiner Interessen zu akzeptieren. Aber bei der Verteidigung seiner Interessen verwies er auf die Rechtslage; und seine Machtsphäre als Oberbürgermeister war Anlaß genug, so zu operieren und zu argumentieren. Dazu zwei Beispiele aus der Zeit des Beginns der Deportationen, die Krebs begrüßte, weil er damit hohe Wohnungsbaukosten sparte. Unter dem Thema „Grundfragen der Verwaltungsführung" erklärte der Oberbürgermeister im September 1941: „Die Parteistellen sind genau so an die Gesetze gebunden wie die öffentliche Verwaltung. ... Es kann keinem Zweifel unterliegen, dass die soziale Betreuung der Bevölkerung in erster Linie

---

[755] MA 4212, Bl. 164(schwarz); es handelte sich um die Universität und den Kurator. (Die genannte Auseinandersetzung ist unbekannt.)
[756] Siehe MA 4116, Bl. 111f.
[757] MA 4212, Bl. 229 recto(schwarz) + 230(schwarz).
[758] Zitat und Nachweis siehe MA 5087, Bl. 202, Lehmann vom 17.06.1935; Bl. 203, Krebs vom 19.06.1935.
[759] Zum Rechtspositivismus bei Krebs siehe Drummer, Wahren, S. 197. Vgl. Tüffers, Stadtkämmerer, S. 316.

Aufgabe der Gemeinde ist. Es darf nicht dahin kommen, dass andere Stellen die Jugendpflege betreiben, der Gemeinde aber entsprechende Rechte nicht eingeräumt werden und sie am Ende nur noch der Lastenträger ist ... Das Gegen- und Nebeneinander der Behörden kann dem Staatsganzen nur schaden. ... dass aussenstehende Stellen unter Umgehung der Person des Oberbürgermeisters unmittelbar in Beziehung zu städtischen Amtsstellen treten ... Derartige ´Vereinfachungs-bestrebungen´ sind zu unterlassen."[760] Das zweite Beispiel gibt im Protokoll - erstaunlich oder bezeichnend - ausführlich eine scharfe Auseinandersetzung wieder, welche der Oberbürgermeister mit dem ehrenamtlichen Stadtrat Eck über die Frage des Primats der Partei hatte. Der Hintergrund des Konflikts war, daß Eck städtische Beamte zu sich bestellt und ihnen Anweisungen erteilt hatte. In der „Amtsleiter-Besprechung am 11. November 1941" verlangte der Stadtrat Eck „über die Frage der Genehmigung von Schwerarbeiterzulagen an Juden", daß den Wünschen der Partei entsprochen werde. Der Oberbürgermeister entgegnete, „dass die Gesetze zu befolgen seien". „Eck äussert: Ja, wenn Sie schon mit dem Gesetz kommen. Die Partei wird das schon durchsetzen, was sie will." Darauf der Oberbürgermeister: „Wenn die Regelung vom Reichsernährungsminister angeordnet wird, dann wird sie durchgeführt. Wenn Sie eine Änderung der Gesetze für notwendig halten, können Sie oder die Partei die Änderung beim Gauleiter und beim Reichsernährungsministerium beantragen. Kommt dann eine Neuregelung, dann werde ich sie sofort durchführen. Ich will Ordnung und dass alles auf ordnungsmässigem Wege geschieht." „Stadtrat Eck entgegnet: Sie wollen aber die Befehle des Führers nicht hören. Der Oberbürgermeister erklärt: Herr Stadtrat Eck, Sie sind Stadtrat und als solcher mir unterstellt. Ich verbitte mir derartige Angriffe und Beleidigungen. Ich bin ebenso alter Parteigenosse wie Sie. Ich war schon 1924 Ortsgruppenleiter und bin Nationalsozialist wie Sie. Ich werde solche Beleidigungen nicht hinnehmen."[761] Aus diesem Disput sind Aspekte zum Handlungsrahmen des Oberbürgermeisters erkennbar.

## 3.10 Lehmanns Ernennung zum Honorarprofessor[762]

Lehmann war seit dem Wintersemester 1934/35 Lehrbeauftragter an der Rechtswissenschaftlichen Fakultät der Goethe-Universität, und zwar ab dem 30. Oktober 1934.[763] Demnach geschah dies zur Amtszeit des Universitätsrektors Platzhoff.[764] Lehmann wurde 1938 Leiter des eigens gegründeten

---

[760] MA P 218, 23.09.1941 (Nr. 153), Bl. 1verso, 2recto. Vgl. zu Krebs auch Daub, Bericht, S. 59.
[761] Zitate siehe MA P 218, 11.11.1941, Bl. 1recto, 1verso (Keller und Lehmann waren anwesend.)
[762] Dieser Aspekt könnte auch unter der Überschrift „Fama zu Keller" eingeordnet werden.
[763] Siehe z. B. Vorlesungsverzeichnis Sommersemester 1938, S. 8; siehe auch Abt. 4 Nr. 1447, Bl. 26.
[764] Siehe zu Platzhoff in Klötzer, Biographie, Bd. 2, S. 141f., hier S. 141.

Kommunalwissenschaftlichen Instituts an der Universität, dessen Mittel in der NS-Zeit „ausschliesslich von der Stadt ... getragen"[765] wurden. Lehmann leitete es bis 1959.[766] Diese Gründung und Ernennung belegen, daß Lehmann von den Nationalsozialisten ein gewisser persönlicher Wirkungsraum gewährt wurde.[767]

Es stellt sich die Frage, was Lehmann lehrte und in welcher Art und Weise er darüber hinaus als Lehrbeauftragter wirkte. Er wird es gewesen sein, der im städtischen Verwaltungsbericht für 1936/37 schrieb: „So wurde von zwei Doktoranden des Dienststellenleiters", womit Lehmann von sich spricht, „an Gegenständen gearbeitet, die im wesentlichen eine Auswertung statistischer Unterlagen über unsere Stadt zum Gegenstande haben." Eine der Dissertationen gehe auf „die bevölkerungspolitische Eigenart unserer Stadt" ein, „die bekanntlich im Vergleich zu anderen Städten äußerst ungünstig ist."[768] Es ist zu vermuten, daß sich dies auf die Frankfurter Juden bezogen hat.

Es gab angeblich mehrere Entschließungen der Fakultät in der NS-Zeit, Lehmann zum Honorarprofessor zu ernennen. Im Schreiben des Dekans an den Kultusminister vom 8. Februar 1949 werden drei abgelehnte Anträge aus den Jahren 1935, 1938 und 1943 genannt.[769] Bevor es zu diesem (vierten) Antrag gekommen war, hatte Lehmann Ende 1947 den Rektor darauf angesprochen. Der Rektor äußerte sich sehr unbestimmt zum Vorgang „der (wohl früher schon erörterten) Frage einer Honorar-Professur ... Eine Stellungnahme der Fakultät dazu gebe ich anheim."[770] Und Lehmann hatte 1948 den Dekan angeschrieben und angefragt, ob die Universität den Antrag „zu erneuern gedenkt."

Verwunderlich sind dabei Lehmanns Jahresangaben: Denn er nannte im Schreiben an den Dekan das erste Jahr nur unspezifisch „etwa 1935 (abgelehnt durch Gauleiter Sprenger)". Das zweite Datum „1940 (abgelehnt durch Rektor Platzhoff)"[771] gab Lehmann unscharf mit 1938 an, als er in seinem Lebenslauf, abgelegt in der „Personal-Hauptakte" der Universität, zu den Jahren und Ablehnungen schrieb: „Nach den mir gewordenen Mitteilungen ist ein Jahr später [1935, GSt.] meine Ernennung zum Honorarprofessor durch Gauleiter Sprenger untersagt worden. Die Erneue-

---

[765] Abt. 14 Nr. 346, Bl. 17(rot) / 18verso (schwarz). Siehe auch Städtisches Anzeigeblatt, Nr. 27, 07.07.1939, S. 318f.

[766] Siehe Tüffers, Stadtkämmerer, S. 341.

[767] Die Akzeptanz von Lehmann bei NS-Juristen läßt sich bedingt ableiten aus einer tendenziell wohlwollenden Rezension zu einem Aufsatz von ihm, der sich für die Kommunen einsetzte, siehe Pohl, Jahrbuch, S. 238.

[768] Zitate siehe Wohlfahrtsamt 1860, „Verwaltungsbericht ... 1936/37", S. 16. (Auch: Verwaltungsbericht ... [ISG, Lesesaal]).

[769] Siehe Abt. 14 Nr. 346, Bl. 30f.(rot) / 33f.(schwarz) und Abt. 114 Nr. 94, Bl. 49f.

[770] Abt. 114 Nr. 94, Bl. 60.

[771] Zitate siehe Abt. 114 Nr. 94, Bl. 57

rung einesnetsprechenden [sic, GSt.] Fakultätsbeschlusses wurde etwa 3 Jahre später aus den gleichen politischen Gründen verhindert."[772] Dabei hatte er im Schreiben an den Dekan für die zweite Ablehnung den Rektor als negative Kraft genannt.

Lehmann erinnerte sich somit nicht mehr exakt an die Jahre mit für ihn schmerzhaften Vorgängen,[773] von denen er sehr wahrscheinlich damals bereits erfahren hatte. (Im Spruchkammerverfahren präsentierte Lehmann hingegen einmal eine „Tagebuch-Notiz vom 26.3.39",[774] während er hier und bei anderen Gelegenheiten ungenaue oder fehlerhafte Angaben machte.)

Vor allem: Lehmann selbst gab nur jeweils zwei Jahresangaben an, die sich zudem widersprechen; der Dekan führte mit der Angabe 1943 insgesamt drei Jahreszahlen auf.

Sowohl Lehmann als auch der Dekan sprachen von Fakultätsbeschlüssen, die aber in den Fakultätsprotokollen nicht auftauchen.[775]

Für 1943 meinte der Dekan, daß er selbst damals als Dekan beim Rektor den Antrag stellen wollte, dieser aber sich geweigert hätte, ihn entgegenzunehmen. Damit würde dieser Vorgang aktenmäßig keinen Niederschlag gefunden haben.[776]

Merkwürdig ist, daß schon so kurz nach der Aufnahme der Tätigkeit als Lehrbeauftragter zu Beginn des Wintersemester 1934/35 ein Antrag auf Ernennung zum Honorarprofessor im Jahr 1935 erfolgt sein soll. Was kann der Oberbürgermeister Krebs bei seinem Eintrag in sein Tagebuch unter dem 7. Januar 1935 gemeint haben, wenn er festhielt, er habe Lehmann den „Professorentitel" verschaffen wollen und dazu von einem Widerstand des Gauleiters schrieb?[777] Hatte Lehmann beim Wunsch an den Oberbürgermeister, ihm als Nebenbeschäftigung den Lehrauftrag zu genehmigen, davon gesprochen, daß es sein Ziel sei, auf diesem Wege schließlich Honorarprofessor zu werden?

Eine weitere Ungereimtheit ist eine Ablehnung für das Jahr 1938, in dem die Universität die Einrichtung des Kommunalwissenschaftlichen Instituts gestattete, das Lehmann leitete.

1949 erhielt Lehmann die ersehnte Ernennung zum Honorarprofessor, wozu ihm Oberbürgermeister Kolb als Vorsitzender des Universitätskuratoriums „meine herzlichsten Glückwünsche"[778] aus-

---

[772] Abt. 14 Nr. 346, Bl. 5(rot) / 6(schwarz); siehe auch HHStAW, 520 F (A-Z), Bl. 24verso.

[773] Deutlich wird dies daraus, daß im Spruchkammerverfahren wiederholt von der „Verweigerung einer Professur" - so Lehmann selbst - oder der „angestrebten Professur" die Rede ist, wobei dies z. T. ab 1934 gesehen wird, siehe HHStAW, 520 F (A-Z), Bl. 24verso; siehe auch ebenda, 1. Protokoll, S. 4f., 8; 2. Protokoll, S. 3verso; Entwurf Spruch, S. 4.

[774] HHStAW, 520 F (A-Z), 2. Protokoll, S. 3verso. Woher stammte diese Notiz, wenn Tüffers, Stadtkämmerer Lehmann, S. 307 - Anm. 4, schreibt, daß „seine Tagebücher für den Zeitraum von 1933 bis 1945 von den Amerikanern verbrannt worden sein sollen." Und warum sollten Amerikaner dies getant haben? Die Frage nach einen solchen Motiv führt direkt zu Lehmann selbst.

[775] Abt. 110 Nr. 22, S. 118 (16.12.1938), verzeichnet einen solchen Beschluß für eine andere Person.

[776] Siehe Abt. 114 Nr. 94, Bl. 49f.

[777] Siehe Nachlässe S1 / 50, 1 Krebs, Bl. 6f.

[778] Abt. 14 Nr. 346, Bl. 34(rot) / 37(schwarz).

sprach. Lehmann dankte dem Dekan Schiedermair in einem Brief mit einem unstatthaften NS-Vergleich: „Ich weiss, wie sehr Sie sich dafür eingesetzt haben, obwohl die Zeitläufe wieder einmal das nicht als ´opportun´ erscheinen lassen, wenn auch mit umgedrehten Vorzeichen."[779]

## 3.11 Lehmanns Entfernung aus dem Amt 1946

Lehmann war am 12. September 1945 erneut zum Stadtkämmerer ernannt und am 25. Juli 1946 in der ersten Magistratswahl nach dem Zweiten Weltkrieg zum Stadtkämmerer wiedergewählt worden.[780] (Dabei hatte der Oberbürgermeister in einem Schreiben vom 8. Juli 1945 bezüglich der zukünftigen hauptamtlichen Stadträte geschrieben, man könne davon ausgehen, daß Lehmann aufgrund seiner schlechten Gesundheit nicht mehr lange dienstfähig sein werde.[781])

Dann reichte Lehmann am 7. August 1946 sein Rücktrittsgesuch ein. „Man hatte Hinweise gefunden, daß Lehmann seine Mitgliedschaft in der NSDAP verschwiegen hatte".[782] (Es gab auch das Gerücht, er sei entlassen worden, weil er sich „geweigert hatte, einige ´Mitläufer´ zu entlassen."[783]) Lehmanns Ehefrau Hertha erklärte in ihrem Brief an den Oberbürgermeister vom 14. Oktober 1958, daß er „wenige Tage nach seiner einstimmigen Wiederwahl auf Verlangen des amerikanischen Majors ohne Angabe von Gründen von der Stadt ersucht wurde, sein Amt niederzulegen. Es blieb ihm keine Wahl, da ihm mit Gefängnis gedroht wurde und da er eben einen schweren Herzinfarkt überstanden hatte ..." „Dies hat ihn zutiefst gekränkt, da er sich keiner Schuld bewusst war und dies auch allgemein bekannt war."[784] Es ist offen, ob sich die Formulierung, „sich keiner Schuld bewusst" zu sein, auf den konkreten Vorwurf, der zum Rücktritt führte, bezieht, oder allgemein auf sein Verhalten während des „Dritten Reiches". Vermutlich war beides im Verständnis des Ehepaars Lehmann der Fall. Die angedrohte Haft kann mit der Falschaussage auf dem „Fragebogen" zusammenhängen, wo er seine Parteimitgliedschaft verneint hatte.[785] Einen anderen Grund für

---

[779] Abt. 114 Nr. 94, Bl. 41, 17.03.1949.
[780] Siehe Tüffers, Magistrat, S. 224, wonach die Ernennung für 12 Jahre und die Wahl für 2 Jahre erfolgt seien. Er ist CDU-Mitglied gewesen, schreibt Boehling, Question, S. 229.
[781] Siehe MA 3643, Bl. 170verso.
[782] Tüffers, Magistrat, S. 224.
[783] Bauer, Seid einig, S. 27, mit Bezug auf einen Artikel der Frankfurter Neuen Presse von 1953.
[784] Zitate siehe MA 2574.
[785] Siehe PA 142.588, Bl. 11recto, 10.08.1946; vgl. Tüffers, Stadtkämmerer, S. 344. Mit dem Schreiben versuchte die Ehefrau, die Pensionierung ab dem Ende der Wahlzeit beginnen zu lassen statt einer „Pensionierungsrechnung vom Tage seiner Amtsniederlegung", MA 2574.

Lehmanns Rücktritt wird in seiner Furcht gesehen, aufgrund einer Konfliktlage zur Militärregierung wie Karl Altheim verhaftet zu werden, weil er dann wie jener „2. Bürgermeister" geworden wäre.[786]

### 3.12 Lehmanns Bewertung seiner Gegenwart

Lehmann zeichnete von sich ein makelloses Selbstbild beim Spruchkammerverfahren: „Es gibt keine einzige nationalsozialistische Zumutung, der ich nicht Widerstand geleistet habe." „Ich habe jedenfalls bisher geglaubt, in der von mir vertretenen Verwaltung geradezu die tragende Säule des Widerstandes gewesen zu sein."[787] Dies kann man nur als unglaubliche Dreistigkeit und Frechheit bezeichnen mit einer Verdrängung der entsetzlichen Greuel, die bei Kriegsende für alle offensichtlich und unleugbar geworden waren. Hinzu kommt, daß er „bei der individuellen Verarbeitung des" vergangenen „Geschehens ... die im öffentlichen Diskurs verfügbaren Muster und Narrative adaptiert und internalisiert" hatte, die die psychischen Entlastungsprozesse „stützten und erleichterten".[788]

Bei einer Bestreitung seiner Mitgliedschaft in der NSDAP verstieg sich Lehmann in die folgende, Fakten negierende Argumentation mit einer ungeheuerlichen Gleichsetzung: „Das alles kann man doch nur als nachträgliche Konstruktion bezeichnen. ... Wir haben uns mit Recht bitter beklagt, dass der Nationalsozialismus einen Positivismus des Rechtes grosszog, der unzählige Menschen ins Unglück gebracht hat. Im vorliegenden Fall haben wir einen Positivismus des Beweismittels - die Eintragung in einer Kartei. Ich glaube, der Positivismus eines Beweismittels ist genau so schädlich wie jeder Rechtspositivismus. Ein Beweismittel, das so offensichtlich falsch ist, hat genau so unrecht wie ein Gesetz, dem die moralische Grundlage und damit der Wahrheitsgehalt fehlt."[789]
Eine Gleichsetzung des NS-Terrors mit der Rechtsordnung unmittelbar vor Gründung der Bundesrepublik Deutschland hatte er 1949 auch in seinem (oben schon erwähnten) Brief an Gerhard Schiedermair gemacht, wonach die „Zeitläufe wieder einmal das nicht als ´opportun´ erscheinen lassen, wenn auch mit umgedrehten Vorzeichen."[790]

---

[786] Nachweis und Zitat siehe Boehling, Question, S. 229f., welche sich auf „ICD Political Activity Report, 8 August 1946, OMGH, 8/194-2/9, 1 of 6, RG 260, IfZ" stützt, siehe ebenda, S. 230 - Anm. 54.

[787] Zitate siehe HHStAW, 520 F (A-Z), Bl. 24. Es zeigt sich bei ihm das Phänomen der „Flucht in Lebenslügen", wie Klöckler, Anmerkungen, S. 38, dies allgemein charakterisiert hat.

[788] Zitate und Nachweis siehe Nietzel, Handeln, S. 313.

[789] HHStAW, 520 F (A-Z), Bl. 30verso-31recto.

[790] Abt. 114 Nr. 94, Bl. 41 vom 17.03.1949.

Für die Bewertung der Gegenwart in der jungen Bundesrepublik Deutschland durch das Ehepaar Lehmann gibt es von ihrer Seite Aussagen, bei denen man sich fragt, ob sie nur unkontrollierte Mißstimmungen des Augenblicks waren oder ihren Überzeugungen entsprachen. Im Brief an den Oberbürgermeister von 1958 beklagte sich Frau Lehmann „über die schlimmste Zeit der Besatzung";[791] und weiter: „Diese Dinge liegen weit zurück und sind in dieser harten, wirren Zeit längst vergessen. Was bedeutet da ein Einzelschicksal! ... von der Stadt, die ihn so bitter gekränkt[,] seiner wohl erworbenen [sic, GSt.] Rechte beraubt hat".[792] Die Verärgerung darüber, daß ihr Mann nicht optimale Pensionsrechte erhalten hatte, steht in einem besonderen Mißverhältnis zu den Verfolgungen, an denen ihr Mann zuvor 12 Jahre lang beteiligt gewesen war oder in die er sich zumindest hatte verwickeln lassen. Dem entspricht auch der weinerliche Ton, in dem Lehmann 1946 darüber jammerte, wie er von Nazis „aus dem stellvertretenden Vorsitz beim Sparkassen- und Giroverband"[793] hinausgeekelt worden sei. Da drängt sich die rhetorische Frage auf, wie sich die ausgegrenzten, beraubten und verfolgten Frankfurter Juden gefühlt haben müssen. Für Friedrich Lehmann und seine Frau trifft die allgemeine Beschreibung zu: „Die Lebens- und Leidensgeschichte der jüdischen Verfolgten wurde kaum noch zur Kenntnis genommen, während das Bewusstsein, selbst Opfer zu sein, sich immer stärker ins Zentrum jeder Betrachtungsweise schob."[794] Lehmanns Selbsteinschätzung entspricht - bedingt? - seinem Image in der Stadtverwaltung: „Als Kämmerer der Stadt Frankfurt/M. ... hat sich Dr. Lehmann große Verdienste erworben. Insbesondere gewann er sich dadurch viele Freunde, daß er für seine Mitarbeiter und Untergebenen stets ein mitfühlendes Herz hatte und sich für deren Belange einsetzte. Darüberhinaus hatte er für die Sorgen und Nöte der Mitbürger jederzeit ein offenes Ohr."[795]

---

[791] Vgl. die Angriffe gegen amerikanische Besatzer in Ernst von Salomons Buch „Der Fragebogen" bei Fischer, Salomon, S. 114f.

[792] Zitate siehe MA 2574.

[793] Abt. 114 Nr. 94, Bl. 67recto. Gemäß LAB, B Rep. 142-07, 2/1/9/6/56, in einem Vorgang des Deutschen Gemeindetags, Landesdienststelle Hessen / Hessen-Nassau, 21.04.1937, gehörte er dem Vorstand des Sparkassen- und Giroverbandes Hessen-Nassau als stellvertretender Verbandsvorsteher an.
Lehmann beklagte sich im Spruchkammerverfahren wiederholt über finanzielle Nachteile u. a. wegen des Verlustes eines Nebenamts bei der Sparkasse, siehe z. B. HHStAW, 520 F (A-Z), 2. Protokoll, S. 3verso. Vgl. Tüffers, Magistrat, S. 96 - Anm. 215.

[794] Nietzel, Handeln, S. 313. Zur „Nachkriegsgesellschaft als Opfergemeinschaft" siehe Schneider/Conze/Flemming/Krause-Vilmar, Vergangenheiten, S. 197.

[795] MA 2574: Innerstädtischer Vermerk zum Werdegang und Wirken Lehmanns anläßlich der Verleihung der Goethe-Plakette der Stadt.

## 4. Synthese

### 4.1 Die Rolle Willy Hartners bei den Ehrungen

Professor Willy Hartner[796] spielte die zentrale Rolle bei den beiden Ehrungen für Keller und Lehmann, insbesondere formulierte er „Hymnen" auf ihr Wirken in der NS-Zeit. Es fragt sich, warum sich Hartner so verhalten hat.[797] War dies begründet in Lehmanns Einsatz, welcher 1943 mit die Gründung des „städtischen Instituts für Geschichte der Naturwissenschaften" ermöglichte, und hatte dies etwas damit zu tun, daß Hartner mit Antrag vom Dezember 1945 erstmals in Deutschland eine Professur erhalten hatte, indem eigens für ihn ein neuer Lehrstuhl zur Geschichte der Natur-wissenschaften eingerichtet worden war?[798] - Hartner war von 1935 bis 1937 in Harvard als Gastprofessor tätig gewesen und dann nach Frankfurt zurückgekehrt.[799] Von daher verfügte er nach dem Zweiten Weltkrieg über solide Englischkenntnisse und die interkulturelle Kompetenz im Umgang mit Amerikanern, was ihn für die Universität, die im amerikanischen Sektor lag, wertvoll machte.

### 4.2 Vorteile für Keller und Lehmann durch die Mitarbeit im Nationalsozialismus

Bei diesem biographischen Ansatz ist auch „nach dem ... Nutzen zu fragen", zum Beispiel „dem Zuwachs an Reputation"[800] (Lothar Gall). Beide Dezernenten bekamen durch ihre Ämter neben einer guten finanziellen Versorgung Einfluß sowie darüber hinaus eine Anerkennung, die bis an ihr Lebensende deutlich sichtbar wurde.

„Der öffentliche Kläger kann nicht verstehen, dass sich der Betroffene als ausgesprochener Demo-krat dem Todfeind der Demokratie, dem Nationalsozialismus zur Verfügung stellen konnte; er neigt zu der Auffassung, dass es dem Betroffenen in erster Linie darum ging, seine Existenzgrundlage

---

[796] Siehe Schramm, Hartner; Klötzer, Biographie, Bd. 1, S. 304; Hammerstein, Goethe-Universität, Nachkriegszeit, S. 95-97 und S. 432 (Fotografie).

[797] Beim Spruchkammerverfahren scheint er sich für Lehmann eingesetzt zu haben, siehe HHStAW, 520 F (A-Z), Schreiben an Oppenheimer vom 24.10.1946.

[798] Siehe Schramm, Hartner, S. 174f.; Hammerstein, Goethe-Universität, S. 579, 613, 615, 622f., 834. Zur Errichtung des Instituts gehörte „eine überplanmässige Ausgabe von 10.000 RM", MA P 220, 03.08.1943 (Nr. 88).

[799] Siehe Hammerstein, Goethe-Universität, S. 519.

[800] Zitate siehe Gall, Man, S. 143f.

nicht zu gefährden."[801] Lehmanns Aussage, darüber nachgedacht zu haben, er hätte sich pensionieren lassen und in die Wirtschaft gehen können, „und dort viel Geld verdient",[802] mag bezüglich der Einkommensmöglichkeiten für die zweite Hälfte der 30er Jahre zutreffen; wenn dies schon 1933 der Fall gewesen wäre, ist zu fragen, warum er sich dann dem NS-Staat angedient hat.

Es ist bei Kellers und Lehmanns Berufsausübung in der Zeit des „Dritten Reiches" von einer erheblichen Zufriedenheit auszugehen.[803]

Die Begründung der universitären Auszeichnung mit angeblichen Tätigkeiten während Lehmanns Zeit als Stadtkämmerer macht ihn zum Nutznießer des NS-Systems. Zugleich bezieht sich die Würde auf seine Dienstpflichten, für die er entlohnt wurde und für die man ihn nicht hätte ehren dürfen, würden die Ausführungsbestimmungen für die Verleihung des Bundesverdienstkreuzes an Angehörige des Öffentlichen Dienstes als Maßstab genommen werden, wonach nur außerberufliche Leistungen zu berücksichtigt sind.

## 4.3 Übergeordnete Bewertung: die Verantwortung von Kommunalpolitikern

Mit einigen allgemeinen Bewertungen verschiedener Forscher sollen diese Einschätzungen eingeleitet werden:

„Ohne eine Vielzahl solcher Angehöriger des öffentlichen Dienstes wäre es nicht gelungen, die Verwaltungsarbeit aufrecht zu erhalten: Die Nationalsozialisten verfügten nicht über die nötige Anzahl parteitreuer und dazu noch kompetenter Anhänger, die diese Arbeit hätten leisten können. Die deutsche Beamtenschaft hat damit dazu beigetragen, das nationalsozialistische Regime allein durch die tägliche Arbeit zu stabilisieren und somit zumindest passiv zu unterstützen, von der aktiven Unterstützung ganz zu schweigen. Erscheint aus diesen Gründen die anscheinend problemlose Übernahme eines Verwaltungsbeamten durch wechselnde Machthaber noch erklärbar, so ist es die Bereitwilligkeit Lehmanns, seine Arbeit unter derart unterschiedlichen politischen Systemen und ihren Bedingungen auszuüben, schon weniger. [Er, GSt.] ... trägt somit Verantwortung für die Politik der nationalsozialistischen Stadtregierung."[804]

---

[801] HHStAW, 520 F (A-Z), 1. Protokoll Sitzung 22.08.1947, S. 2verso.
[802] HHStAW, 520 F (A-Z), Bl. 24.
[803] Vgl. Stolleis, Waschgänge, S. 236-239, hier S. 237 mit Verweis auf einen empirischen Beleg über „die hohe persönliche Zufriedenheit der Richter im NS-Staat".
[804] Tüffers, Stadtkämmerer, S. 348. Sie schreibt weiter von „Anpassung an das Regime und Mittragen der politischen Entscheidungen".

„Ausgehend von der These, dass in einem stark auf personellen Beziehungen, auf Nepotismus und Cliquenwirtschaft beruhenden System wie der nationalsozialistischen Herrschaft die personelle Zusammensetzung einer Stadtregierung von Bedeutung für politische Entscheidungen ist, stellt sich die Frage, welchen Einfluss einzelne Personen beziehungsweise Personengruppen im Magistrat auf politische Entscheidungsprozesse und alltägliches Verwaltungshandeln hatten."[805]

„Gerade in den Kommunen wurde die Ungleichheit von Juden und Nichtjuden zuerst institutionalisiert. Während Reichsmaßnahmen bis 1935 meist einzelne soziale oder politische Gruppen trafen, war es das Schild ´Für Juden verboten´ am Eingang der Schwimmbäder, das die deutschen Juden erstmals ohne Unterschied diskriminierte, eine öffentliche Ausgrenzung, die auf das Konto der eigenen Heimatstadt ging." Die Maßnahmen der Kommunen „waren unverzichtbar für die Konstruktion einer getrennten ´jüdisch-arischen´ Alltagswelt im NS-Staat."[806]

„Die aktive Verfolgungspolitik auf lokaler Ebene forcierte, ergänzte oder ersetzte bisweilen sogar antisemitische Politik auf Reichsebene. Eine Oppositionshaltung oder zumindest kritische Haltung ist kaum zu finden."[807] Hans Mommsens Begriff der „kumulativen Radikalisierung"[808] läßt auch hierbei die Funktion von Stadtverwaltungen deutlich werden:

„Für die Erfüllung ihrer Aufgaben - die Verfolgung, Folter ... Vernichtung Hunderttausender - war die Kollaboration ... [der, GSt.] kommunalen Verwaltungen durchaus notwendig. Bezogen auf die alltägliche Umsetzung überrascht allerdings oft die organisatorische und institutionelle Vielfalt sowie die pesonelle [sic, GSt.] Breite dieser unheilvollen Zusammenarbeit."[809]

In diesen Einschätzungen hat in der Geschichtswissenschaft eine neue Einsicht Platz gegriffen: „Obwohl zentrale Unrechtsmaßnahmen im NS-Staat von der Stadtverwaltung umgesetzt wurden, schrieb man ihr bis vor wenigen Jahren noch eine nachrangige Bedeutung bei der systematischen Diskriminierung und Verfolgung von Juden, Zeugen Jehovas oder Sinti und Roma"[810] sowie von „den sogenannten Asozialen, Erbkranken"[811] zu. „Es ist mithin unstrittig, dass die öffentliche Verwaltung sowohl als Institution als auch als ´Personalkörper´ eine zentrale Säule des NS-Staates darstellte. Die allgemeine Verwaltung bildete ... einen integralen Bestandteil des nationalsozialisti-

---

[805] Tüffers, Politiker, S. 52.

[806] Zitate siehe Gruner, NS-Verfolgung, S. 120, 79. Zu Frankfurt siehe Gruner, NS-Verfolgung, S. 97: „versicherte der Deutsche[n] Gemeindetag nun allen anfragenden Kommunen, daß sie ungeachtet des Verbots von Einzelaktionen über die Nutzung ihrer Anlagen frei entscheiden könnten, und verwies auf beispielhafte Regelungen in ... Frankfurt/Main." Nachweis S. 97 - Anm. 138: „Vgl. BA Koblenz, R 36, Nr. 2060, Bl. 33 und Rückseite, DGT/Abt. I an OB Stuttgart am 3. 3. 1936." Siehe auch z. B. MA P 205, 12.05.1936 (Nr. 191).

[807] Meyer/Meyer-Woeller, Jahre, S. 50f.

[808] Siehe Füllberg-Stolberg, Tod, S. 31, 45.

[809] Becht, Wohlfahrtseinrichtungen, S. 211.

[810] Mecking/Wirsching, Stadtverwaltung, S. 3f.

[811] Gruner, Kommunen, S. 202.

schen Herrschafts- und Terrornetzwerkes. Liegt älteren Forschungsarbeiten zumeist noch die Annahme einer Bipolarität von Partei und Staat zugrunde ..., so richten jüngere Studien ihren Fokus auf die gesellschaftliche Durchdringung des Nationalsozialismus und die Zusammenarbeit"[812] mit ihm. So „gewährleistete" eine kommunale „Funktionselite ... eine bedingungs- und reibungslose, zunehmend ideologische Verwaltungsarbeit", indem „eine Adaption des Verwaltungshandelns an die ideologischen Vorgaben des NS-Regimes" stattfand mittels einer „schier unglauubliche[n] Selbstanpassung durch Änderung der administrativen Normalität".[813]

Ein Grund für die bisherigen Einschätzungen lag in den „Legenden der Nachkriegszeit. Nicht selten handelten sie von moralisch integer gebliebenen Berufsbeamten, die in den Behörden unbeschadet der rassenideologischen Vorgaben und Pressionen bis zuletzt nur ihre Pflicht getan und Schlimmeres verhütet hätten."[814] „Im Hinblick auf den Aspekt der Verfolgung können also die nach 1945 probaten Selbststilisierungen von einer im NS-Regime ausgehöhlten, infolgedessen machtlosen und im Kern ohnehin unpolitischen kommunalen (Selbst-)Verwaltung als widerlegt gelten. ... Denn die genannte Stilisierung unterschlägt das Ausmaß, in dem die Gemeinden die Diktatur stützten. Sobald die Stilisierung durchbrochen wird, öffnet sich der Blick darauf, wie die Kommunen mit ihrer motivierten, professionellen und über weite Strecken funktionalen Verwaltung zur erheblichen Leistungskraft des NS-Regimes beitrugen."[815]

Gegenwärtige Veröffentlichungen zur Form der nationalsozialistischen Verwaltung, gerade auch in den Kommunen, geben ihr eine beinahe postmoderne Gestalt: Das, war früher als „polykratische Herrschaftsstruktur" mit retardierenden Effekten gesehen wurde, wird jetzt nur als partielle Beendigung der „´legale[n] Herrschaft mit bureaucratischem Verwaltungsstab´ im Sinne Max Webers" bewertet. „Aber diese Form von Staatlichkeit ... endete 1933 weder abrupt noch durchgehend. Die staatliche und kommunale Normalverwaltung arbeitete ganz überwiegend weiter wie bisher." Und es kam zu „Organisationsformen ..., die aus heutiger Sicht nahezu postmodern und daher recht vertraut anmuten: personengebundenes Networking, Informalisierung von Entscheidungsverfahren, parainstitutionelle Kommunikations- und Koordinationsformen, public-private-partnership", „´outsourcing´". „Rivalität und Wettbewerb unter den Teilinstanzen mobilisieren auch Leistungsreserven und die Informalisierung von Entscheidungen und Koordinationsmechanismen führte zu beschleunigten - eben: unbürokratischen - Handlungsabläufen. ... dieser Staat entfaltete sein

---

[812] Mecking/Wirsching, Stadtverwaltung, S. 2f.
[813] Zitate zur Konstanzer Stadtverwaltung siehe Klöckler, Anmerkungen, S. 24, 30, 38.
[814] Mecking/Wirsching, Stadtverwaltung, S. 2.
[815] Mecking/Wirsching, Stadtverwaltung, S. 16. Siehe auch z. B. Meyer/Meyer-Woeller, Jahre, S. 50f.

Gewaltpotential gerade durch die Verbindung der Stetigkeit und Effizienz konventioneller Bürokratie mit partieller Nichtstaatlichkeit."[816]

Die Diskussion um die Veröffentlichung zum Auswärtigen Amt „Das Amt und die Vergangenheit" enthält manche Argumente und Hinweise, die sich analog auf diese beiden Frankfurter Kommunalpolitiker und ihr Umfeld übertragen lassen. Drei solche Aussagen verweisen beispielhaft auf entsprechende Mechanismen zur Ablenkung und Reinwaschung:

a) Für eine solche Funktion dieser Auszeichnungen durch die Universität am Lebensende von Keller und Lehmann spricht eine Aussage von Joschka Fischer zum Ausgangspunkt der Recherche für das genannte Buch, nämlich die Praxis der Nachrufe im internen Blatt des Auswärtigen Amtes: „´Es geht ihnen um den letzten, über den Tod hinausreichenden Persilschein.´"

b) Die folgende Verteidigungsstrategie, wie sie in der Frankfurter Allgemeinen Zeitung beschrieben wurde, findet sich auch bei den Frankfurter Kommunalpolitikern: „Verantwortung wurde auf wenige Personen abgeschoben, zugegeben wurde das bloße Minimum, widerständige Gespräche und Gedanken, von denen keine Spuren zu finden waren, wurden behauptet."

c) Zum Widerstand heißt es in einem Interview der „Zeit: ´Der 20. Juli wurde instrumentalisiert zum Zweck der Selbstentlastung?´ [Norbert, GSt.] Frei: ´Wie in so vielen anderen Bereichen und von so vielen anderen Funktionseliten auch.´"[817] Dieses Verhalten findet sich bei Lehmann wieder.

## 4.4 Allgemeine Einschätzung zu Keller und Lehmann

Eine allgemeine Einschätzung der einschlägigen Handlungen Kellers und Lehmanns wird mit einem struktur- und prozeßgeschichtlichen Ansatz dargelegt. Demnach hat man es zu tun mit

a) einem totalitären Staat und seinen ideologischen Vorstellungen,

b) mit einem Verständnis der Daseinsvorsorge in der deutschen Stadt im Allgemeinen, wie es im 19. Jahrhundert entwickelt und in der Weimarer Zeit verstärkt wurde (und seitdem wirkmächtig ist),

c) mit einer über 8 und mehr Jahre dauernden Segregation und Verfolgung einer Bevölkerungsgruppe der städtischen Bürgerschaft und weiterer verfolgter Gruppen sowie

---

[816] Zitate siehe Reichardt/Seibel, Radikalität, S. 8f., 18. Anscheinend konnte Lehmann darin seine Stärken erweisen.

[817] Zitate siehe Frankfurter Allgemeine Zeitung, 30.10.2010, S. 33; Minkmar, Nils, Endlich sprechen die Akten, in: Frankfurter Allgemeine Zeitung, 25.10.2010, S. 25; Frei, Norbert, Das Ende der Weizsäcker-Legende [Interview], in: Zeit, 28.10.2010, S. 22. Vgl. auch Fischer, Salomon, S. 114.

d) mit zwei aktiven, notwendigerweise gutinformierten Stadträten[818] als politisch geduldete Manager, deren Funktion nicht die eines liberalen „Feigenblattes" und damit die eines „Frühstücksdirektors" war, sondern die als leitende Organisatoren der Verwaltung zentrale Positionen einnahmen.

Daraus ergibt sich, daß sie in sehr vielen kleineren und größeren Vorhaben involviert waren oder ihre Arbeit davon tangiert war resp. sie darüber informiert waren.

Der NS-Staat hat auf kommunaler Ebene die als Juden deklarierten Menschen entrechtet, enteignet, entmenschlicht, aus der Stadtgesellschaft entfernt, dann aus der Stadt entfernt und schließlich ermordet. Namentlich bekannt ist die Ermordung von 11.957 Frankfurter Juden.[819] Keller und Lehmann haben sich den Nazis verdingt. Sie tragen Schuld aufgrund ihrer Involvierung in diesen einzigartigen Akt der Unmenschlichkeit bis zum Moment der Deportation - das den Betroffenen danach eine wie auch immer geartete leidvolle Zukunft bevorstand, mußten beide wissen.

Dennoch zeichnete beispielsweise die Universität Frankfurt 1959 beide mit den akademischen Würden eines Ehrenbürgers und Ehrensenators aus. (Zum Vergleich sei darauf hingewiesen, daß 1949 bei der Frage der Emeritierung des NS-Rektors Platzhoff in der Philosophischen Fakultät noch Bedenken vorsichtig geäußert worden waren: „Die Fakultät vermag dem Antrag nicht zuzustimmen, weil [(eingefügt:) nach ihrer Meinung] Persönlichkeiten, welche sich in der nationalsozialistischen Zeit lange Zeit in einer so repräsentativen Stellung befunden haben, nicht emeritiert werden sollten."[820] Vergleichbare Überlegungen waren zehn Jahre später anscheinend nicht mehr ins Gespräch gebracht worden.)

Abschließend wird sich einer zusammenfassenden Charakterisierung der beiden Frankfurter Kommunalpolitiker genähert:

---

[818] Vor allem ist dies für den Kämmerer in seinem Querschnittsamt relevant.

[819] Siehe Pressemitteilung der Stadt Frankfurt am Main vom 21.01.2010 zur feierlichen Ergänzung der Namenstafeln an der Gedenkstätte Neuer Börneplatz.

[820] Dort heißt es im Protokoll unmittelbar davor: „Die Fakultät ist sich einig über die wesentlichen Verdienste, die sich Prof. Platzhoff um die Erhaltung der Universität Frankfurt und um die Fernhaltung nationalsozialistischer Einflüsse aus den Fakultäten erworben hat." Abt. 130 Nr. 81, Bl. 210f., 14.12.1949. Das Lob wegen der „Fernhaltung" verdrängt, daß auch in der Zeit von Platzhoff Professoren in ihre Ämter eingesetzt worden waren; so soll Lampert sein Ordinariat 1934 „allein durch den Gauleiter erhalten" haben, Abt. 120 Fakultätsprotokolle [Medizin 1] 1951, 08.02.1951, Bl. 5; Platzhoff war amtierender Rektor ab April 1934 und ab 03.08.1934 Rektor gewesen, siehe Hammerstein, Goethe-Universität, S. 450; Lampert steht als Professor im Vorlesungsverzeichnis des Sommersemesters 1935 auf Seite 9 mit Datum 01.11.1934. Es muß Ansatzpunkte für die Lobesworte über Platzhoff in einem „Geheimgutachten des Dozentenbundes" 1938 für „seine absolute Loyalität" geben: „so sei er doch gegenüber politischen Stellen ´zum Nachgeben und zum Eingehen auf Forderungen jederzeit bereit´" gewesen, siehe ebenda, S. 451. Auch existieren Aussagen über Platzhoffs Einflüsse auf die Studierenden: Ein Student „wollte vor dem Kriege" ... „Der damalige Rektor verlangte als Voraussetzung dafür Betätigung in der Partei oder einer ihrer Gliederungen." HHStAW Abt. 504 Nr. 1075b, so der Dekan der Medizinischen Fakultät an den Rektor vom 01.08.1947.

Keller und Lehmann können als kleine Antriebs-Rädchen in der gesamten NS-Maschinerie angesehen werden; dabei bezieht sich diese Einordnung auf die NS-Herrschaft insgesamt und betont das eingebrachte Engagement.

Keller und Lehmann waren meiner Kenntnis nach keine überzeugten Nationalsozialisten. Sie waren auch vielleicht nicht gerade „getreue" Diener ihrer Herren, aber zumindest eifrige Diener ihrer Herren.

Beide haben nach 1945 behauptet, daß ihr Lebensentwurf zu den gesellschaftspolitischen Bestrebungen der Nationalsozialisten konträr gewesen wäre; tatsächlich haben sie jedoch ihre persönlichen Ziele im Rahmen der NS-Herrschaft verwirklichen können.

Lehmann zudem gibt mit seinen angeblichen finanzpolitischen Widerstandsleistungen eine fundamentale Begründung, warum er überhaupt im Amt des Stadtkämmerers geblieben ist. Es geht bei diesem Widerstand um seinen beruflichen Kernbereich. Daß er nun diesen Widerstand nachträglich vorgegaukelt hat, stellt somit eine essentielle Infragestellung dar.

Keller und Lehmann gingen ihren eigenen Weg; sie waren weniger „Wendehälse" als karriereorientiert, erfolgreich anpassungsfähig und durchsetzungsstark zugleich, auch mit dem gebotenen Quentchen an Glück. Sie lebten gut damit,[821] daß andere für sie den höchsten Preis zahlten.


### 4.5 Fazit:

Im NS-Staat, der Maßnahmenstaat und Normenstaat (Ernst Fraenkel) zugleich war, hatten Keller und Lehmann ihre maßgebliche Rolle im Normenstaat auf lokaler Ebene inne. Daraus ergeben sich bei ihnen drei grundlegende Diskrepanzen:
die systemstabilisierende Funktion zum fehlenden Schuldbewußtsein,
die systemstabilisierende Funktion zum hohen Charakterlob,
die systemstabilisierende Funktion zu außergewöhnlichen Ehrungen.


Zur Beziehung von Schuld und Ehrung sei auf Ausführungen von Karl Jaspers verwiesen, veröffentlicht ein Jahr nach dem Ende des „Dritten Reiches", die somit vor dem Spruchkammerverfahren von Lehmann liegen und zeitlich in den Beginn der reibungslosen Fortsetzung der weitgefächerten Aktivität Kellers fallen. Anne-Kathrin Herrmann erläutert dies: „Um der ´Flachheit des Schuldgeredes´ entgegenzuwirken, differenzierte Jaspers vier Dimensionen von Schuld: die kriminelle, politische, moralische und metaphysische. Kriminelle Schuld sei dem Einzelnen durch Gesetzesver-

---

[821] Ein Hinweis auf das Ansehen, das beide NS-Politiker noch heute in Frankfurt genießen, ist die Lobeshymne von Hilmar Hoffmann aus dem Jahr 2012, siehe Hoffmann, Oberbürgermeister, S. 43.

stoß eindeutig nachweisbar ... Politische Schuld hingegen ziehe die ´Haftung aller Staatsbürger´ nach sich, da jeder Bürger mitverantwortlich für die Amtsübernahme und das Wirken seiner Regierung sei. ... [Die moralische Schuld umfasse, GSt.] alle Einstellungen und Handlungen des Einzelnen, welche zur Katastrophe des Nationalsozialismus beigetragen hätten, darunter auch Selbsttäuschung, Mitläuferschaft und die Ausführung von menschenverachtenden Befehlen. Über die moralische Schuld dürften ausschließlich das eigene Gewissen sowie nahe stehende Personen urteilen. ... Die in der ´Solidarität aller Menschen´ begründete metaphysische Schuld schließlich hätten alle deutschen Überlebenden des Krieges auf sich geladen ... [Es führe, GSt.] die Entscheidung des Einzelnen, auf den bedingungslosen Einsatz des eigenen Lebens zu verzichten, um die Ermordung anderer zu verhindern, zu einem Schuldgefühl ... ´Daß ich noch lebe, wenn solches geschehen ist, legt sich als untilgbare Schuld auf mich.´ Das Urteil über die übergeordnete metaphysische Schuld sei allein Gott vorbehalten.“[822]

Weder bei Keller noch bei Lehmann konnten Eingeständnisse von Schuld gefunden werden.[823]

Zur kriminellen Schuld ist anzumerken, daß Keller und Lehmann nie verurteilt wurden. Anscheinend war das Ende von Lehmanns Amtszeit als Frankfurter Stadtkämmerer die Folge von Falschangaben. Es stellt sich die Frage, ob jetzt eine detaillierte Untersuchung bestimmter Vorgänge zur Feststellung von Tatsachen führen würde, die eine straf- oder zivilrechtliche Verurteilung bedingen könnte. Würde nicht manches einer juristischen Verurteilung unterliegen, wenn man nur mit einem sehr hohen Aufwand recherchierte, wenn es keine Verjährungsfristen gäbe und wenn es ggf. zu einer Summe vieler kleinen Straftaten käme?

Zur politischen Schuld ist zu unterscheiden zwischen der Phase bis zur sog. „Machtergreifung“, zur Phase der Machtetablierung und schließlich zur weiteren NS-Herrschaft. Keller und Lehmann werden schon allein aufgrund ihrer kommunalpolitischen Ämter nicht die NSDAP in (halb)freien Wahlen gewählt haben. Aber sie haben dann zur Festigung der lokalen NS-Herrschaft beigetragen und zum Funktionieren des NS-Staates während des „Dritten Reiches“. („Mit den freiwilligen Kaufgeschäften dokumentierte[n] sie indirekt ihre zustimmende Haltung zur Judenverfolgung und ihre Bereitschaft zur Mitwirkung“,[824] wie Rüdiger Fleiter dies für den hannoverschen Stadtkämmerer und Ratskollegen in bezug zur „Arisierung“ charakterisiert.) Und „die ´Raubkunst´ ist nur die Spitze des Eisbergs.“[825]

---

[822] Herrmann, Jaspers, S. 44f. Zu Jaspers „Schuldfrage“ siehe z. B. Schefczyk, Deutscher.

[823] Zur „tiefgreifenden Uminterpretation der Geschichte des NS-Regimes und der eigenen Rolle darin“ siehe allgemein Herbert, NS-Eliten, S. 92f.

[824] Fleiter, Stadtverwaltung, S. 359. Zu Keller erklärt Farnung: „Auch nach 1945 ist kein Unrechtsbewusstsein festzustellen.“ Keller habe 1946 Raubkäufe von jüdischen Eigentümern als „´durchaus ehrlich abgeschlossen und bezahlt´“ bezeichnet, so Farnung, Kulturpolitik Nationalsozialismus, S. 12, mit Verweis auf MA 2251, siehe ebenda, S. 18.

[825] Steen, Provenienzforschung, S. 32.

Einer moralischen Schuld unterliegen sowohl Keller als auch Lehmann.

Und dann existiert noch die Radikalposition der metaphysischen Schuld, die in Anbetracht von mutigen Widerstandsleistungen durch andere Personen sicherlich eine gewisse Berechtigung hat.

In Anlehnung daran und unter der Voraussetzung, daß Kellers und Lehmanns tatsächliche Schuld gering wäre und sie - wie häufig in einem solchen Kontext (von anderen) behauptet wurde, man habe Schlimmeres verhindern wollen - tatsächlich Schlimmeres verhindert hätten, dann hätten Keller und Lehmann trotzdem auf die Ehrungen verzichten müssen. Denn schließlich hätten sie gemäß der Redewendung Schlimmes getan, um - wie behauptet - Schlimmeres zu verhindern.

Doch von diesem Schlimmen wollte man dann auch nichts mehr wissen und leugnete es konsequent.

Und das Schlimmere hatten sie nicht verhindert - jedenfalls mangelt es dafür an hinreichenden Belegen. Ja, es kam zum Schlimmsten.

Jedoch vermitteln die Ehrungen durch die Universität mit ihren Urkundentexten und weiteren begleitenden Formulierungen von Protagonisten den Eindruck, daß es um den Wunsch einer ostentativen Absolution ging - aber ohne zuvor Reue zu zeigen -, die bezeichnenderweise im hohen Alter für die Nachwelt und für die Geschichtsbücher gewünscht wurde: Auch mit universitären Auszeichnungen sollten wohl die „braunen Flecken" auf den „weißen Westen" abgedeckt werden. Zum Kreis dieser Personen zählen Kulturdezernent Keller und Stadtkämmerer Lehmann, die beide von 1933 bis 1945 der Frankfurter Stadtregierung angehörten. Als hochqualifizierte Fachleute hatten sie im Rahmen ihrer Ämter eine systemstabilisierende Funktion inne, weshalb ihnen der NS-Oberbürgermeister Krebs diese Positionen anvertraute. Dabei haben sie entsprechend Schuld auf sich geladen und sich charakterlich zutiefst kompromittiert.[826] Sie werden dank ihrer zahlreichen einflußreichen Ämter in den 50er Jahren in einer unglaublichen, den Tatsachen hohnsprechenden Art und Weise gewürdigt: Was mögen die Hinterbliebenen der Opfer dabei empfunden haben? Wie konnte es sein, daß solche Verdrehungen erst wenige Jahre nach dem Holocaust akzeptiert wurden?[827]

---

[826] (Ein Zitat aus dem Protokoll einer Fakultätssitzung zu einem verwandten Vorgang zur gleichen Zeit lautet: „Man sollte hier nicht nach den Aufzeichnungen in den Akten, sondern nach den Taten dieses Mannes urteilen." Abt. 120 Fakultätsprotokolle [Medizin 3] 1960, 23.06.1960, Bl. 5. Bei Keller und Lehmann geschah beides nicht.)

[827] Zu den „kommunikativen Formen des Umgangs mit den biografischen NS-Vergangenheiten" siehe allgemein Goschler, NS-Altlasten, S. 84f.

Krieg und Eroberungen waren (bedingte) Voraussetzungen gewesen für einen politisch wie sozio-psychologischen Rahmen, der den Holocaust ermöglichte. Und ein (erfolgreicher) Krieg konnte allein von einer hochindustrialisierten Gesellschaft geführt werden, deren Staat nur mit funktionie-renden Kommunen herrschen konnte. Die Stadtverwaltungen waren mittelbar durch ihre Infrastruk-tur notwendig für ein Funktionieren von militärrelevanter Forschung und Industrie, insbesondere durch die Existenz eines akzeptablen sozialen Lebens; unmittelbar beteiligt waren Stadtverwaltun-gen durch die Umsetzung von kriegsrelevanten staatlichen Vorgaben.[828] Von daher ergibt sich eine mittelbare Mitverantwortung von Kommunalpolitikern und -beamten, darunter auch Keller und Lehmann, am Holocaust.

„Das Böse steckte sowohl im Brutalen wie im Banalen."[829] Von grundlegender Bedeutung ist hierbei der zweite Teil dieser Feststellung. Und ich bin mir bewußt: „Nicht immer war eine Initiati-ve, die eine Verschärfung bewirkte, auch als solche geplant."[830] Aber, und das darf nicht beschönigt werden, auch diese Folgen des eigenen Handelns wurden akzeptiert und nach dem Krieg die eigene Verstrickung insgesamt geleugnet.

Viele werden während des „Dritten Reiches" bei vielem weggesehen haben gemäß dem Sprichwort: Was ich nicht weiß, macht mich nicht heiß. Aber aktive Politiker und Verwaltungsbeamte wie Keller und Lehmann hatten aufgrund ihres beruflich erfolgreichen Wirkens hinsehen und handeln müssen.

Die treffende Bezeichnung von Otto Gerhard Oexle zur Beziehung mancher Wissenschaftler zum Nationalsozialismus als „Zusammenarbeit mit Baal" läßt sich auch auf Kommunalpolitiker wie Keller und Lehmann übertragen. Und nach dem Krieg „hackte eine Krähe einer anderen kein Auge aus". Oexle weist im Fall „Schneider/Schwerte" darauf hin, daß ein Wissenschaftler noch 1990 an der Aachener Hochschule Ehrensenator werden konnte, der sich nach dem Krieg mit einer neuen Biographie tarnte, um im selben Metier tätig zu sein, „dessen wahre Identität nach 1945 viele gekannt haben müssen." Im „Spannungsfeld von Erkenntnisurteil und Werturteil"[831] war anschei-

---

[828] Vgl. Brumlik, Vorwort, S. 10; vgl. auch Matzerath, Kommunalpolitik, S. 22. Ruck, Beharrung, S. 72, betont, daß bis zum Schluß öffentliche Verwaltungen funktionierten und weist darauf hin mit einem Zitat von Victor Klemperer „vom 1. April 1945: ʹUnd niemand in Deutschland macht dieser mörderischen Regierung ein Ende.ʹ Daran, daß es soweit hatte kommen können, trugen die Staats- und Kommunalbeamten ihr gerüttelt Maß an Mitverantwortung."

[829] Wippermann, Leben, Bd. I, S. 73.

[830] Bermejo-Wenzel, Schulpflicht, S. 393.

[831] Zitate siehe Oexle, Zusammenarbeit, S. 1, (vgl. S. 26f.); Oexle, Kultur, S. 372, 383. Pavlik, Schneider/Schwerte, S. 295, merkt an: „schließlich ist kaum vorstellbar, dass eine Karriere wie die von Hans Schwerte ohne Protektion von Mitwissern und Eingeweihten funktionieren konnte."

nend der soziale Rahmen manchmal übermächtig; davon ist auch für die Frankfurter Stadtgesellschaft einschließlich ihrer Universität auszugehen.

Zur Erforschung der Verstrickung der Kommunalpolitik und Stadtverwaltung von Frankfurt am Main in die NS-Machenschaften trifft die allgemeine Feststellung von Micha Brumlik zu, wonach wir vor einer „noch lange nicht abgeschlossene[n] Auseinandersetzung"[832] stehen. Der Historiker hat sich dabei der wissenschaftlichen Methoden seiner „Zunft" zu bedienen; ich sehe mich hierbei in einer Vorgehensweise stehend, wie sie Johannes Fried gekennzeichnet hat: „Historische Quellenkritik ist somit Aussagenkritik und kein Beweisverfahren; eine solche Aussagenkritik verteilt keine Beweislasten, obgleich sie die Bestätigung für die Aussage und deren Angemessenheit verlangt."[833] Daß Maßstäbe der Bewertung, wie ich sie gerade in diesem Fazit angewendet habe, normativer Natur sind, dessen bin ich mir bewußt.

**Persönliches Nachwort**

„Und so wie ich gelegentlich die Meinungen anderer

in aller Bescheidenheit und ohne jede Arglist zurückweisen werde,

ebenso bin ich ohne Widerwillen bereit,

getadelt zu werden,

wenn ich etwas gesagt haben werde,

was der Wahrheit entgegensteht.

Der Kritiker gebe aber acht,

daß nicht die Gewohnheit falscher Prinzipien,

die Gunst

oder der Haß

ihn, den Kritiker,

zu einem Verdreher werden lasse".[834]

Wilhelm von Ockham

---

[832] Brumlik, Vorwort, S. 11.
[833] Fried, Gedächtnis, S. 174.
[834] Ockham, Texte, S. 189.

5. Nachweise

## 5.1 Archivalien sowie weitere Quellen

### 5.1.1 Institut für Stadtgeschichte Frankfurt am Main (ISG)

Wilke, Sabine, Magistrat: Nachträge, Findbuch, 1998 [Rep. 804].

Frankfurter Adreßbuch 1934; Amtliches Frankfurter Adreßbuch 1935; [...] 1936; Amtliches Frankfurter Adreßbuch für das Jahr 1937; [... (...) ...] 1938; Amtliches Frankfurter Adreßbuch mit Umgebung für das Jahr 1939; Frankfurter Adreßbuch mit Umgebung für das Jahr 1940; [...] 1942 [jeweils auf Mikrofiche]; [auch im Internet].

Chroniken S 5, 134, Bd. 1; Chroniken S 5, 135, Bd. 2; Chroniken S 5, 194 (1939); Chroniken S5, 195 (1940); Chroniken S5, 196 (1941); Chroniken S5, 197 (1942); Chroniken S5, 198 (1943); Chroniken S 5, 199 (1944/45).

Fürsorgeamt 461, 1890.

Frankfurter Museumsgesellschaft, V 125, [Bde.] 3, 16-17, 21, 44, 113.

Gutachterausschuß 883.

Hausstandsbuch 1292, 1646, 1679, 2315, 2333.

Kulturamt 175, 185, 1586.

MA 2574, MA 2944, MA 3076, MA 3643, MA 3812, MA 3883, MA 3933, MA 4052, MA 4053, MA 4116, MA 4122, MA 4125, MA 4128, MA 4146, MA 4147, MA 4211, MA 4212, MA 4215, MA 4239, MA 4700, MA 4833, MA 5576, MA 5581, MA 5583 - MA 5588, MA 5800, MA 6705, MA 7825, MA 7829, MA 8234, MA 8269, MA 8640, MA 8641, MA 8875, MA 9200, MA 9380, MA 9420, MA 9470, MA 9471, MA 9476, MA 9477, MA 9506, MA 9508;
MA Nachträge: 5, 11, 36, 43, 51, 78, 101, 109, 132, 145, 148, 158, 164, 167, 181, 208;
MA P 173, MA P 197, MA P 199, MA P 200, MA P 202, MA P 203, MA P 205 - MA P 209, MA P 211 - MA P 222.

Nachlässe: S1/50, 1 (Friedrich Krebs); S1/25, 3 (Bruno Müller); S 1/468, 23 (Alfred Wolters)

PA 18.372, PA 19.245, PA 59.142, PA 65.185, PA 73.674, PA 73.701, PA 73.702, PA 136.152, PA 142.588.

Personengeschichtliche Sammlung: S2 / 738 Rudolf Keller; S2 / 810 Friedrich Lehmann.

Pia Sammlung S6b / 38-50.

Rechneiamt IV 53.

Schulamt 231, 2174, 3222, 3539, 4133, 4888, 5454, 6131, 6636, 6637, 7221, 7438, 7471, 7478.

St[adtverordnetenversammlung] P 156.

Stadtwerke 446, 493

Stiftungsabteilung 12, 662, 1031.

Stemmler, Gunter, Frankfurter Kommunalpolitiker 1933. Eine Prosopographie, unveröffentlichtes Manuskript vom 26.01.1999.

Verwaltungsbericht der Stadt Frankfurt a.M. über das Haushaltsjahr 1929/30-1938, Frankfurt am Main 1930-1938. [Lesesaal].

Museum Völkerkunde 45.

Wohlfahrtsamt 1860.

### 5.1.2 Archiv der Johann Wolfgang Goethe-Universität (UAF)

Ordner:
380-01 Ehrenbürger, Ehrensenator, Ehrendoktor - generell -
380-01 Ehrendoktor - einschl. Listen -
380-02 Fakultätsmedaillen Juni 1955 bis Okt. 1977.

Abt. 1 Nr. 201 Wissenschaft. Forschung und Lehre: Ehrenbürger der Universität.
Abt. 1 Nr. 202 Wissenschaft, Forschung und Lehre: Verstorbene Ehrenbürger und Ehrensenatoren.

Abt. 4 Nr. 1447 Lehmann, Friedrich 1934-1960 Rechtswiss. Fakultät.

Abt. 8 Nr. 5 Senatsprotokolle SS 1946 - WS 1948-1949
Abt. 8 Nr. 11 Niederschrift der Akad. Senats-Sitzungen SS 59 - WS 59/60
Abt. 8 Nr. 12 Niederschrift der Akad. Senats-Sitzungen SS 60 - WS 60/61.

Abt. 14 Nr. 346 Personal-Hauptakte Stadtkämmerer i. R. Prof. Dr. Lehmann, Friedrich.

Abt. 110 Nr. 22 Rechtswissenschaftliche Fakultäts-Beschlüsse.

Abt. 114 Nr. 94 Akte Friedrich Lehmann.

Abt. 120 Nr. 60 Medizinische Fakultät

Abt. 120 Fakultätsprotokolle 1951-1954 [jeweiliges Jahr] / Fakultätsprotokoll (Medizin) 1[.] Laufzeit: 8. Februar 1951 bis 31. Juli 1954
Abt. 120 Fakultätsprotokolle 1958-1961 [jeweiliges Jahr] / Fakultätsprotokoll (Medizin) 3[.] Laufzeit: [durchgestrichen November 1958] bis Februar 1961.

Abt. 120 Nr. 160

Abt. 130 Nr. 81 Philosophische Fakultät[.] Protokollbuch III.

### 5.1.3 Hessisches Hauptstaatsarchiv Wiesbaden (HHStAW)

Abt. 504 Nr. 1075a+b.

Abt. 518 Nr. 5763 [Wiedergutmachungsakte Walter Schatzki].

Abt. 520/11 Nr. 15014/2  [Hans Achinger]

Abt. 520 F (A-Z) [Karton 1980] Dr. Friedrich Lehmann [geboren 05.11.1888].

## 5.1.4 Bundesarchiv (BArch)

(ehem. BDC), NSDAP-Gaukartei, „Keller Dr. Rudolf"; „Lehmann Friedrich".

OPG-F 115
PK-F 0330
PK-H 69.

R 36/516; R 36/785; R 36/2149; R 36/2369.

R 1501/141372; R 1501/141373.

## 5.1.5 Landesarchiv Berlin (LAB)

B Rep. 142-07 1/2/6/2/2; B Rep. 142-07, 2/1/9/6/5; B Rep. 142-07, 2/1/9/6/56; B Rep. 142-07, 5/8/3/21.

## 5.1.6 St. Katharinen- und Weißfrauenstift in Frankfurt am Main

Personalakte Edgar Ulmann, Bd. 2.

## 5.1.7 Gedruckte Quellen für die Universität Frankfurt

Bericht des scheidenden Rektors ... bei der Rektoratsübergabe 1959-1960.

Gebundene Unterlagen zum Rektoratsbericht 1955/56.

Denkschrift der Johann Wolfgang Goethe-Universität Frankfurt am Main zur Landtagsrede des Herrn Ministers für Kultus und Unterricht Dr. Erwin Stein vom 28. Juli 1948.

Universitätsrecht Frankfurt a. Main [Einführung mit Datum 01.03.1956].

## 5.1.8 Datenbanken und digitale Angebote

PARlamentsInformationsSystem der Stadt Frankfurt am Main [zur Provenienzforschung].

Vorlesungsverzeichnis und Personalverzeichnis resp. Personenverzeichnis; digitalisiert vom WS 1914/15 bis SS 2002: http://www.ub.uni-frankfurt.de/cdrom/vorlesungsverzeichnis.html.

www.bundesarchiv.de.

www.frankfurt1933-1945.de.

## 5.2 Literaturverzeichnis

Andernacht, Dietrich, Sterling, Eleonore, Dokumente zur Geschichte der Frankfurter Juden 1933-1945, Frankfurt am Main 1963.

Andrich, Matthias, Martin, Guido, Schule im 3. Reich. Die Musterschule. Ein Frankfurter Gymnasium 1933-39, Frankfurt am Main 1983.

Arnold, Birgit, Kommunale Selbstverwaltung, in: Schadt, Jörg, Caroli, Michael, Hg., Mannheim unter der Diktatur 1933-1939. Ein Bildband, Mannheim 1997, S. 31-40.

Balser, Frolinde, Aus Trümmern zu einem europäischen Zentrum. Geschichte der Stadt Frankfurt am Main 1945 - 1989, Sigmaringen 1995.

Banholzer, Kuno, Aus der Geschichte der Musterschule in den letzten 25 Jahren, in: Ders., Hg., Musterschule Frankfurt am Main 1953. Festschrift des Realgymnasiums Musterschule zur 150-Jahrfeier 1803-1953, Frankfurt am Main 1953, S. 15-20.

Bauer, Thomas, Das Alter leben. Die Geschichte des Frankfurter St. Katharinen- und Weißfrauenstifts, Frankfurt am Main 2003.

Bauer, Thomas, „Mit lebhaftem Bedauern und aufrichtigem Dank". Der Mitteldeutsche Kunstgewerbe-Verein in der Zeit des Nationalsozialismus, Frankfurt am Main 2016.

Bauer, Thomas, In guter Gesellschaft. Die Geschichte der Polytechnischen Gesellschaft in Frankfurt am Main, Frankfurt am Main/Wiesbaden 2010.

Bauer, Thomas, 100 Jahre unter einer Kuppel. Die Geschichte der Frankfurter Festhalle. [Festhalle - 100 - 1909-2009], Frankfurt am Main 2009.

Bauer, Thomas, Die Stadt in Zahlen. Geschichte des Statistischen Amtes in Frankfurt am Main, Frankfurt am Main 2015 [digitale Fassung].

Bauer, Thomas, Das St. Katharinen- und Weißfrauenstift im Nationalsozialismus, in: www.frankfurt1933-1945.de [Stand: 16.09.2008].

Bauer, Thomas, „Seid einig für unserer Stadt". Walter Kolb - Frankfurter Oberbürgermeister 1946-1956, Frankfurt am Main 1996.

Bauer, Thomas, Maier, Tilo, Impulse für Frankfurt und die Region. Geschichte und Gegenwart der Mainova Aktiengesellschaft, Frankfurt am Main 2012.

Becht, Lutz, Ausländische Arbeitskräfte und Arbeitseinsatz in Frankfurt am Main 1938–1945, in: Archiv für Frankfurts Geschichte und Kunst, 65, 1999, S. 422–472.

Becht, Lutz, „Die Wohlfahrtseinrichtungen sind aufgelöst worden ..." Vom „städtischen Beauftragten bei der Jüdischen Wohlfahrtspflege" zum „Beauftragten der Geheimen Staatspolizei ..." 1938 bis 1943, in: Kingreen, Monica, Hg., „Nach der Kristallnacht". Jüdisches Leben und antijüdische Politik in Frankfurt am Main 1938-1945, Frankfurt am Main/New York 1999, S. 211–236.

Becker, Claudia, Magda Spiegel. Biographie einer Frankfurter Opernsängerin 1887-1944, Frankfurt am Main 2003.

Bembenek, Lothar, Ulrich, Axel, Widerstand und Verfolgung in Wiesbaden 1933-1945. Eine Dokumentation, Gießen 1990.

Bermejo, Michael, Die Opfer der Diktatur. Frankfurter Stadtverordnete und Magistratsmitglieder als Verfolgte des NS-Staates, Frankfurt am Main 2006.

Bermejo-Wenzel, Michael, Schulpflicht und Schulverbot für Sinti und Roma in Frankfurt am Main - Aspekte zu Kompetenzkonflikten innerhalb der lokalen NS-Polykratie, in: Archiv für Frankfurts Geschichte und Kunst, 65, 1999, S. 392-421.

Bermejo-Wenzel, Michael, Die Verfolgung der Sinti und Roma im nationalsozialistischen Deutschland am Beispiel Frankfurt am Main, MA-Arbeit Universität Frankfurt 1998.

Böckler, Hans, Schule in der Kriegszeit 1939 bis 1945. Dokumentarbericht und Erinnerungen von Zeitzeugen der ehemaligen Falk-Mittelschule Frankfurt/Main-Bockenheim, Frankfurt am Main 2. Aufl. 2012.

Boehling, Rebecca L., A Question of Priorities. Democratic Reform and Economic Recovery in Postwar Germany. Frankfurt, Munich, and Stuttgart under U.S. Occupation 1945-1949, New York/Oxford 1998.

Boehm, Katharina, Zwangsarbeiter und Kriegsgefangene in Frankfurt, in: Beckert, Sven, Hg., Bis zu diesem Punkt und nicht weiter. Arbeitsalltag während des Zweiten Weltkriegs in einer Industrieregion Offenbach-Frankfurt, Frankfurt am Main 1990, S. 65-69.

Boehm, Katharina, Zwangsarbeiter- und Kriegsgefangenenlager in Frankfurt, in: Beckert, Sven, Hg., Bis zu diesem Punkt und nicht weiter. Arbeitsalltag während des Zweiten Weltkriegs in einer Industrieregion Offenbach-Frankfurt, Frankfurt am Main 1990, S. 173-202.

Bonnell, Andrew G., An American Witness in Nazi Frankfurt. The Diaries of Robert W. Heingartner, 1928-1937, Bern [u. a.] 2011.

Bopp, Verena, Carl von Weinbergs „Villa Waldfried". [Eine Kunstsammlung in Frankfurt am Main], in: Bertz, Inka, Dorrmann, Michael, Hg., Raub und Restitution. Kulturgut aus jüdischem Besitz von 1933 bis heute, Göttingen 2008, S. 172-178.

Brumlik, Micha, Vorwort, in: Fischer, Torben, Lorenz, Matthias N., Hg., Lexikon der „Vergangenheitsbewältigung" in Deutschland. Debatten- und Diskursgeschichte des Nationalsozialismus nach 1945, Bielefeld 2007, S. 9-11.

Buchheim, Hans, Mitgliedschaft bei der NSDAP, in: Gutachten des Instituts für Zeitgeschichte. Bd. 1, München 1958, S. 313-322.

Buchheim, Hans, Die Übernahme staatlicher Fürsorgeaufgaben durch die NSV, in: Gutachten des Instituts für Zeitgeschichte. Bd. 2, Stuttgart 1966, S. 126-132.

Budde, Anne, Peter Paul Raimund Freiherr von Eltz-Rübenach (1875-1943), Reichsminister, in: Internet-Portal Rheinische Geschichte des Landschaftsverbands Rheinland [Stand: 27.03.2013].

Buddrus, Michael, „War es möglich, ohne eigenes Zutun Mitglied der NSDAP zu werden?" Gutachten des Instituts für Zeitgeschichte München-Berlin für das „Internationale Germanistenlexikon 1800-1950", in: Geschichte der Germanistik. Mitteilungen, 23/24, 2003, S. 21-26.

Buseck, Sabine, Die historische Apotheke. Das Deutsche Apotheken-Museum und andere pharmazeutische Sammlungen im deutschen Sprachgebiet, Eschborn 1997.

Cunitz, Olaf, Stadtsanierung in Frankfurt am Main 1933-1945, [ms] MA-Arbeit Universität Frankfurt am Main 1996.

Danker, Uwe, Lehmann-Himmel, Sebastian, Landespolitik mit Vergangenheit. Geschichtswissenschaftliche Aufarbeitung der personellen und strukturellen Kontinuität in der schleswig-holsteinischen Legislative und Exekutive nach 1945, Husum 2017.

Daub, Ute, Bericht über die ersten Ergebnisse der Untersuchung der Frankfurter Erbgesundheitspolitik zwischen 1933 und 1945, [ms] Frankfurt am Main 1989.

Daub, Ute, Die Stadt Frankfurt am Main macht sich „judenfrei". Zur Konzentrierung, Verbannung und Ghettoisierung der jüdischen Bevölkerung zwischen 1938 und 1943, in: Kingreen, Monica, Hg., „Nach der Kristallnacht". Jüdisches Leben und antijüdische Politik in Frankfurt am Main 1938–1945, Frankfurt am Main/New York 1999, S. 319–355.

Daum, Monika, Zwangssterilisation in Frankfurt am Main, in: Knigge-Tesche, Renate, Ulrich, Axel, Hg., Verfolgung und Widerstand in Hessen 1933-1945, Frankfurt am Main 1996, S. 415-422.

Daum, Monika, Deppe, Hans-Ulrich, Zwangssterilisation in Frankfurt am Main 1933-1945, Frankfurt am Main/New York 1991.

Diamant, Adolf, Durch Freitod aus dem Leben geschiedene Frankfurter Juden 1938-1943, Frankfurt am Main 1983.

Diamant, Adolf, Gestapo Frankfurt am Main. Zur Geschichte einer verbrecherischen Organisation in den Jahren 1933-1945, Frankfurt am Main 1988.

Diestelkamp, Bernhard, Kurzer Abriss der Fakultät/des Fachbereichs Rechtswissenschaft der Johann Wolfgang Goethe-Universität zu Frankfurt am Main bis zum Ende des 20. Jahrhunderts, Arbeitspapier des Fachbereich Rechtswissenschaft der Goethe-Universität Frankfurt/M. Nr. 7/2015, Rn. https://d-nb.info/1102247146/34 [Erschienen in: Fachbereich Rechtswissenschaft der Goethe-Universität Frankfurt/M. (Hrsg.), 100 Jahre Rechtswissenschaft in Frankfurt, S. 11-104.]

Drexler, Siegmund, Kalinski, Siegmund, Mausbach, Hans, Ärztliches Schicksal unter der Verfolgung 1933-1945 in Frankfurt am Main und Offenbach. Eine Denkschrift, Frankfurt am Main 2. Aufl. 1990.

Drummer, Heike, „.... dem Wahren, Schönen und Guten zu dienen". Friedrich Krebs (1894-1961) - Oberbürgermeister in der NS-Zeit, in: Archiv für Frankfurts Geschichte und Kunst, 73, 2012, S. 195-222.

Drummer, Heike, Reform und Destruktion – die Geschichte der Städelschule während Weimarer Zeit und Nationalsozialismus, in: Salden, Hubert, Hg., Die Städelschule Frankfurt am Main von 1817 bis 1995, Mainz 1995, S. 136-157.

Drummer, Heike, Zwilling, Jutta, „... wir haben bis zuletzt ausgehalten". Die Städtischen Bühnen Frankfurt am Main in der NS-Zeit und ihre Opfer, in: Heer, Hannes, Fritz, Sven, Drummer, Heike, Zwilling, Jutta, Verstummte Stimmen. Die Vertreibung der „Juden" und „politisch Untragbaren" aus den hessischen Theatern 1933-1945, Berlin 2011, S. 349-391.

Eckhardt, Dieter, „Soziale Einrichtungen sind Kinder ihrer Zeit ..." Von der Centrale für private Fürsorge zum Institut für Sozialarbeit 1899-1999, Frankfurt am Main 1999.

Eizenhöfer, Doris, Die Stadtverwaltung Frankfurt am Main und die „Arisierung" von Grundbesitz, in: Mecking, Sabine, Wirsching, Andreas, Hg., Stadtverwaltung im Nationalsozialismus. System-übergreifende Dimensionen kommunaler Herrschaft, Paderborn [u. a.] 2005, S. 299-324.

Farnung, Sebastian, Kulturpolitik im Nationalsozialismus und die Rolle der Frankfurter Museen, in: Janelli, Angela, Kößler, Gottfried, [Red.], Gekauft. Gesammelt. Geraubt? Vom Weg der Dinge ins Museum, Frankfurt am Main 2019, S. 10-17.

Farnung, Sebastian, Kulturpolitik im Dritten Reich am Beispiel Frankfurter Museen, Frankfurt am Main 2016.

Fischer, Torben, Ernst von Salomon: *Der Fragebogen*, in: Fischer, Torben, Lorenz, Matthias N., Hg., Lexikon der „Vergangenheitsbewältigung" in Deutschland. Debatten- und Diskursgeschichte des Nationalsozialismus nach 1945, Bielefeld 2007, S. 113-115.

Fleiter, Michael, Hg., Heimat/Front. Frankfurt am Main im Luftkrieg. [...], Frankfurt am Main 2013.

Fleiter, Rüdiger, Kommunen und NS-Verfolgungspolitik, in: Aus Politik und Zeitgeschichte, 57, 2007, H. 14-15, S. 35-40.

Fleiter, Rüdiger, Stadtverwaltung im Dritten Reich. Verfolgungspolitik auf kommunaler Ebene am Beispiel Hannovers, Hannover 2006.

Fried, Johannes, Gedächtnis und Kultur. Perspektiven auf eine neurokulturelle Geschichtswissen-schaft. Ein Versuch, in: Heuer, Christian, Pflüger, Christine, Hg., Geschichte und ihre Didaktik. Ein weites Feld ... Unterricht, Wissenschaft, Alltagswelt. Gerhard Schneider zum 65. Geburtstag, Schwalbach/Ts. 2009, S. 168-203.

Friedel, Julia, Gliszczynski, Vanessa von, Gesammelt. Gekauft. Geraubt? Fallbeispiele aus kolonia-lem und nationalsozialistischem Kontext, in: Janelli, Angela, Kößler, Gottfried, [Red.], Gekauft. Gesammelt. Geraubt? Vom Weg der Dinge ins Museum, Frankfurt am Main 2019, S. 56-63.

Füllberg-Stolberg, Claus, Sozialer Tod - Bürgerlicher Tod - Finanztod. Finanzverwaltung und Judenverfolgung im Nationalsozialismus, in: Stengel, Katharina, Hg., Vor der Vernichtung. Die staatliche Enteignung der Juden im Nationalsozialismus, Frankfurt am Main/New York 2007, S. 31-58.

Fürbeth, Frank, „... freundlich gesinnt, aber gefährlich eitel und reaktionär". Julius Schwietering in Frankfurt (1932-1938), Berlin (1938-1945) und Frankfurt (1945-1952), in: Estelmann, Frank, Zegowitz, Bernd, Hg., Literaturwissenschaften in Frankfurt am Main 1914-1945, Göttingen 2017, S. 237-267.

Gall, Lothar, A Man for All Seasons? Hermann Josef Abs im Dritten Reich, in: Zeitschrift für Unternehmensgeschichte, 43, 1998, S. 123-175.

Geisenhainer, Katja, Frankfurter Völkerkundler während des Nationalsozialismus, in: Kobes, Jörn, Hesse, Jan-Otmar, Hg., Frankfurter Wissenschaftler zwischen 1933 und 1945, Göttingen 2008, S. 81-110.

Gillmann, Sabine, Mommsen, Hans, Politische Schriften und Briefe Carl Friedrich Goerdelers. Bd. 2, München 2003.

Görtemaker, Manfred, Safferling, Christoph, Die Akte Rosenburg. Das Bundesministerium der Justiz und die NS-Zeit, München 2016.

Gohl, Beate, Jüdische Wohlfahrtspflege im Nationalsozialismus. Frankfurt am Main 1933-1943, Frankfurt am Main 1997.

Goschler, Constantin, NS-Altlasten in den Nachkriegsparlamenten - Überlegungen zum Umgang mit der personellen Kontinuitätsfrage, in: Kartmann, Norbert, Hg., Hedwig, Andreas, (Red.), NS-Vergangenheit ehemaliger hessischer Landtagsabgeordneter. Dokumentation der Fachtagung 14. und 15. März 2013 im Hessischen Landtag, Wiesbaden/Marburg 2014, S. 79-86.

Gotto, Bernhard, Nationalsozialistische Kommunalpolitik. Administrative Normalität und System-stabilisierung durch die Augsburger Stadtverwaltung 1933-1945, München 2006 [digitale Fassung].

Gruner, Wolf, Der „Geschlossene Arbeitseinsatz" und die Juden in Frankfurt am Main von 1938-1942, in: Kingreen, Monica, Hg., „Nach der Kristallnacht". Jüdisches Leben und antijüdische Politik in Frankfurt am Main 1938-1945, Frankfurt am Main/New York 1999, S. 259-288.

Gruner, Wolf, Der Geschlossene Arbeitseinsatz. Zur Zwangsarbeit als Element der Verfolgung 1938-1943, Berlin 1997.

Gruner, Wolf, Der Deutsche Gemeindetag und die Koordinierung antijüdischer Kommunalpolitik im NS-Staat. Zum Marktverbot jüdischer Händler und der „Verwertung" jüdischen Eigentums, in: Archiv für Kommunalwissenschaften, 37, 1998, S. 261-291.

Gruner, Wolf, Die Kommunen im Nationalsozialismus: Innenpolitische Akteure und ihre wir-kungsmächtige Vernetzung, in: Reichardt, Sven, Seibel, Wolfgang, Hg., Der prekäre Staat. Herr-schen und Verwalten im Nationalsozialismus, Frankfurt am Main/New York 2011, S. 167-211.

Gruner, Wolf, Die NS-Verfolgung und die Kommunen. Zur wechselseitigen Dynamisierung von zentraler und lokaler Politik 1933-1941, in: Vierteljahrshefte für Zeitgeschichte, 48, 2000, S. 75-126.

Gruner, Wolf, Öffentliche Wohlfahrt und Judenverfolgung. Wechselwirkungen lokaler und zentra-ler Politik im NS-Staat (1933 - 1942), München 2002.

Habersack, Michael, Zwangsarbeit in Frankfurt, in: Plumpe, Werner, Rebentisch, Dieter, Hg., „Dem Flor der hiesigen Handlung". 200 Jahre Industrie- und Handelskammer Frankfurt am Main, Frankfurt am Main 2008, S. 242-249.

Hammerstein, Notker, Die Johann Wolfgang Goethe-Universität Frankfurt am Main. Bd. 1: Von der Stiftungsuniversität zur staatlichen Hochschule. 1914-1950, Neuwied/Frankfurt am Main 1989 [unveränderter Nachdruck: Göttingen 2012].

Hammerstein, Notker, Die Johann Wolfgang Goethe-Universität Frankfurt am Main. Bd. 2: Nachkriegszeit und Bundesrepublik. 1945-1972, Göttingen 2012.

Hampel, Andrea, Hochbunker in Frankfurt am Main, Frankfurt am Main 2012.

Hanau, Eva, Musikinstitutionen in Frankfurt am Main 1933 bis 1939, Köln 1994.

Hansert, Andreas, Geschichte des Städelschen Museums-Vereins Frankfurt am Main, Frankfurt am Main 1994.

Hansert, Andreas, Kunsterwerbungen zwischen Raub und Rettung. Ernst Holzinger als Städeldirektor 1938 bis 1972, [ungedruckter Vortrag von 2009 im Internet].

Hansert, Andreas, Zum Schicksal der Sammlung Alfred Oppenheims während und nach der NS-Zeit, in: Heuberger, Georg, Merk, Anton, Hg., Moritz Daniel Oppenheim. Die Entdeckung des jüdischen Selbstbewußtseins in der Kunst, Köln/Frankfurt am Main 1999, S. 304-325.

Hansert, Andreas, Das Senckenberg-Forschungsmuseum im Nationalsozialismus. Wahrheit und Dichtung, Göttingen 2018.

Hase-Mihalik, Eva von, Kreuzkamp, Doris, Du kriegst auch einen schönen Wohnwagen. Zwangslager für Sinti und Roma während des Nationalsozialismus in Frankfurt am Main, Frankfurt am Main 1990.

Hattenhorst, Maik, „Braune" Gegenrevolution im „roten" Magdeburg: Profil und Handlungsspielräume leitender Kommunalbeamter 1933-1945, in: Schmiechen-Ackermann, Detlef, Kaltenborn, Steffi, Hg., Stadtgeschichte in der NS-Zeit. Fallstudien aus Sachsen-Anhalt und vergleichende Perspektiven, Münster 2005, S. 39-52.

Hebauf, Renate, Gaußstraße 14. Ein „Ghettohaus" in Frankfurt am Main, Frankfurt am Main 2010.

Heckötter, Anna, „Das Hauptsammelgebiet ist natürlich die deutsche Kunst" - Die Liebieghaus Skulpturensammlung zwischen 1933 und 1945, in: Archiv für Frankfurts Geschichte und Kunst, 78, 2019, S. 126-138.

Heckötter, Anna, „Leider bin ich genötigt, diese Werke zu veräussern." Die Auflösung der Sammlung Oswald und Alice Feis, in: Mongi-Vollmer, Eva, Schmeisser, Iris, Heckötter, Anna, Eindeutig bis zweifelhaft. Skulpturen und ihre Geschichten: erworben 1933-1945, Frankfurt am Main 2017, S. 49-52.

Heibel, Jutta, Vom Hungertuch zum Wohlstandsspeck. Die Ernährungslage in Frankfurt am Main 1939-1955, Frankfurt am Main 2002.

Heibel, Jutta, Rudolf Prestel – Amtsjurist in der NS-Sozialverwaltung, in: Archiv für Frankfurts Geschichte und Kunst, 65, 1999, S. 259–305.

Heim, Susanne, Die Verfolgung und Ermordung der europäischen Juden durch das nationalsozialistische Deutschland 1933-1945. Bd. 2: Deutsches Reich 1938 - August 1939, München 2009.

Heimann-Jelinek, Felicitas, Was übrig blieb. Das Museum Jüdischer Altertümer in Frankfurt 1922-1938, Frankfurt am Main 1988.

Henning-Hellmich, Ulrike, Henning, Markus, Sexualpolitische Verfolgung im Nationalsozialismus. Zwei Beispiele aus dem Gallusviertel, in: Die Geschichtswerkstatt Gallus berichtet. Historisches und Aktuelles , H. 56, August 2017.

Herbert, Ulrich, Fremdarbeiter. Politik und Praxis des „Ausländer-Einsatzes" in der Kriegswirtschaft des Dritten Reiches, Bonn 1999 [zugleich Diss. Universität Essen 1985].

Herbert, Ulrich, NS-Eliten in der Bundesrepublik: Beharrung, Anpassung, Konversion, in: Kartmann, Norbert, Hg., Hedwig, Andreas, (Red.), NS-Vergangenheit ehemaliger hessischer Landtagsabgeordneter. Dokumentation der Fachtagung 14. und 15. März 2013 im Hessischen Landtag, Wiesbaden/Marburg 2014, S. 87-98.

Hermle, Siegfried, Oelke, Harry, Hg., Fix, Karl-Heinz, Nicolaisen, Carsten, Pabst, Ruth [Mitwirkende], Handbuch der deutschen evangelischen Kirchen 1918 bis 1949, Organe - Ämter - Personen, Bd. 2: Landes- und Provizialkirchen, Göttingen 2017.

Herrmann, Anne-Kathrin, Karl Jaspers: Die Schuldfrage, in: Fischer, Torben, Lorenz, Matthias N., Hg., Lexikon der „Vergangenheitsbewältigung" in Deutschland. Debatten- und Diskursgeschichte des Nationalsozialismus nach 1945, Bielefeld 2007, S. 44f.

Heuberger, Georg, Hg., Backhaus, Fritz, (Red.), „Und keiner hat für uns Kaddisch gesagt ..." Deportationen aus Frankfurt am Main 1941 bis 1945, Frankfurt am Main 2005.

Heuberger, Rachel, Bibliothek des Judentums. Die Hebraica- und Judaica-Sammlung der Stadt- und Universitätsbibliothek Frankfurt am Main - Entstehung, Geschichte und heutige Aufgaben, Frankfurt am Main 1996.

Hils-Brockhoff, Evelyn, Picard, Tobias, Frankfurt am Main im Bombenkrieg März 1944, Gudensberg-Gleichen 2004.

Hoffmann, Hilmar, Frankfurter Oberbürgermeister 1945-1995. Ein Beitrag zur Kulturgeschichte der Stadt, Frankfurt am Main 2012.

Hubert, Harry, Jugendfürsorge, Jugendwohlfahrt und Jugendhilfe. Zur Geschichte des Jugendamtes der Stadt Frankfurt am Main. Bd. 1: Von den Anfängen bis 1945, Frankfurt am Main 2005.

Kaiser, Ernst, Knorn, Michael, „Wir lebten und schliefen zwischen den Toten". Rüstungsproduktion, Zwangsarbeit und Vernichtung in den Frankfurter Adlerwerken, Frankfurt am Main/New York 3. Aufl. 1998.

Keller, Rudolf, Ansprache zur Eröffnung des Museums am 22. Juni 1937, in: Das Museum für heimische Vor- und Frühgeschichte, 2, 1938, S. 1-7.

Keller, Rudolf, Dr. Erwin Guido Kolbenheyer erhält den Frankfurter Goethepreis, in: Frankfurter Wochenschau, 1937, H. 35, S. 413-416.

Keller, Rudolf, Die Neuordnung des deutschen Schulwesens, in: Jahrbuch für Kommunalwissenschaft, 5, 1938, Halbbd. 1, S. 36-60.

Keval, Susanna, Widerstand und Selbstbehauptung in Frankfurt am Main 1933-1945. Spuren und Materialien, Frankfurt am Main/New York 1988.

Kingreen, Monica, Zur „Arisierung" von Kulturgut in den Jahren „nach der Kristallnacht" in Frankfurt am Main und die Rolle Frankfurter Kulturinstitute, [ms, für das Kulturamt der Stadt Frankfurt am Main, 2000].

Kingreen, Monica, Diebstahl von Oppenheim[-]Bildern in Frankfurt während der Nazizeit, in: Dröse, Ruth, Eisermann, Frank, Kingreen, Monica, Merk, Anton, Der Zyklus „Bilder aus dem altjüdischen Familienleben" und sein Maler Moritz Daniel Oppenheim, Hanau 1996, S. 52-54.

Kingreen, Monica, Die Großmarkthalle und die gewaltsame Verschleppung der jüdischen Bevölkerung Frankfurts und des Regierungsbezirks Wiesbaden ab 1941 bis 1945, in: Gross, Raphael, Semmelroth, Felix, Hg., Erinnerungsstätte an der Frankfurter Großmarkthalle. Die Deportation der Juden 1941-1945, München/London/New York 2016, S. 153-190.

Kingreen, Monica, Wie sich Museen Kunst aus jüdischem Besitz aneigneten. Städte als skrupellose Profiteure der Vertreibungs- und Vernichtungspolitik des NS-Staates, in: Frankfurter Rundschau, 09.05.2000, S. 9.

Kingreen, Monica, Systematische Politik der Ausplünderung. Die Aneignung „jüdischen Eigentums" durch die Stadt Frankfurt am Main, in: Stengel, Katharina, Hg., Vor der Vernichtung. Die staatliche Enteignung der Juden im Nationalsozialismus, Frankfurt am Main/New York 2007, S. 226-241.

Kingreen, Monica, Raubzüge einer Stadtverwaltung. Frankfurt am Main und die Aneignung „jüdischen Besitzes", in: Gruner, Wolf, Nolzen, Armin, Hg., „Bürokratien". Initiative und Effizienz, Berlin 2001, S. 17-50.

Kingreen, Monica, Verfolgung und Rettung in Frankfurt am Main und der Rhein-Main-Region, in: Kosmala, Beate, Schoppmann, Claudia, Hg., Überleben im Untergrund. Hilfe für Juden in Deutschland 1941-1945, Berlin 2002, S. 167-190.

Klemm, Peter, Das Schicksal von [alternativ: der, GSt.] Betty Schloss. Eine Lehrerin der Elisabethenschule wird vertrieben, in: Festschrift. 1876-2001. 125 Jahre Elisabethenschule Gymnasium in Frankfurt am Main, Frankfurt am Main 2001.

Klöckler, Jürgen, Anmerkungen zur Rolle von Kommunalverwaltungen im „Dritten Reich". Das Fallbeispiel Konstanz, Konstanz 2012.

Klötzer, Wolfgang, Hg., Frankfurter Biographie. Personengeschichtliches Lexikon. (Bearbeitet von Sabine Hock und Reinhard Frost). Bd. 1, Frankfurt am Main 1994; Bd. 2, Frankfurt am Main 1996.

Kolb, Walter, Tätige Stadt Frankfurt, Frankfurt am Main 1949.

Kopper, Christopher, Die Rothschilds im „Dritten Reich", in: Heuberger, Georg, Hg., Beiträge zur Geschichte einer europäischen Familie, Sigmaringen 1994, S. 325-335.

Kraas, Andreas, Lehrerlager 1932-1945. Politische Funktion und pädagogische Gestaltung, Bad Heilbrunn/Obb. 2004.

Kramer, Waldemar, Chronik der Senckenbergischen Naturforschenden Gesellschaft 1817-1966, in: Ders., Schäfer, Wilhelm, Geschichte des Senckenberg-Museums im Grundriß, Frankfurt am Main 1967, S. 173-571.

Krauß, Heinz Ulrich, Frankfurt am Main. Daten, Schlaglichter, Baugeschehen, Frankfurt am Main 1997.

Krebs, Friedrich, Frankfurt am Main[.] Die Stadt des Deutschen Handwerks. Oberbürgermeister Staatsrat Dr. Krebs. Zehn Jahre Stadtgeschichte 1933-1943, Frankfurt am Main 1943.

Kröner, Hans-Peter, Von der Rassenhygiene zur Humangenetik. Das Kaiser-Wilhelm-Institut für Anthropologie, menschliche Erblehre und Eugenik nach dem Kriege, Stuttgart u.a. 1998

Küppers, Hans, Bannier, Rudolf, Einsatzbedingungen der Ostarbeiter sowie der sowjetrussischen Kriegsgefangenen, Berlin 2. Aufl. 1943.

Kuller, Christiane, Der arrangierte Normenstaat: Die staatliche Finanzverwaltung und die wirtschaftliche Ausplünderung der deportierten Juden, in: Reichardt, Sven, Seibel, Wolfgang, Hg., Der prekäre Staat. Herrschen und Verwalten im Nationalsozialismus, Frankfurt am Main/New York 2011, S. 213-239.

Langen-Wettengl, Ruth, Die Frankfurter Bücherstube 1920-1995, in: Aus dem Antiquariat, (N.F.) 7, 2009, S. 92-105.

[Lehmann, Friedrich], Aus der letzten öffentlichen Beratung mit den Ratsherren, in: Städtisches Anzeigeblatt, Nr. 7, 19.02.1937, S. 76-78.

Lehmann, Friedrich, Frankfurt a.M. im Übergang der Haushaltsjahre 1941/42, in: Rhein-Mainische Wirtschafts-Zeitung. Amtliche Zeitschrift der Wirtschaftskammer Hessen, 1942, S. 299f.

Lehmann, Friedrich, Frankfurts Jahresabschluß für 1939, in: Rhein-Mainische Wirtschafts-Zeitung. Amtliche Zeitschrift der Wirtschaftskammer Hessen, 1940, S. 601-603.

Lehmann, Friedrich, Frankfurts Lage um die Jahreswende 1935/36, in: Rhein-Mainische Wirtschafts-Zeitung. Amtliche Zeitschrift der Wirtschaftskammer Hessen, 1936, S. 15-17.

Lehmann, Friedrich, Die deutsche Gemeindeverwaltung im Kriege, in: Rhein-Mainische Wirtschafts-Zeitung. Amtliche Zeitschrift der Wirtschaftskammer Hessen, 1940, S. 695-697.

Lehmann, Friedrich, Zum Haushalt 1935, in: Das Rathaus, 1 (25), 1935, S. 4f.

Lehmann, Friedrich, Der Jahresabschluß Frankfurt am Main 1937, in: Rhein-Mainische Wirtschafts-Zeitung. Amtliche Zeitschrift der Wirtschaftskammer Hessen, 1938, S. 478-481.

Lehmann, Friedrich, Der Jahresabschluß Frankfurt a.M. und der Weg bis dahin, in: Rhein-Mainische Wirtschafts-Zeitung. Amtliche Zeitschrift der Wirtschaftskammer Hessen, 1939, S. 559-561.

Lehmann, Friedrich, Der Jahresabschluß der Frankfurter Stadtverwaltung, in: Rhein-Mainische Wirtschafts-Zeitung. Amtliche Zeitschrift der Wirtschaftskammer Hessen, 1936, S. 472-476.

Lehmann, Friedrich, Der Jahresabschluß Frankfurts für 1936, in: Rhein-Mainische Wirtschafts-Zeitung. Amtliche Zeitschrift der Wirtschaftskammer Hessen, 1937, S. 500-503.

Lehmann, Friedrich, Probleme der deutschen Gemeindefinanzen, in: Jahrbuch für Kommunalwissenschaft, 6, 1939, 1. Halbbd., S. 18-29.

Lehmann, Friedrich, Das Schuldenproblem der Stadt Frankfurt, in: Städtisches Anzeigeblatt, 01.02.1935, Nr. 5, S. 79f.

Lehmann, Friedrich, Die Sicherheit der Gemeindeverwaltungen, in: Rhein-Mainische Wirtschafts-Zeitung. Amtliche Zeitschrift der Wirtschaftskammer Hessen, 1938, S. 239-241.

Lerner, Franz, Krebs, Friedrich, in: Neue Deutsche Biographie. Bd. 12, Berlin 1980, S. 727f.

Lohalm, Uwe, „... bis in die letzten Kriegstage intakt und voll funktionsfähig". Der öffentliche Dienst in Hamburg 1939 bis 1945, in: Schmiechen-Ackermann, Detlef, Kaltenborn, Steffi, Hg., Stadtgeschichte in der NS-Zeit. Fallstudien aus Sachsen-Anhalt und vergleichende Perspektiven, Münster 2005, S. 53-65.

Lokers, Jan, Nahaufnahme vom 6. März 1933: Ein neuer Blick auf Machtübertragung und Machtergreifung der Nationalsozialisten in Lübeck, in: Zeitschrift für Lübeckische Geschichte, 93, 2013, S. 299-334.

Lustiger, Arno, Wie die Budge-Stiftung von den Nazis ausgeraubt wurde, in: Lustiger, Arno, Schiebler, Gerhard, Hg., Jüdische Stiftungen in Frankfurt am Main. (Stiftungen, Organisationen, Vereine und Schenkungen mit Kurzbiographien jüdischer Stifter, Politiker und Mäzene), Frankfurt am Main 1988, S. 312-320.

Maaser, Michael, Stifter werden Freunde. Die Geschichte der Freundesvereinigung der Goethe-Universität Frankfurt, Frankfurt am Main 2018.

Mack, Ernst, Die Frankfurter Familie von Weinberg. Im Zeichen der Kornblumenblüten, Frankfurt am Main 2. Aufl. 2006.

Mai, Uwe, „Rasse und Raum": Agrarpolitik, Sozial- und Raumplanung im NS-Staat, Paderborn [u. a.] 2002.

Maisak, Petra, Kölsch, Gerhard; Bamberg, Claudia, (Red.), Freies Deutsches Hochstift, Frankfurter Goethe-Museum. Die Gemälde. „... denn was wäre die Welt ohne Kunst?" [Bestandskatalog], Frankfurt am Main 2011.

Maly, Karl, Das Regiment der Parteien. Geschichte der Frankfurter Stadtverordnetenversammlung. Bd. II: 1901-1933, Frankfurt am Main 1995.

Markus, Karl, Verwaltungsbuchführung und Vermögensrechnung der Stadt Frankfurt am Main, Stuttgart 2. Aufl. 1942.

Martini, Joachim Carlos, Musik als Form geistigen Widerstandes. Jüdische Musikerinnen und Musiker 1933-1945; das Beispiel Frankfurt am Main. Bd. 1: Texte, Bilder, Dokumente, Frankfurt am Main 2010.

Matzerath, Horst, Nationalsozialistische Kommunalpolitik: Anspruch und Realität, in: Die alte Stadt, 5, 1978, S. 1-22.

Mecking, Sabine, Wirsching, Andreas, Stadtverwaltung als Systemstabilisierung? Tätigkeitsfelder und Handlungsspielräume im Nationalsozialismus, in: Dies., Hg., Stadtverwaltung im Nationalsozialismus. Systemstabilisierende Dimensionen kommunaler Herrschaft, Paderborn [u. a.] 2005, S. 1-19.

Mendel, Annekatrein, Zwangsarbeit im Kinderzimmer. „Ostarbeiterinnen" in deutschen Familien von 1939 bis 1945. Gespräche mit Polinnen und Deutschen, Frankfurt am Main 1994.

Meyer, Bernd, Meyer-Woeller, Ulrike, 100 Jahre Deutscher Städtetag, in: 100 Jahre Deutscher Städtetag. Die Zukunft liegt in den Städten, Baden-Baden 2005, S. 15-186.

Mitgliedschaft und Funktionäre in der Partei, in angeschlossenen Verbänden und Gliederungen, die parteiamtliche Erhebung von 1939, Fragen, betreffend die Reichsleitung der NSDAP[.] Mitgeteilt von der Militärregierung für Bayern (BMittBl. 1947, Nr. 7/8/9 S. 253-279); [aus: Gesetz zur Befreiung von Nationalsozialismus und Militarismus vom 5. März 1946, mit Ausführungsvorschriften, Formblättern, der Anweisung für die Auswerter der Meldebogen und der Rangliste in mehrfarbiger Wiedergabe (1948)]; [im Internet: history.gesetzbefreiung.i0093.pdf].

Modert, Gerd, Die Entwicklung der Frankfurter 1930 bis 1948, in: Eggenkämper, Barbara, Modert, Gerd, Pretzlik, Stefan, Die Frankfurter Versicherungs-AG 1865-2004, München 2004, S. 69-119.

Mösinger, Robert, Zum 9. Mai 1939. Sechs Jahre Aufbau in Frankfurt a. M. unter Oberbürgermeister Staatsrat Dr. Krebs, in: Frankfurter Wochenschau, 1939, H. 19, S. 214-219.

Mohr, Albert Richard, Das Frankfurter Schauspiel 1929-1944. Eine Dokumentation zur Theatergeschichte mit zeitgenössischen Berichten und Bildern, Frankfurt am Main 1974.

Mommsen, Hans, Zur Geschichte Deutschlands im 20. Jahrhundert. Demokratie, Diktatur, Widerstand, München 2010.

Mongi-Vollmer, Eva, Alltägliches Recht, alltägliches Unrecht, in: Fleckner, Uwe, Hollein, Max, Hg., Museum im Widerspruch. Das Städel und der Nationalsozialismus, Berlin 2011, S. 147-199.

Mongi-Vollmer, Eva, Gegen den Stifterwillen: Die Auflösung der Sammlung Julius Heyman 1940, in: Mongi-Vollmer, Eva, Schmeisser, Iris, Heckötter, Anna, Eindeutig bis zweifelhaft. Skulpturen und ihre Geschichten: erworben 1933-1945, Frankfurt am Main 2017, S. 35-38.

Müller, Bruno, Schembs, Hans-Otto, Stiftungen in Frankfurt am Main. Geschichte und Wirkung, Frankfurt am Main 2006.

Müller, Saskia, Ortmeyer, Benjamin, Die ideologische Ausrichtung der Lehrkräfte 1933-1945. Herrenmenschentum, Rassismus und Judenfeindschaft des Nationalsozialistischen Lehrerbundes. Eine dokumentarische Analyse des Zentralorgans des NSLB, Weinheim/Basel 2016.

Münz, Stephan, Karl Woelcke (1885-1962) und das Museum für heimische Vor- und Frühgeschichte, [ms] MA-Arbeit Frankfurt am Main 2001.

Müser, Helmut, Das Physikalische Institut der Johann-Wolfgang-Goethe-Universität zu Frankfurt a. M. 1931-1961. Zeitgeschichtliche Berichte, Erlebnisse und Kommentare, [ms] Wiesbaden 1983.

Nietzel, Benno, Handeln und Überleben. Jüdische Unternehmer aus Frankfurt am Main 1924-1964, Göttingen 2012.

Nottelmann, Matthias, Kulturpolitik in Frankfurt am Main 1933–1945 am Beispiel der städtischen Museen und Bibliotheken, [ms] MA-Arbeit Frankfurt am Main 1991.

Ockham, Wilhelm von, Texte zur Theorie der Erkenntnis und Wissenschaft; hg. v. Ruedi Imbach, Stuttgart 1984.

Oexle, Otto Gerhard, Zweierlei Kultur. Zur Erinnerungskultur deutscher Geisteswissenschaftler nach 1945, in: Rechtshistorisches Journal, 16, 1997, S. 358-390.

Oexle, Otto Gerhard, „Zusammenarbeit mit Baal". Über die Mentalitäten deutscher Geisteswissenschaftler 1933- und nach 1945, in: Historische Anthropologie. Kultur, Gesellschaft, Alltag, 8, 2000, S. 1-27.

Organisationsbuch der NSDAP, Hg.: Der Reichsorganisationsleiter der NSDAP, München 2. Aufl. 1937.

Ortmeyer, Benjamin, Berichte gegen Vergessen und Verdrängen von 100 überlebenden jüdischen Schülerinnen und Schülern über die NS-Zeit in Frankfurt am Main, Wittenschlick/Bonn 1994.

Ortmeyer, Benjamin, Die Erforschung der Nazi-Zeit an der Holbeinschule in Frankfurt/Main, Frankfurt am Main [1993].

Ortmeyer, Benjamin, Schulzeit unterm Hitlerbild. Analysen, Berichte, Dokumente, Frankfurt am Main 2. Aufl. 2000.

Ortmeyer, Benjamin, Die Georg und Franziska Speyer´sche Stiftung und die NS-Zeit, [ms, Vortrag in der Goethe-Universität am 26.05.2014].

Partei-Kanzlei, Hg., Verfügungen, Anordnungen, Bekanntgaben. Bd. 1, München [1943].

Paul, Johann, Wie überall im Reich war auch in ...? Ein Vergleich stadtgeschichtlicher Darstellungen über Stuttgart, Leverkusen und Düsseldorf in der NS-Zeit, in: Die alte Stadt, 19, 1992, S. 75-84.

Pavlik, Jennifer, Fall Schneider/Schwerte, in: Fischer, Torben, Lorenz, Matthias N., Hg., Lexikon der „Vergangenheitsbewältigung" in Deutschland. Debatten- und Diskursgeschichte des Nationalsozialismus nach 1945, Bielefeld 2007, S. 293-295.

Pohl, W., [Rezension zum] Jahrbuch für Kommunalwissenschaft [6, 1939, 1. Halbjahresbd.], in: Deutsches Recht vereinigt mit Juristische Wochenschrift. Zentralorgan des National-Sozialistischen Rechtswahrerbundes. Reihe A, 10, 1940, Bd. 1 S. 1-1072, S. 238f.

Pollmann, Viktoria, „Ehrenpflicht" und „Judenbetreuung". Die Stadtverwaltung und die überlebenden Frankfurter Juden im Jahre 1945, in: Tribüne, 44, 2005, [H. 172, 2. Quartal], S. 136-154.

Pollmann, Viktoria, Frankfurter KZ-Häftlinge kehren zurück. Rückholaktionen, Betreuung und Fürsorge seitens der Stadtverwaltung Frankfurt a.M. (Frühsommer 1945 - Frühjahr 1946), in: Nassauische Annalen, 116, 2005, S. 563-586.

Rabe, Paul-Moritz, Die Stadt und das Geld. Haushalt und Herrschaft im nationalsozialistischen München, Göttingen 2017.

Radebold, Hartmut, Kindheit und Jugendzeit im Zweiten Weltkrieg - Bombenangriffe und weitere lebenslang prägende Erfahrungen, in: Fleiter, Michael, Hg., Heimat/Front. Frankfurt am Main im Luftkrieg. [...], Frankfurt am Main 2013, S. 304-319.

Rang, Brita, Maris, Maria, Jüdische Lehrerinnen an öffentlichen Schulen der Stadt Frankfurt am Main (1880-1935), in: Jahrbuch für Historische Bildungsforschung, 12, 2006, S. 37-63.

Rebentisch, Dieter, Frankfurt am Main in der Weimarer Republik und im Dritten Reich 1918-1945, in: Frankfurt am Main. Die Geschichte der Stadt in neun Beiträgen, Sigmaringen 1991, S. 423-519.

Rebentisch, Dieter, Das Musiktheater der „Moderne" und die NS-Diktatur: Die Frankfurter Oper 1933-1945, in: Archiv für Frankfurts Geschichte und Kunst, 71, 2008, S. 137-163.

Recker, Marie-Luise, Die Nationalsozialistische Volkswohlfahrt (NSV) im Bombenkrieg, in: Fleiter, Michael, Hg., Heimat/Front. Frankfurt am Main im Luftkrieg. [...], Frankfurt am Main 2013, S. 130-145.

Reibel, Carl-Wilhelm, Das Fundament der Diktatur: Die NSDAP-Ortsgruppen 1932-1945, Paderborn/München/Wien/Zürich 2002.

Reibel, Carl-Wilhelm, Die NSDAP-Ortsgruppen Dornbusch und Oberrad 1933-1945, in: Archiv für Frankfurts Geschichte und Kunst, 65, 1999, S. 53-120.

Reichardt, Sven, Seibel, Wolfgang, Radikalität und Stabilität: Herrschen und Verwalten im Nationalsozialismus, in: Dies., Hg., Der prekäre Staat. Herrschen und Verwalten im Nationalsozialismus, Frankfurt am Main/New York 2011, S. 7-27.

Roth, Nicole, „Entartete Kunst" in Frankfurt am Main. Die Beschlagnahme der Gemälde im Städel 1936/37, in: Archiv für Frankfurts Geschichte und Kunst, 69, 2003, S. 191–214.

Roth, Ralf, Aufstieg und Krise des Stiftungswesens in Frankfurt am Main. Zur strukturellen Entwicklung eines kommunalen Stiftungsnetzwerkes im 19. und 20. Jahrhundert, in: Liedtke, Rainer, Weber, Klaus, Hg., Religion und Philanthropie in den europäischen Zivilgesellschaften. Entwicklungen im 19. und 20. Jahrhundert, Paderborn /München/Wien/Zürich 2009, S. 121-137.

Roth, Ralf, 100 Jahre Frankfurter Gesellschaft für Handel, Industrie und Wissenschaft [2 Bde. incl. CD], Frankfurt am Main 2019.

Ruck, Michael, Beharrung im Wandel. Neuere Forschungen zur deutschen Verwaltung im 20. Jahrhundert (II), in: Neue politische Literatur, 43, 1998, S. 67-112.

Rühlig, Cornelia, Steen, Jürgen, Das Kriegsende in Frankfurt am Main als Zeit der Fotogeschichte, in: Fotogeschichte. Beiträge zur Geschichte und Ästhetik der Fotografie, 5 1985, Nr. 15, S. 33-60.

Rühlig, Cornelia, Steen, Jürgen, Walter: [geboren] 1926 [gestorben] 1945 an der Ostfront. Leben und Lebenswirklichkeit eines Frankfurter Jungen im III. Reich, Frankfurt am Main 1983.

Rütters, Peter, Zur Instrumentalisierung des „20. Juli 1944" für die politische Rehabilitierung und gesellschaftliche Integration nach dem Zweiten Weltkrieg, in: Zeitschrift für Geschichtswissenschaft, 63, 2015, S. 533-551.

Sandner, Peter, Die „Euthanasie"-Gasmorde in Hadamar 1941, in: www.frankfurt1933-1945.de [Stand: 15.01.2007].

Sandner, Peter, Frankfurt. Auschwitz. Die nationalsozialistische Verfolgung der Sinti und Roma in Frankfurt am Main, Frankfurt am Main 1998.

Sandner, Peter, Fürsorgebehörden als Kostenträger der Anstaltsunterbringung, in: Hamm, Margret, Hg., Lebenswert - zerstörte Leben. Zwangssterilisation und „Euthanasie", Frankfurt am Main 2. Aufl. 2006, S. 98-110.

Sandner, Peter, Die Morde der dezentralen „Euthanasie"-Aktion 1941-1945, in: www.frankfurt1933-1945.de [Stand: 08.09.2008].

Sandner, Peter, Verwaltung des Krankenmordes. Der Bezirksverband Nassau im Nationalsozialismus, Gießen 2003.

Schäfer, Hartmut, Die Stadtbibliothek von 1884-1942, in: Lehmann, Klaus-Dieter, Hg., Bibliotheca Publica Francofurtensis. Fünfhundert Jahre Stadt- und Universitätsbibliothek Frankfurt am Main, Frankfurt am Main 1984, S. 119-204.

Schäfer, Kurt, 75 Jahre Frankfurter Schullandheim Wegscheide. Ein geschichtlicher Überblick, Frankfurt am Main 1995.

Schäfer, Kurt, Schulen und Schulpolitik in Frankfurt am Main 1900-1945, Frankfurt am Main 1994.

Schefczyk, Michael, „Als Deutscher unter Deutschen": Karl Jaspers′ Die Schuldfrage, in: Konitzer, Werner, Hg., Moralisierung des Rechts. Kontinuitäten und Diskontinuitäten nationalsozialistischer Normativität, Frankfurt am Main/New York 2014, S. 189-214.

Schembs, Hans-Otto, Georg und Franziska Speyer – Stifter und Mäzene für Frankfurt am Main, Frankfurt am Main 2001.

Schembs, Hans-Otto, Die Geschichte der GWH. Ein geschichtlicher Abriss (1924-1999), Frankfurt am Main 1999.

Schiebler, Gerhard, Hauptteil, in: Lustiger, Arno, Schiebler, Gerhard, Hg., Jüdische Stiftungen in Frankfurt am Main. (Stiftungen, Organisationen, Vereine und Schenkungen mit Kurzbiographien jüdischer Stifter, Politiker und Mäzene), Frankfurt am Main 1988, S. 11-288.

Schiefelbein, Dieter, Das „Institut zur Erforschung der Judenfrage Frankfurt am Main". Antisemitismus als Karrieresprungbrett im NS-Staat, in: Fritz Bauer Institut, Hg., „Beseitigung des jüdischen Einflusses ..." Antisemitische Forschung, Eliten und Karrieren im Nationalsozialismus, Frankfurt am Main/New York 1999, S. 43-71.

Schiefelbein, Dieter, Das „Institut zur Erforschung der Judenfrage Frankfurt am Main". Vorgeschichte und Gründung 1935-1939, Frankfurt am Main 1993.

Schiefelbein, Dieter, Spurensuche - Zur Verfolgung der Frankfurter Swing-Szene durch die Gestapo, in: Becht, Lutz, (Red.), Frankfurt am Main, Lindenstraße. Gestapozentrale und Widerstand, Frankfurt am Main/New York 1996, S. 101-141.

Schiefelbein, Dieter, Zur Verfolgung der Swing-Jugend in Frankfurt am Main, in: Knigge-Tesche, Renate, Ulrich, Axel, Hg., Verfolgung und Widerstand in Hessen 1933-1945, Frankfurt am Main 1996, S. 392-403.

Schiefer, Karl, Die Geschichte der Ziehenschule, in: Mickel, Wolfgang Wilhelm, Hg., Festschrift 1913-1963. 50 Jahre Ziehen-Schule Gymnasium Frankfurt am Main, Frankfurt am Main 1963, S. 17-41.

Schlotzhauer, Inge, Das Philanthropin 1804-1942. Die Schule der Israelitischen Gemeinde in Frankfurt am Main, Frankfurt am Main 1990.

Schmeisser, Iris, Zwei Gemälde und ihre Geschichte, zwei Erzählungen zur Sammlung des Städel Museums in den Jahren 1933-1945, in: Archiv für Frankfurts Geschichte und Kunst, 78, 2019, S. 109-125.

Schmid, Armin, Frankfurt im Feuersturm. Die Geschichte der Stadt im Zweiten Weltkrieg, Frankfurt am Main 1965 [ND 1984].

Schmuhl, Hans-Walter, Rassenhygiene, Nationalsozialismus, Euthanasie. Von der Verhütung zur Vernichtung „lebensunwerten Lebens", 1890-1945, Göttingen 1987.

Schneider, Konrad, Probleme der amtlichen Schriftgutüberlieferung zur neuesten Frankfurter Geschichte, in: Archiv für Frankfurts Geschichte und Kunst, 67, 2001, S. 343-349.

Schneider, Konrad, Neue Quellen zur Tätigkeit des Frankfurter Oberbürgermeisters Friedrich Krebs 1933–1945, in: Archiv für Frankfurts Geschichte und Kunst, 65, 1999, S. 350–362.

Schneider, Sabine, Conze, Eckart, Flemming, Jens, Krause-Vilmar, Dietfrid, Vergangenheiten. Die Kasseler Oberbürgermeister Seidel, Lauritzen, Banner und der Nationalsozialismus, Marburg 2015.

Schramm, Matthias, Willy Hartner, in: Bethge, Klaus, Klein, Horst, Hg., Physiker und Astronomen in Frankfurt, Neuwied 1989, S. 170-180 [zugleich Internet-Auftritt der Goethe-Universität, Dekanat Physik, Stand: 31.10.2012].

Schröder, Joachim, Stadtverwaltung und NS-Zwangsarbeit. Das Beispiel Düsseldorf, in: Dahlmann, Dittmar, Kotowski, Albert S., Schloßmacher, Norbert, Scholtyseck, Joachim, Hg., Zwangsarbeiterforschung in Deutschland. Das Beispiel Bonn im Vergleich und im Kontext neuerer Untersuchungen, Bonn 2010, S. 117-133.

Schültke, Bettina, „Was war mir die Politik! Gar nichts - und die Kunst alles." Die Entnazifizierung des ehemaligen Frankfurter Generalintendanten Hans Meissner, in: Theaterzeitschrift, 1989, H. 28 [2. Quartal], S. 22-33.

Schültke, Bettina, Theater oder Propaganda? Die Städtischen Bühnen Frankfurt am Main 1933-1945, Frankfurt am Main 1997.

Schwarz, Mike, Altmeyer, Gerhard, Warny, Ingrid, Erinnerungsstätte an der Großmarkthalle. Stadt Frankfurt am Main, Hochbauchamt, Frankfurt am Main 2016 [digitale Fassung].

Seng, Joachim, Goethe-Enthusiasmus und Bürgersinn. Das Freie Deutsche Hochstift - Frankfurter Goethe-Museum 1881-1960, Göttingen 2009.

Städtisches Anzeigeblatt, 1933-1945.

Steen, Jürgen, Provenienzforschung am Historischen Museum Frankfurt, in: Janelli, Angela, Kößler, Gottfried, [Red.], Gekauft. Gesammelt. Geraubt? Vom Weg der Dinge ins Museum, Frankfurt am Main 2019, S. 28-33.

Steen, Jürgen, Säuberung, in: www.frankfurt1933-1945.de [Stand: März 2010].

Steen, Jürgen, Die Silbererwerbungen des Historischen Museums nach dem 9. November 1938 - Raub und Restitution, Fakten und Legenden, in: Archiv für Frankfurts Geschichte und Kunst, 78, 2019, S. 168-181.

Steen, Jürgen, Wolzogen, Wolf von, „Die Synagogen brennen ...!" Die Zerstörung Frankfurts als jüdische Lebenswelt, Frankfurt am Main 1988.

Stemmler, Gunter, Das Goldene Buch der Stiftungen in Frankfurt am Main, in: Der Herold. Vierteljahrsschrift für Heraldik, Genealogie und verwandte Wissenschaften, 54, 2011, (N.F. Bd. 18,) H. 1/2, S. 162-164.

Stemmler, Gunter, Ehre, wem Ehre gebührt. Ein Erinnern an Ehrenbürger und Ehrensenatoren, in: Forschung Frankfurt. Wissenschaftsmagazin der Goethe-Universität, 27, 2009, H. 3, S. 106-109.

Stemmler, Gunter, Hofacker, Johann Carl, in: Hessische Biografie <https://www.lagis-hessen.de/de/subjects/idrec/sn/bio/id/13671> (Stand: 22.1.2019).

Stemmler, Gunter, Jaspert, August Wilhelm, in: Hessische Biografie <https://www.lagis-hessen.de/pnd/1055283285> (Stand: 27.3.2019).

Stemmler, Gunter, Keller, Rudolf, in: Hessische Biografie <https://www.lagis-hessen.de/pnd/116174811> (Stand: 14.8.2018); https://www.lagis-hessen.de/de/subjects/gsrec/current/1/sn/bio?q=rudolf+keller.

Stemmler, Gunter, Keller, Rudolf (1878-1960), in: Biographisch-Bibliographisches Kirchenlexikon, 40, 2019, digital: https://www.bbkl.de/public/index.php/frontend/lexicon/K/Ke/kellerrudolf-84856.

Stemmler, Gunter, Lehmann, Friedrich Wilhelm, in: Hessische Biografie <https://www.lagis-hessen.de/pnd/122050746> (Stand: 8.8.2018); https://www.lagis-hessen.de/de/subjects/gsrec/current/1/sn/bio?q=friedrich+lehmann.

Stemmler, Gunter, Die Medaillen für die Ehrenbürger und Ehrensenatoren der Universität zu Frankfurt am Main, in: Geldgeschichtliche Nachrichten, 45, 2010, (H. 249), S. 135-138.

Stemmler, Gunter, Polligkeit, Friedrich Wilhelm, in: Hessische Biografie <https://www.lagis-hessen.de/pnd/116264764> (Stand: 1.4.2019).

Stemmler, Gunter, Prestel, Rudolf, in: Hessische Biografie <https://www.lagis-hessen.de/pnd/122050606> (Stand: 27.3.2019).

Stemmler, Gunter, Schwarz, Max Theodor, in: Hessische Biografie <https://www.lagis-hessen.de/pnd/14088601X> (Stand: 20.2.2019).

Stemmler, Gunter, Ein Siegelring für Ehrensenatoren der Universität zu Frankfurt am Main, in: Der Herold. Vierteljahrsschrift für Heraldik, Genealogie und verwandte Wissenschaften, 53, 2010, (N.F. Bd. 18,) H. 1/2, S. 49-51.

Stemmler, Gunter, Die Vermessung der Ehre. Zur Geschichte der Ehrenbürger, Ehrensenatoren sowie Ehrenmitglieder an deutschen Hochschulen und an der Universität Frankfurt, Frankfurt am Main [u. a.] 2012.

Stolleis, Michael, Waschgänge, in: Rechtsgeschichte. Zeitschrift des Max-Planck-Instituts für europäische Rechtsgeschichte, 17, 2010, S. 236-239.

Stutzinger, Dagmar, Zum Wohle der Stadt? Erwerbungen 1933-1945. Systematische Provenienzforschung am Archäologischen Museum, Regensburg 2018.

Tisa Francini, Esther, Im Spannungsfeld zwischen privater und öffentlicher Institution. Das Städelsche Kunstinstitut und seine Direktoren 1933-1945, in: Fleckner, Uwe, Hollein, Max, Hg., Museum im Widerspruch. Das Städel und der Nationalsozialismus, Berlin 2011, S. 93-145.

Tisa Francini, Esther, Heuß, Anja, Kreis, Georg, Fluchtgut. Raubgut. Der Transfer von Kulturgütern in und über die Schweiz 1933-1945 und die Frage der Restitution, Zürich 2001.

Tüffers, Bettina, Der braune Magistrat: Rudolf Keller, in: www.frankfurt1933-1945.de [Stand: 27.06.2006].

Tüffers, Bettina, Der braune Magistrat: Friedrich Wilhelm Lehmann, in: www.frankfurt1933-1945.de [Stand: 10.01.2006].

Tüffers, Bettina, Der Braune Magistrat: Personalstruktur und Machtverhältnisse in der Frankfurter Stadtregierung 1933-1945, Frankfurt am Main 2004.

Tüffers, Bettina, Politik und Führungspersonal der Stadtverwaltung Frankfurt am Main. Die personelle Zusammensetzung des Magistrats, in: Mecking, Sabine, Wirsching, Andreas, Hg., Stadtverwaltung im Nationalsozialismus. Systemübergreifende Dimensionen kommunaler Herrschaft, Paderborn [u. a.] 2005, S. 51-76.

Tüffers, Bettina, Von der Römerkoalition zur Parteienkonkurrenz. Geschichte der Frankfurter Stadtverordnetenversammlung. Bd. IV: 1946-1989, Frankfurt am Main 2011.

Tüffers, Bettina, Der Frankfurter Stadtkämmerer Friedrich Lehmann 1932–1946, in: Archiv für Frankfurts Geschichte und Kunst, 65, 1999, S. 306–349.

Tüffers, Bettina, Die Frankfurter Stadtverwaltung und der Luftkrieg, in: Fleiter, Michael, Hg., Heimat/Front. Frankfurt am Main im Luftkrieg. [...], Frankfurt am Main 2013, S. 146-159.

Unternehmen Nächstenliebe. 1901-2001. 100 Jahre Caritasverband Frankfurt, Frankfurt am Main 2001.

Verwaltungsbericht der Stadt Frankfurt a.M. über das Haushaltsjahr 1929/30-1938, Frankfurt am Main 1930-1938 [Institut für Stadtgeschichte, Frankfurt am Main, Lesesaal].

Volhard, Rüdiger, Ein fast vergessener Wohltäter, in: Köper, Carmen Renate, Reichert, Klaus, Stolte, Dieter, Volhard, Rüdiger, Hg., Für Frankfurt leben. Begegnungen - Erfahrungen - Perspektiven. Petra Roth zum 60. Geburtstag, Frankfurt am Main 2004, S. 332-344.

Walk, Joseph, Jüdische Schule und Erziehung im Dritten Reich, Frankfurt am Main 1991.

Walk, Joseph, [unter Mitarbeit von Daniel Cil Brecher, Bracha Freundlich, Yoram Konrad Jakoby, Hans Isaak Weiss; mit Beiträgen von Robert M. W. Kempner, Adalbert Rückerl], Das Sonderrecht für die Juden im NS-Staat. Eine Sammlung der gesetzlichen Maßnahmen und Bestimmungen - Inhalt und Bedeutung, Heidelberg 2. Aufl. 1996.

Weber, Max, Wissenschaft als Beruf 1917/1919. Politik als Beruf 1919 [hg. v. Wolfgang J. Mommsen, Wolfgang Schluchter, (mit Birgitt Morgenbrod)], Tübingen 1992 [MWGI/17].

Weiler, Katharina, Die Kunstobjekte Maximilian von Goldschmidt-Rothschilds - Biographie einer Sammlung im Spiegel der Geschichter des Museums Angewandte Kunst, Frankfurt am Main, in: Archiv für Frankfurts Geschichte und Kunst, 78, 2019, S. 139-153.

Weiss, Sheila Faith, The Loyal Genetic Doctor, Otmar Freiherr von Verschuer, and the Institut für Erbbiologie und Rassenhygiene: Origins, Controversy, and Racial Political Practice, in: Central European History, 45, 2012, S. 631-668.

Wesp, Dieter, Villa Kennedy: Wohnhaus, Forschungslabor, Luxushotel. Ein Stück Frankfurter Geschichte: von Reichtum und Raub, von Verdrängung und Neuanfang, von Privatisierung und neuem Luxus, Frankfurt am Main 2017.

Wetzel, Juliane, Die NSDAP zwischen Öffnung und Mitgliedersperre, in: Benz, Wolfgang, Hg., Wie wurde man Parteigenosse? Die NSDAP und ihre Mitglieder, Frankfurt am Main 2009, S. 74-90.

Willing, Matthias, Der Deutsche Verein von 1945 bis 2005, in: Forum für Sozialreformen. 125 Jahre Deutscher Verein für öffentliche und private Fürsorge, Berlin 2005, S. 117-264.

Wippermann, Wolfgang, Das Leben in Frankfurt zur NS-Zeit. Bd. I: Die nationalsozialistische Judenverfolgung. Darstellung, Dokumente, didaktische Hinweise, Frankfurt am Main 1986.

Wippermann, Wolfgang, Das Leben in Frankfurt zur NS-Zeit. Bd. II: Die nationalsozialistische Zigeunerverfolgung. Darstellung, Dokumente, didaktische Hinweise, Frankfurt am Main 1986.

Wippermann, Wolfgang, Das Leben in Frankfurt zur NS-Zeit. Bd. IV: Der Widerstand. Darstellung, Dokumente, didaktische Hinweise, Frankfurt am Main 1986.

Zeller, Bernhard, Klassiker in finsteren Zeiten 1933-1945. Eine Ausstellung des Deutschen Literaturarchivs im Schiller-Nationalmuseum Marbach am Neckar. Bd. 2, Bonn 2. Aufl. 1983.

Ziemer, Hansjakob, Die Moderne hören. Das Konzert als urbanes Forum 1890-1940, Frankfurt am Main/New York 2008.

Zuschlag, Christoph, „Entartete Kunst". Ausstellungsstrategien im Nazi-Deutschland, Worms 1995.

## 5.3 Indizes

### 5.3.1 Personenregister (eine Auswahl)

## 5.3.2 Sachregister (eine Auswahl)

## 5.4 Lebensläufe: Rudolf Keller und Friedrich Lehmann

Rudolf Keller wurde 1878 in Lövenich bei Aachen geboren. Er absolvierte ein geisteswissenschaftliches Studium an den Universitäten Heidelberg, Berlin sowie Bonn und wurde promoviert. Er leistete seinen Militärdienst ab und später den Kriegsdienst im Ersten Weltkrieg. Er arbeitete seit 1905 als Lehrer und dann Gymnasialdirektor in Köln und Essen. Er wurde 1926 zum Oberschulrat im Provinzialschulkollegium in Berlin ernannt und 1927 zum Stadtrat in Frankfurt gewählt. Parteipolitisch aktiv war er nach dem Ersten Weltkrieg in der DDP sowie dann auch in der Deutschen Staatspartei.

Keller war während des „Dritten Reiches" Schuldezernent und Kulturdezernent von Frankfurt am Main.

Nach dem Zweiten Weltkrieg wurde er als Stadtrat auf 12 Jahre bestätigt; er mußte 1946 nach der Kommunalwahl aufgrund der Altersbegrenzung in Pension gehen. Er hat bis ins hohe Alter zahlreiche Ehrenämter innegehabt.

Keller wurde 1959 Ehrenbürger und Ehrensenator der Johann Wolfgang Goethe-Universität.

Er verstarb 1960 in Frankfurt.

Friedrich Lehmann wurde 1888 in Königsberg geboren. Er studierte Jura in Königsberg, Berlin sowie Heidelberg und wurde promoviert. Er nahm noch am Ersten Weltkrieg teil und wurde 1918 städtischer Mitarbeiter in Königsberg. Schon 1920 wurde er dort zum Stadtkämmerer gewählt. Ende 1931 erfolgte seine Wahl zum Stadtkämmerer in Frankfurt.

Lehmann war während des „Dritten Reiches" der Stadtkämmerer von Frankfurt am Main.

Nach dem Zweiten Weltkrieg wurde er als Stadtkämmerer auf 12 Jahre bestätigt und im Juli 1946 wieder in den Magistrat gewählt. Kurz darauf trat er zurück. Er war während der Weimarer Republik für einige Jahre Mitglied der DDP gewesen und im „Dritten Reich" in der NSDAP. Seit jener Zeit war er der Leiter des Kommunalwissenschaftlichen Instituts an der Goethe-Universität und übernahm dort Lehraufträge; er wurde an ihr 1949 zum Honorarprofessor ernannt.

Lehmann wurde 1959 Ehrenbürger und Ehrensenator der Johann Wolfgang Goethe-Universität.

Er verstarb 1960 in Frankfurt.

FSC
www.fsc.org

MIX

Papier | Fördert
gute Waldnutzung

FSC® C083411

Zeitfracht Medien GmbH
Ferdinand-Jühlke-Straße 7
99095 Erfurt, Deutschland
produktsicherheit@kolibri360.de